プリント形式のリアル過去問で本番の臨場感！

奈良県

西大和学園中学校

2025年春受験用

解答集

本書は，実物をなるべくそのままに，プリント形式で年度ごとに収録しています。
問題用紙を教科別に分けて使うことができるので，本番さながらの演習ができます。

■ 収録内容

・解答集（この冊子です）

書籍ＩＤ番号，この問題集の使い方，最新年度実物データ，リアル過去問の活用，
解答例と解説，ご使用にあたってのお願い・ご注意，お問い合わせ

・2024（令和６）年度 ～ 2020（令和２）年度　学力検査問題

JN132477

○は収録あり	年度	'24	'23	'22	'21	'20	
■ 問題（本校）		○	○	○	○	○	
■ 解答用紙		○	○	○	○	○	
■ 配点							

全教科に解説
があります

注）問題文等非掲載：2024年度国語の一と三，社会の3，2021年度国語の三，2020年度社会の1

問題文などの非掲載につきまして

著作権上の都合により，本書に収録している過去入試問題の本文や図表の一部を掲載しておりません。ご不便をおかけし，誠に申し訳ございません。

本文の一部を掲載できなかったことによる国語の演習不足を補うため，論説文および小説文の演習問題のダウンロード付録があります。弊社ウェブサイトから書籍ＩＤ番号を入力してご利用ください。

なお，問題の量，形式，難易度などの傾向が，実際の入試問題と一致しない場合があります。

教英出版

■　書籍ＩＤ番号

入試に役立つダウンロード付録や学校情報などを随時更新して掲載しています。
教英出版ウェブサイトの「ご購入者様のページ」画面で，書籍ＩＤ番号を入力してご利用ください。

書籍ＩＤ番号　108426

（有効期限：2025年9月30日まで）

【入試に役立つダウンロード付録】
「要点のまとめ(国語／算数)」
「課題作文演習」ほか

■　この問題集の使い方

年度ごとにプリント形式で収録しています。針を外して教科ごとに分けて使用します。①片側，②中央のどちらかでとじてありますので，下図を参考に，問題用紙と解答用紙に分けて準備をしましょう（解答用紙がない場合もあります）。

針を外すときは，けがをしないように十分注意してください。また，針を外すと紛失しやすくなりますので気をつけましょう。

① 片側でとじてあるもの　　② 中央でとじてあるもの

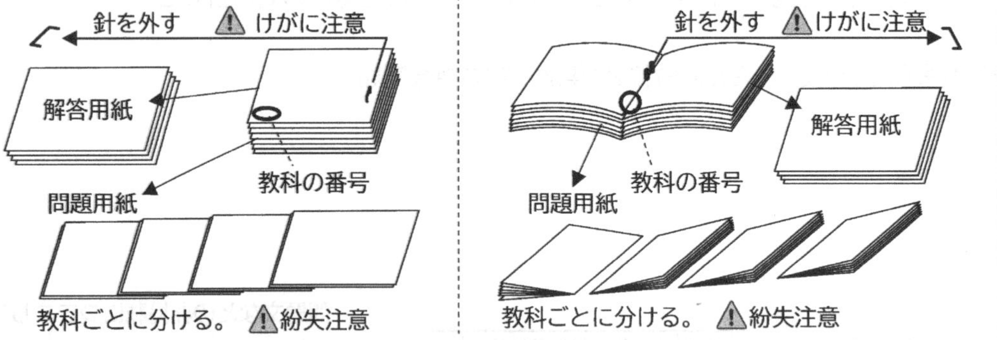

※教科数が上図と異なる場合があります。
解答用紙がない場合や，問題と一体になっている場合があります。
教科の番号は，教科ごとに分けるときの参考にしてください。

■　最新年度　実物データ

実物をなるべくそのままに編集していますが，収録の都合上，実際の試験問題とは異なる場合があります。実物のサイズ，様式は右表で確認してください。

問題用紙	Ｂ５冊子(二つ折り)
解答用紙	Ｂ４片面プリント

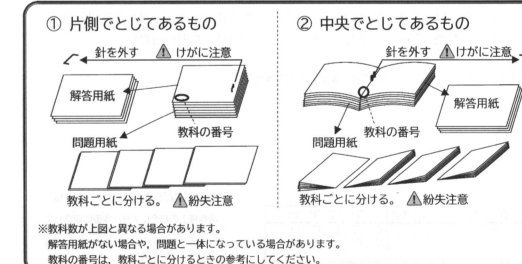

リアル過去問の活用

～リアル過去問なら入試本番で力を発揮することができる～

本番を体験しよう！

問題用紙の形式（縦向き / 横向き），問題の配置や余白など，実物に近い紙面構成なので本番の臨場感が味わえます。まずはパラパラとめくって眺めてみてください。「これが志望校の入試問題なんだ！」と思えば入試に向けて気持ちが高まることでしょう。

入試を知ろう！

同じ教科の過去数年分の問題紙面を並べて，見比べてみましょう。

① 問題の量

毎年同じ大問数か，年によって違うのか，また全体の問題量はどのくらいか知っておきましょう。どのくらいのスピードで解けば時間内に終わるのか，大問ひとつにかけられる時間を計算してみましょう。

② 出題分野

よく出題されている分野とそうでない分野を見つけましょう。同じような問題が過去にも出題されていることに気がつくはずです。

③ 出題順序

得意な分野が毎年同じ大問番号で出題されていると分かれば，本番で取りこぼさないように先回りして解答することができるでしょう。

④ 解答方法

記述式か選択式か（マークシートか），見ておきましょう。記述式なら，単位まで書く必要があるかどうか，文字数はどのくらいかなど，細かいところまでチェックしておきましょう。計算過程を書く必要があるかどうかも重要です。

⑤ 問題の難易度

必ず正解したい基本問題，条件や指示の読み間違いといったケアレスミスに気をつけたい問題，後回しにしたほうがいい問題などをチェックしておきましょう。

問題を解こう！

志望校の入試傾向をつかんだら，問題を何度も解いていきましょう。ほかにも問題文の独特な言いまわしや，その学校独自の答え方を発見できることもあるでしょう。オリンピックや環境問題など，話題になった出来事を毎年出題する学校だと分かれば，日頃のニュースの見かたも変わってきます。

こうして志望校の入試傾向を知り対策を立てることこそが，過去問を解く最大の理由なのです。

実力を知ろう！

過去問を解くにあたって，得点はそれほど重要ではありません。大切なのは，志望校の過去問演習を通して，苦手な教科，苦手な分野を知ることです。苦手な教科，分野が分かったら，教科書や参考書に戻って重点的に学習する時間をつくりましょう。今の自分の実力を知れば，入試本番までの勉強の道すじが見えてきます。

試験に慣れよう！

入試では時間配分も重要です。本番で時間が足りなくなってあわてないように，リアル過去問で実戦演習をして，時間配分や出題パターンに慣れておきましょう。教科ごとに気持ちを切り替える練習もしておきましょう。

心を整えよう！

入試は誰でも緊張するものです。入試前日になったら，演習をやり尽くしたリアル過去問の表紙を眺めてみましょう。問題の内容を見る必要はもうありません。どんな形式だったかな？受験番号や氏名はどこに書くのかな？…ほんの少し見ておくだけでも，志望校の入試に向けて心の準備が整うことでしょう。

そして入試本番では，見慣れた問題紙面が緊張した心を落ち着かせてくれるはずです。

※まれに入試形式を変更する学校もありますが，条件はほかの受験生も同じです。心を整えてあせらずに問題に取りかかりましょう。

西大和学園中学校

《国　語》

[一] 問一. ①血眼 ②密接 ③洗脳 ④事態〔別解〕事体 ⑤有益　問二. エ　問三. オ

問四. 自分に慣れた思考枠内　問五. 人間は外界を直接把握できず、自己の世界観にしたがって対象を解釈するほかないこと。　問六. 既存の知識の要素を並べ替えたり放棄したりして、記憶の中に新たな要素を入れること。

問七. ア　問八. ウ

[二] 問一. a. オ　b. ウ　c. イ　問二. A. オ　B. カ　C. ア　D. ウ　E. イ　問三. ウ　問四. 市役所勤めでも薬局の仕事でも、何かに賭けることや一生懸命になることがなかった点。　問五. エ　問六. オ

問七. イ　問八. 薬局移転への妻の回答次第で、息子は薬局の跡を継ぐかコンピュータ関連に進むか決まり、和田さんはこのままやりがいのない仕事を続けるか薬局経営に手腕を発揮するかが分かれていたということ。

[三] ⅰ. 問一. いつか巡り巡って自分に報いが返ってくる　問二. 力　問三. 主将

ⅱ. 問一. 連休中は雨で、連休明けから晴れるという予報を、ことわざを用いて表現した点。

問二. [3]オ　[4]イ　[6]ウ　[7]ア　[8]エ

《算　数》

[1] (1) $\frac{24}{25}$　(2) $\frac{8}{21}$　(3)213　(4)38　(5)45　(6)10

[2] (1)102　(2)21.6　(3)あ. 768　い. $\frac{1}{2}$　う. 60

[3] (1)あ. 9818　い. 1621　(2)あ. 1　い. $\frac{95}{87}$

[4] (1)784　(2)エ　(3)45　(4)42　(5)175　(6)1925

《理　科》

[1] (1) ⅰ. ア　ⅱ. イ　ⅲ. ア　(2)エ　(3)日食　(4)ア　(5)ケ

(6)地形…クレーター　ア. 水／空気／風 のうち1つ　イ. しん食／風化 のうち1つ　(7)ウ. ゲンブ岩　エ. 大き

[2] (1)発芽　(2)ア，ウ　(3)明るい部屋と暗い冷蔵庫では，温度以外にも，明るさの条件設定がちがうため。

(4)子葉　(5)デンプン　(6)ア　(7)エ　(8)エ　(9)花弁を除去する実験。

[3] (1)鉄　(2)ア　(3)う. ウ　え. ろうそくの火が消える　(4)50　(5)A＝B＜C　(6)0.19　(7)4.6

(8)都市ガス／26　(9)ウ

[4] (1)木　(2)800　(3)0.75　(4)18　(5)5.3　(6)20　(7)浅く…ア　深く…エ　(8)2250

(9)低く…イ　高く…ウ

《社　会》

1 問1．イ　問2．エ　問3．(1)アルミニウム　(2)石油危機によって火力発電のコストが高まり，採算が採れなくなったため。　問4．イ　問5．オ　問6．(1)ウ　(2)エ　問7．イ　問8．記号…G　理由…広大な海洋からの水蒸気の供給で，気温の変化が小さいため。　問9．ウ　問10．IoT　問11．ア

2 問1．ア　問2．建設当初に同じ年齢層の人々が流入し高齢者となったことに加え若年世代が独立して他地域に流出したため。　問3．(1)オ　(2)イ　問4．(1)千葉県　(2)ア　問5．ウ　問6．カ　問7．紙　問8．イ

3 問1．ウ　問2．イ　問3．エ　問4．源氏物語　問5．(1)北条政子　(2)エ　問6．オ　問7．イ　問8．ウ　問9．ア　問10．エ　問11．(1)徳川吉宗　(2)ウ　問12．参勤交代で江戸を訪れた際に，それらの菓子が将軍から下賜された。　問13．イ　問14．日本に関税自主権がなかったため。　問15．ア　問16．ウ　問17．ウ　問18．イ　問19．オ　問20．消費税

4 問1．ア　問2．エ　問3．ウ　問4．イスラエル　問5．エ

《2024　国語　解説》

一　著作権上の都合により文章を掲載《けいさい》しておりませんので、解説も掲載しておりません。ご不便をおかけし、誠に申し訳ございません。

二　**問三**　文章の２～３行目に「市役所では戸籍《こせき》係主事という地位で終わったが、特に不満はなかった」とあり、市役所での地位や出世について不満はなかったことがわかる。よって、ウが正解。

問四　直後の３行の内容に着目する。「結局、何かに賭《か》けることも、一生懸命《いっしょうけんめい》になることもなかった。宙ぶらりんに生きてきて、いまだに宙ぶらりんなんだ」とあり、これは市役所勤めや、薬局の仕事などについて言っている。

問五　文章の前のあらすじに、和田さんと奥さんは、息子の進学のことでたびたび喧嘩《けんか》をしていることが書かれている。このことと、――部３の前の行に「あの子、薬科大に入ってもいいっていってますよ」とあることをふまえると、――部３では、奥さんは息子が跡継《あとつ》ぎになりそうなことに満足し、「勝ち誇《ほこ》った顔」をしていることがわかる。しかし、早朝散歩の場面からわかるように、息子は、本当はコンピューター関連の仕事を一生の仕事にしたいと思っている。そこで、息子は「薬局は継ぐけど、こんなちっぽけな店じゃ嫌《いや》だ」と言った。和田さんは、息子が出した条件を満たすために、新しい店の候補地を懸命に探し、「これという場所を二カ所」見つけてきた。奥さんは、息子に跡を継いでほしいと思いつつも、和田さんが見つけてきた場所で「一から店をやる」という決断ができず、「このままで店をつづけ」ることにした。つまり、――部４では、息子に跡を継がせることを断念せざるをえず、つらいと感じているのである。よって、エが適する。

問六　息子は、次の行で「うまくいったのは嬉《うれ》しいけど、なんだか可哀《かわい》そうな気もするな、お母さんが」と言っていて、自分が出した条件によって、母に苦渋《くじゅう》の決断をさせたことに多少の罪悪感《ざいあくかん》をおぼえている。一方、和田さんは、「毎日朝から、いったいどこに行ってたの？」とたずねる息子に対し、「ほんとに、土地を探しまわってたんだよ」と答え、「もし、お母さんさえオーケーしたら買うつもりだったんだ」とも言っている。また、その前の「和田さんは憮然《ぶぜん》とした表情で聞いていた。ゆがめた唇《くちびる》を、前歯で噛《か》んだ」という描写《びょうしゃ》や、文章の最後の「和田さんは、新しい計画に燃えた日々を思い起こしながら」という表現からは、本気で探して見つけてきた土地を買えなかったことを残念がっている様子が読み取れる。これらをあわせて考えると、和田さんは、自分が経営手《しゅ》腕《わん》を発揮《はっき》して店舗を大きくするという計画を実現するために本気で土地を探し回っていて、奥さんが店の移転を認めなかったことで計画が実現しなかったことを残念に思っていることがわかる。よって、オが適する。

問七　問六の解説も参照。息子は、和田さんが「土地を探しに行ってたのさ」と答えるまで、父親は土地を探すふりをしていただけであり、完全に自分の味方だと思っていた。さらに、和田さんが「もし、お母さんさえオーケーしたら買うつもりだったんだ」と言ったので、本当に店舗を移転し、自分が跡継ぎとして薬剤師になる可能性があったと気付き、だまされたと感じている。よって、イが適する。

問八　問六の解説も参照。直前に「お母さんがオーケーしてたら、ぼくはどうなったのよ。薬剤師にならなきゃならなかったってことなの？」とあり、ここでの「賭け」とは、奥さんが店の移転を認めるかどうかというものであったことがわかる。奥さんが店の移転を認めれば、息子は薬剤師になって店の跡を継ぐことになり、和田さんは経営手腕を発揮して店を大きくするチャンスを得ることとなる。一方、奥さんが店の移転を認めなければ、息子はコンピューター関連の仕事に就くことを目指すことになり、和田さんは今まで通り、薬局でやりがいのない仕事を続けることになる。

三　(ⅰ)**問二**　Bさんは、「僕にはリーダーシップなんてないから」と言っているので、「副主将」をやるには実力が足りないと考えていることがわかる。よって、「力不足」と言うべきである。　**問三**　監督が、「役不足」というBさんの発言を「与えられた役目が軽すぎてふさわしくない」という意味でとっていれば、今度は「副主将」よりも大変な「主将」に任命するかもしれない。

(ⅱ)**問一**　五月五日までの大型連休は、旅行などで観光地がにぎわう。しかし、連休中に雨が降れば、多くの観光地では訪れる人が減ってしまう。観光客を相手に商売をしている人や企業にとっては、五月五日までの連休中に雨が降ることは、売上やもうけが減ることを意味する。五月六日に晴れたとしても、「時期おくれで役に立たない」のである。　**問二**　段落$\boxed{3}$・$\boxed{4}$には、自然の色彩について述べたイとオが入り、段落$\boxed{6}$・$\boxed{7}$・$\boxed{8}$には、人工的な色彩《しきさい》や光彩について述べたア、ウ、エが入る。段落$\boxed{3}$・$\boxed{4}$については、オの「五月の光をあびた木々の緑の多様さ」の具体例をイで挙げているので、オ→イの順になる。段落$\boxed{6}$・$\boxed{7}$・$\boxed{8}$については、ウでニコライの「人工的な光彩」をちりばめた舞台《ぶたい》について説明し、アでその色彩について説明を加え、エでは、アの「人工的な虚色《きょしょく》」という表現を受けて、さらに「虚色」について説明しているので、ウ→ア→エの順になる。

《2024　算数　解説》

$\boxed{1}$ (1)　与式$=(\frac{8\times11\times23}{5\times5\times9\times9}\times\frac{81}{8}-7)\times\frac{4}{13}=(\frac{253}{25}-\frac{175}{25})\times\frac{4}{13}=\frac{78}{25}\times\frac{4}{13}=\mathbf{\frac{24}{25}}$

(2)　与式より，$(14\div\square)\times\frac{8}{7}=42$　　$14\div\square=42\times\frac{7}{8}$　　$\square=14\times\frac{8}{42\times7}=\mathbf{\frac{8}{21}}$

(3)　**【解き方】過不足算を利用する。**

最初に7人1組にすると，3組だけ8人1組になるから，(8－7)×3＝3(人)余る。次に8人1組にして，同じ数の組を作ろうとすると，3＋3＝6(組)が8人1組にならず，そのうち3組は7人ずつ，残りの3組は0人だから，最初と同じ組数にするには，8×6－7×3＝27(人)足りない。よって，7人1組にしたときの組数は(3＋27)÷(8－7)＝30(組)だから，学年全体の生徒は7×30＋3＝**213**(人)である。

(4)　**【解き方】右図のように，タイルは縦に11枚ずつ，横に7枚ずつ並ぶ。縦横ともに奇数枚並ぶから，左上のタイルを青色(色付き部分)とすると，四隅《よすみ》は青色になる。**

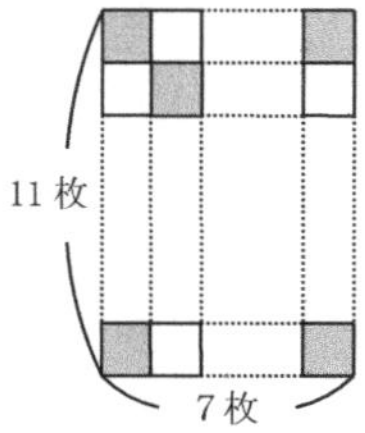

縦に11枚ずつ並ぶ7列のタイルのうち，一番上が青色の列は(7＋1)÷2＝4(列)あり，1列ごとに必要な黄色のタイルは(11－1)÷2＝5(枚)だから，全部で5×4＝20(枚)必要である。一番上が黄色の列は7－4＝3(列)あり，1列ごとに必要な黄色のタイルは(11＋1)÷2＝6(枚)だから，全部で6×3＝18(枚)必要である。

以上より，黄色のタイルは全部で20＋18＝**38**(枚)必要である。

(5)　**【解き方】まずは実際にキャンプ場に着いた時間を求める。**

自宅からキャンプ場までは自転車で，$15\div12=\frac{5}{4}=1\frac{1}{4}$(時間)→1時間15分かかるから，Aさんの到着《とうちゃく》予定時刻は，12時＋1時間15分＝13時15分であった。車がキャンプ場に到着した時刻は13時15分＋15分＝13時30分だから，車で移動した時間は，13時30分－13時4分－6分＝20分間→$\frac{1}{3}$時間となる。

よって，求める速さは，$15\div\frac{1}{3}=45$より，時速**45**㎞である。

(6)　**【解き方】約分すると分子が1になる分数の分子は2024の約数である。2024＝2×2×2×11×23だから，約数に2を1個，2個，3個持つ整数の個数をそれぞれ求める。**

2024の約数のうち，約数に2を1個持つ整数は，2×1，2×11，2×23，2×11×23の4個ある。同様に，約数に2を2個持つ整数と3個持つ整数も4個ずつあるが，このうち2×2×2×11×23＝2024は分子にならない

ので，約数に２を３個持つ整数は３個となる。よって，Ａは約数に２を４＋２×４＋３×３＝21(個)持つから，
４で割り切れる回数は，21÷２＝10余り１より，**10**回である。

２ ⑴　**【解き方】右図で，三角形の１つの外角は，これととなり合わない２つの内角の和に等しいことを利用する。**

正五角形の１つの内角の大きさは，$\frac{180° \times (5-2)}{5}$＝108°である。

三角形ＣＤＦは正三角形だから，角ＦＤＥ＝角ＣＤＥ－角ＣＤＦ＝108°－60°＝48°

正五角形ＡＢＣＤＥと正三角形ＣＤＦはＣＤを共有し，１辺の長さが等しいから，

ＤＥ＝ＤＦより，三角形ＤＥＦは二等辺三角形である。

よって，内角の和より，角ＤＥＦ＝(180°－48°)÷２＝66°

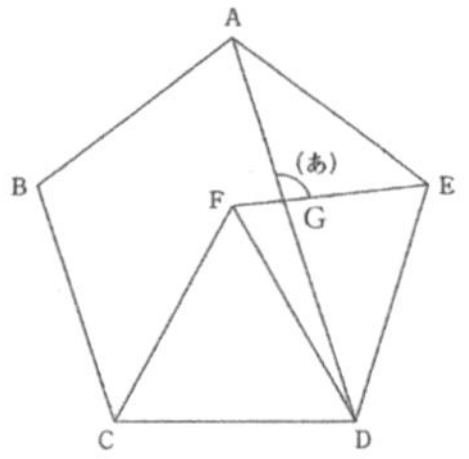

三角形ＡＤＥはＡＥ＝ＤＥの二等辺三角形だから，内角の和より，角ＡＤＥ＝(180°－108°)÷２＝36°

三角形ＤＥＧにおいて，三角形の１つの外角は，これととなり合わない２つの内角の和に等しいから，

角(あ)＝66°＋36°＝**102°**

⑵　**【解き方】図１で，三角すいＡ－ＢＣＤを三角すいＡ－ＢＤＥと三角すいＣ－ＢＤＥに分けて考える。**
立体Ｖとの共通部分の体積は，三角すいＡ－ＢＣＤの体積から，三角すいＡ－ＧＤＦの体積を引いて求める。

図１

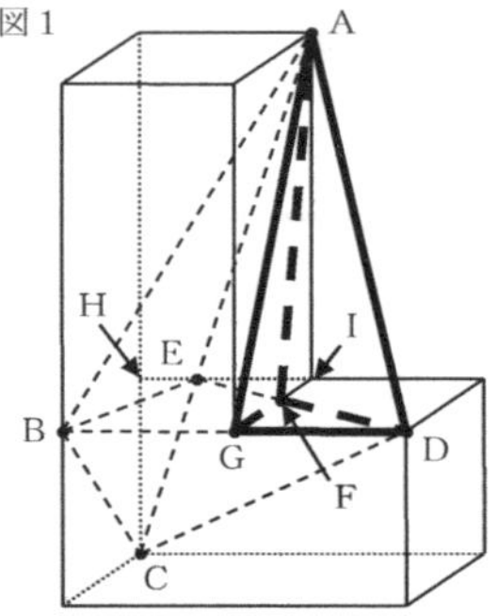

図２

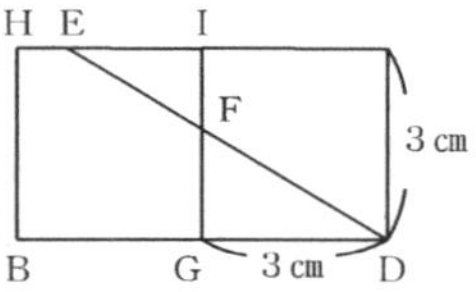

三角形ＢＤＥの面積は，６×３÷２＝９(㎠)だから，

三角すいＡ－ＢＣＤの体積は９×６÷３＋９×３÷３＝27(㎤)である。

ＣＨとＡＩは平行なので，三角形ＣＥＨと三角形ＡＥＩは形が同じだから，ＥＨ：ＥＩ＝ＣＨ：ＡＩ＝１：２　　よって，ＥＩ＝３×$\frac{2}{1+2}$＝２(cm)

図２において，三角形ＥＦＩと三角形ＤＦＧは形が同じで，辺の長さの比がＥＩ：ＤＧ＝２：３だから，

ＦＧ＝３×$\frac{3}{2+3}$＝$\frac{9}{5}$(cm)となる。よって，三角すいＡ－ＧＤＦの体積は，３×$\frac{9}{5}$÷２×６÷３＝5.4(㎤)

以上より，求める体積は27－5.4＝**21.6**(㎤)

⑶(ｉ)　**【解き方】三角形の面積は，底辺の長さ，高さをそれぞれ大きくすると，比例して大きくなる。**

ＡＥ：ＥＢ＝ＢＦ：ＦＣ＝３：１だから，図１で三角形ＡＢＣの面積は，72×$\frac{3+1}{1}$×$\frac{3+1}{3}$＝384(㎠)

よって，正方形ＡＢＣＤの面積は384×２＝**768**(㎠)

(ⅱ)　**【解き方】図２について，右図のように正方形を補う。**

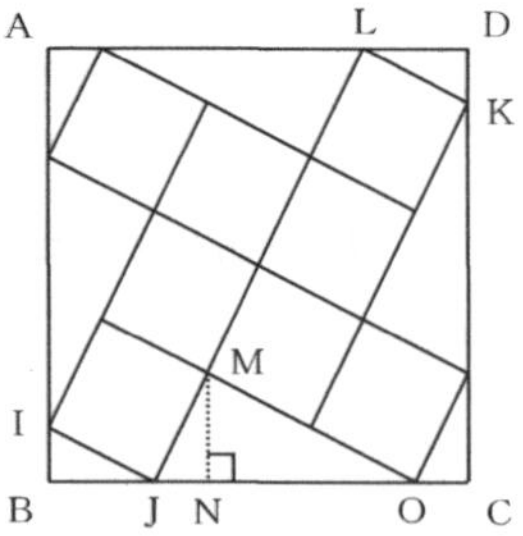

正方形ＡＢＣＤの内部には，三角形ＩＢＪ，三角形ＪＭＯと合同な三角形が４つずつできる。三角形ＩＢＪと三角形ＪＭＯは形が同じだから，$\frac{IB}{BJ}$＝$\frac{JM}{MO}$＝$\mathbf{\frac{1}{2}}$

(ⅲ)　**【解き方】(ⅱ)の図で，三角形ＩＢＪと三角形ＪＮＭは形が同じであり，ＩＪ＝ＪＭだから，合同である。小さな正方形の面積は，正方形ＡＢＣＤの面積の何倍かを求める。**

小さな正方形の面積を$\boxed{1}$とする。このとき，三角形ＪＭＯと合同な三角形を２個つなげると，小さな正方形２つをつなげてできる長方形と合同だから，三角形ＪＭＯの面積は$\boxed{1}$である。

ＩＢ＝①とすると，(ⅱ)より，ＢＪ＝①×$\frac{2}{1}$＝②であり，三角形ＩＢＪと三角形ＪＮＭは合同だから，ＪＮ＝ＩＢ＝①である。また，三角形ＩＢＪと三角形ＭＮＯは形が同じなので，ＢＪ：ＮＯ＝ＩＪ：ＭＯ＝１：２より，

ＮＯ＝②×$\frac{2}{1}$＝④である。よって，三角形ＪＮＭと三角形ＭＮＯの面積比はＪＮ：ＮＯ＝１：４だから，

(三角形ＩＢＪの面積)＝(三角形ＪＮＭの面積)＝(三角形ＪＭＯの面積)×$\frac{1}{1+4}$＝$\boxed{0.2}$となる。

したがって，小さな正方形１つの面積は，768×$\frac{\boxed{1}}{\boxed{1}\times 8+\boxed{1}\times 4+\boxed{0.2}\times 4}$＝**60**(㎠)

$\boxed{3}$ **(1)(ｉ)　【解き方】【ア】の一の位と百の位をａ，十の位をｂ，千の位をｃとする。ただし，ａ，ｂ，ｃはいずれも異なる１桁の整数である。**

【ア】＝ｃ×1000＋ａ×100＋ｂ×10＋ａ，【イ】＝ｂ×1000＋ａ×100＋ｃ×10＋ａだから，【ア】－【イ】＝(ｃ×1000＋ａ×100＋ｂ×10＋ａ)－(ｂ×1000＋ａ×100＋ｃ×10＋ａ)＝(ｃ－ｂ)×990＝(ｃ－ｂ)×９×10×11となる。よって，ｃ－ｂ＝８または12のときに，連続する４つの整数の積として表されるが，ｂ，ｃは１桁の整数なので，差が12になることはないから，ｃ－ｂ＝８である。このとき，ｃ＝９，ｂ＝１となり，最大の【ア】はａが８のときの**9818**である。

(ii)　【解き方】同じ数字の位を変えたとき，【ウ】と【エ】の差がどのような数になるかを考える。

(ｉ)のように３つの文字を用いて【ウ】と【エ】の差を表すと，それぞれの文字に対して，１に10を何回かかけた数どうしの差がかけられ，【ウ】－【エ】の値《あたい》はそれらの和となるので，必ず９の倍数になる。

例えば，1321のような千の位と一の位が同じで，百の位と十の位が異なる整数を考える。千の位と一の位をｄ，百の位をｅ，十の位をｆとすると，【ウ】－【エ】＝ｄ×1000＋ｅ×100＋ｆ×10＋ｄ－(ｄ×1000＋ｆ×100＋ｅ×10＋ｄ)＝(ｅ－ｆ)×90となり，ｅ，ｆは整数だから，ｅ－ｆも整数なので，やはり９の倍数になる。

同様に，２回現れる数をｄ，異なる数をｅ，ｆ(ｅ＞ｆ)とすると，【ウ】－【エ】を計算したときに現れる９の倍数と，その数を素因数分解したときの積は右表のようになる。表の９の倍数のうち，１桁の整数をかけると，４つの連続する整数で表せる数は，990＝９×10×11と90＝３×５×６である。

数が同じ位	９の倍数	素因数分解した積
十の位，一の位	900	2×2×3×3×5×5
百の位，一の位	990	2×3×3×5×11
百の位，十の位	999	3×3×3×37
千の位，一の位	90	2×3×3×5
千の位，十の位	99	3×3×11
千の位，百の位	9	3×3

百の位と一の位が等しいとすると，【ウ】－【エ】＝(ｅ－ｆ)×990，ｅ－ｆ＝８だから，【ウ】が最小のとき，ｅ＝９，ｆ＝１，ｄ＝２とすればよい。よって，【ウ】＝9212

千の位と一の位が等しいとすると，【ウ】－【エ】＝(ｅ－ｆ)×90，ｅ－ｆ＝４だから，【ウ】が最小のとき，千の位を最小にするためにｄ＝１としたいので，ｅ＝６，ｆ＝２とすればよい。よって，【ウ】＝1621

以上より，最小の【ウ】は**1621**である。

(2)(ｉ)　【解き方】白い正三角形と黒い正三角形１つの面積を１として，右の「１つの角を共有する三角形の面積」を利用する。

三角形ＡＢＣは，図１の三角形ＢＣＩおよびその内部と合同な図形３つと，白い正三角形３つと，黒い正三角形１つから成る。

１つの角を共有する三角形の面積

右図のように三角形ＰＱＲと三角形ＰＳＴが１つの角を共有するとき，三角形ＰＳＴの面積は，

(三角形ＰＱＲの面積)×$\frac{\text{ＰＳ}}{\text{ＰＱ}}\times\frac{\text{ＰＴ}}{\text{ＰＲ}}$

で求められる。

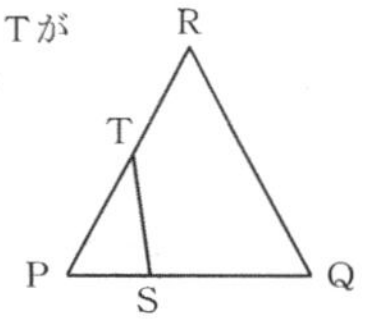

図１の太線部分の平行四辺形ＢＧＣＨについて，辺の長さの比は図２のように表せる。

図１

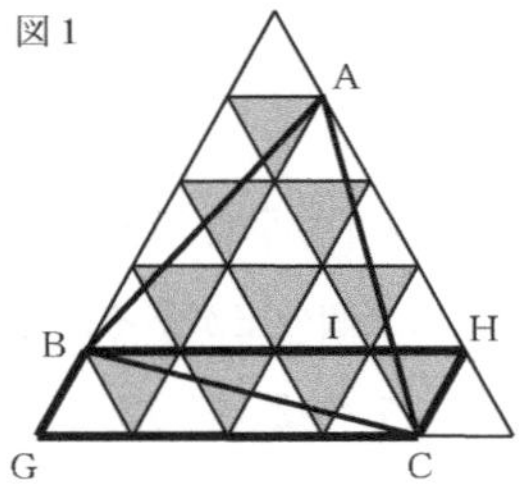

図２

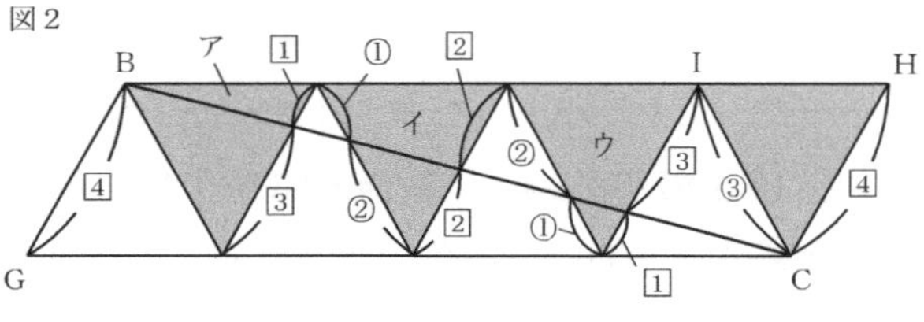

図２の黒い正三角形の一部のうち，三角形ＡＢＣの内部にある３つの部分をそれぞれア，イ，ウとすると，

(アの面積)＝$1\times\frac{\boxed{1}}{\boxed{1}+\boxed{3}}=\frac{1}{4}$，(イの面積)＝$1-1\times\frac{\text{②}}{\text{①}+\text{②}}\times\frac{\boxed{2}}{\boxed{2}+\boxed{2}}=\frac{2}{3}$，(ウの面積)＝
$1-1\times\frac{\text{①}}{\text{①}+\text{②}}\times\frac{\boxed{1}}{\boxed{1}+\boxed{3}}=\frac{11}{12}$となり，三角形ＢＣＨの内部の黒い部分の面積は$\frac{1}{4}+\frac{2}{3}+\frac{11}{12}=\frac{11}{6}$である。
よって，$B_1=\frac{11}{6}\times3+1=6.5$
(三角形ＢＧＣの面積)＝$1\times\frac{4}{1}=4$だから，(三角形ＡＢＣの面積)＝
25－4×3＝13となるので，$W_1=13-6.5=6.5$である。
したがって，$\frac{W_1}{B_1}=\frac{6.5}{6.5}=$**1**

図3

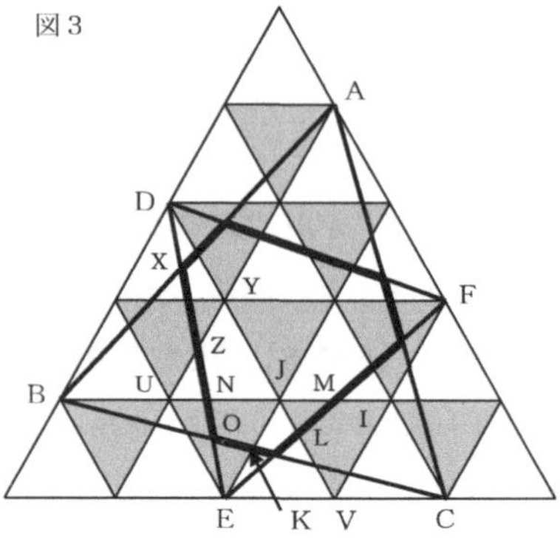

（ⅱ）　**【解き方】（ⅰ）と同様に，小さな正三角形の面積を１として，図３の三角形ＪＬＭと四角形ＪＮＯＫの面積を求める。三角形ＡＢＣの面積から，三角形ＸＢＯの面積３つ分と，B_2を引いて，W_2を求める。**

ＪＬ：ＬＶ＝１：２，ＪＭ：ＭＩ＝１：１だから，三角形ＪＬＭの面積は，$1\times\frac{1}{1+2}\times\frac{1}{1+1}=\frac{1}{6}$
ＪＮ：ＵＮ＝２：１，三角形ＪＢＫと三角形ＥＣＫの辺の長さの比より，ＪＫ：ＫＥ＝１：１，三角形ＮＢＯと三角形ＥＣＯの辺の長さの比より，ＮＯ：ＥＯ＝$(1+\frac{1}{2+1})$：２＝２：３となる。図４で，(三角形ＮＥＪの面積)＝$1\times\frac{2}{2+1}=\frac{2}{3}$，(三角形ＯＥＫの面積)＝$\frac{2}{3}\times\frac{1}{1+1}\times\frac{3}{2+3}=\frac{1}{5}$だから，斜線《しゃせん》部分の四角形ＮＯＫＪの面積は，$\frac{2}{3}-\frac{1}{5}=\frac{7}{15}$である。　したがって，$B_2=(\frac{1}{6}+\frac{7}{15})\times3+1=\frac{29}{10}$

図4

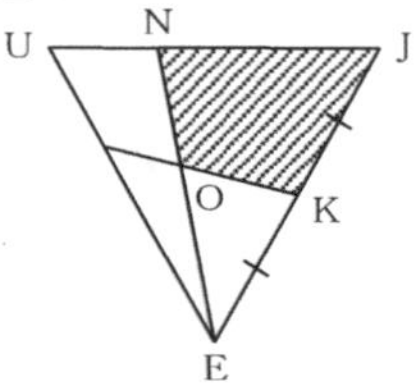

次に，ＢＯ：ＣＯ＝ＮＯ：ＥＯ＝２：３…㋐
図の対称性より，ＡＺ：ＹＺ＝ＢＭ：ＪＭ＝５：１だから，ＢＤ：ＡＺ＝(５－１)：５＝４：５
よって，三角形ＢＤＸと三角形ＡＺＸの辺の長さの比より，ＢＸ：ＡＸ＝ＢＤ：ＡＺ＝４：５…㋑
㋐，㋑より，(三角形ＸＢＯの面積)＝(三角形ＡＢＣの面積)$\times\frac{2}{2+3}\times\frac{4}{4+5}=13\times\frac{2}{5}\times\frac{4}{9}=\frac{104}{45}$となるので，
$W_2=13-\frac{104}{45}\times3-\frac{29}{10}=\frac{19}{6}$　以上より，$\frac{W_2}{B_2}=\frac{19}{6}\div\frac{29}{10}=\frac{95}{87}=$ **$1\frac{8}{87}$**

4 (1)　６番目の表に現れる数の和は，１から７までの整数のそれぞれに１から７までの整数をかけた数の和に等しい。よって，１×１＋…＋１×７＋２×１＋…＋７×７＝(１＋２＋…＋７)×(１＋２＋…＋７)＝28×28＝**784**

(2)　**【解き方】表に現れる数字は，図１で塗《ぬ》りつぶされる表の対角線に対して対称である。**
表に現れているすべての数の和をＳとすると，{Ｙ}－〈Ｘ〉の値は，図２の白い部分の数の和と等しい。
よって，Ｓ＝{Ｙ}－〈Ｘ〉＋{Ｙ}＝２×{Ｙ}－〈Ｘ〉と表せるから，正しいものは，**エ**である。

(3)　**【解き方】【性質】を満たす玉が０個の並べ方を入れかえて，【性質】を満たす玉を１個にする。**
【性質】を満たす玉が０個のときの並び方は①｜②｜③｜④｜⑤｜⑥｜⑦｜⑧｜⑨｜⑩｜である。10個の玉のうち，１個だけ右に移動させたときに条件を満たすから，①は②より右側にある９個の｜のいずれかの位置に移動させればよいので，９通りある。同様に考えると，並べ方は全部で$9+8+\cdots+1=\frac{(9+1)\times9}{2}=$**45**(通り)ある。

(4)　**【解き方】(3)をふまえ，③と④を除いた①｜②｜⑤｜⑥｜⑦｜⑧｜⑨｜⑩｜の並びから，④→③の順に移動する。**
④の移動の仕方は６通りある。④を移動させた後，③の右側には７個の玉があるので，移動の仕方は７通りある。
よって，性質を満たす玉が③と④だけになるような並べ方は６×７＝**42**(通り)ある。

⑸　**【解き方】A＝７のとき，⑦は【性質】を満たさないので，⑷と同様に，⑤と⑥，④と⑥，…，①と⑥，④と⑤，③と⑤，…，①と②のように，並べ方の一部を求めて規則性を考える。右の組み合わせの数の求め方を利用する。**

例えば⑤と⑥を移動させる方法について，⑥の右側には玉が１個あるから１通り，⑤の右側には玉が２個あるから２通りあるので，全部で１×２＝２(通り)ある。同様にして，表にまとめると右のようになり，並べ方の数は⑴の図で，５番目の表の対角線より右上に現れる数と一致する。５番目の表に現れる数すべての和は，$\frac{(1+6)\times6}{2}\times\frac{(1+6)\times6}{2}=441$ であり，〈５〉＝30＋25＋36＝91だから，求める並べ方の数は(441－91)÷２＝**175**(通り)ある。

> **組み合わせの数の求め方**
>
> 異なる10個のものから順番をつけずに３個選ぶときの組み合わせの数は，
>
> 全体の個数　選ぶ個数
>
> $\frac{⑩\times9\times8}{③\times2\times1}=120$(通り)
>
> 選ぶ個数　選ぶ個数
>
> つまり，異なるｎ個からｋ個選ぶときの組み合わせの数の求め方は，$\frac{(n個からk個選ぶ並べ方の数)}{(k個からk個選ぶ並べ方の数)}$

移動させる玉	並べ方
⑤，⑥	２通り
④，⑥	３通り
⋮	⋮
①，⑥	６通り
④，⑤	６通り
③，⑤	８通り
⋮	⋮
①，②	30通り

⑹　**【解き方】⑸の解説をふまえる。A＝７のとき，７－２＝５(番目)の表について考えたのだから，A＝12のとき，12－２＝10(番目)の表について考えればよい。**

10番目の表に現れる数すべての和は，$\frac{(1+11)\times11}{2}\times\frac{(1+11)\times11}{2}=4356$，

〈10〉＝91＋49＋64＋81＋100＋121＝506だから，求める並べ方の数は(4356－506)÷２＝**1925**(通り)ある。

《2024　理科　解説》

1　⑴　太陽や北極星などの恒星《こうせい》とマッチの火は自ら輝《かがや》いているが，月や金星などは太陽の光を反射して輝いている。

⑵　月の満ち欠けの原因は，月が地球の周りを公転することで，太陽・月・地球の位置関係が変わるためである。

⑶⑷　日食は，太陽－月－地球の順に一直線に並んだとき，太陽が新月にかくされることで起こる。なお，月食は，太陽－地球－月の順に一直線に並んだとき，満月が地球のかげに入ることで起こる。

⑸　図ｉ参照。午前９時の日本は☆印の位置にあるから，午前９時に見ることができる図ｉの月は，Ｆの月齢《げつれい》18前後の月から(反時計回りに回って)Ｂの月齢３前後の月までである。これより，選択肢《せんたくし》の月齢のうち，月齢が21の月が適するとわかる(午前９時に月齢が５や13の月は見ることができない)。月齢21の月はＧ(下弦《かげん》の月)とほぼ同じ位置にあるから，☆印から見たとき西の空に見える。

図ｉ

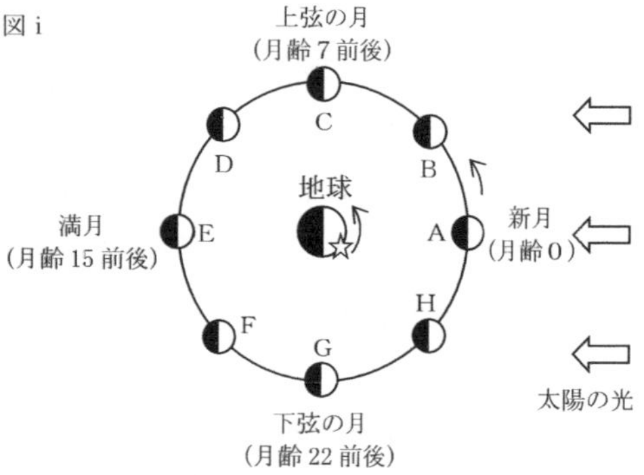

2　⑶　適当な温度が必要かどうかを調べるためには，温度以外の条件をそろえた実験を行う必要がある。西さんの考えた実験では，２つのグループで結果に違《ちが》いがあっても，その違いが温度の違いによるものか，明るさ(光)の違いによるものか判断できない。

⑸　新しい葉ができてからは，光合成によって成長に必要な養分をつくり出す。

⑺　ア×…トマトは一定時間水を与えなかった場合よりも，体の一部を切除した場合の方が音の発生数が少ない。イ，ウ，オ×…この実験結果からはわからない。　エ○…トマトもタバコも，作業後に音の発生数が増加している。

⑻　ア×…無音だと蜜《みつ》に含まれる糖分の濃度《のうど》に変化はあまり見られないが，濃度が０％にはならないので蜜に糖分は含《ふく》まれる。　イ×…ミツバチの羽音を聞かせると，蜜に含まれる糖分の濃度が高くなることはわかるが，この

表からは，そのことによってミツバチがおびき寄せられているかはわからない。　ウ×…音②と音③では蜜に含まれる糖分の濃度はあまり変わらない。

(9)　他の条件を変えずに花弁だけを除去する実験を行い，ミツバチの羽音を聞かせたときの花におこる小さな揺《ゆ》れを観測し，花弁を除去していないときの結果と比べればよい。

3　(4)　100gの水を1℃上昇《じょうしょう》させるためには100㎈の発熱量が必要である。よって，5000㎈の発熱量で，水100gは5000÷100＝50(℃)上昇する。

(5)　反応の前後で，反応にかかわる物質全体の重さは変化しないから，AとBの重さは等しくなる。Cの重さは，ゴム栓《せん》をはずしたときに吸いこまれた空気の分，B(A)より重くなる。

(6)　プロパンガス1㎥を燃焼させると，水の温度上昇に使われる熱は 24000×0.9＝21600(㎉)である。200L→200000gの水の温度を 40－20＝20(℃)上昇させるのに必要な熱の量は1×200000×20＝4000000(㎈)→4000(㎉)である。よって，必要なプロパンガスは4000÷21600＝$\frac{5}{27}$＝0.185…→0.19㎥である。

(7)　プロパンガス1L→0.001㎥を燃焼させるのに必要な酸素が5L→0.005㎥だから，必要な空気は 0.005÷0.2＝0.025(㎥)である。よって，プロパンガス$\frac{5}{27}$㎥を燃焼させるのに必要な空気は0.025×($\frac{5}{27}$÷0.001)＝4.62…→4.6㎥である。

(8)　お風呂のお湯をわかすのにプロパンガスを使うと540×$\frac{5}{27}$＝100(円)かかる。お風呂のお湯をわかすのに必要な都市ガスは4000÷(10750×0.9)＝$\frac{160}{387}$(㎥)だから，都市ガスを使うと 180×$\frac{160}{387}$＝$\frac{3200}{43}$(円)かかる。よって，都市ガスを使った方が100－$\frac{3200}{43}$＝25.5…→26円安くなる。

(9)　ア×…プロパン10Lは 19.6g，酸素 50Lは 14.28×$\frac{50}{10}$＝71.4(g)で，プロパン 10Lを燃やして発生する水が32.2gだから，発生する二酸化炭素は 19.6＋71.4－32.2＝58.8(g)である。メタン 10Lを燃やして発生する二酸化炭素(10L)は19.6gである。よって，発生する二酸化炭素の量はプロパンの方が多い。　イ×…発生する二酸化炭素の量は，反応した酸素の量(または燃えたプロパンやメタンの量)に比例する。したがって，プロパンをちょうど10Lの酸素と燃やしたとき，発生する二酸化炭素は58.8×$\frac{10}{50}$＝11.76(g)，メタンをちょうど10Lの酸素と燃やしたとき，発生する二酸化炭素は 19.6×$\frac{10}{20}$＝9.8(g)である。よって，発生する二酸化炭素の量はプロパンの方が多い。　ウ○…プロパンとメタンで発生する熱量が同じときに，発生する二酸化炭素の量を比べればよい。プロパンとメタンをそれぞれ1㎥燃焼させたときに発生する熱量の比が 24000：10750＝96：43 だから，発生する熱量が同じになるときに燃焼させるプロパンとメタンの量の比は43：96となる。これより，プロパン 43L，メタン 96Lのそれぞれを燃焼させたときに発生する二酸化炭素の量を比べればよい。それぞれ発生する二酸化炭素は，プロパン 43Lでは 58.8×$\frac{43}{10}$＝252.84(g)，メタン 96Lでは 19.6×$\frac{96}{10}$＝188.16(g)である。よって，メタンよりもプロパンの方が二酸化炭素を多く発生する。　エ×…ウと同様に考える。必要な酸素は，プロパン 43Lでは 50×$\frac{43}{10}$＝215(L)，メタン 96Lでは20×$\frac{96}{10}$＝192(L)だから，プロパンよりもメタンの方が必要な酸素が少ない。

4　(1)　浮力《ふりょく》は押しのけられた水の重さに等しいから，物体の体積が大きいほどはたらく浮力は大きくなる。物体の重さが等しいとき，物体の1㎤あたりの重さ(密度)が小さいほど，その物体の体積は大きくなる。よって，1㎏の木，鉄，ガラスのうち，最も浮力が大きくなる(密度が小さい)のは木である。

(2)　物体にはたらく浮力の大きさと物体の重さが等しいとき，物体は浮《う》いた状態で静止する。物体の水に入っている部分の体積は10×10×(10－2)＝800(㎤)だから，物体にはたらく浮力の大きさ(物体の重さ)は800gである。

(3)　図3のとき，物体にはたらく上向きの力(ばねばかりが上に引く力と浮力の和)は物体の重さに等しく 800gで，ばねばかりが上に引く力が 50gだから，物体にはたらく浮力は 800－50＝750(g)である。よって，物体が押しのけた10×10×10＝1000(㎤)の液体の重さが750gだから，液体1㎤の重さは750÷1000＝0.75(g)である。

(4)　ヘリウムガスを入れた風船の体積は15Lだから，この風船が押しのけた空気の重さ(この風船にかかる浮力)は1.2×15＝18(g)である。

(5)　ヘリウムガス 15Lの重さが 0.18×15＝2.7(g)，風船の重さが 10gだから，花の種は 18－2.7－10＝5.3(g)までつるすことができる。

(6)　ゴムボールが押しのけた水の重さがゴムボールの重さ(40g)と等しくなると，ゴムボールは静止する。このときのゴムボールが押しのけた水の体積(ゴムボールの体積)は 40 ㎤である。図4において，ゴムボールの体積1のときの実際のゴムボールの体積は120㎤だから，縦軸《じく》の1めもりは10㎤である。よって，ゴムボールの体積が40㎤になるときの水深は20mとわかる。

(7)　ゴムボールの位置が(6)よりも浅い位置にあるとき，ゴムボールの体積が 40 ㎤より大きくなるから，ゴムボールにはたらく浮力は40gより大きくなる(上向きの力の方が大きい)。よって，ゴムボールは水面まで浮かび上がってくる。ゴムボールの位置が(6)よりも深い位置にあるとき，ゴムボールの体積が 40 ㎤より小さくなるから，ゴムボールにはたらく浮力は40gより小さくなる(下向きの力の方が大きい)。よって，ゴムボールは深く沈む。

(8)　空気20Lの重さとヘリウムガスを入れた風船の重さが等しくなると，風船は静止する。ヘリウムガスを入れた風船の重さは 0.18×20＋15＝18.6(g)だから，空気 20Lの重さが 18.6gになるとき，つまり空気1Lの重さが18.6÷20＝0.93(g)になるときの地表からの高さを求めればよい。図5において，空気1Lの重さ1のときの実際の空気の重さは1.2gだから，縦軸の1めもりは0.12gである。これより，地表からの高さが1000m高くなると，空気1Lの重さは0.12g軽くなる。よって，空気1Lの重さが 1.2－0.93＝0.27(g)軽くなるのは，地表からの高さが $1000\times\frac{0.27}{0.12}=2250$(m)のときである。

(9)　風船の高さが(8)よりも低いとき，空気1Lの重さは 0.93gより大きくなるから，風船にはたらく浮力は 18.6gより大きくなり(上向きの力の方が大きくなり)風船は昇るが，(8)の高さになると，風船は静止する。風船の高さが(8)よりも高いとき，空気1Lの重さは 0.93gより小さくなるから，風船にはたらく浮力は 18.6gより小さくなり(下向きの力の方が大きくなり)風船は下がるが，(8)の高さになると，風船は静止する。

《2024　社会　解説》

1　**問1**　イ　　沖縄県は，これまで出生数と死亡数の差である自然増減数がプラス(自然増)であったが，令和4年度に初めてマイナス(自然減)となった。

問2　エ　　長野県は，レタスやキャベツなどの野菜の生産とりんごやぶどうなどの果実の生産が盛んである。アは山形県，イは千葉県，ウは宮崎県。

問3(1)　アルミニウム　　飲料缶に使われる金属は，スチールとアルミニウムの2つであり，軽くて錆びにくいことからアルミニウムと判断できる。　(2)　ボーキサイトからアルミナ(酸化アルミニウム)を取り出し，アルミナを電気分解することで，アルミニウムができる。アルミナを電気分解するときに大量の電力を必要とするので，ボーキサイトからアルミニウムをつくる費用の方が，他国からアルミニウムを輸入する費用より高くなる。

問4　イ　　若い世代の利用時間が長いイをインターネットと判断する。アはテレビ，ウは新聞，エはラジオ。

問5　オ　　三方を山岳地帯に囲まれた富山県は，急峻な山から1年を通じて豊富な水が流れる河川が多数あり，水力発電に適している。風力発電は青森県，地熱発電は大分県がそれぞれ全国1位であることは知っておきたい。

問6(1)　ウ　　アはさけ・ます，イは大豆，エは豚肉。　(2)　エ　　アはヨーグルト，イはアイスクリーム・シャーベット，ウは緑茶。

問7　イ　　静岡県や愛知県などの自動車の組み立て工場などで，ブラジル人や日系ブラジル人が多く働いている。福岡県は大陸と近いことから，中国人や韓国人が多い。

問9　ウ　　製造品出荷額等は，中京工業地帯のある名古屋圏の割合が最も高い。アは大学生の数，イは人口，エは面積。

問10　ＩｏＴ　　モノのインターネット(Internet of Things)の略称。

問11　ア　　先端技術産業の最先端をいくアメリカ合衆国の研究開発費は，他国を大きく引き離している。2000年以降，中国の技術開発は急激に伸びていることからＪを中国と判断する。

2　問1　ア　　深谷ねぎは埼玉県で採れるから，１～３月の取扱量が多いＢが埼玉県である。北海道では冷涼な気候を利用して，夏から秋にかけてねぎを出荷できることから，９～10月の取扱量が多いＣが北海道である。

問2　1962年以降ニュータウンＹに入居した世帯主の年齢は20～40歳台だったと考えられる。これらの世帯主の年齢は2010年には70～90歳台になっている。また，ニュータウンは核家族世帯のライフスタイルにあった間取りをしている団地が多く，世帯主の子ども世代が大きくなっても，ニュータウンに残ることは少なかった。

問3(1)　オ　　甲州市は，ぶどうやももの産地だから，第１次産業人口の割合が高いと判断する。富士河口湖町と南部町を比べた場合，河口湖が近い富士河口湖町の方が観光業の人口が多いと考えて，第三次産業人口割合が高いＤを富士河口湖町，Ｆを南部町と判断する。　(2)　イ　　ア．誤り。地図の北西の山の三角点に442.2m，西の山の三角点に287.8mの標高が表示されていて，その間の等高線の本数から計曲線は50mごと，主曲線は10mごとに引かれているとわかるので，地形図の縮尺は２万５千分の１である。ウ．誤り。春日居町熊野堂から石和町松本の間を走る国道沿いには，郵便局()，交番()，小・中学校()，発電所等()，寺院()は見られるが，電波塔()は見られない。エ．誤り。市役所()，老人ホーム()，自然災害伝承碑()が見られるのは，笛吹川の右岸である。河川を上流から下流に向かって眺めたとき，右手を右岸，左手を左岸という。

問4(1)　千葉県　　千葉県には，東京ディズニーリゾートをはじめとする多くの観光施設がある。

(2)　ア　　交通費が最も多いＧは，日本からの距離が最も遠いオーストラリアである。買物代の割合が最も多いＨは，いわゆる爆買いをする観光客が多い中国である。

問5　ウ　　３つの地方を比べた場合，人口が最も多いのは近畿地方だから，近畿地方の割合が最も高いＪは生活用水である。農業が盛んな東北地方の割合が最も高いＬは農業用水と判断する。

問6　カ　　３市の中で最も南に位置する洲本市の年平均気温が最も高い。豊岡市は日本海に面し，冬に雪やくもりの日が多くなることから，年降水量が多く，年日照時間が短いＭと判断する。

問7　紙　　四国中央市と富士市は紙パルプの生産が盛んな市である。

問8　イ　　ミヤマキリシマ(深山霧島)は，植物学者の牧野富太郎が霧島を訪れたときに発見し命名した花である。アは東京都，ウは山口県，エは岩手県。

3　問1　ウ　　Ａ．正しい。Ｂ．誤り。大和政権が成立したのは古墳時代。Ｃ．誤り。青銅器が伝わったのは弥生時代であり，銅鐸などの青銅器は祭りの道具として使われた。

問3　エ　　聖徳太子が政治の改革を行っていた頃の中国は，唐ではなく隋であった。

問4　源氏物語　　「若紫」「紫の上」「紫式部」などから判断する。

問5(1)　北条政子　　文章の人物は源頼朝である。　(2)　エ　　ｉ．誤り。武士として初めて太政大臣になったのは，平清盛である。ⅱ．誤り。二度に渡って九州に元軍が攻めてきた時の執権は北条時宗である。

問6　オ　　足利尊氏が京都に新たに天皇を立て(北朝)，後醍醐天皇が奈良の吉野に逃れて(南朝)対立が続くなか，征夷大将軍となった足利尊氏は室町幕府を開いた。３代将軍の足利義満は，京都の北山に金閣を建てた。８代将軍の足利義政のあとつぎ問題と管領をめぐる守護大名の権力争いから応仁の乱が起き，祇園祭が一時中断した。その後，乱が収まると，京都の有力な町衆が中心となって祇園祭が復活した。

問7　イ　　ア．誤り。平安時代の様子である。ウ．誤り。江戸時代の様子である。北前船は，江戸時代に蝦夷地から日本海・瀬戸内海を通って大阪までの西廻り航路を運航した船である。エ．誤り。戦国時代や江戸時代の様子である。寺社の修理費などを集めるために行われる相撲は，勧進相撲と呼ばれる。

問8　ウ　　人形浄瑠璃は江戸時代に成立した。地方の特産品である調を納めたのは律令下であった奈良時代から平安時代にかけてである。

問9　ア　　室町幕府の15代将軍足利義昭を将軍に就かせ，その後，京都から追放したのは織田信長である。
17世紀中頃以降，鎖国体制が完成すると，幕府は布教活動をしないオランダと長崎の出島で貿易をしていた。

問10　エ　　明治時代の自由民権運動の演説会の様子を描いたものである。

問11(1)　徳川吉宗　　目安箱の設置は，徳川吉宗が享保の改革で行った政策の一つである。

(2)　ウ　　ア．誤り。朝鮮との交流を対馬の宗氏に再開させたのは徳川家康である。イ．誤り。駿河国は中山道ではなく東海道にある。エ．誤り。徳川吉宗は，家柄より能力を重視した登用を行った。

問12　参勤交代によって，大名が将軍に謁見することと関連付けてあればよい。

問13　イ　　島原・天草一揆は，17世紀の1637年に起こった。

問14　日米修好通商条約をはじめとする安政の五か国条約は，相手国の領事裁判権を認め，日本に関税自主権がない，日本に不利な不平等条約であった。

問16　ウ　　日清戦争の講和条約である下関条約で，台湾・澎湖諸島・遼東半島を獲得した。

問17　ウ　　日本でもせんい工業を中心に産業革命が起こり，綿花を輸入して綿糸を輸出するようになり，日露戦争前には，綿花の輸入額が綿糸の輸入額を上回っていた。

問18　イ　　ラジオ放送は，大正時代の1925年から始まった。

問19　オ　　Ⅲ(朝鮮戦争・1950年)→Ⅰ(東海道新幹線の開通・1964年)→Ⅱ(バブル崩壊・1991年)

問20　消費税　　３％の消費税が導入される際，釣銭に１円硬貨が使われる機会が増えると考え，通常より多い１円硬貨が発行された。

4　問1　ア　　フランスは現在でも全発電量の約60％を原子力に依存していることから，原発稼働を終えたのはドイツと判断できる。サウジアラビアは北半球に位置する。

問2　エ　　ア．誤り。内閣総理大臣は，国民による選挙で選ばれた国会議員の中から，国会議員によって指名される。イ．誤り。閣議は，全員一致を原則とする。ウ．誤り。予算案の提出は内閣が行う。

問3　ウ　　上位にある国が北欧諸国であることからスウェーデンが除外される。オーストラリアが26位にあることから，地理的にも文化的にもオーストラリアに近いニュージーランドも除外される。日本より下位に西アジアや北アフリカのイスラム教を信仰する国が多いことから，エジプトが除外される。

問5　エ　　安全保障理事会の常任理事国〈アメリカ・イギリス・フランス・中国・ソ連(現ロシア)〉には，議案を廃案にできる拒否権がある。常任理事国であるソ連は，自国に不利な決議を受け入れず，拒否権を発動させたと考えられる。

西大和学園中学校

《国　語》

一　問一．a．相思相愛　b．皮肉　c．敗北　d．提起　e．不快　問二．A．オ　B．エ　C．ウ　D．ア　E．イ　問三．ウ　問四．X．わかりやすく　Y．おもしろく　問五．エ　問六．オ
問七．①セリフとして与　②人物が登場しな　問八．情報過多となった現代において、作品の余白に演出意図を感じられなくなった視聴者が、わかりやすく説明が多い映画を求めるため、製作委員会は視聴者にとって情報が多い映画を作ろうとするから。

二　問一．a．ウ　b．イ　c．イ　問二．A．オ　B．カ　C．ア　D．ウ　E．エ　問三．イ　問四．エ
問五．イ　問六．自分のせいで殺処分されたピーを助けられなかった心残りを保護犬を世話することで晴らそうとしたが、より愛らしい犬を選ぼうとする自分を浅ましく思い、保護犬を預かる資格がないと感じたから。
問七．ウ

三　(i)問一．径　問二．音を表す部分…袁　漢字…遠／園　(ii)ウ，イ，オ，ア，エ　(iii)①日　②心　③貝

《算　数》

1　(1)1　(2)10　(3)24　(4)50　(5)あ．520　い．563

2　(1)$\frac{1}{3}$　(2)68　(3)あ．5　い．4　う．312

3　(1)あ．28　い．999　う．75　(2)$5\frac{2}{5}$

4　(1)①49　②252　③ADの長さ…48　石灰…7300　(2)①41　②細／太／138　(3)53

《理　科》

1　(1)カ　(2)ア　(3)エ　(4)イ，エ　(5)③30　④14.3　(6)マグマが冷えて固まるときに，火山ガスが抜けたところに穴ができた。　(7)エ　(8)山中湖

2　(1)あ．背骨〔別解〕脊椎　い．胸　う．6　(2)①，③，⑥，⑧　(3)名前…ヤゴ　記号…ア　(4)エ
(5)卵→よう虫→成虫　(6)ウ　(7)イ，エ，キ

3　(1)ア，イ，オ　(2)イ，ウ　(3)809　(4)イ，カ　(5)ウ，カ　(6)①460　②299　(7)748　(8)12

4　(1)エ　(2)①62.5　②6.7　③80　④10　(3)14　(4)2.5　(5)32.5　(6)18　(7)ウ

《社　会》

1 問１．エ　問２．オ　問３．エ　問４．バイオマス　問５．ウ　問６．山梨県
問７．トレーサビリティ　問８．ウ　問９．ア　問10．ウ　問11．キ　問12．⑴南半球に位置し，季節が逆転するため。　⑵コンテンツ　問13．イ　問14．ア　問15．オ　問16．大部分が水である
問17．ア

2 問１．エ　問２．650　問３．多雨地域を流れる吉野川にダムを作って取水し，山地に導水トンネルを掘り，少雨の香川県側に送水するため。　問４．エ　問５．イ　問６．ウ

3 問１．ア　問２．ア　問３．ウ　問４．イ　問５．エ　問６．ウ　問７．ウ　問８．エ
問９．能　問10．身分が固定された。　問11．イ　問12．家光　問13．オ　問14．近松門左衛門
問15．エ　問16．ウ　問17．エ　問18．オ　問19．カ　問20．ベルリンの壁

4 問１．イ　問２．ＱＵＡＤ　問３．ア　問４．国葬　問５．リシ・スナク

《2023　国語　解説》

一　**問三**　――部１では、本当に言いたいことや伝えたいこととは逆のことを言っている。ウは、本当は「長時間待たされたこと」を注意しようと思っていて、それとは逆のことを言っているので、これが適する。

問四　直後の「わかりやすくした結果、どうなるのか」に続く「勢いがなくな」るというのは、おもしろくなくなる、魅力《みりょく》がなくなるということ。また、「やや理解が追いつかない程度、多少視聴者《しちょうしゃ》を置いていくくらいじゃないと、勢いが出ない」「本来、セリフで説明しすぎると白けちゃうから、多少わかりにくくても映画に集中させたほうがいいし、僕《ぼく》個人としては、わかりやすくすることだけが作品を良くする解決策だとは、まったく思わない」ともある。佐藤氏や真木氏のこうした発言からも、わかりやすくするとおもしろくなくなる、わかりやすくすることとおもしろくすることは違《ちが》うということが読み取れる。

問五　――部２の前後の、「そんなオーダーをされるまでもなく、最初から説明的なシナリオを書いてくる脚本《きゃくほん》家も多い」「『最近の作品をたくさん観ている脚本家が、先回りして説明的なシナリオを書いてくる傾向《けいこう》はあると思います』」「今の最先端《さいせんたん》のシナリオでは親切にセリフで説明すべきであるという“正解”が(わかっているんですよ)」より考える。ここより前で、説明セリフの多い作品が増え、それに慣れた視聴者や観客、さらには映画の製作委員会までもが「わかりやすいこと」を求めていることが書かれている。すると脚本家は、自身が仕事で成功するためには、その求めに応えて親切にセリフで説明すべきだと「わかっている」ので、そのようなシナリオを書くのである。よって、エが適する。

問六　――部３の「そのような構造」とは、「教祖ビジネス」のような構造のこと。３～６行前に、ブロガー・実業家の山本一郎氏が「教祖ビジネス」について述べた内容が書かれている。よって、これを過不足なくまとめているオが適する。

問七　端的《たんてき》に言うと視聴者が「説明セリフを求める傾向」にあること。文章の最初の方の「セリフとして与《あた》えられる情報だけが物語の進行に関わっている、と思い込《こ》むようになる」、「人物が登場しなかったり、沈黙《ちんもく》が続いたりするようなシーンは、物語が進行していないとみなされ」から抜《ぬ》き出す。

問八　真木太郎氏の述べたことをまとめた、「説明セリフの多い作品が増えた理由のひとつは、製作委員会(製作費を出資する企業群《きぎょうぐん》)で脚本が回し読みされる際、『わかりにくい』という意見が出るからだ。なぜ製作委員会は、そこまで『わかりやすさ』を求めるのか。『観客がわかってくれないんじゃないかって、不安なんだろうね』」や、文章の８～９行目の「本来、10 秒間の沈黙という演出には、視聴者に無音の 10 秒間を体験させるという演出意図がある(はずだ)がそのような作り手側の意図は届かない」、文章後半の、「テレビをつけて目にする番組が情報過多なものばかりになれば、視聴者もすべてが説明されている状態に慣れる。慣らされる」、「その情報密度、そのテンポに慣れてしまえば、映画のワンカット長回しや、セリフなしで沈黙芝居《しばい》に耐《た》えられなくなるのは当然かもしれない」「説明セリフを求める傾向は、観客の民度や向上心の問題というよりは、習慣の問題なのだ」などに着目してまとめる。

二　**問三**　――部１の「それ」が指す内容は、「保護された犬猫《いぬねこ》を育てるボランティアのブース」は「焼きたてのソーセージや産地直送の野菜が並んでいる店に比べたら圧倒的《あっとうてき》に地味」であることを指す。「目が釘付《くぎづ》けになった」とは、目がそこから動かせなくなったこと、つまり、保護犬たちのかわいらしさに魅了《みりょう》されてしまったということ。よって、イが適する。

問四　焼き餅《もち》を焼くとは、嫉妬《しっと》、ねたみなどでモヤモヤした感情をいだくこと。「大型犬もなでてやった」ことに対する、チワワの「キャンキャンと鳴く」という反応であることから考える。

問五　美帆は、かつては「よりどころ」とまで感じていた会社に対して疑問を感じ、恋人《こいびと》との関係や実家にいる家族との関係にも悩《なや》み、だれにも頼《たよ》れないと感じて暗い気持ちでいた。つまり孤独《こどく》に苦しんでいた。そんな中で、チワワや他の保護犬を見た美帆は心が動き、「こんな元気な子たちなら、私にも飼えるかもしれない」と思った。そして最後にチワワを抱《だ》かせてもらった。――部２は、その時の感じが美帆の主観で描《えが》かれている。美帆はチワワの体温が高いことにびっくりし、チワワが「美帆の目をじっと見つめていた」と感じた。その感じや印象は孤独だった美帆の身体や心にしみ、保護犬の存在が美帆の心の中で大きくなった。このことが、「あの保護犬たちと出会ってから、美帆は彼《かれ》らのことばかり考えている」という描写《びょうしゃ》からも読み取れる。よって、イが適する。

問六　ここより前に、「今でもあの目を思い出すと、胸が締《し》め付けられる。一生懸命《いっしょうけんめい》探したが見つからなかった。あとで、保健所に保護されたらしい、と聞いた。そして、そこではしばらくの間飼い主を待った後、殺処分されるという残酷《ざんこく》な現実も知った。保健所に探しに行くことを当時まったく思いつかなかった自分を責めた。ずっと、ピーのことが心残りだった。その後悔《こうかい》も、保護犬を引き取ったら、少しは晴れるかもしれない。あの時のピーのような存在を助けることができたら。それは美帆の新しい生きがい、生きる目標になるような気がした」とある。しかし、このように考える一方で、「かわいい犬、より若い犬に目がいってしまう自分に気づき、浅ましく思った」ので、ホームページを閉じてしまいそうになったのである。

問七　７行前にあるように、美帆は「ここに書かれていることは、保護犬だけじゃなく、自分にも必要であることに」気がついた。そして、自分は「これから、どう生きていったらいいのだろう」と、自分の進むべき道について考えている。よって、ウが適する。

三　(ⅱ)　Ａで、これから説明しようとする問題を端的《たんてき》にあげ、Ｂで、「核兵器《かくへいき》の廃絶《はいぜつ》やクローン人間の作製のように」Ａで述べたことにあてはまらないものも当然あることを説明している。ウは、逆接の接続詞「しかし」でつないで、「多くの場合、国や地域によって結論が変わります」と、Ｂとは逆の内容を述べている。イでは、ウの「その国や地域の歴史、文化、あるいは宗教観に左右されます」のうちの、「宗教観が大きく影響《えいきょう》を与《あた》える問題」の例として「人工妊娠《にんしん》中絶」をあげている。オでは、イで挙げた「人工妊娠中絶」への取り組みの違いを、国ごとに具体的に述べている。アでは、ウで説明したことのもう一つの例としてＥＳ細胞《さいぼう》をあげている。エでは、アを受けて、ＥＳ細胞の製作について、国ごとに具体的に述べている。Ｃでは、エに続けて、ＥＳ細胞をめぐる状況《じょうきょう》についての説明を加えている。よって、ウ→イ→オ→ア→エの順になる。

《2023　算数　解説》

1　(1)　与式 $=(\frac{825}{1000}\times\frac{27}{11}-\frac{1}{2}\times 4)\div(\frac{5}{40}-\frac{4}{40})=(\frac{81}{40}-2)\div\frac{1}{40}=\frac{81}{40}\times 40-2\times 40=81-80=$ **1**

(2)　与式より，$\frac{1417}{7}\div(99+\square)=\frac{1}{2}\times 6-\frac{1}{3}\times 6+\frac{1}{7}\times 6$　　$\frac{1417}{7}\div(99+\square)=1\frac{6}{7}$　　$99+\square=\frac{1417}{7}\div\frac{13}{7}$

$\square=109-99=$ **10**

(3)　算数が国語より高かった生徒の人数をａ人，国語が算数より高かった生徒の人数をｂ人とすると，ａとｂの和は $45-4=41$，ａはｂより７大きいから，$a=(41+7)\div 2=24$　　よって，求める人数は **24** 人である。

(4)　**【解き方】食塩の量は一定なので，濃度が半分になったということは食塩水の量が２倍になったということである。したがって，はじめ作る予定だった食塩水の量を①とすると，実際にできた食塩水の量は②である。**

②－①＝①が，加える予定だった水の量の $5-1=4$ (倍)にあたるので，加える予定だった水の量は，①$\times\frac{1}{4}=$ $\enclose{circle}{\frac{1}{4}}$ である。したがって，容器Ａに入っていた食塩水の量は①$-\enclose{circle}{\frac{1}{4}}=\enclose{circle}{\frac{3}{4}}$ で，これが150ｇなのだから，加える予定だった水の量は，$150\times\frac{1}{3}=$ **50** (ｇ)

⑸① **【解き方】１桁の数字のカードを３枚使う場合と，１桁の数字のカードと２桁の数字のカードを１枚ずつ使う場合で分けて数える。**

１桁の数字のカードを３枚使う場合，必ず各位の数字が異なる３桁の整数ができる。その個数は，$9\times8\times7=504$(個)

１桁の数字のカードと２桁の数字のカードを１枚ずつ使う場合は，まず$\boxed{10}$のカードを使うときから考える。

$\boxed{10}$を使うとき，$\boxed{2}$～$\boxed{9}$の８枚のいずれかを$\boxed{10}$の左か右に並べるから，$8\times2=16$(個)できる。

$\boxed{11}$は位の数字に１が２つ以上現れるので，使えない。$\boxed{12}$より大きい２桁の数字のカードを使って，各位の数字が異なる３桁の整数を作ると，１桁の数字のカードを３枚使ってできる数と同じ数しかできない。

よって，求める個数は，$504+16=$**520**(個)

② **【解き方】各位の数字の中に同じ数字がふくまれる３桁の整数を何個作れるかを数える。このとき，２桁の数字のカードを必ず１枚使う。**

$\boxed{10}$を使うとき，もう１枚を$\boxed{1}$にして110と101の２個が作れる。

$\boxed{11}$を使うとき，もう１枚を$\boxed{1}$にすることで111が１個作れる。もう１枚を$\boxed{2}$～$\boxed{9}$の８枚のいずれかにすると，$\boxed{11}$の左か右に並べることで，$8\times2=16$(個)作れる。したがって，合わせて，$1+16=17$(個)

$\boxed{12}$を使うとき，もう１枚を$\boxed{1}$にすると112と121が作れるが，このうち112は$\boxed{11}$と$\boxed{2}$ですでに作っている。

もう１枚を$\boxed{2}$にすると212と122が作れる。したがって，合わせて，$1+2=3$(個)

$\boxed{13}$～$\boxed{19}$を使うとき，$\boxed{12}$のときと同様に３個ずつ作れる。

よって，各位の数字の中に同じ数字がふくまれる３桁の整数は全部で，$2+17+3\times8=43$(個)作れるから，求める個数は，$520+43=$**563**(個)

2 ⑴ **【解き方】正六角形は合同な６個の正三角形に分けられるので，その正三角形１個の面積を１，正六角形の面積を６とする。右のように作図する。**

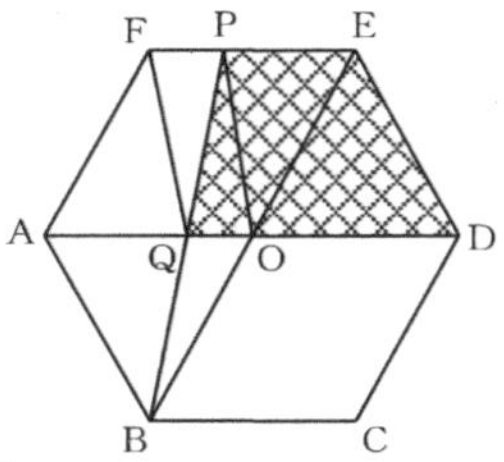

三角形ＯＥＰの面積は三角形ＯＥＦの面積の$\frac{EP}{EF}=\frac{2}{3}$だから，$1\times\frac{2}{3}=\frac{2}{3}$である。

三角形ＢＯＱと三角形ＢＥＰが同じ形だから，ＯＱ：ＥＰ＝ＢＯ：ＢＥ＝１：２

$OQ=EP\times\frac{1}{2}=PF$だから，三角形ＯＰＱと三角形ＰＦＱは面積が等しい。

したがって，三角形ＯＰＱの面積は三角形ＯＥＦの面積の$\frac{PF}{EF}=\frac{1}{3}$だから，$1\times\frac{1}{3}=\frac{1}{3}$

よって，網目部分の面積は，$\frac{2}{3}+\frac{1}{3}+1=2$だから，正六角形の面積の$\frac{2}{6}=\boldsymbol{\frac{1}{3}}$(倍)である。

⑵ **【解き方】平行四辺形の向かい合う角は等しいから角ＡＤＣ＝●であり，対頂角は等しいから角ＣＥＦ＝●なので，三角形ＣＥＤは二等辺三角形である。**

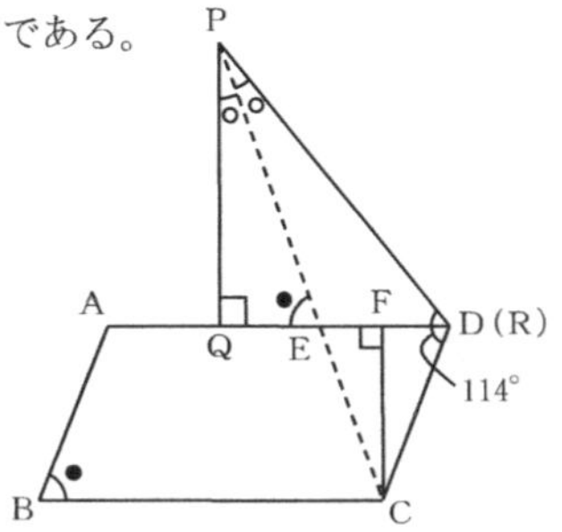

平行線の錯角は等しいから，角ＤＣＦ＝角ＥＣＦ＝角ＥＰＱ＝○

三角形ＰＣＤの内角の和より，$○\times3+114°=180°$

$○=(180°-114°)\div3=22°$　　よって，$●=90°-○=90°-22°=$**68°**

⑶ **【解き方】立方体の切り口の完成図は右の図１のようになる。切り口の頂点のとり方は以下のようになるが，前後の面，左右の面，上下の面それぞれに同じ形の直角三角形ができることを利用する。**

図１

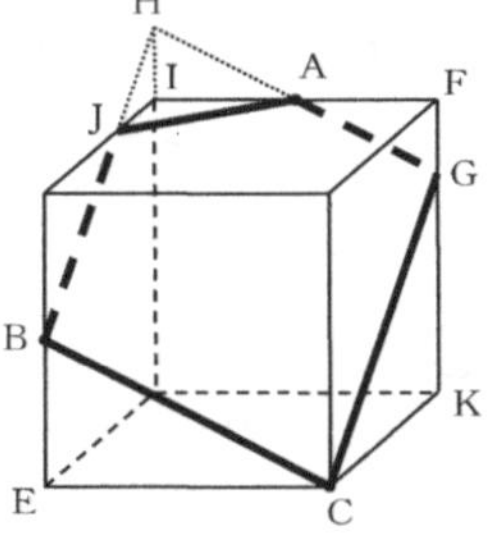

三角形ＢＥＣの直角をはさむ２辺の比は12：24＝１：２だから，

$FG=FA\times\frac{1}{2}=6$(㎝)となる位置に点Ｇがとれる。

また，$IH=IA\times\frac{1}{2}=6$(㎝)となる位置に点Ｈがとれる。ＪはＢ，Ｈを結んでとることができる。よって，切り口の図形の辺は**５**本である。

また，左右の面にできる直角三角形の直角をはさむ２辺の比は，

ＫＧ：ＫＣ＝(24－６)：24＝３：４だから，ＩＪ＝ＩＨ×$\frac{4}{3}$＝６×$\frac{4}{3}$＝８(cm)

上下の面にできる直角三角形の直角をはさむ２辺の比は，ＩＪ：ＩＡ＝８：12＝２：３である。

２つの直方体にできる切り口の完成図は図２のようになるが，各頂点のとり方は以下のようになる。

図２

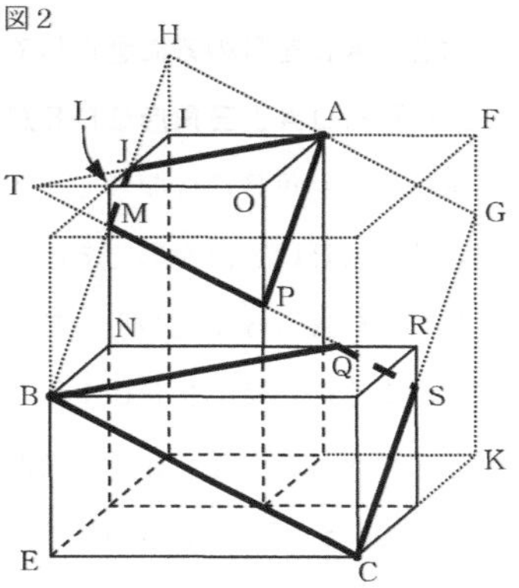

ＬＪ＝12－８＝４(cm)，ＬＭ：ＬＪ＝３：４より，ＬＭ＝ＬＪ×$\frac{3}{4}$＝３(cm)

ＯＰ：ＯＡ＝３：４より，ＯＰ＝ＯＡ×$\frac{3}{4}$＝９(cm)

ＮＭ＝12－３＝９(cm)，ＮＭ：ＮＱ＝１：２より，ＮＱ＝ＮＭ×２＝18(cm)

ＲＱ＝24－18＝６(cm)，ＲＳ：ＲＱ＝１：２より，ＲＳ＝ＲＱ×$\frac{1}{2}$＝３(cm)

したがって，どちらの直方体も２つずつに分けられるから，全部で**４個**の立体になる。また，体積が最も小さいのは，立体ＡＯＰ－ＪＬＭである。

三角すいＴ－ＡＯＰと三角すいＴ－ＪＬＭは同じ形で，

ＡＯ：ＪＬ＝12：４＝３：１だから，ＯＴ＝ＯＭ×$\frac{3}{2}$＝12×$\frac{3}{2}$＝18(cm)

また，体積比は，(３×３×３)：(１×１×１)＝27：１である。

よって，求める体積は，(12×９÷２)×18×$\frac{1}{3}$×$\frac{27-1}{27}$＝**312**(cm^3)

3 (1)①　７の倍数で一の位が０の数は，70の倍数だから，2023÷70＝28余り63より，**28**個ある。

②　【解き方】［Ａ：０］＋［Ａ：１］＋［Ａ：２］＋…＋［Ａ：９］の値《あたい》は，位の数字が０～９になっている位の個数を数えるので，整数Ａが何桁の数かを求めればよい。

１から2023までの整数のうち，７の倍数は2023÷７＝289(個)あり，そのうち３けた以下の数は，999÷７＝142余り５より142個あり，そのうち２けた以下の数は，99÷７＝14余り１より14個あり，そのうち１けたの数は１個ある。よって，１けたの数が１個，２けたの数が14－１＝13(個)，３けたの数が142－14＝128(個)，４けたの数が289－142＝147(個)あるから，求める値は，１＋２×13＋３×128＋４×147＝**999**

③　【解き方】１から2023までの７の倍数において，千の位，百の位，十の位，一の位に分けて数える。

一の位が０の数は①より28個あるから，一の位の０は28個ある。

十の位については，整数を７×100＝700ずつに区切って考える。100に近い７の倍数は98と105だから，十の位が０の７の倍数を見つけたら，98か105を足すことで百の位を１増やして，十の位が７の倍数をさらに見つけていく。１から700までの７の倍数については，１けたの数と２けたの数があることで十の位が０の個数が他の区切りとは異なってくるので，701から1400までの７の倍数を用いて，十の位が０の数の現れ方を調べる。

701から1400までの７の倍数のうち十の位が０の最小の数は707である。98を足していくことで，707＋98＝805，805＋98＝903，903＋98＝1001が見つかり，1001から1001＋７＝1008が見つかる。このように探していくと，十の位が０の数として右の図１の10個が見つかる。

図１

707	805	903	1001	1106	1204	1302	1400
			1008			1309	

１から700までの７の倍数については，図１の中の数から700を引けばよいので，707－700＝７を除いて，10－１＝９(個)あるとわかる。

1401から2100までの７の倍数については，図１の中の数に700を足せばよいので，2023以下の数だと，1400＋700＝2100を除いて，10－１＝９(個)あるとわかる。よって，十の位の０は全部で９＋10＋９＝28(個)ある。

百の位については，1001から1099までの７の倍数が，1099÷７－1001÷７＋１＝15(個)あり，2002から2023ま

での７の倍数が，2023÷７－2002÷７＋１＝４(個)ある。よって，百の位の０は全部で，15＋４＝19(個)

千の位に０は現れない。

以上より，求める値は，28＋28＋19＝**75**

⑵　**【解き方】３辺の比が３：４：５の三角形の内角に記号をおき，ＡＤをＤの方に延長して右図のように点Ｅをとると，三角形ＧＤＡと三角形ＧＤＥが合同とわかる。**

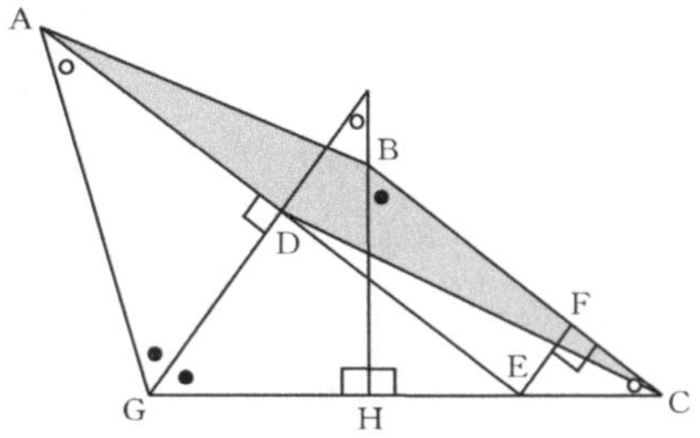

角ＤＥＧ＝角ＢＣＧなので，ＡＥとＢＣが平行だから，

四角形ＡＢＣＤは台形である。

ＧＥ＝ＧＡ＝５㎝だから，ＥＣ＝(３＋４)－５＝２(㎝)

図のように三角形ＥＦＣを作ると，三角形ＥＦＣは

３辺の比が３：４：５の三角形だから，ＥＦ＝ＥＣ×$\frac{3}{5}$＝２×$\frac{3}{5}$＝$\frac{6}{5}$(㎝)

よって，台形ＡＢＣＤの面積は，(ＡＤ＋ＢＣ)×ＥＦ÷２＝(４＋５)×$\frac{6}{5}$×$\frac{1}{2}$＝$\frac{27}{5}$＝**$5\frac{2}{5}$**(㎠)

4　⑴①　内周のうちの弧の長さは，直径がＡＢの円の円周の長さと等しい。したがって，内周を250ｍにしたときの正方形ＡＢＣＤの１辺の長さを１とすると，内周の長さは，１＋１＋１×$\frac{22}{7}$＝$\frac{36}{7}$となる。これが250ｍにあたるから，正方形の１辺の長さは，250÷$\frac{36}{7}$＝$\frac{875}{18}$＝48.6…となる。よって，小数第一位を四捨五入すると，正方形の１辺の長さは**49**ｍとなる。

②　①より，49×$\frac{36}{7}$＝**252**(ｍ)

③　内周を250ｍにするには，252－250＝２(ｍ)短くする必要があるので，ＡＤとＢＣの長さを２÷２＝１(ｍ)ずつ短くすればよい。したがって，ＡＤ＝49－１＝**48**(ｍ)とする。外周のうちの弧の直径は，

ＡＢ＋(16レーン分の幅)＝49＋1.25×16＝69(ｍ)だから，外周の長さは，48＋48＋69×$\frac{22}{7}$＝$312\frac{6}{7}$(ｍ)である。内周と外周の長さの合計は，250＋$312\frac{6}{7}$＝$562\frac{6}{7}$(ｍ)だから，太線を描くのに必要な石灰の量は，７×$562\frac{6}{7}$＝７×562＋７×$\frac{6}{7}$＝3940(ｇ)である。細線の長さの合計は，48×14＝672(ｍ)だから，細線を描くのに必要な石灰の量は，５×672＝3360(ｇ)である。よって，必要な石灰は全部で，3940＋3360＝**7300**(ｇ)

⑵①　内周の長さを250ｍ，ＡＤ＝60ｍとしたとき，内周のうちの弧の長さは，250－60×２＝130(ｍ)となる。したがって，ＡＢ＝130÷$\frac{22}{7}$＝$\frac{455}{11}$＝41.3…(ｍ)となる。ＡＢを整数にするためにはＡＢを41ｍか42ｍとするが，内周のうちの弧の長さはＡＢの長さに比例するので，ＡＢを大きく変えるほど弧の長さの変化も大きくなる。

よって，42ｍよりも41ｍとした方が変化が小さいので，ＡＢ＝**41**ｍとする。

②　ＡＤ＝60ｍ，ＡＢ＝41ｍのとき，太線の長さの合計は，60×４＋41×$\frac{22}{7}$＋(41＋20)×$\frac{22}{7}$＝240＋102×$\frac{22}{7}$＝$560\frac{4}{7}$(ｍ)である。細線の長さの合計は60×14＝840(ｍ)だから，必要な石灰の量は，７×$560\frac{4}{7}$＋５×840＝8124(ｇ)である。しかし，実際に使った石灰の量はこれより8400－8124＝276(ｇ)多いから，本来**細**い線を引くべきところに，間違って**太**い線を276÷(７－５)＝**138**(ｍ)引いたとわかる。

⑶　**【解き方】⑴③は内周が250ｍ，ＡＤ＝48ｍのときであり，⑵は内周がほぼ250ｍ，ＡＤ＝60ｍのときである。これらを比べることで，ＡＤの長さの変化に対応して太線，細線の長さがどのように変化するかを考える。**

⑴③と⑵を比べると，太線の長さは$562\frac{6}{7}$ｍと$560\frac{4}{7}$ｍだから，ほぼ同じである。したがって，内周の長さが同じならば，太線の長さはほぼ変化しないのではないかと予想する。

このことを極端《きょくたん》な例で確認してみる。内周を250ｍ，ＡＢ＝７ｍとすると，ＡＤ＝(250－７×$\frac{22}{7}$)÷２＝114(ｍ)となり，太線の長さは，114×４＋22＋(７＋20)×$\frac{22}{7}$＝$562\frac{6}{7}$(ｍ)となる。これは⑴③と同じなので，やはり予想は正

しそうである。また，細線の長さはＡＤの長さに比例するので，細線が長くなる分，必要な石灰の量は増えていく。内周の長さが250ｍのときの太線の長さを$562\frac{6}{7}$ｍとすると，太線で必要な石灰は，(1)③より3940ｇである。したがって，細線の長さを，(7700－3940)÷５＝752(ｍ)以下とする。このときＡＤの長さは，752÷14＝53.7…(ｍ)以下だから，ＡＤ＝53ｍとし，実際に必要な石灰を計算してみる。

ＡＤ＝53ｍのとき，ＡＢの長さは，$(250-53\times2)\div\frac{22}{7}=\frac{504}{11}=45.8\cdots$より，46ｍとなる。太線の長さは，$53\times4+46\times\frac{22}{7}+(46+20)\times\frac{22}{7}=564$(ｍ)，細線の長さは53×14＝742(ｍ)だから，必要な石灰は，

７×564＋５×742＝7658(ｇ)で，7700ｇ以下となる。

ＡＤ＝54ｍのとき，ＡＢの長さは，$(250-54\times2)\div\frac{22}{7}=\frac{497}{11}=45.1\cdots$より，45ｍとなる。太線の長さは，$54\times4+45\times\frac{22}{7}+(45+20)\times\frac{22}{7}=561\frac{5}{7}$(ｍ)，細線の長さは54×14＝756(ｍ)だから，必要な石灰は，

$7\times561\frac{5}{7}+5\times756=7712$(ｇ)で，7700ｇをこえる。

よって，求める値は**53**である。

《2023　理科　解説》

1 (2)　日本の成層火山をつくる主な岩石は安山岩である。なお，富士山をつくる主な岩石は玄武岩である。

(3)　安山岩は小さな結晶《けっしょう》やガラス質の部分(石基という)と大きな結晶(斑晶《はんしょう》という)によるつくりをもつ。安山岩には白っぽい長石の他，黒っぽい黒雲母，角閃石《かくせんせき》，輝石《きせき》などがふくまれている。

(4)　ア×…富士山から噴出《ふんしゅつ》するマグマはキラウエア山から噴出するマグマよりも粘《ねば》り気が大きい。　ウ×…富士山から噴出するマグマは雲仙普賢岳《うんぜんふげんだけ》から噴出するマグマよりも粘り気が小さい。

(5)　③標高０ｍの地点が1000hPaであり，標高が100ｍ上がるごとに気圧は10hPa下がるので，標高$100\times\frac{1000}{10}=$10000(ｍ)まで上がると気圧は０hPaになって大気の終わりに達する。よって，標高０ｍから標高3000ｍの間には，標高０ｍから大気の終わりまでの空気のうち$\frac{3000}{10000}\times100=30$(％)がある。　④標高が100ｍ上がるごとに気温が0.65℃下がるので，標高が3000－800＝2200(ｍ)上がると，気温は$0.65\times\frac{2200}{100}=14.3$(℃)下がる。

(7)　エ○…密封《みっぷう》された袋《ふくろ》が膨《ふく》らむのは，富士山に登っていくと標高が高くなって周りの気圧が小さくなり，袋の中の空気が膨張《ぼうちょう》するためである。

(8)　太陽は東の方角からのぼる。図で富士山から見て東側にある山中湖を選ぶ。

2 (1)　あ．背骨を持つ動物をセキツイ動物，背骨を持たない動物を無セキツイ動物という。　い，う．ハチやバッタなど昆虫《こんちゅう》の体は，頭，胸，腹の３つの部分に分かれていて，６本のあしはすべて胸についている。

(2)　①は昆虫のチョウ，②は甲殻類《こうかくるい》のザリガニ，③は昆虫のトンボ，④はクモ類のクモ，⑤は甲殻類のミジンコ，⑥は昆虫のセミ，⑦は甲殻類のダンゴムシ，⑧は昆虫のコオロギである。

(3)　ア×…トンボの幼虫(ヤゴ)は肉食で，水草は食べない。なお，ボウフラはカの幼虫である。

(4)　昆虫は気門を通して空気を体内に取り入れ，気管で呼吸を行っている。

(5)　チョウのように卵，幼虫，さなぎ，成虫の順に成長する育ち方を完全変態，トンボ，セミ，コオロギのように卵，幼虫，成虫の順に成長する育ち方を不完全変態という。

(6)　アリはアブラムシがおしりから出す甘《あま》い汁《しる》をもらいにやってくるので，アブラムシを食べようとするテントウムシを追いはらおうとする。

(7)　ア×…図１，２より，Ｂの方がＡのテントウムシよりも生存率が低い。　ウ×…図３では，テントウムシがヒラタアブやクサカゲロウを食べるとは書かれていない。　オ×…図１，２では，中齢《ちゅうれい》幼虫から老齢幼虫にかけて

数が大きく減少しているが，実験１ではテントウムシが他の生物に食べられるかどうかはわからない。　カ×…図４より，ナミテントウはナナホシテントウよりも生存率が高いので，テントウムシの天敵であるハナグモがナナホシテントウよりもナミテントウを優先的に食べているとは考えにくい。

3　⑴　ウ×…二酸化炭素は水にとけると酸性を示すので，ぬれた青色リトマス紙を赤色に変える。　エ×…二酸化炭素は空気よりも重く，水に少しとける。

⑵　ア，エは水素が発生し，オは気体が発生しない。

⑶　ドライアイス10ｇの体積は$1\times\frac{10}{1.53}=\frac{10}{1.53}$(㎤)だから，気体になると体積は$5290\div\frac{10}{1.53}=809.37\rightarrow809$倍となる。

⑷　イ○…石灰水はアルカリ性で赤色リトマス紙を青色にする。一方，塩酸は酸性で青色リトマス紙を赤色にする。これらの水溶液《すいようえき》を混ぜるとたがいの性質を打ち消し合う反応(中和)が起こるので，石灰水が残っている間は水溶液に赤色リトマス紙をつけると青色になるが，塩酸をじゅうぶんに加えると，石灰水がすべてなくなって塩酸が残り，青色リトマス紙が赤色になる。　カ○…石灰水に塩酸を加えると，水にとける塩化カルシウムという物質と水ができるので，目に見える変化はなく，水溶液も無色のままである。

⑸　ウ○…水にとけると酸性を示す二酸化炭素とアルカリ性の水酸化ナトリウム水溶液が中和するので，二酸化炭素が水酸化ナトリウム水溶液に吸収されて，Ａよりもペットボトルがへこむ。　カ○…ペットボトルを冷やすと二酸化炭素の体積が小さくなるので，Ａよりもペットボトルがへこむ。

⑹　発生する気体(二酸化炭素)の体積は，反応した石灰石の重さと塩酸の体積それぞれに比例する。石灰石の重さが3.0ｇのときに石灰石の重さが1.0ｇのときの３倍の気体が発生していないので，塩酸32㎤がすべて反応すると，598㎤の気体が発生する。よって，①では，石灰水2.0ｇがすべて反応して$230\times2=460$(㎤)の気体が発生し，②では16㎤の塩酸がすべて反応して$598\times\frac{16}{32}=299$(㎤)の気体が発生する。

⑺　塩酸40㎤がすべて反応すると，$598\times\frac{40}{32}=747.5$(㎝)の気体が発生し，石灰石3.5ｇがすべて反応すると，$230\times\frac{3.5}{1.0}=805$(㎤)の気体が発生するので，ここでは塩酸40㎤がすべて反応して747.5→748㎤の気体が発生する(石灰石はあまる)。

⑻　不純物を含《ふく》まない石灰石5.0ｇから$230\times\frac{5.0}{1.0}=1150$(㎤)の気体が発生するので，含まれる不純物は$\frac{1150-1012}{1150}\times100=12$(%)となる。

4　⑴　ア×…実験１でおもりの重さが10ｇで等しいとき，ばねを縮めた長さが２倍，３倍…になると，到達《とうたつ》した高さは４倍(２×２倍)，９倍(３×３倍)…になる。　イ×…実験１でばねを縮めた長さが10㎝で等しいとき，おもりの重さを２倍にすると，到達した高さは$\frac{1}{2}$倍になる。　ウ×…実験２で，おもりの重さが10ｇで等しいとき，はなした高さが４倍(２×２倍)，９倍(３×３倍)…になると，５秒間で進んだ長さは２倍，３倍…になる。

⑵　①⑴ア解説より，おもりの重さを変えずにばねを縮めた長さを５㎝の５倍の25㎝にすると，到達した高さは2.5㎝の(５×５)倍の62.5㎝になる。　②⑴イ解説より，ばねを縮めた長さを変えずにおもりの重さを５ｇの３倍の15ｇにすると，到達した高さは20㎝の$\frac{1}{3}$倍の6.66…→6.7㎝になる。　③⑴ウ解説より，おもりの重さを10ｇで変えずに５秒間で進んだ長さを$20\div5=4$(倍)にするには，はなした高さを$4\times4=16$(倍)の$5\times16=80$(㎝)にすればよい。　④⑴エより，はなした高さが等しいとき，５秒間で進んだ長さはおもりの重さによらず一定だから，10ｍである。

⑶　表１で10ｇのおもりが到達した高さからはなしたとき，表２で５秒間で進んだ長さが10ｍになると考える。表２より，おもりの重さが10ｇ，５秒間で進んだ長さが10ｍのとき，はなした高さは20㎝だから，表１でおもりの重さが10ｇのとき，到達した高さが20㎝になるような縮めた長さを求める。到達した高さが2.5㎝の８倍だから，$2.83\times2.83=8$より，ばねを縮めた長さは５㎝の2.83倍の14.15→14㎝となる。

(4)　表1より，10ｇのおもりをおしつけて20㎝縮めてはなすと，40㎝の高さに到達するので，Aを20㎝上がったあと，さらに20㎝上がることができる。これは，表2で20㎝の高さからはなしたときの5秒間で進んだ距離《きょり》と等しいので，5秒間で10m進む。よって，5ｍの平面を$5\times\frac{5}{10}$=2.5(秒)で進んだことになる。

(5)　カゴの重さ6ｇによって重さの合計は$\frac{16}{10}$倍の16ｇになったので，あと20㎝上がることができるおもりは$\frac{10}{16}$倍の12.5㎝上がる。よって，20＋12.5＝32.5(㎝)に到達する。

(6)　32.5㎝の高さから10ｇのおもりが落下したので，高さが2.5㎝の32.5÷2.5＝13(倍)だから，3.61×3.61＝13を利用すると，ばねを縮めた長さは5㎝の3.61倍の18.05→18㎝となる。

(7)　ウ○…おもりは再びHの高さ(＝32.5㎝)まで上がる。

《2023　社会　解説》

1　**問1**　それぞれの伝統的工芸品の名称の一部になっている，旧国名や地名から判断しよう。ア．富山県ではなく福井県。「越前」は現在の福井県にあたる。越中は富山県，越後は新潟県にあった。イ．天童市は山形県にある。ウ．萩市は山口県にある。エ．大島郡は鹿児島県の奄美大島あたりにある。

問2　A～Cのうち，2010年に圧倒的に割合が高いAは，3つのうち最も普及が早かったパソコンである。2010年以降急激に割合が増加しており，2017年にはパソコンを抜いて最も割合が高くなったBはスマートフォン，残ったCはタブレット端末と判断する。

問4　バイオマスとは，動植物などから生まれた生物資源の総称である。

問5　ア．「平泉－仏国土(浄土)を表す建築・庭園及び考古学的遺跡群－」などがある。イ．「富岡製糸場と絹産業遺産群」がある。エ．「長崎と天草地方の潜伏キリシタン関連遺産」などがある。

問6　「甲州」「ブドウ」などから山梨県と判断する。

問7　消費者の安全・安心の期待にこたえるためのものである。パッケージに産地の表示をすることもトレーサビリティにあたる。

問8　チリで銅鉱石の産出が多いことは覚えておきたい。アは原油，イは石炭，エは鉄鉱石。

問9　「八代」より，アと判断する。イは福岡県と山口県，ウは長崎県と佐賀県，エは大分県。

問10　輸送用機械の割合に注目する。輸送用機械の割合が圧倒的に高いエは愛知県であり，エに次いで輸送用機械の割合が高いウが静岡県と判断する。東海工業地域に属する静岡県にはスズキやヤマハがあり，中京工業地帯に属し，トヨタ自動車がある愛知県ほどではないが，輸送用機械の製造がさかんである。情報通信機械の割合が高いアは長野県，残ったイは岐阜県である。

問11　F．誤り。ドルに対し，円の価値が下がる円安では，同じドルの金額に交換できる円の金額が上がるので，日本人の外国旅行などは不利となり，出国日本人数の増加に影響したとはいえない。ｉの時期はバブル景気と重なっており，円高も進んだことから，海外に旅行する日本人が増えた。G．誤り。バブル景気は1986年～1991年なので，時期が合わない。H．正しい。「大規模な震災」は2011年の東日本大震災のことである。

問12(1)　グラフより，日本でかぼちゃが多く収穫できる時期は，夏から秋にかけてであることがわかる。ニュージーランドは南半球にあり，日本と季節が逆になるので，日本であまりかぼちゃを収穫できない2月～5月ごろは，ニュージーランドで収穫されたかぼちゃが輸入されている。

問13　棚田は構造上，動物にとって障壁《しょうへき》となるようなものはなく，山地からの野生動物の侵入を防止するための機能はない。

問15　生産量２位以降の県に注目しよう。鹿児島・長崎が並ぶＬはばれいしょ，佐賀・兵庫が並ぶMはたまねぎ，千葉・徳島が並ぶNはにんじんである。

問16　工場の立地は，労働力・原料・流通などの面で優先すべきことの違いから，生産するものの種類によって傾向が異なる。ビールや清涼飲料は，平野部であれば比較的簡単に得られる地下水を原料としているため，消費地への輸送コストを削減できる場所(＝大都市の近く)に立地する傾向がある。

問17　ⅰとⅱを比べたとき，４つの項目におけるジェンダーギャップ指数のバランスがいいⅱをフィンランド，かたよりがあるⅰを日本と判断する。日本のジェンダーギャップは世界で最低レベルであることは覚えておきたい。日本において，政治と経済のジェンダーギャップを考えたとき，国会議員の女性の割合が圧倒的に少ないことなどから，ジェンダーギャップ指数がより０に近いQが政治であり，Ｐが経済であると判断する。

2　問１　ア．徳島駅から佐古駅にかけては複線となっている。イ．郵便局(〒)は８つ，小・中学校(文)は５つある。ウ．工場はない。補足として，平成25年以降，工場は地図記号(⚙)ではなく，名称で表記される。

問２　眉山の等高線に着目すると，主曲線が10ｍごと，計曲線が50ｍごとに引かれているので，この地図の縮尺は２万５千分の１である。2.6×25000＝65000(㎝)より，650ｍ。

問３　瀬戸内海に面する香川県は，１年を通して降水量が少ないため，農業用水を確保する必要がある。そこで吉野川上流が夏の季節風の影響を受けて降水量が増えることに着目し，不足する夏の農業用水を吉野川から取水するために香川用水がつくられた。

問４　昼夜間人口比率が最も多いＡは，県庁所在地であり，周辺地域からの通勤・通学者が多いと考えられる徳島市，最も低いＣは，徳島市に隣接《りんせつ》しており，徳島市への通勤・通学者が多いと考えらえる藍住町，残ったＢは美馬市であると判断する。

問５　発光ダイオードはＬＥＤともいう。高輝度青色ＬＥＤを世界で初めて製品化した企業は徳島県にある。包丁は関市がある岐阜県，眼鏡枠は鯖江市のある福井県，自転車は大阪府。

問６　アは小麦収穫量が最も多いので，香川県である。年降水量が少ない瀬戸内の気候である香川県では，小麦の栽培が盛んで，「讃岐うどん」など，小麦を原料とするうどんで知られている。イは海面養殖業収穫量が最も多いので，愛媛県である。宇和海沿岸には波がおだやかで養殖に適しているリアス海岸であり，マダイ，シマアジなどが養殖されている。林野率が最も高く，小麦収穫量が最も少ないエは高知県，残ったウが徳島県である。

3　問１　Ａ．正しい。Ｂ．正しい。Ｃ．誤り。三内丸山遺跡は縄文時代の遺跡である。佐賀県にある吉野ヶ里遺跡では，矢じりがささった人骨が出土している。

問２　万葉集は奈良時代につくられた歌集である。遣唐使船に乗って来日したアの鑑真が正しい，イは平安時代につくられた中尊寺金色堂の内部，ウは古墳時代の武人埴輪，エは室町時代の雪舟による水墨画『秋冬山水図(秋景)』の写真。

問３　９世紀は801年～900年であり，この頃の日本は平安時代前期である。菅原道真は894年に遣唐使の廃止を宇田天皇に進言し，聞き入れられた。アは飛鳥時代，イは奈良時代，エは平安時代後期。

問４　ⅰ．正しい。ⅱ．誤り。国風文化のもとでつくられたかな文字は，主に朝廷に仕える女性によって用いられた。

問５　元寇(文永の役)の様子を描いたエを選ぶ。アは西南戦争，イは長篠の戦い，ウは関ヶ原の戦い。

問６　アは平清盛，イは藤原頼通，エは北条泰時についての説明。

問７　武士は周囲を堀や土塁で囲まれた武士の館に住んでおり，食事は質素であった。

問８　ⅰ．誤り。平安時代後期の平清盛についての説明である。室町幕府３代将軍の足利義満は，倭寇の取りしまりを条件に明と貿易することを許された。このとき，倭寇と正式な貿易船を区別するために勘合という合い札が用いられたので，日明貿易は勘合貿易ともよばれる。ⅱ．誤り。応仁の乱についての説明である。室町幕府８代将軍の足利義政の跡継ぎ争いや，細川氏（細川勝元）と山名氏（山名持豊）の幕府内での勢力争いなどを理由として，1467年にはじまった。

問 10　豊臣秀吉によって行われた検地を特に太閤検地といい，これにより農民は土地の耕作権が認められたが，勝手に土地を離れられなくなった。また，刀狩によって，武士と農民の身分差がはっきりと区別されるようになり，兵農分離が進んだ。

問 11　長崎でも布教は認められておらず，長崎の出島でのみ貿易を行ったオランダは，キリスト教を布教しないプロテスタントの国であった。

問 13　Ａ．誤り。前野良沢ではなく，伊能忠敬。前野良沢は杉田玄白らとともに，オランダ語の解ぼう書である「ターヘル・アナトミア」を翻訳し，「解体新書」の作成に貢献《こうけん》した。Ｂ．正しい。Ｃ．誤り。寺子屋には武士の子どもたちではなく，町人や百姓の子どもたちが通い，武芸は教えられなかった。

問 15　エは 20 世紀の 1919 年の出来事。アは 1861 年，イは 1840 年，ウは 1894 年。

問 16　ⅰ．誤り。1872 年に制定された学制によって全国に小学校が作られたが，就学率が男女ともに９割を超えたのは明治時代後半の 1900 年代に入ってからである。ⅱ．正しい。

問 17　2024 年より，五千円札の肖像は津田梅子となる。アは新渡戸稲造（1984 年～2007 年の五千円札），イは平塚らいてう，ウは与謝野晶子についての説明。

問 18　Ａ．誤り。南満州鉄道の爆破をきっかけにはじまったのは満州事変であり，日中戦争は盧溝橋事件をきっかけにはじまった。Ｂ．正しい。Ｃ．誤り。東京大空襲がおこなわれたのは，太平洋戦争がはじまってからであり，そのころの政府は軍部によって支配されており，軍人たちによる反乱は起きていない。

問 19　Ⅲ（1954 年）→Ⅱ（1960 年）→Ⅰ（1972 年）

4　**問１**　予算案の審議は衆議院の優越によって，必ず衆議院が先におこなう。

問２　日米豪印戦略対話の略である。

問３　ＩＭＦは国際通貨基金の略，ＷＨＯは世界保健機関の略である。インフレーションは持続的な物価上昇，デフレーションは持続的な物価下落のことをいう。

2022 解答例
令和4年度

西大和学園中学校

《国　語》

一 問一．a．快適　b．推察　c．支給　d．複製　e．原動　問二．A．ウ　B．イ　C．カ　D．ア　E．エ　問三．オ　問四．イ　問五．成果を競うだけの社会から、仕事を効率化し余裕を生み出す社会に変わること。　問六．エ　問七．変化／選択　問八．自分の感覚を肯定してもらうことでつねに幸福感を与えてくれていた他の人との繋がりを失う恐怖。

二 問一．a．イ　b．ウ　c．イ　問二．A．エ　B．オ　C．ウ　D．イ　E．ア　問三．ウ　問四．オ　問五．エ　問六．ア　問七．会場の観客は誰もが御子柴に勝ってほしいと思っているが、長年にわたる父親の努力を知るカナだけは、マサ横島に負けないで欲しいと強く思っているということ。

三 (i)問一．効用／紅葉　問二．Ⅰ．あつすぎる　Ⅱ．入試の採点　問三．一つめ…マラソン　二つめ…歌　共通点…どちらもかんそうがある　(ii)オ，ア，ウ／カ，イ，エ

《算　数》

1 (1)3000　(2)6　(3)50　(4)あ．9　い．82　(5)10　(6)907　(7)64

2 (1)55.4　(2)$\frac{1}{3}$　(3)あ．45　い．135　(4)420　(5)あ．30　い．12

3 (1)51　(2)あ．5.4　い．1.8　(3)45

4 (1)6　(2)10，21　(3)79　(4)252　(5)32　(6)201

《理　科》

1 (1)あ．受粉　い．子ぼう　う．はいしゅ　(2)イ　(3)ウ　(4)ア　(5)アミラーゼ　(6)エ　(7)イ，オ，キ

2 (1)A．ウ　湯気…オ　(2)湯気の水のつぶが蒸発するから。　(3)エ　(4)20　(5)35　(6)1000　(7)10　(8)500　(9)ウ，オ

3 (1)あ．空気　い．糸　(2)エ　(3)イ，ウ　(4)B，F　(5)(X)330　(Y)$\frac{4}{81}$　(6)(P)$\frac{9}{8}$　(Q)$\frac{256}{243}$　(R)1　(S)2

4 (1)ウ，オ　(2)2000　(3)(i)3.8　(ii)2736　(4)1.2　(5)(i)1025　(ii)右グラフ　(6)(i)右グラフ　(ii)原子がたくさんつまっている

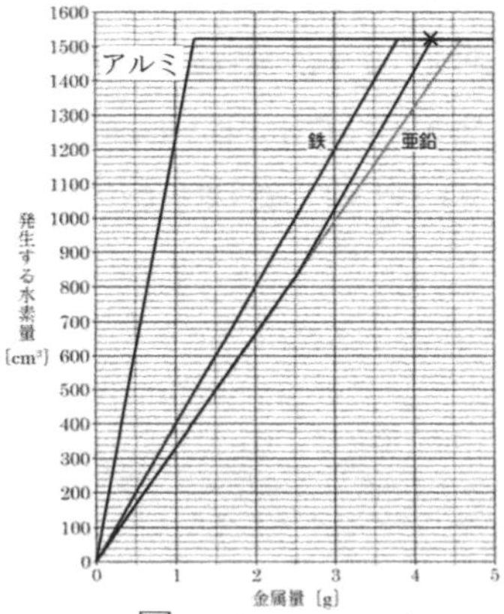

4(5)(ii)，(6)(i)のグラフ

《社　会》

1　問1．ウ　　問2．ア　　問3．⑴神奈川県　⑵横浜市は，東京の通勤圏に位置するため，高度経済成長期に，東京のベッドタウンとして急速に発展した。　　問4．ⅰ．旧国名　ⅱ．だれもが納得できる　ⅲ．対等な合併である　問5．オ　　問6．⑴奈良県　⑵エ　　問7．カ　　問8．A．ア　E．ウ

2　問1．河川や尾根線に沿って引かれている。　　問2．エ　　問3．⑴A　⑵道路や住宅が規則的に整備されているから。

3　問1．戦後は所得が向上したことで食生活の多様化が進み，パンや肉類の消費が増えたが，その分主食として米を消費する量が減った。　　問2．カ　　問3．日本に比べ経営規模が大きく，効率よく生産しているから。

問4．ⅰ．大豆　ⅱ．小麦　　問5．ア　　問6．ア　　問7．マーガリン　　問8．⑴南からの暖かく湿った季節風が，親潮によって冷やされることで発生する。　⑵イ

4　問1．ウ　　問2．イ　　問3．ア　　問4．平城　　問5．ア　　問6．イ　　問7．ウ　　問8．元

問9．ウ　　問10．イ　　問11．イ　　問12．エ　　問13．イ　　問14．長崎　　問15．石見銀山

問16．ア　　問17．イ　　問18．エ　　問19．オ　　問20．ア

5　問1．文部科学省　　問2．武力　　問3．長野　　問4．ピクトグラム　　問5．難民

西大和学園中学校

←解答例は前のページにありますので，そちらをご覧ください。

《2022　国語　解説》

一　**問三**　直後の２段落で、小型のネズミの一部が、低酸素環境《かんきょう》の地下の巣穴で協力して暮らすようになり、協力はやがて組織化し、分業を行うようになったと説明されている。その上で「低酸素環境での代謝の低下、分業によるストレスの軽減が、長寿化《ちょうじゅか》にプラスに働いたと推察されます」と述べている。これとオの内容が一致《いっち》する。

問四　３行後に、超長寿を実現するための「社会的な変革のほうは可能かもしれません」とあり、続いて「子育て改革」と「働き方改革」について説明している。「子育て改革」は、養育費を国が負担するなどして、子供を産みたい人が「たくさん産めるような仕組み作り」をすることである。「働き方改革」は、少子高齢《こうれい》化が進んだ日本社会において、「世代間の負担バランスを取るため」に、「働きたい人は年齢にかかわらず働けるように」して、就労者人口を維持《いじ》することである。イは、「働き方改革」の内容について正しく説明しているので適する。

問五　筆者は、ヒトの寿命を延ばすための「社会的な変革」として、「子育て改革」と「働き方改革」を提案した上で、「みんなが競《きそ》って仕事量を増やし成果を競う社会から、効率を上げてゆとりある社会に転換《てんかん》することが、社会全体のストレスを減らし、結果的にヒトの健康寿命を延ばすことができるかも」しれないと述べている。この下線部分が、長寿化を実現するための「社会的な変革」の説明になっている。

問六　直前に「生物は～この地球に誕生し、多様化し、絶滅《ぜつめつ》を繰《く》り返して選択《せんたく》され、進化を遂《と》げてきました。その流れの中で～私たちは、その奇跡的《きせきてき》な命を次の世代へと繋《つな》ぐために死ぬのです」とある。また、少し前に、「生き物にとって死とは、進化」を実現するためにありますとある。つまり、人間一人ひとりも、他の生物と同じように、進化を遂げるための多様性の一つなのであり、人間という種を存続させるために生き、死んでいくのである。こうした内容を――部④のように表現しているので、エが適する。

問七　直前に「進化、つまり」とあるので、［X］には、「進化」を言いかえた表現が入る。文章の４段落目で、生物の進化について「変化と選択が起こり」などと説明している。

問八　文章の最後の段落に、「ヒトにとって『死』の恐怖《きょうふ》は、『共感』で繋がり、常に幸福感を与《あた》えていてくれたヒトとの絆《きずな》を喪失《そうしつ》する恐怖なのです」とある。また、この「共感」について、「ヒトは、喜びを分かち合うこと、自分の感覚を肯定《こうてい》してもらうことで幸福感を得ます」とある。これらをもとにまとめる。

二　**問三**　父親は47歳《さい》で、もう若いとはいえず、怪我《けが》もかかえている。――部①の直後に「ようやく危ない仕事を辞《や》めてくれるのか、とほっとしたくらいだ。負けて、引退すればいいと思った」とある。父親の状態やカナの反応から考えて、カナは、父親がプロレスを続けるのは難しいと思っていたと考えられる。よって、ウが適する。

問四　文章の最初の方で、御子柴《みこしば》は、マサ横島(カナの父親)に対して娘《むすめ》を試合に呼ぶように勧《すす》め、「カナちゃんも見たらわかりますって。プロレスも、マサさんのスゴさも」と言っている。こうしたやりとりから、御子柴はプロレスを見たことのないカナに対して、父親のすごさを知ってほしいと思っていることがわかる。よって、オが適する。

問五　１～２行後に、「自分の家族が痛い思いをしている、と考えてしまう心と、これはプロレスなんだ、きっとお芝居《しばい》なんだ、と考える頭がちぐはぐになって」とある。カナは、目の前の柵《さく》に体を打ちつけた父親に対し、手を伸《の》ばしそうになった。これは、痛い思いをしている父親に何かをしてあげたいと思う心の表れである。それでも手を伸ばすことを思いとどまったのは、目の前の父親は「プロレスラー・マサ横島」なのであり、引退をかけた試合で必死に闘《たたか》っている父親を邪魔《じゃま》してはいけないと思ったからである。よって、エが適する。

問六　「椅子攻撃《いすこうげき》を続けている」父親に対して、「会場からは、激しいブーイングが起こって」いた。その後「会場の空気が一気に変わ」り、「『ショッパイ』を連呼していた隣《となり》の客も～リング上の攻防《こうぼう》に釘《くぎ》づけになって」いた。「マサ横島が、観客の心に、火をつけたのだ」ともある。反則行為《こうい》をまじえた父親のなりふり構わない戦いぶりは、会場の空気を変え、観客を夢中にさせているとカナは感じたのである。よって、アが適する。

問七　３カウントが入ると、父親の負けが決まる。観客は、レフェリーの動きに合わせて、「一斉に、ワン、とカウントを取った」。つまり、会場の観客は御子柴に勝ってほしいと思っている。しかし、カナは父親のこれまでの努力を知っており、「だからこそ、マサ横島には、簡単に負けてほしく」ない、報われてほしいと思い、声の限りに「負けるな、頑張れ」と叫んだ。このことを、御子柴の勝ちを願う会場に「独り、戦いを挑《いど》んでいた」と表現している。

三　(ⅱ)　Ａでは、「自分の思うことをハッキリ言わないと～相手にはわからない」という意見を、「たしかにそうかもしれない」といったん認めている。オでは、「しかし」でつないで、Ａに書かれている意見に反する考えを、筆者の考えとして述べている。アとウでは、オに書かれている筆者の考えに沿うような日本社会の悪い方向への変化について書いている。Ｂでは、アとウに書かれていることをもとに、筆者の主張を述べている。カでは、Ｂの主張をさらにくわしく述べ、イでは、アメリカ社会が訴訟《そしょう》社会になっていることを挙げて、筆者の主張に説得力をもたせている。エでは、「日本的コミュニケーション」の果たしてきた機能や歴史について説明し、これを受けて、Ｃでは「その伝統が崩《くず》れ」と続けている。

《2022　算数　解説》

1　(1)　与式＝$(167+233)\times\frac{15}{2}=400\times\frac{15}{2}=3000$

(2)　与式より，$\frac{7}{2}\div\{2+(3\frac{2}{4}-2\frac{1}{4})+\square\}=\frac{14}{37}$　　$2+1\frac{1}{4}+\square=\frac{7}{2}\div\frac{14}{37}$　　$3\frac{1}{4}+\square=\frac{37}{4}$

$\square=9\frac{1}{4}-3\frac{1}{4}=6$

(3)　**【解き方】仕事の量を 100 とすると，Ａチームは１日に１の仕事を，３チーム合同で行うと１日に 100÷20＝5 の仕事をすることになる。**

ＢチームとＣチームの２チームが１日にする仕事は５－１＝４であり，ＢチームとＣチームの１日の仕事量は同じだから，ＢチームとＣチームは，１日にそれぞれ４÷２＝２の仕事をすることになる。よって，ＢチームまたはＣチームだけで行うと，100÷２＝50(日)で終わる。

(4)　**【解き方】ｎを１桁の整数とするとき 111…11 と１がｎ個並んだ数を２回かけると，123…ｎ…321 と階段状の計算結果になる。**

11111×11111＝123454321 は$_{\text{あ}}\underline{9}$桁の数となる。ひっ算を考えたとき，１が 10 個並んだ数を掛け合わせると，１が 10 個並ぶ列が１通りあり，それ以外の列は１個から９個までの１が縦に並ぶから，計算結果の各位の数は，１から７までが２回ずつ，８が１回，９が２回，０が２回現れる。

よって，その和は，$(1+2+\cdots+9)\times2-8=45\times2-8=_{\text{い}}\underline{82}$

(5)　**【解き方】右のような表をつくる。**

アは$1-\frac{7}{10}=\frac{3}{10}$だから，イは$\frac{3}{10}$－④と表せる。

⑰＋イ＝$\frac{5}{8}$が成り立つから，⑰＋($\frac{3}{10}$－④)＝$\frac{5}{8}$より，

⑰－④＝⑬が，$\frac{5}{8}-\frac{3}{10}=\frac{13}{40}$にあたる。よって，④＝$\frac{13}{40}$×$\frac{④}{⑬}$＝$\frac{1}{10}$だから，

		数学		計
		合格	不合格	
国語	合格	⑰	イ	$\frac{5}{8}$
	不合格		④	
計		$\frac{7}{10}$	ア	

両方とも不合格だった生徒は学年全体の，$\frac{1}{10}\times 100=10$(％)

⑹　**【解き方】1桁の数は4，7，9の3つできる。2桁の数は，十の位が4，7，9の3通り，一の位が0，4，7，9の4通りあるから，3×4＝12(個)できる。3桁の数について調べる。**

百の位が4，7，9の3通り，十の位が0，4，7，9の4通り，一の位も4通りあるから，3桁の数は，3×4×4＝48(個)できる。したがって，50番目にできた商品番号は3桁である。百の位が4である3桁の数は4×4＝16(個)できるから，製造番号が700番台以下の個数は，3＋12＋16×2＝47(個)になる。50番目にできた製品は，百の位が9の商品番号の中の小さい方から3番目だから，900，904，907より，50番目の商品番号は907である。

⑺　**【解き方】奇数枚をつなげるとのり付けする部分は偶数か所になる。**

25枚をつなげると，1cmと2cmののり付け部分は，それぞれ(25－1)÷2＝12(か所)できる。

よって，25枚をつなげた紙の横の長さは，4×25－(1＋2)×12＝64(cm)

2　⑴　**【解き方】右のように作図する(この時点では，ＤＥとＣＢの延長がＡで交わるとはわかっていない)。**

円Ａの直径は12cmだから，半径は12÷2＝6(cm)になるので，三角形ＡＢＥは，ＡＢ＝ＢＥ＝ＥＡ＝6cmの正三角形になる。ＭはＢＥの真ん中の点だから，四角形ＡＥＮＢは，対角線がたがいの真ん中の点で垂直に交わるから，ひし形である。

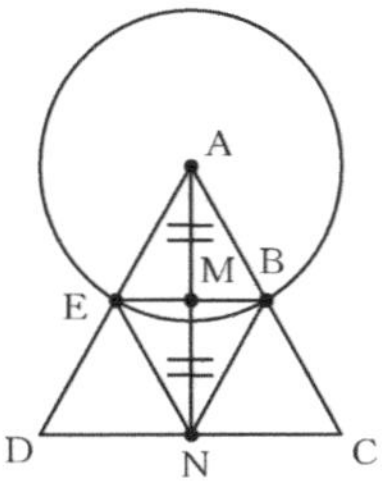

三角形ＥＤＮと三角形ＢＣＮは合同な二等辺三角形になるから，

角ＥＮＤ＝角ＢＮＣ＝(180°－60°)÷2＝60°である。

これによって，三角形ＥＤＮと三角形ＢＣＮも正三角形とわかる。

切り抜いた図形の周囲の長さのうち，曲線部分は直径が12cm，中心角が360°－60°＝300°のおうぎ形の曲線部分，直線部分はＥＤ＝ＢＣ＝6cm，ＤＣ＝12cmだから，$12\times 3.14\times\frac{300°}{360°}+6\times 2+12=55.4$(cm)

⑵　**【解き方】三角形ＡＢＣの面積を1として，三角形ＡＢＦと三角形ＡＣＦの面積を求める。**

右の「1つの角を共有する三角形の面積」の求め方から，

三角形ＡＤＥの面積は，

(三角形ＡＢＣの面積)$\times\frac{AD}{AB}\times\frac{AE}{AC}=1\times\frac{4}{5}\times\frac{3}{5}=\frac{12}{25}$

高さの等しい三角形の面積比は，底辺の長さの比に等しいから，三角形ＡＤＦの面積は，

(三角形ＡＤＥの面積)$\times\frac{DF}{DE}=\frac{12}{25}\times\frac{2}{3}=\frac{8}{25}$

> **1つの角を共有する三角形の面積**
>
> 右図のように三角形ＰＱＲと三角形ＰＳＴが1つの角を共有するとき，三角形ＰＳＴの面積は，
>
> (三角形ＰＱＲの面積)$\times\frac{PS}{PQ}\times\frac{PT}{PR}$
>
> で求められる。
>
> 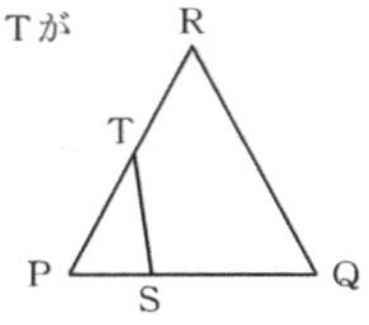
>

三角形ＡＢＦの面積は，(三角形ＡＤＦの面積)$\times\frac{AB}{AD}=\frac{8}{25}\times\frac{5}{4}=\frac{2}{5}$

同じようにして求めると，三角形ＡＥＦの面積は$\frac{4}{25}$，三角形ＡＣＦの面積は$\frac{4}{15}$になるから，三角形ＦＢＣの面積は，$1-\frac{2}{5}-\frac{4}{15}=\frac{1}{3}$になる。よって，三角形ＦＢＣの面積は，三角形ＡＢＣの面積の$\frac{1}{3}$倍になる。

⑶　**【解き方】右図のように記号をおく。**

ＡＢとＣＤは円の直径になるから，直径の交わる点Ｏは円の中心になる。

よって，角(ア)の大きさは，$360°\times\frac{1}{8}=$ あ45°である。

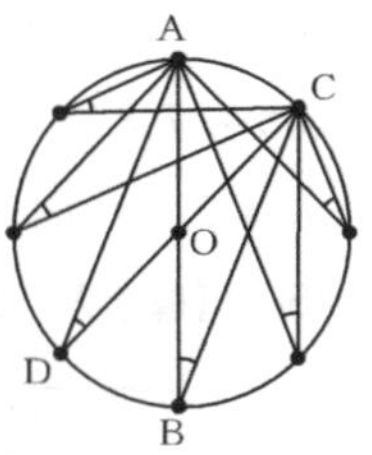

円周上の3点を結んでできる角を円周角といい，同じ弧に対する円周角は等しいことから，色のついた角の大きさは等しいことがわかる。右図で，三角形ＡＤＯはＯＡ＝ＯＤの二等辺三角形だから，角ＯＡＤ＝角ＯＤＡであり，角ＯＡＤ＋角ＯＤＡ＝角ＡＯＣ＝45°だから，角ＯＡＤ＝角ＯＤＡ＝45°÷2＝22.5°になる。よって，色のついた角の大きさの合計は，22.5°×6＝い135°

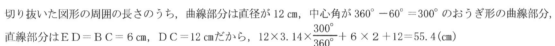

(4)　【解き方】右図において，辺ＡＢ，辺ＣＤ，辺ＥＦが平行で，面ＰＱＲが辺ＡＢ，辺ＣＤ，辺ＥＦに対して垂直なとき，この立体の体積は，(三角形ＰＱＲの面積)×$\frac{AB+CD+EF}{3}$で求めることができる。

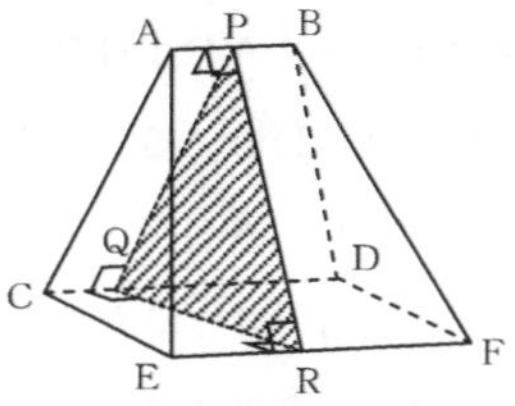

求める体積は，$60\times\frac{3+11+7}{3}=420$(㎤)

(5)　【解き方】この立体の体積は，右図のように直方体ＡＢＣＨ－ＤＥＦＧの体積から色をつけた三角すいの体積を引けば求められる。

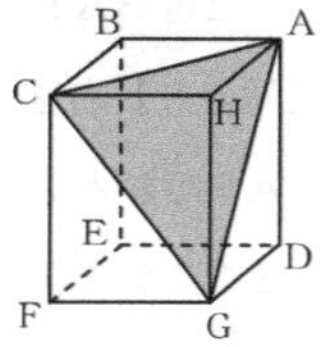

直方体ＡＢＣＨ－ＤＥＦＧの体積は，$3\times3\times4=36$(㎤)で，色をつけた三角すいの体積は，$3\times3\div2\times4\div3=6$(㎤)だから，この立体の体積は，$36-6=$ あ 30(㎤)

３点Ｂ，Ｐ，Ｇを通る平面でこの立体を切断すると，図１のようにＡＤの真ん中の点Ｑを通る。そこで，図２の立体の体積を求めて，この立体の体積から引けば，三角形ＡＣＧを含む立体の体積が求められる。

図１

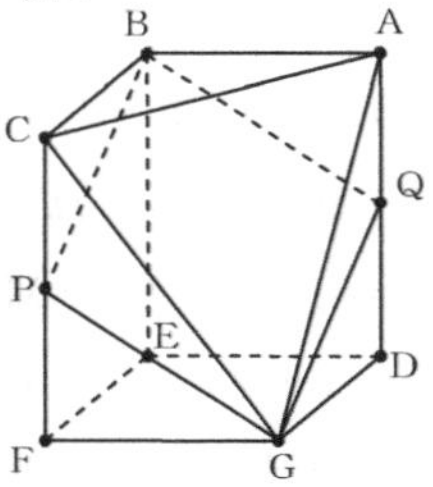

図２

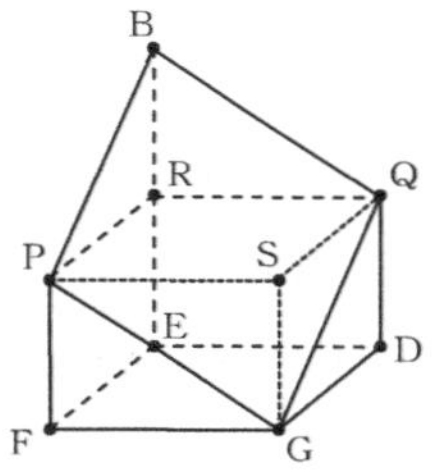

図２の立体の体積は，直方体ＱＲＰＳ－ＤＥＦＧの体積に等しいから，$3\times3\times(4\div2)=18$(㎤)

よって，三角形ＡＣＧを含む立体の体積は，$30-18=$ い 12(㎤)

3 **(1)　【解き方】○のかたまり(１個か２個か３個か４個か５個)がどのように並ぶかで場合を分けて考える。**

○のかたまりが並ぶパターンは，Ａだけ，Ａ｜Ｂの２つ，Ａ｜Ｂ｜Ｃの３つのパターンに分けられる。

Ａだけのパターンは，左から○が５個並ぶ場合の１通りである。

Ａ｜Ｂと並ぶパターンは，(Ａ，Ｂ)＝(４個，１個)(３個，２個)(２個，３個)(１個，４個)がある。

ＡとＢと×の並びは，Ａ×△×△×△×△×△と並べた５つの△のうちから１つを選んでそこにＢを置けばよいから，５通りある。したがって，Ａ｜Ｂと○が並ぶ並び方は，$4\times5=20$(通り)ある。

Ａ｜Ｂ｜Ｃと並ぶパターンは，(Ａ，Ｂ，Ｃ)＝(３個，１個，１個)(１個，３個，１個)(１個，１個，３個)がある。Ａ×△×△×△×△×△の△の５つある△のうちから異なる２個を選んで，ＢとＣを置く$5\times4\div2=10$(通り)ずつが考えられるから，$3\times10=30$(通り)ある。

よって，全部で，$1+20+30=51$(通り)

(2)　【解き方】右のように作図する。

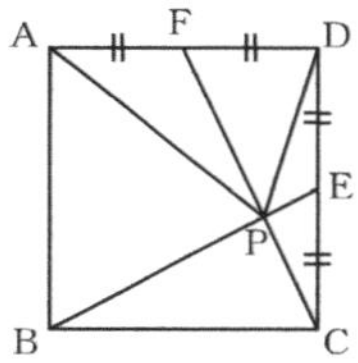

三角形ＢＣＥと三角形ＣＤＦは合同な直角三角形だから，角ＣＢＥ＝角ＰＣＥになるので，三角形ＢＣＥと三角形ＣＰＥは同じ形の直角三角形であり，直角をはさむ２辺の長さの比は１：２になるので，ＰＥ：ＰＣ＝１：２である。

三角形ＢＰＣも三角形ＢＣＥと同じ形の直角三角形になるから，ＰＣ：ＰＢ＝１：２より，ＰＥ：ＰＣ：ＰＢ＝１：２：４になる。ＰＣ：ＢＥ＝２：(１＋４)＝２：５で，ＢＥ＝ＣＦだから，ＰＣ：ＣＦ＝２：５より，ＰＦ：ＣＦ＝３：５　　三角形ＣＤＦの面積は，$6\times3\div2=9$(㎠)だから，

三角形ＤＦＰの面積は，(三角形ＣＤＦの面積)×$\frac{PF}{CF}=9\times\frac{3}{5}=\frac{27}{5}=5.4$(㎠)

ＡＦ＝ＤＦだから，三角形ＡＦＰの面積は，三角形ＤＦＰの面積と等しく あ 5.4㎠である。

次に，三角形ＡＦＰを辺ＡＰを底辺と考えたときの高さを求めるために，ＡＰの長さを求める。右図のように，ＡＰの延長とＣＤとの交わる点をＧとすると，

三角形ＡＢＰと三角形ＧＥＰは同じ形の三角形になるから，

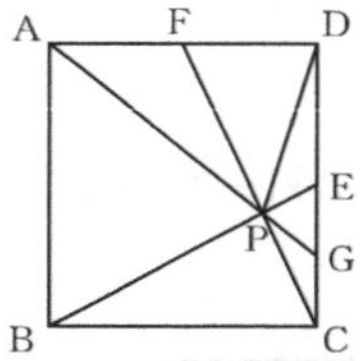

ＡＢ：ＧＥ＝ＡＰ：ＧＰ＝ＢＰ：ＥＰ＝４：１より，ＧＥ＝ＡＢ×$\frac{1}{4}$＝1.5(cm)
三角形ＡＧＤは，ＧＤ：ＡＤ＝(３＋1.5)：６＝３：４の直角三角形だから，
ＧＤ：ＡＤ：ＡＧ＝３：４：５になるので，ＡＧ＝ＡＤ×$\frac{5}{4}$＝7.5(cm)
ＡＰ：ＡＧ＝４：５だから，ＡＰ＝ＡＧ×$\frac{4}{5}$＝６(cm)
よって，三角形ＡＦＰを辺ＡＰを底辺と考えたときの高さは，5.4×２÷６＝い 1.8(cm)

(3)　**【解き方】右図１のように作図して，三角形ＡＰＱがどのような三角形かを調べる。立体ＡＢＣＤの１辺の長さを２とする。**

図１

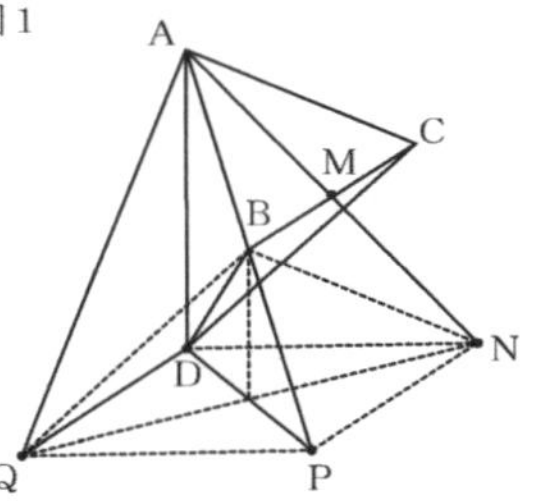

図２

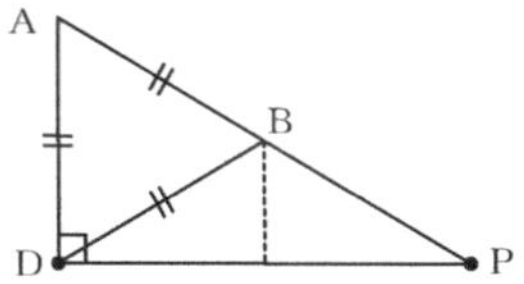

図２において，三角形ＡＢＤは正三角形だから，角ＡＰＤ＝30°になる。角ＢＤＰ＝90°－60°＝30°だから，三角形ＢＰＤはＢＤ＝ＢＰの二等辺三角形になるので，ＢはＡＰの真ん中の点である。ＢＭとＰＮは平行だから，三角形ＡＢＭと三角形ＡＰＮは同じ形の三角形であり，
ＢＭ：ＰＮ＝ＡＢ：ＡＰ＝１：２だから，ＰＮ＝ＢＭ×２＝２である。
四角形ＤＮＰＱは平行四辺形だから，対辺は等しいので，ＱＤ＝ＰＮ＝２より，
三角形ＡＱＤは，ＡＤ＝ＱＤ＝２，角ＡＤＱ＝90°の直角二等辺三角形になる。
図１の図形を真上から見ると，図３のように見えるから，ＡＢ＝ＱＢ＝ＰＢ＝２である。
三角形ＡＱＤと三角形ＡＱＢは３辺の長さが等しいので，合同な直角二等辺三角形になる。
角ＱＢＰ＝180°－角ＡＢＱ＝90°になるので，三角形ＢＰＱも直角二等辺三角形になる。
よって，角ＡＰＱ＝45°である。

図３

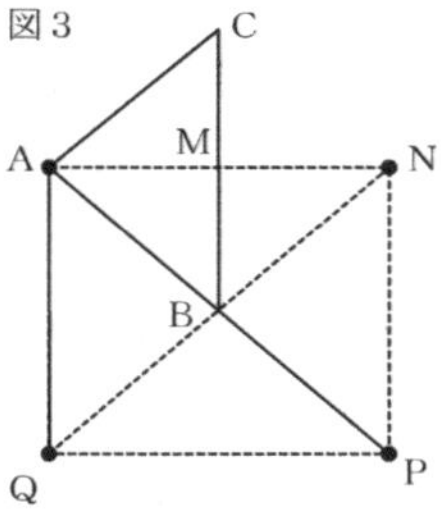

4　(1)　**【解き方】２×□＋３×○＝37を満たす□と○の組を考える。１つの式の中に２つ以上のわからない数があり，複数の答えが考えられる式を不定方程式という。**
２×□は偶数だから，３×○は奇数になる。そこで○＝１とすると，□＝17が見つかる。○を２増やすと□は３減るので，(□，○)＝(17，１)(14，３)(11，５)(８，７)(５，９)(２，11)の６通りが見つかる。

(2)　**【解き方】式を変形して，○や□がいくつの倍数になるかを考える。**
９×□＋11×○＝222より，11×○＝222－９×□　　11×○＝３×(74－３×□)
11と３は互いに素だから，○は３の倍数になる。○＝３×Ａとおくと，74－３×□＝11×Ａ
３×□＋11×Ａ＝74　　(1)より，２×11＋３×５＝37だから，両辺を２倍すると，４×11＋３×10＝74より，
□＝10，Ａ＝４が見つかる。○＝３×４＝12より，９×□＋11×○＝222を満たす□と○の組として，(10，12)がある。□を11増やすと，○は９減るので，(21，３)が見つかる。よって，□＝10，21

(3)　**【解き方】ポイントは，与えられた表が11ごとに区切られていることである。９の倍数を考え，９の倍数の下に並ぶ数は，すべて11の倍数を足すことで表すことができる。**

1	2	3	4	5	6	7	8	**9**	10	11
12	13	14	15	16	17	**18**	19	20	21	22
23	24	25	26	**27**	28	29	30	31	32	33
34	35	**36**	37	38	39	40	41	42	43	44
45	46	47	48	49	50	51	52	53	**54**	55
56	57	58	59	60	61	62	**63**	64	65	66
67	68	69	70	71	**72**	73	74	75	76	77
78	79	80	**81**	82	83	84	85	86	87	88
89	**90**	91	92	93	94	95	96	97	98	99

表の中の９の倍数に印をつけていくと，各列の中で９の倍数が現れるのが最も遅いのが左から２列目だから，79より大きい数であれば９と11を使って表現できることがわかる。

⑷　**【解き方】９×Ａ＋11×Ｂ＝100となるＡとＢを考える。**

９×Ａ＋11×Ｂ＝100を満たす整数ＡとＢは，Ａ＝Ｂ＝５のときだけである。ＡとＢを合わせて10個並べるとき，すべてを異なるものとすると10×９×８×７×６×５×４×３×２×１(通り)になる。これを10！(通り)とする。しかし，同じＡが５個並ぶから，(５×４×３×２×１)＝５！(通り)は重複して数えている。

Ｂについても５！(通り)を重複して数えているから，Ａ，Ｂの並べ方は，$\frac{10!}{5!\times 5!}$＝252(通り)

⑸　**【解き方】⑶で使った表の中から数える。**

⑶の表より，10，12，13，14，15，16，17，19，21，23，24，25，26，28，30，32，34，35，37，39，41，43，46，48，50，52，57，59，61，68，70，79の32個ある。

⑹　**【解き方】ａ，ｂを異なる素数とすると，約数が４つの数は，ａ×ａ×ａまたはａ×ｂと表せる数である。しかし，ａ×ａ×ａで９の倍数でなく３の倍数である数は表せないので，求める数は，３×ａ(ａは３以外の素数)で表せる数である。**

Ａを11回押した場合と，Ｂを９回押した場合は同じ数を表し，ＡとＢを押した回数の差が２回になることに着目すると，西さんは大和さんよりＢを９回多く押し，大和さんは西さんよりＡを11回多く押している。

西さんと大和さんがＡとＢをそれぞれ押した共通の回数は，合わせて10回になる。

ＡとＢを10回押したときの最小値は90，最大値は110だから，３×ａ－11×９が90以上110以下になる。

３×ａは，90＋99＝189以上，110＋99＝209以下の数であり，ａには素数があてはまるから，189÷３＝63以上，210÷３＝70未満の素数を考えると，67が見つかる。よって，[う]にあてはまる数は，３×67＝201

《2022　理科　解説》

[1]　⑴　タンポポやイネは種子をつくる植物(種子植物)のうち，はいしゅが子ぼうにつつまれた被子《ひし》植物である。

⑵　ア×…発芽に光が必要な種子もあるが，光がなくても発芽するものも多い。　ウ，エ×…発芽に必要な養分はふつう種子に蓄《たくわ》えられている。

⑶　ア×…タンポポは花粉が虫によって運ばれる虫ばい花である。なお，綿毛のついた種子は風によって運ばれる。イ×…イネは酸素が少ない水中でも発芽し，このとき根より先に芽を出す。　ウ○…ＡとＥはおしべである。エ×…タンポポのＣ(花びら)は５枚である。　オ×…Ｂはめしべ(子ぼう)で，イネのめしべ(柱頭)の根もとには子ぼうがある。イネの花にはＤのがくや花びらにあたる部分がなく，Ｆのえいがある。

⑷　イネのような子葉が１枚の単子葉《たんしよう》類の種子には，はい乳がある。

⑹　ヨウ素液はでんぷんに反応して青紫《あおむらさき》色になるから，白くなった部分では，でんぷんがなくなった(他の物質に変化した)ことがわかる。

⑺　ア，エ×…半種子を置かなかった部分はでんぷんが分解されていない(青紫色のままである)。　ウ×…実験１で，②がない(物質Ｘを含まない)半種子では，でんぷんが分解されなかった。　カ×…②がある半種子を置いて白くなった部分は，実験１では半径５㎜，実験２では半径7.5㎜だから，物質Ｘが与《あた》えられるとでんぷんを分解するはたらきが強くなると考えられる。

[2]　⑴⑵　水が沸騰《ふっとう》してやかんの口から出てきた目に見えない水蒸気は，空気中で冷やされて目に見える水てき(湯気)になり，その後，空気中で蒸発して再び目に見えない水蒸気になる。

⑶　湯気が消えにくいのは，空気中に水蒸気を含《ふく》みにくいときである。空気中に含むことができる水蒸気量には限界(飽和《ほうわ》水蒸気量)があり，温度が低いときほど飽和水蒸気量は小さい。また，もともと含まれている水蒸気量が多

い(湿度《しつど》が高い)ときほど，水蒸気を含みにくい。

(4)　ろ点を考えるときは室温を考える必要がない。空気中に含まれる水蒸気量が17.2g/㎥だから，グラフより，飽和水蒸気量が17.2g/㎥である20℃がろ点である。

(5)　室温20℃のとき，湿度40％では17.2×0.4＝6.88(g/㎥)，湿度50％では17.2×0.5＝8.6(g/㎥)の水蒸気が含まれる。したがって，1㎥あたりの水蒸気量が8.6−6.88＝1.72(g)増えればよく，教室は8×5×5＝200(㎥)だから，教室全体では1.72×200＝344(g)である。加湿器は1分間に10gの水蒸気を出すから，344÷10＝34.4(分)より，少なくとも35分間加湿器を動かせばよい。

(6)　12.8g/㎥の水蒸気を含む空気のろ点は15℃だから，気温が25−15＝10(℃)下がると雲ができ始める。飽和していない空気のかたまりは100m上昇するごとに気温が1.0℃低くなるので，雲ができ始めた高さは$100\times\frac{10}{1.0}=$1000(m)である。

(7)　雲ができ始めた地点から頂上までの2000−1000＝1000(m)は空気が飽和しているから，100m上昇するごとに気温が0.5℃低くなる。よって，頂上の気温は雲ができ始めた地点(15℃)より，$0.5\times\frac{1000}{100}=5$(℃)低い10℃である。

(8)　反対側を吹《ふ》き降りる際には雲が消えている(空気が飽和していない)から，100m下降するごとに気温が1.0℃高くなる。よって，頂上(10℃)より15℃高い25℃になるのは，頂上(2000m)から$100\times\frac{15}{1.0}=1500$(m)吹き降りた標高500mの地点である。

(9)　ウ×…標高が高いほど気温は低く，飽和水蒸気量は小さくなるので，一度雲ができたら山頂をこえるまで雲は消えない。　オ×…雲ができた後，上昇するごとに飽和水蒸気量は小さくなっていくため，含まれる水蒸気量も少なくなっていく(湿度が100％に保たれたまま上昇する)。よって，山頂をこえて少しでも標高が下がる(飽和水蒸気量が大きくなる)と，湿度が100％より低くなるため，雲は消える。

3　(1)　音は空気や糸などのものが振動《しんどう》することで伝わる。

(2)　エ×…糸が振動することができず，音は伝わらなくなる。

(4)　弦《げん》の太さと弦の長さが同じで，おもりの重さだけが異なるBとFを比べればよい。なお，BとFを比べると，おもりの重さが9倍になると，振動数は3倍になるとわかる。

(5)　(X)$260.7\times\frac{81}{64}=329.9\cdots\rightarrow330$　(Y)(4)解説より，おもりの重さが9(＝3×3)倍になると振動数は3倍になる。また，AとCより，弦の長さが2倍になると振動数は$\frac{1}{2}$倍になり，BとCより，弦の太さが4(＝2×2)倍になると振動数は$\frac{1}{2}$倍になることがわかる。Gの振動数はCに対し，おもりの重さによって3倍になり，弦の長さによって$\frac{1}{8}$倍になるから，弦の太さによって$\frac{27}{16}\div3\div\frac{1}{8}=\frac{9}{2}$(倍)になる。よって，弦の太さはCの$\frac{2}{9}\times\frac{2}{9}=\frac{4}{81}$(倍)である。

(6)　P．$\frac{3}{2}\div\frac{4}{3}=\frac{9}{8}$(倍)　　Q．$\frac{4}{3}\div\frac{81}{64}=\frac{256}{243}$(倍)　　R．ピアノなどの鍵盤《けんばん》で，ミとファの間には，ファとソの間にある黒鍵がない。隣り合う音階の比率は，間に黒鍵がある場合には$\frac{9}{8}$倍，ない場合には$\frac{256}{243}$倍になると考えればよいので，ミとファの間以外で黒鍵がないのはシとドの間の1ヵ所である。　　S．ラとシの間には黒鍵があり，シとドの間には黒鍵がないから，Cのドより1オクターブ高いドの振動数は，Gのラの$\frac{9}{8}\times\frac{256}{243}=\frac{32}{27}$(倍)である。よって，Gのラの振動数はCのドの$\frac{27}{16}$倍だから，$\frac{27}{16}\times\frac{32}{27}=2$(倍)が正答となる。

4　(1)　ア，イ×…発生するのは二酸化炭素である。　エ×…水素は(水に溶けにくいが)水に溶けると中性になる。

(2)　グラフより，鉄1gが反応すると400㎤の水素が発生するから，鉄が1gの5倍の5g反応すると，水素は400㎤の5倍の2000㎤発生する。

(3)(i)　グラフの折れ曲がった点が金属と塩酸100gが過不足なく反応した点である。つまり，5％の塩酸100gがすべて反応すると1520㎤の水素が発生するから，1520㎤の水素を発生させるために必要な鉄の重さを求めればよい。よって，$1\times\frac{1520}{400}=3.8$(g)である。　（ⅱ）　9％の塩酸100gに含まれる塩化水素は，5％の塩酸100gのときの$\frac{9}{5}$倍だから，9％の塩酸100gと過不足なく反応する鉄は$3.8\times\frac{9}{5}=6.84$(g)である。したがって，鉄8gと9％の塩酸100gでは，9％の塩酸100gがすべて反応する(鉄は余る)から，$1520\times\frac{9}{5}=2736$(㎤)の水素が発生する。

(4)　同じ量の水素が発生するときの金属の重さの比が，原子1粒《つぶ》の重さの比と等しい。グラフより，亜鉛4gが反応し，水素が1320㎤発生するときに着目すると，1320㎤の水素を発生させるのに必要な鉄は$1\times\frac{1320}{400}=3.3$(g)だから，亜鉛原子1粒の重さは鉄原子1粒の4÷3.3＝1.21…→1.2倍である。

(5)(ⅰ)　このとき，亜鉛2.5gと鉄0.5gが反応している。亜鉛2.5gが反応すると$1320\times\frac{2.5}{4}=825$(㎤)，鉄0.5gが反応すると$400\times\frac{0.5}{1}=200$(㎤)の水素が発生するから，合計で825＋200＝1025(㎤)である。

（ⅱ）　金属量が2.5gになるまでは亜鉛のグラフと同じである。この後，5％の塩酸100gがすべて反応するまで(水素が1520㎤発生するまで)は鉄のグラフと平行になる。(ⅰ)を参考にして，亜鉛のグラフの金属量2.5gの点から，(金属量，発生する水素量)＝(3.0g，1025㎤)の点を通る直線が，1520㎤の目もりと交わる点に×を記せばよい。なお，鉄が反応することで発生する水素は1520－825＝695(㎤)であり，必要な鉄は$1\times\frac{695}{400}=1.7375$(g)だから，×を記す点の金属量は2.5＋1.7375＝4.2375→約4.24gである。

(6)(ⅰ)　5％の塩酸100g(塩化水素5gを含む)がすべて反応すると，水素が1520㎤発生する。このとき必要なアルミニウムは$1\times\frac{5}{4}=1.25$(g)である。したがって，解答例のように，(0g，0㎤)と(1.25g，1520㎤)を直線で結び，金属量が1.25g以上になると発生する水素量が1520㎤で一定になるグラフをかけばよい。　（ⅱ）　重さが同じとき，アルミニウムでは多くの水素が発生することから，原子の粒が多く含まれていると考えられる。

《2022　社会　解説》

1　Aは北海道，Bは福岡県，Cは神奈川県，Dは埼玉県，Eは高知県，Fは奈良県，Gは島根県。

問1　ウが正しい。北海道の十勝平野は全国有数の畑作地帯である。アは千葉県，イは兵庫県，エは静岡県。

問2　アが正しい。北九州工業地域は1960年代のエネルギー革命(主要エネルギーが石炭から石油に代わる革命)によって石炭生産量が減少した。イは瀬戸内工業地域，ウは北陸工業地域，エは関東内陸工業地域。

問3(2)　高度経済成長期は1950年代後半～1973年にあたる。東京大都市圏(首都圏)に含まれる横浜市では，昼間は東京都内で働いていたり学んだりして，夜間に家に帰ってきて生活する人々が多くいる。

問4 ⅰ　讃岐は香川県，薩摩は鹿児島県の旧国名である。　ⅱ　公平(公正)になることを盛り込む。

ⅲ　3つの町が合体したというイメージをつけるための工夫である。

問5　オ．Xは茨城県・宮崎県の生産量が多いのでピーマン，Yは鹿児島県の生産量が多いのでオクラ，Zは高知県の生産量が多いのでなすと判断する。茨城県では大消費地にピーマンなどを出荷する近郊農業が盛んである。一方，宮崎県や高知県では，冬の暖かい気候をいかして，ピーマンやなすの生長を早める栽培方法(促成栽培)が盛んである。

問6(2)　のべ宿泊者数が多いア・ウを京都府・大阪府，少ないイ・エを和歌山県・奈良県と判断する。世界遺産登録の寺社が多い奈良県は外国人の割合が高いのでエを選ぶ。また，奈良県は京都府・大阪府への移動が容易なことから，のべ宿泊者数が少ないと判断してもよい。アは大阪府，イは和歌山県，ウは京都府。

問7　Xは北海道でも獲れることからぶり類，Yは漁獲量が少なく兵庫県が上位にあることからたい類，Zは漁獲量が多く九州から山陰に集中することからあじ類と判断する。千葉県には水あげ量日本一の銚子港があり，さば・

まいわしの漁獲量も多い。

問8Ａ　札幌市は，冬の寒さが厳しく梅雨がないのでアと判断する。　　Ｅ　太平洋側の高知市は，南東季節風の影響で夏の降水量が多いのでウと判断する。イは奈良市，エは福岡市。

2　問１　日本の都道府県界の多くは，川や山など，人の行き来が困難であった自然的境界に引かれている。

問２　エが正しい。　ア．バイパス道路は市街地を避けて建設される。　イ．Ａ中の「学研奈良登美ヶ丘駅」の周辺に大学（(大)文）や博物館（🏛）は見当たらない。　ウ．Ｂ中の「関西本線」に高架（═══）は見当たらない。

問３(2)　道路幅が広くなり，宅地が道路に面して形の整った利用しやすいものになっている。

3　問１　高度経済成長期に人々の収入が増えて，パンや麺類などが食べられるようになって食の多様化が進み，米が余るようになったため，1960年代の終わり頃から米の作付面積を減らす生産調整（減反政策）が実施された。

問２　カ．Ａはロシア料理のライ麦パンとボルシチ，Ｂはメキシコ料理のタコス，Ｃはトルコ料理のケバブである。

問３　オーストラリアやアメリカでは，機械化された大規模な農業方法（企業的な経営）が採られている。

問４　しょう油の原料は大豆・小麦・食塩である。ⅰは蒸すので大豆，ⅱは炒るので小麦と判断する。

問５　鶏卵の自給率は100％に近いので，アと判断する。イは野菜，ウは肉類，エは果実。

問６　アが誤り。ジャガイモの原産地は南アメリカのアンデス山脈である。

問７　乳脂肪分を原料とするバターの代用品として，人工的につくられた油脂食品なので，マーガリンは人造バターと呼ばれた。

問８(1)　夏の南東季節風が寒流の親潮（千島海流）上を渡るときに冷やされて太平洋側で濃霧を発生させるため，釧路市は夏でも日照時間が少なく冷涼になる。　　(2)　イ．奈良時代の浜名湖は淡水湖で，遠津淡海と呼ばれていた。アとエは火口に水が溜まりできたカルデラ湖。琵琶湖は断層や陥没によって形成された構造湖。

4　問１　ウの縄文時代の縄文土器が誤り。弥生時代には弥生土器がつくられた。アは銅鐸，イは石包丁，エは貝輪。

問２　Ｂのみ誤りだからイを選ぶ。魏に使者を送り，魏の皇帝から「親魏倭王」の称号を与えられたのは邪馬台国の女王「卑弥呼」である。

問４　８世紀は701～800年にあたり，平城京遷都（710年）は元明天皇の治世に行われた。

問５　朝廷によって貨幣が鋳造されたのは10世紀半ばまでなので，アが誤り。藤原道長は10世紀末～11世紀初めの藤原氏の摂関政治が全盛だった頃の摂政であった。摂関政治は，娘を天皇のきさきとし，生まれた子を次の天皇に立て，自らは天皇の外戚として摂政や関白となって実権をにぎる政治である。

問６　イが誤り。平清盛は武士として初めて太政大臣に任命されたが，征夷大将軍には任命されなかった。

問７　13世紀（1201～1300年）は鎌倉時代だからウが正しい。御成敗式目は，鎌倉幕府３代執権北条泰時が1232年に制定した。アは平安時代後半の11世紀（前九年の役・後三年の役），イは室町時代（14世紀），エは平安時代後半の12世紀。

問８　中国王朝は，漢→隋→唐→宋→元→明→清の順であり，元は1271～1368年にあたる。

問９　ウの雪舟の水墨画「天橋立図」が正しい。アは江戸時代の浮世絵「東海道五十三次（歌川広重筆）」，イは平安時代の大和絵「源氏物語絵巻」，エは江戸時代の浮世絵「富嶽三十六景（葛飾北斎筆）」。

問10　ⅱのみ誤りだからイを選ぶ。肥料にするための鰯《いわし》漁が九十九里浜で大規模に行われたのは江戸時代である。

問11　イが正しい。豊臣秀吉は，関白就任後に天下統一を果たし，明征服の通り道となる朝鮮に２度にわたって出兵した。アは大友宗麟・大村純忠・有馬晴信，ウは武田信玄，エは織田信長。

問12　Ａのみ誤りだからエを選ぶ。徳川家康は，将軍職を退いた後に大坂夏の陣で豊臣氏を滅亡させた。

問 13　ii のみ誤りだからイを選ぶ。「東まわり航路」ではなく「西まわり航路」である。東まわり航路は，酒田から太平洋沿岸をまわって江戸まで運ぶ航路である。

問 14　唐人屋敷は貿易で来航した中国人が生活した。江戸幕府は，キリスト教の布教を行うポルトガルやスペインの船の来航を禁止し，キリスト教の布教を行わないオランダの商館を出島に移し，キリスト教と関係のない中国と２か国のみ，長崎での貿易を認めた。

問 15　石見銀山から採れた銀は，勘合貿易で明(中国)に，南蛮貿易でヨーロッパに多く輸出されていた。16 世紀の日本は，世界の銀の生産量のおよそ３分の１を占めていたため，「銀の島」として知られていた。

問 16　ア．物価の下落(デフレ)は，貨幣の価値を上げるので現金収入を得る政府にとっては増収となるが，価値のある現金を出費する家計にとっては負担が増える。

問17　イが正しい。国民の権利について規定した五日市憲法草案は，国会開設の勅諭(1881 年)が出された後に提案された。アとエは 1872 年，ウは 1894 年。

問 18　両方とも誤りだからエを選ぶ。日清戦争(1894～1895 年)前の朝鮮(D)をめぐって対立する日本(B)と清(C)，漁夫の利を狙うロシア(A)が描かれている。また，日本が朝鮮を植民地支配したのは 1910 年の韓国併合以降である。

問 19　オ．Ⅲ．日露戦争後のポーツマス条約(1905 年)→Ⅰ．日本の第一次世界大戦参戦(1914 年)→Ⅱ．男子普通選挙法の制定(1925 年)

問 20　ドルを基準に円の為替相場が固定されていたのは 1970 年代初めまでなのでアを選ぶ。日中平和友好条約の締結は 1978 年，朝鮮戦争の開戦・警察予備隊の設置は 1950 年，日韓基本条約の締結は 1965 年。

5　問１　文部科学省は教育・科学・スポーツに関する業務を担当している。

問２　日本国憲法は平和主義を基本原理としており，９条には「戦争放棄」「戦力不保持」「交戦権の否認」について規定している。

問３　1972 年に札幌オリンピック，1998 年に長野オリンピックが開催されて，1989 年に平成に改元された。

問４　写真は陸上競技を表すピクトグラムで，日本語のわからない人でもひと目見て何を表現しているのかわかるため，年齢や国の違いを越えた情報手段として活用されている。

問５　民族・宗教・国籍・政治的意見などを理由に迫害を受けて他国に逃れた難民が，イスラム地域やアフリカ諸国で増えている。また，2022 年４月時点，ロシアの軍事侵攻により，ウクライナの難民が各国に避難している。

2021 解答例 令和3年度　西大和学園中学校

《国　語》

一　問一．①精密　②支障　③収縮　④節操　⑤風潮　問二．世代交代　問三．エ　問四．A．この世　B．あの世　C．この世　D．この世　E．あの世　問五．イ　問六．生物は自分とそっくり同じものを繰り返し生み出すことで長い時間を生き続けてきたということ。　問七．オ　問八．専門分野だけを学んでいても得られない、自分独自の価値観を形成する上で必要となる様々な学問のこと。　問九．イ

二　問一．a．オ　b．ア　c．イ　問二．A．エ　B．ア　C．ウ　D．カ　E．イ　問三．ウ　問四．イ　問五．気持ちを言葉にできずもどかしく思っていた自分に教師が発した言葉を、言いたいことをきちんと言えない鈴香に発していることに気付き、自分自身を嫌に思ったから。　問六．オ　問七．エ　問八．エ

三　(i)1．十人十色　2．自業自得　(ii)1．元／子　2．高　(iii)イ，エ／ウ，ア
(iv)よそよそ／仲が良かった二人の関係が疎遠になったから。

《算　数》

1　(1)$\frac{20}{27}$　(2)$\frac{8}{15}$　(3)76　(4)85　(5)8　(6)7，30

2　(1)75.36　(2)18　(3)144　(4)6

3　(1)あ．6　い．144　(2)う．5　え．11　お．43　(3)か．1　き．1

4　(1)①35　②22.5　(2)①5　②22.5　(3)①4，30　②$6\frac{41}{79}$

《理　科》

1　(1)ア　(2)イ　(3)マグニチュード　(4)16　(5)震源の深さがちがうから。(下線部は震源までのきょりでもよい)　(6)イ　(7)ア　(8)16　(9)48，4　(10)54

2　(1)あ．表面積　い．毛細血管　う．筋肉　(2)名前…(肺)静脈　特ちょう…ア　(3)イ，エ　(4)ウ　(5)イ　(6)左心室…B　左心房…C　大動脈…A　(7)50　(8)エ

3　(1)①8　②2　③6.4　④1.6　⑤1.6　(2)大和くん…イ，ウ，エ　西さん…ウ，エ　(3)7　(4)1　(5)B　(6)ア〔別解〕エ　(7)20

4　(1)イ，ウ　(2)エ　(3)ドライアイスから出た気体により金属の小片が少し浮き，金属の小片の重みで落ちるということが繰り返され，金属の小片がしん動したから。　(4)ウ　(5)イ，ウ，オ　(6)水の蒸発量　(7)0.33　(8)449.81　(9)(i)45，0.0183　(ii)16　(10)二酸化炭素がたくさん詰まっている状態。

《社　会》

1 問１．エ　問２．⑴ウ　⑵戦後の食料不足を解消する目的で，国の事業として農地を増やす計画が進み，大規模な干たくが行われたから。　問３．イ　問４．⑴ウ　⑵ⅰ．自由　ⅱ．多様　問５．ア，ウ　問６．⑴エ　⑵ⅰ．安く大量に供給することができる　ⅱ．国内で利用できる人工林が増えてきた

2 問１．18.75　問２．ウ　問３．⑴三日月湖　⑵こう水時に流路からあふれた水が運んできた土砂が，河川の両岸にたい積するから。

3 問１．ウ　問２．⑴関税　⑵企業が海外に流出することで，国内で働くことができる人が減少する。
問３．カ　問４．フードマイレージ　問５．⑴イ　⑵ア　問６．ウ

4 問１．エ　問２．カ　問３．ア　問４．イ　問５．国風　問６．エ　問７．ウ　問８．田楽
問９．明　問10．ウ　問11．ウ　問12．寺子屋　問13．エ　問14．A．領地と江戸のやしきを行き来
B．妻や子どもを人質として江戸に住まわせる　問15．エ　問16．福沢諭吉　問17．エ　問18．オ
問19．イ　問20．イ

5 問１．ボランティア　問２．A．８　B．10　問３．ア　問４．保健所

2021 解説 令和３年度 西大和学園中学校

←解答例は前のページにありますので，そちらをご覧ください。

《2021　国語　解説》

一　**問三**　少し後に「現役でバリバリ働けるというものでもない」とある。これは、古い部分があり、壊れやすいからである。よって、恐《おそ》る恐《おそ》る接するという意味の、エの「はれものにさわる」が適する。

問四Ａ　直後の「永遠に私が生き残っていく」というのは、子孫が世代交代を繰《く》り返しながら生きていくということ。子孫は「この世」で世代交代を繰り返すので、「私」も「この世」に永遠に生き残る。　**Ｂ・Ｅ**　誰かが亡くなると、「お坊《ぼう》さんを呼んで葬式《そうしき》を営む」。亡くなった人は「あの世」に行くのだから、仏教は「あの世」の永遠を保証している。　**Ｃ・Ｄ**　結婚《けっこん》し、「神様の前で結婚式を挙げる」のは、この後も「この世」で暮らす二人であり、「この世」でずっと一緒《いっしょ》にいようとするからである。よって、神道は「この世」の永遠を保証している。

問五　この後、法隆寺や伊勢神宮のやり方を説明した上で、「体は使っていれば擦《す》り切れるものだから～古くなったらさっさと捨てて、まったく同じ新しいものをつくればいい」と述べている。よって、イが適する。

問六　伊勢神宮は「二〇年ごとにまったく同じものを建て替え」ながら「一三〇〇年続いている」。これを生物にあてはめると、「自分とそっくり同じ私を次の世代につくること」、つまり子どもを作ることを繰り返して生き続けるということになる。

問七　「子どものままでずーっといたい」と望む人と、直前の「次世代をつくらず、自分の好きなことだけをしている」人は同じ人々のことを言っており、筆者はこうすることを「生物学的には自殺に当たる」と考えている。子どもをつくらない以上、自分が「この世」に永遠に生き続けることはない。そのため、「私たちの一生は一回きりだ」と考え、「『死んだら後は知らない』という感覚になる」。そうした人が増えれば、社会がいろいろな問題をかかえることになる。よって、オが適する。

問八　──部４の学問をすることで、「私たちの生活がどうなっているのか、今の生き方はこれでいいのか、という世の中とは異なった見方、世界観をつかむことができる」と述べている。また、前の段落に、「生物学だけを勉強していたらこういう発想はできない。私はいろんな分野の学問を勉強するうちに、この結論にたどり着いた」とある。つまり、専門分野だけを学ぶことは、──部４の学問をすることにはあたらないのである。

問九　４段落目に、キリスト教徒は「直線的な時間観を持」ち、キリスト教では、過去から未来に向けて一直線に時間が流れるとある。一方、日本(人)は「回る時間の中で生きていた」。しかし、文章の後半に「実は子どもというかたちで私が残り、孫というかたちで私が残る～残念ながら、そういう感覚が今の日本人からは抜《ぬ》け落ちてしまっている」とあり、「最近はみんな大人にならない、なりたがらない。次世代をつくらず、自分の好きなことだけをしている」と述べている。よって、イが適する。

二　**問三**　──部１の「そこまでしなくても」とは、直前にあるように「『もうごちそうさまだな』と片付け」なくてもということ。鈴香《すずか》は「まだ食べようとしているので」、食事を中断して片付けることまではしなくていいだろうと「俺」は考えている。よって、ウが適する。

問四　直前に「丁寧《ていねい》に作ったものを慎重《しんちょう》に食べさせていたのに暴れられるのだから」とある。また、鈴香が途中からご飯を食べてくれなくなり、何を聞いても「ぶんぶ」としか言わないので、鈴香がどうしてほしいのかも分からないでいる。ただ泣いて暴れる鈴香を前に、「俺」は何もできず、困り果てている。よって、イが適する。

問五　眉をひそめるは、不快感などで顔をしかめるという意味。「俺」が「自分で放った言葉」は、「俺」が教師から「何度も何度も言われてきた言葉」だった。「不安や不満やいら立ち」を前に、どう言葉にして伝えればよいのかわからずに「俺」が発した言葉に対して、教師は「思っていることをちゃんと言いなさい」と言った。「俺」は、これとまったく同じことを、鈴香を相手に、「教師」の立場に立って再現していることに気付き、自分が嫌になったのである。

問六　少し後の、「きっとどのお母さんも、どこかで良い人間であろうとしているのだと思う」「子どもにそうあってほしいと望むから～子どもに何かを示すには、それにふさわしい人間でいようとしなければならないのかもしれない」より考える。鈴香に言うことを聞かせるには、「俺」も「公園のお母さんたち」のようになる必要があると考えている。よって、オが適する。

問七　「ひっかかる」には、すっきりしない感じがするという意味がある。「俺の中でひっかかっている」とは、心の中で疑問に思ったり悩んだりしているという意味。よって、思い悩むという内容を含まないウとオは適さない。直後の「面倒《めんどう》だけど、しかたねえな」という言葉からは、「ひっかかっているもの」に対して、何か行動を起こそうという意思が読み取れる。よって、「とりあえず実行にうつしてみようと覚悟《かくご》を決める」とあるエが適する。他の課題からこなそうとするアや、「考えるのをやめてしまおうとあきらめる」とあるイは適さない。

問八　生徒Dの意見の「きっと鈴香が最後まで食事を食べない様子を見て、やりきることの大切さを学んだんだね」は適さない。「俺」は、言うことを聞かない鈴香を見て、自分が変わらなければならないと感じている。

《2021　算数　解説》

1

(1)　与式 $=\frac{65}{81}\div(\frac{3}{4}\times\frac{3}{2}\div\frac{3}{2}+\frac{13}{4}\times\frac{48}{39}\times\frac{1}{12})=\frac{65}{81}\div(\frac{3}{4}+\frac{1}{3})=\frac{65}{81}\div(\frac{9}{12}+\frac{4}{12})=\frac{65}{81}\div\frac{13}{12}=\frac{65}{81}\times\frac{12}{13}=\frac{20}{27}$

(2)　与式より，$(2-\frac{3}{8}\times\square)\div\frac{3}{4}-\frac{3}{10}=\frac{14}{5}\div\frac{4}{3}$　　$(2-\frac{3}{8}\times\square)\div\frac{3}{4}-\frac{3}{10}=\frac{21}{10}$　　$(2-\frac{3}{8}\times\square)\div\frac{3}{4}=\frac{21}{10}+\frac{3}{10}$

$(2-\frac{3}{8}\times\square)\div\frac{3}{4}=\frac{12}{5}$　　$2-\frac{3}{8}\times\square=\frac{12}{5}\times\frac{3}{4}$　　$2-\frac{3}{8}\times\square=\frac{9}{5}$　　$\frac{3}{8}\times\square=2-\frac{9}{5}$　　$\frac{3}{8}\times\square=\frac{1}{5}$

$\square=\frac{1}{5}\times\frac{8}{3}=\frac{8}{15}$

(3)　**【解き方】分子の式の中にある5の個数を考える。100を5で割ると，100以下の5の倍数の個数が求められる。100を5で割ったときの商をもう一度5で割ると，25の倍数の個数が求められる。**

100÷5＝20より，1から100までに5の倍数は20個ある。20÷5＝4より，1から100までに5×5＝25の倍数は4個ある。4は5で割れないから5×5×5＝125の倍数はないので，分子の式の中に5は20＋4＝24(個)ある。よって，約分したとき分母に残る5の個数は，100－24＝76(個)

(4)　**【解き方】もとの2つの整数を②，③とおく。**

(②＋6)：(③－1)＝4：5より，(③－1)×4＝(②＋6)×5　　⑫－4＝⑩＋30　　⑫－⑩＝30＋4

②＝34より，③$=34\times\frac{3}{2}=51$　　よって，もとの2つの整数の和は，②＋③＝34＋51＝85

(5)　**【解き方】(容器Pから150gを容器Qに移したときの容器Qの食塩水の濃度)→(容器Qから100gを容器Pに移したときの容器Pの中にある食塩の量)→(容器Pに水を150g入れたときの容器Pの食塩水の濃度)の順に求めていく。**

右図で，7％の食塩水と12％の食塩水の重さの比が100：150＝2：3だから，

a：b＝3：2である。a＋b＝12－7＝5(％)だから，$a=5\times\frac{3}{3+2}=3$(％)

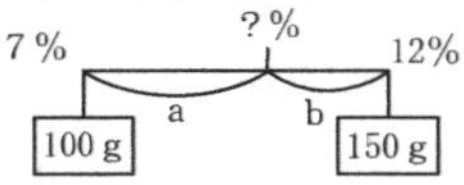

容器Pから150gを容器Qに移したときの容器Qの食塩水の濃度は，7＋3＝10(％)

容器Pから150gを容器Qに移したときの容器Pには，400－150＝250(g)が残っているから，中に含《ふく》まれる食塩の重さは，250×0.12＝30(g)である。容器Qから移す10％の食塩水100gの中に含まれる食塩水の重さは，

100×0.10＝10(g)だから，容器Pには，食塩を30＋10＝40(g)含んだ，250＋100＋150＝500(g)の食塩水ができる。その濃度は，40÷500×100＝8(％)

⑹　**【解き方】A，B，Cの，速さの比と時間の比から，進んだ道のりの比を求める。**

乗り物B，Cの速さを時速に直すと，乗り物Bは時速(100×60÷1000)㎞＝時速6㎞，乗り物Cは時速(2×3600÷1000)㎞＝時速7.2㎞だから，乗り物A，B，Cの速さの比は，36：6：7.2＝30：5：6である。

乗り物A，B，Cに乗る時間の比は1：3：5だから，乗り物A，B，Cで移動した道のりの比は，(30×1)：(5×3)：(6×5)＝2：1：2になる。比の数の和の2＋1＋2＝5が75㎞にあたるから，乗り物A，B，Cで移動した道のりは，乗り物Aが $75\times\frac{2}{5}=30$(㎞)，乗り物Bが $75\times\frac{1}{5}=15$(㎞)，乗り物Cが30㎞になる。よって，2地点間を移動するのにかかった時間は，$30\div36+15\div6+30\div7.2=\frac{5}{6}+\frac{15}{6}+\frac{25}{6}=\frac{45}{6}=7\frac{1}{2}$(時間)，つまり7時間30分になる。

2　⑴　**【解き方】右図のように記号を追加する。面積を変えずに，網目部分の一部を移動させて考える。**

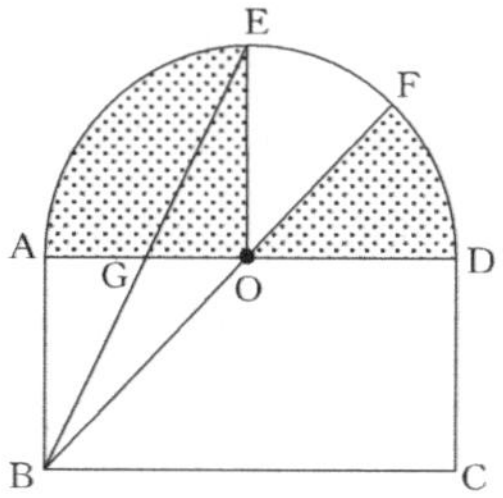

右図で，AD＝AB×2＝16(㎝)だから，AO＝EO＝AD÷2＝8(㎝)になるので，三角形ABGと三角形OEGは合同になり，BG＝EGである。

三角形BOGと三角形EOGは，底辺をBG，EGとしたときの高さが等しく，BG＝EGだから，面積は等しい。したがって，網目部分の面積の合計は，右図の色をつけた部分の面積の合計に等しい。このとき，三角形ABOは，AB＝AO，角BAO＝90°の直角二等辺三角形になるので，角AOB＝45°とわかり，対頂角は等しいことから，角FOD＝角AOB＝45°になる。

よって，図の色をつけた部分の面積の合計は，半径が8㎝で中心角が 90°＋45°＝135°のおうぎ形の面積に等しく，$8\times8\times3.14\times\frac{135}{360}=75.36$(㎠)

⑵　**【解き方】同じ形の直角三角形を探す。**

三角形APMと三角形CPMは合同で，三角形APMと三角形ACHは同じ形だから，三角形CPMと三角形ACHも同じ形になるので，角ACH＝角CPM＝27°である。三角形ABCは直角二等辺三角形だから，角BCA＝45°なので，《角あ》の大きさは，45°－27°＝18°

⑶　**【解き方】組み立ててできる四角すいを右図のようにおくと，三角形ABCと三角形AECは合同な直角二等辺三角形になる。OはACの真ん中の点だから，AO＝COになるので，三角形AOEと三角形COEも直角二等辺三角形になる。つまり，EO＝AOである。**

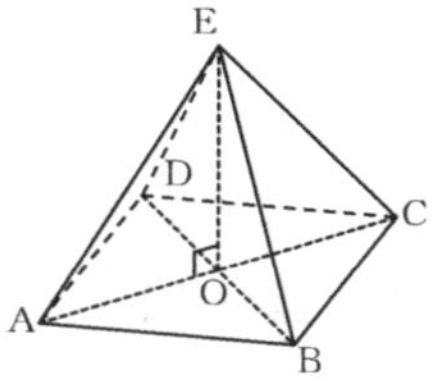

正方形ABCDの面積が72㎠だから，AC×BD＝72×2＝144(㎠)である。AC＝BDだから，AC×AC＝144(㎠)で，144＝12×12より，AC＝12㎝である。

EO＝AO＝AC÷2＝12÷2＝6(㎝)だから，四角すいの体積は，$72\times6\times\frac{1}{3}=144$(㎤)

⑷　**【解き方】右図のように，正四面体のすべての辺の真ん中の点を結ぶと，すべての辺の長さが等しい正八面体ができることを利用する。**

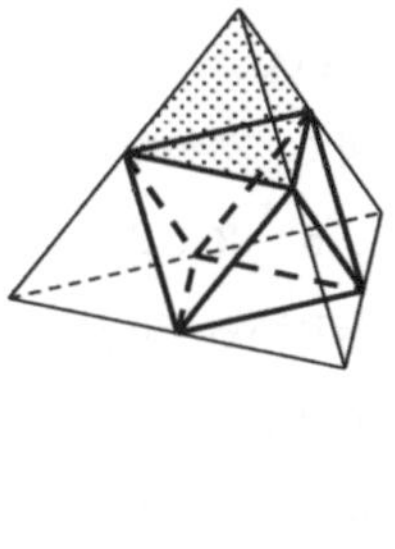

右図で色をつけた正四面体の体積は，もとの正四面体の体積の$\frac{1}{2}\times\frac{1}{2}\times\frac{1}{2}=\frac{1}{8}$だから，もとの正四面体から4つの小さな正四面体を切り取ってできる正八面体の体積は，

もとの正四面体の体積の，$1-\frac{1}{8}\times 4=\frac{1}{2}$になる。

図の太線で囲んだ正八面体を二等分すると，もとの正四面体の体積の$\frac{1}{2}\div 2=\frac{1}{4}$の正四角すいができる。

よって，三角すいAの$\frac{1}{4}$の体積になる正四角すいの１辺の長さは，12÷２＝６(cm)である。

３ (1) **【解き方】 い については，１，２，３のうちの２種類を使った数を考えるとき，２種類だけでつくる数と，１，２，３以外を使ってつくる数に分けて考える。**

１，２，３の３種類を使った数は，123，132，213，231，312，321 の あ6個ある。

１，２，３の３つの数字から２種類を選ぶときの選び方は，選ばない数の場合の数に等しく３通りある。

選んだ数を１と２としたとき，選んだ数だけでできる３けたの数は，112，121，211，221，212，122 の６通りあるから，１，２，３のうち２種類を選んで，選んだ数だけでつくる３けたの数は，６×３＝18(個)ある。

２種類を選んで，１，２，３以外の数を１つ使うとき，１，２，３以外の数は，０，４～９がある。

１と２と０を選んだとき，できる数は 120，102，201，210 の４個できるから，１，２，３から２種類を選び０を使ってできる３桁の数は４×３＝12(個)できる。

１と２を選び０以外の４～９から１個を選んでできる数は，１，２，３の場合と同じ６個でき，４～９は６種類あるから，124 のような数は，３×６×６＝108(個)ある。

よって，全部で６＋18＋12＋108＝い144(個)ある。

(2) **【解き方】タイルＢを横に置いた場合をタイルＣと呼ぶことにする。まず，右図のようにタイルＢだけでしきつめた場合を考え，そこから２ｍ×２ｍの正方形の部分をタイルＡでしきつめる場合とタイルＣでしきつめる場合にかえて考える。**

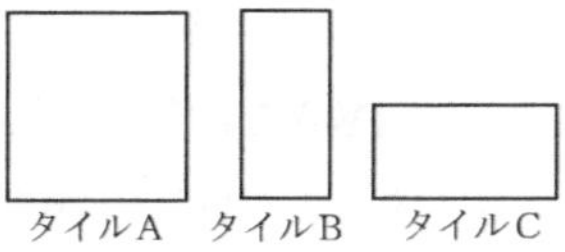

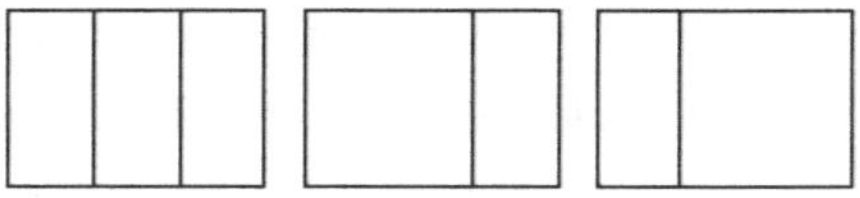

横が３ｍのとき，タイルＢだけのしきつめ方は１通りある。

縦２ｍ，横３ｍの長方形の中に２ｍ×２ｍの正方形は最大で１個置け，その置き方は２通りある。２ｍ×２ｍの正方形のしきつめ方はタイルＡ１個とタイルＣ２個の２通りあるから，タイルＡやタイルＣも使ったしきつめ方は，２×２＝４(通り)ある。よって，＜３＞＝１＋４＝５

横が４ｍのときも同様に考える。縦２ｍ，横４ｍの長方形の中に２ｍ×２ｍの正方形は最大で２個置ける。

２ｍ×２ｍの正方形１個の置き方は３通りあるから，タイルＡ１個またはタイルＣ２個を使ったしきつめ方は，３×２＝６(通り)ある。

２ｍ×２ｍの正方形２個の置き方は１通りあるから，タイルＡ２個またはタイルＣ４個までを使ったしきつめ方は，１×２×２＝４(通り)ある。よって，＜４＞＝１＋６＋４＝11

横が６ｍのときも同様に考える。縦２ｍ，横６ｍの長方形の中に２ｍ×２ｍの正方形は最大で３個置ける。

２ｍ×２ｍの正方形１個の置き方は５通りあるから，タイルＡ１個またはタイルＣ２個を使ったしきつめ方は，５×２＝10(通り)ある。

２ｍ×２ｍの正方形２個の置き方は６通りあるから，タイルＡ２個またはタイルＣ４個までを使ったしきつめ方は，６×２×２＝24(通り)ある。

２ｍ×２ｍの正方形３個の置き方は１通りあるから，タイルＡ３個またはタイルＣ６個までを使ったしきつめ方は，１×２×２×２＝８(通り)ある。

よって，＜６＞＝１＋10＋24＋８＝43

⑶　**【解き方】正方形の中に正三角形を作図すれば問題の図ができるが，今回は別のアプローチを考える。右図のように，ＢＤの延長と，角ＡＣＤの二等分線の交わる点をＥとする。**

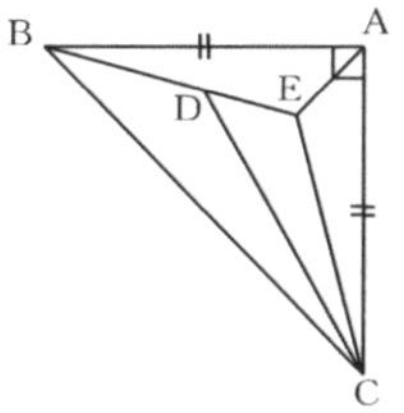

右図で三角形ＡＢＣは直角二等辺三角形だから，角ＡＢＣ＝角ＡＣＢ＝45°である。
角ＡＣＥ＝30°÷２＝15°だから，角ＥＢＣ＝角ＥＣＢ＝45°－15°＝30°になるので，
三角形ＥＢＣはＢＥ＝ＣＥの二等辺三角形である。したがって，三角形ＡＢＥと
三角形ＡＣＥは合同である。角ＢＡＥ＝角ＣＡＥ＝90°÷２＝45°だから，
角ＡＥＢ＝角ＡＥＣ＝180°－45°－15°＝120°になるので，角ＣＥＤ＝360°－120°－120°＝120°である。
よって，三角形ＡＣＥと三角形ＤＣＥは合同になるから，ＡＣ：ＣＤ＝１：１

4　⑴　**【解き方】機械Ａと機械Ｂのそれぞれの速さを混乱しないように考えていく。**

速さをかえてからの秒数	0	1	2	3
Ａの速さ(秒／m)	15	15	20	20
Ｂの速さ(秒／m)	20	12.5	12.5	
ＡＢの距離(m)	30	25		

１秒後から２秒後にかけて，機械Ａの速さは秒速 15m，機械Ｂの速さは秒速 12.5mだから，機械Ａと機械Ｂの間の距離は，１秒で 15－12.5＝2.5(m)開き，25＋2.5＝27.5(m)になる。２秒後から３秒後にかけて，機械Ａの速さは秒速 20m，機械Ｂの速さは秒速 12.5mだから，機械Ａと機械Ｂの間は，１秒で 20－12.5＝7.5(m)開き，27.5＋7.5＝①35(m)になっている。
３秒後から５秒後までの２秒間で，35－30＝５(m)の差を縮めるから，機械Ｂは機械Ａより，秒速(５÷２)m＝秒速 2.5mだけ速く動けばよい。よって，機械Ｂの速さは，秒速(20＋2.5)m＝秒速②22.5m

⑵　**【解き方】⑴と同じように考える。**

速さをかえてからの秒数	0	1	3	4	5
Ａの速さ(秒／m)	5	5	5	15	15
Ｂの速さ(秒／m)	20	0	0	0	
ＡＢの距離(m)	30				

速さを変えてから１秒後には，機械Ａと機械Ｂの距離は，30－(20－５)＝15(m)になっている。
機械Ｂが止まってから２秒後，最初に速さを変えてから３秒後に機械Ｂがもう一度測ると，機械Ａと機械Ｂの距離は 15＋５×２＝25(m)になっているので，まだ機械Ａは停止している。最初に速さを変えてから５秒後に機械Ｂがもう一度測ると，機械Ａと機械Ｂの距離は，25＋５×１＋15×１＝45(m)になっているので，機械Ｂが再び動き出すのは機械Ａが最初に速さを変えてから①５秒後である。５秒後から７秒後までの２秒間で，45－30＝15(m)の差を縮めるから，機械Ｂは機械Ａより，秒速(15÷２)m＝秒速 7.5mだけ速く動けばよい。よって，機械Ｂの速さは，秒速(15＋7.5)m＝秒速②22.5m

⑶　**【解き方】先頭から数えて２台目は１秒後に，３台目は２秒後に，…，と速度を測定する。指定がない時間は，すべて先頭の機械の速さを秒速 14mに変えてからの時間とする。**
先頭の機械が速さを秒速 14mに変えてから１秒後，先頭と２台目の距離は，20－14＝６(m)縮んだから，２台目は先頭より速さを，秒速(６÷２)m＝秒速３mだけ遅くして，秒速(14－３)m＝秒速 11mにする。２台目の機械は３秒後に先頭の機械との距離を 30mに回復して秒速 14mになる。
３台目の機械は，２秒後に２台目の機械との距離が 20－11＝９(m)縮んだから，速さを秒速(９÷２)m＝秒速 4.5mだけ遅くして，秒速(11－4.5)m＝秒速 6.5mになる。しかし，２台目が３秒後に秒速 14mに変えたために，４秒後の２台目の機械と３台目の機械の距離は，30＋14－11＝33(m)になっているので，４秒後に３台目の機械は，速さを秒速$\frac{33-30}{2}$m＝秒速 1.5mだけ速くして，秒速(14＋1.5)m＝秒速 15.5mになる。
４台目の機械は，３秒後に３台目の機械との距離が 20－6.5＝13.5(m)縮んだから，速さを秒速(13.5÷２)m＝

秒速6.75mだけ遅くしようとするが，３台目が秒速6.5mで動いているため，秒速を6.75m遅くすることができず停止する。よって，最初に停止する機械は４台目の機械である。

先頭の機械が速さを秒速14mに変えたとき，４台目は地点Ｐから$30\times(4-1)=90$(m)離れている。４台目が停止したのは３秒後だから，３秒後に４台目の機械が停止した地点は，地点Ｐから$90-20\times3=30$(m)手前である。

３台目が４秒後に秒速15.5mに変えたために，５秒後の３台目の機械と４台目の機械の距離は，

$30-13.5+6.5+15.5=38.5$(m)になっているので，５秒後に４台目の機械は，速さを秒速$\frac{38.5-30}{2}$m＝秒速$\frac{17}{4}$mだけ速くして，秒速$(15.5+\frac{17}{4})$m＝秒速$\frac{79}{4}$mで動き始める。

よって，４台目の機械が再び動き始めてから地点Ｐを通過するまでにかかる時間は，$30\div\frac{79}{4}=\frac{120}{79}=1\frac{41}{79}$(秒)と２秒以内なので，次の測定までに地点Ｐを通過する。

これは先頭の機械が速さを秒速14mに変えてから，$5+1\frac{41}{79}=6\frac{41}{79}$(秒後)

《2021　理科　解説》

1 (1)(2)　震度は地震によるゆれの程度で，０，１，２，３，４，５弱，５強，６弱，６強，７の10段階で表す。

(3)　マグニチュードは地震の規模(エネルギー)の大きさを表す。

(4)　４月16日に起きた地震のマグニチュードの値は４月14日に起きた地震よりも$7.3-6.5=0.8$大きい。マグニチュードの値が0.2大きくなるとエネルギーは約２倍になることから，エネルギーの大きさは約$2\times2\times2\times2=16$(倍)である。

(5)　震央が近い２つの地震でも，震源の深さによって震源からの距離が異なる。マグニチュードの数値が大きい方が震源からの距離が遠ければ，最大の震度が同じになることがある。

(6)　イ○…太平洋側のプレートがしずみこむことで，大陸側のプレートがひきずりこまれてひずみが生じ，はねかえることで，規模の大きな地震が起こりやすい。

(7)　ア○…図２の断層では，両側から押す力がはたらき，境目に対して，右側が押し上げられるようにずれている。

(8)　地震が発生したとき，はじめに到達するＰ波による小さなゆれが続く時間を初期微動継続時間という。初期微動継続時間は震源からの距離に比例するので，Ａでの初期微動継続時間が14時48分16秒−14時48分10秒＝６(秒)であることから，Ｂでの初期微動継続時間は$6\times\frac{72}{36}=12$(秒)である。したがって，14時48分28秒−12秒＝14時48分16秒となる。

(9)　Ｐ波は$16-10=6$(秒)で$72-36=36$(km)進むので，地震が起こった時刻は14時48分10秒−６秒＝14時48分４秒である。

(10)　ＣにＰ波は14時48分13秒−14時48分４秒＝９(秒)で伝わるので，$36\times\frac{9}{6}=54$(km)となる。

2 (2)(3)　肺では空気中の酸素を血液中に取りこみ，血液中の二酸化炭素や水蒸気を空気中に出すので，肺を通った後の血液は酸素を多く含む動脈血である。肺を通った後，心臓に戻る血液が流れる血管を肺静脈という。

(4)　ウ○…息を吸うときもはくときも，肺はまわりの筋肉や，横隔膜の力をかりて空気を出し入れしている。息を吸うときは，横隔膜が下がり，ろっ骨が上がることで，肺に空気が入る。

(5)　イ○…左心室から全身に送り出された血液は，全身をめぐって，右心房→右心室→肺動脈→肺→肺静脈→左心房→左心室の順に流れ，再び全身に送り出される。

(6)　周期的に血液を押し出す力が大きくなるＢは左心室，左心室の動きに合わせて血液を押し出す力が大きくなるＡは大動脈である。また，左心房が血液を押し出す力の大きさは，血液を全身へ送り出す左心室や大動脈と比べて小さい。

(7)　血液の重さ$58.5\times\frac{1}{13}=4.5$(kg)→4500ｇだから，１回の拍動で72ｇが心室から送り出されることから，心臓か

ら出た血液が全身を循環して心臓に戻るまでに 4500÷72＝62.5(回)の拍動が必要である。図３より，１回の拍動におよそ 1.2－0.4＝0.8(秒)かかるので，0.8×62.5＝50(秒)となる。

(8)　エ○…Ｘは左心室が血液を押し出す力の大きさが最大になる直前だから，左心室に血液がたまった状態であり，左心室がちぢんで血液を全身に送り出すための半月弁が開く。また，グラフより，大動脈(Ａ)よりも左心室(Ｂ)の方が血液を押し出す力が大きくなることがわかる。

3　(1)　①秒速４ｍで動くベルトコンベアー上に，大和くんは２秒ごとに荷物を静かにのせるので，荷物はベルトコンベアー上に４×２＝８(m)間隔で並んで運ばれていく。　②西さんは２秒ごとに荷物を受け取る。　③大和くんは２秒間に80×２＝160(㎝)→1.6m進むので，荷物の間隔は８－1.6＝6.4(m)となる。　④6.4÷４＝1.6(秒)　⑤西さんは秒速100㎝→１ｍで荷物に近づき，荷物は秒速４ｍで西さんに近づくので，１秒間に１＋４＝５(m)近づく。したがって，西さんは８ｍ間隔の荷物を８÷５＝1.6(秒)ごとに受け取る。

(2)　大和くんが動く場合も西さんが動く場合も，２人の間の距離は変化する。(1)③④解説より，大和くんが動くことで，ベルトコンベアー上の荷物の間隔と荷物を受け取る時間間隔が変わることがわかる。また，(1)⑤解説より，西さんが動くことで，荷物を受け取る時間間隔が変わることがわかる。

(3)　大和くんが１つ目の荷物をのせるとき大和くんと西さんの位置は100ｍ離れているので，(1)⑤解説より，西さんがはじめて荷物を受け取るのは，100÷５＝20(秒後)である。その後の10秒間は1.6秒ごとに荷物を受け取るので，10÷1.6＝6.25→６個より，合計で１＋６＝７(個)である。

(4)　大和くんは２秒ごとに荷物をのせるので，西さんが荷物を受け取る時間間隔が $2\times\frac{4}{5}$＝1.6(秒)になればよい。ベルトコンベアーは秒速５ｍで動いているので，荷物が５×1.6＝８(m)間隔になるように，大和くんは２秒間に５×２－８＝２(m)近づけばよい。したがって，秒速２÷２＝１(m)である。

(5)　Ｂ○…「帰り」では，動くボールが大和くん，止まっている速度測定器が西さんと考えることができるので，Ｂが利用されている。

(6)　Ｃで，西さんが1.6秒ごとに荷物を受け取った後，そのまま秒速100㎝で大和くんに近づきながら受け取った荷物を1.6秒ごとに左向きのベルトコンベアーにのせた場合の大和くんが荷物を受け取る時間間隔を，Ｂのときと同様に考える。ベルトコンベアーは秒速４ｍで動き，同じ方向に西さんは秒速100㎝→秒速１ｍで大和くんに近づいているので，荷物は(４－１)×1.6＝4.8(m)間隔でベルトコンベアー上に並ぶ。このため，大和くんは荷物を4.8÷４＝1.2(秒)ごとに受け取る。したがって，大和くんが荷物をのせる時間間隔(２秒ごと)よりも西さんに荷物が届く時間間隔(1.6秒ごと)は短く，西さんから大和くんに荷物が届く時間間隔(1.2秒ごと)はさらに短くなる。これはボールが速度測定器に近づいてくるときと同じだから，アが正答となる。ただし，図では，ボールがどちらの方向に動いているかわからないので，ボールが速度測定器から遠ざかっていると考えれば，エが正答となる。

(7)　(6)解説の条件では，はじめに音波を出した時間間隔が２秒ごと，動く物体に音波が届く時間間隔が1.6秒ごと，動く物体ではね返ってきた音波の時間間隔が1.2秒ごとであり，2.0秒から0.4秒ずつ短くなって1.2秒になっている。つまり，動く物体に音波が届く時間間隔は(2.0＋1.2)÷２＝1.6(秒)ごとと求められる。(7)の条件で，はじめに音波を出した時間間隔を９秒ごと，動く物体ではね返ってきた音波の時間間隔を８秒ごととすると，動く物体に音波が届く時間間

図Ｉ

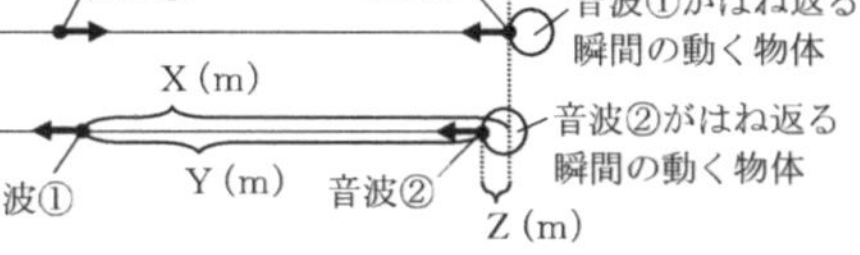

隔は(９＋８)÷２＝8.5(秒)ごとになる。図Ⅰのように，ある音波①とその次の音波②に着目すると，Ｘは音波①が8.5秒で進んだ距離340×8.5＝2890(m)であり，Ｙは音波が８秒で進む距離340×８＝2720(m)になればよい。したがって，動く物体が8.5秒で進んだ距離(Ｚ)は2890－2720＝170(m)だから，速さは170÷8.5＝(秒速)20(m)である。

4 (1) イ，ウ○…白い煙は目に見えるものである。水滴や氷のつぶは目に見える。一方，水蒸気や気体の二酸化炭素は目に見えない。なお，一度気体になった二酸化炭素が空気中で再びドライアイスになることはない。

(2) エ○…金属を冷やすと，冷やした部分から順に冷えていき，やがてつながっている部分全体が冷える。

(3) ドライアイスから出る気体の二酸化炭素によって，金属の小片が一時的に持ち上げられる。

(4) ウ○…ドライアイスから出る気体の二酸化炭素によって，シャボン玉がコップからおし出されていく。

(5) ア○…素手やぬれた軍手でドライアイスをさわると，凍傷になるおそれがある。　イ×…気体が発生するので，換気をする。　ウ×，エ○，オ×…余ったドライアイスは気体の二酸化炭素になって無くなるまで放置する。

(6) ４分～６分の値より，１分あたりの水の蒸発量は0.02ｇだとわかる。

(7) 二酸化炭素が残っている１分～３分の値より，１分あたりの重さの減少は450.10－449.99＝0.11(ｇ)であり，０分のときの重さは 450.10＋0.11＝450.21(ｇ)であったと考えられる。したがって，色が緑になった４分までに450.21－449.80＝0.41(ｇ)が減少し，このうち水の蒸発量は0.02×４＝0.08(ｇ)だから，水に溶けていた二酸化炭素の重さは0.41－0.08＝0.33(ｇ)となる。

(8) １分あたり 0.11－0.02＝0.09(ｇ)の二酸化炭素が無くなるので，0.33ｇの二酸化炭素が無くなるまでにかかる時間は0.33÷0.09＝$\frac{11}{3}$(分)となる。したがって，450.21－0.11×$\frac{11}{3}$＝449.806…→449.81ｇとなる。

(9)(ⅰ) ドライアイス0.1ｇが20℃ですべて気体の二酸化炭素になると，0.1÷0.00183＝54.6…→55㎤となる。気体部分の体積が10㎤減ったので，気体部分の体積は55－10＝45(㎤)となる。20℃で水100㎤に10㎤の二酸化炭素が溶けたので，0.00183×10＝0.0183(ｇ)となる。　(ⅱ) 力をかけて，水に溶かした二酸化炭素を 0.0076×３＝0.0228(ｇ)にしたので，気体部分の重さは 0.1－0.0228＝0.0772(ｇ)である。気体部分の密度も３倍の 0.00162×３＝0.00486(ｇ/㎤)になったので，気体部分の体積は0.0772÷0.00486＝15.8…→16㎤となる。

(10) ふたを開けたときに，気体が出てくるのは，このヘッドスペースに二酸化炭素がたくさん詰まっているからである。

《2021　社会　解説》

1 問１　エが正しい。アはサロマ湖，イは宍道湖，ウは諏訪湖あたりの説明にあてはまる。

問２(1) ウが正しい。秋田県の男鹿半島あたりを通る緯線が北緯40度線であることは覚えておきたい。八郎潟は，男鹿半島の付け根の部分にある。　(2) 「食料不足」「農地を拡大する」「干拓」をキーワードとして盛り込む。

問３　イが正しい。水戸市は夏に降水の多い太平洋側の気候，金沢市は冬に降雪の多い日本海側の気候，岡山市は１年を通して降水が少なく比較的温暖な瀬戸内の気候である。梅雨の降水量が多い方を瀬戸内の気候と判断することがポイント。

問４(1) ウが正しい。山梨県がトップの果実は，ぶどう・もも・すももだから，Ｄは２位の福島でももと判断する。Ｅ．千葉県がトップの果実は日本なしだけである。Ｆ．青森県・長野県はりんごの不動の１位・２位である。

(2) ⅰ＝自由　ⅱ＝多様　輸入品に高い関税をかけて国内産を保護するのが保護貿易，関税を下げて自由に貿易を行うことが自由化である。主食が米だけでなく，パン・麺類など様々なものになることを食の多様化という。

問５　アとウが正しい。琉球王国のグスク及び関連遺産群は2000年，紀伊山地の霊場と参詣道は2004年に登録された。富士山は2013年，長崎と天草地方の潜伏キリシタン関連遺産は2018年，富岡製糸場は2014年の登録。

問6⑴　エが正しい。針葉樹は東北以北と宮崎県に多い。アは宮崎県，イは新潟県，ウは長野県。

⑵　安価な輸入材が1980年代から2000年にかけて利用されたが，戦後に行われた植林で成長したスギなどの国産材の価格が下がったことで輸入材の利用が増えた。しかし，植林されたスギから出る花粉によって花粉症を発症する人が増えたことも事実なので，現在では花粉の少ないスギまたは無花粉のスギの植林が行われている。

2　問1　2万5千分の1地形図上の3㎝は，3×25000＝75000(㎝)＝750(m)，1㎝は25000㎝＝250m，1ha＝100m×100mだから，750m×250m＝7.5×2.5(ha)＝18.75(ha)

問2　ウが誤り。取手駅付近やビール工場の東側にある広い道路は，道路が高架になっている。

問3⑵　河川が氾濫した堆積物が積もってできた土地を氾濫原と呼ぶ。

3　問1　ウが正しい。輸入品の上位に衣類があるのが中国，鉄鉱石・とうもろこし・コーヒーなど鉱産資源や農産物があるのがブラジルと判断する。

問2⑵　国内の製造業が衰えるだけでなく，国内における技術革新が行われなくなる危険性もある。

問3　カが正しい。Dは本州の都府県が上位にあるから鉄道である。Eは大きな空港がある都道府県が上位にあるから航空である。残ったFは海上である。

問4　フードマイレージを少なくすることが，地球温暖化の進行を進める温室効果ガスの発生を抑えることにつながる。そのために自給率を高めることや地産地消を進めることが重要である。

問5⑴　イが正しい。米の自給率は今でも100%近いこと，肉類の自給率は50%前後であることは覚えておきたい。

⑵　アが正しい。牛を育てるために使われる飼料の生育に必要な水も加算され，生長するまでに数年かかるため，野菜類や鶏卵よりバーチャルウォーターは多くなる。

問6　ウが誤り。テーブルアートは和食文化にはない。また，会話を楽しむ作法は和食文化ではほとんどない。

4　問1　エが正しい。はにわ(埴輪)は古墳時代につくられた。絹は弥生時代にはすでに日本にもたらされていたが，国産絹は質も悪く，平民が着ることはなかった。

問2　カが正しい。A．誤り。三内丸山遺跡は今から約5000年前頃の縄文時代の遺跡である。約1万2000年前は旧石器時代にあたる。B．誤り。縄文時代はまだ争いも少なく，弥生時代の遺跡のような環濠集落はつくられていない。C．正しい。

問3　アが誤り。卑弥呼が倭を治めていたのは3世紀頃である。

問4　イが正しい。行基は東大寺の大仏造立に手を貸した僧。「この世をば…」の句は，藤原道長の詠んだ望月の歌である。

問6　両方とも誤りだからエである。ｉ．誤り。水墨画は室町時代に描かれた。ⅱ．女性による文学作品は，かな交じり文で書かれた。

問7　ウが正しい。A．正しい。B．誤り。奉公ではなく御恩である。C．正しい。

問9　足利義満によって開かれた日明貿易は，倭寇と正式な貿易船を区別するために勘合と呼ばれる合い札を使用したために勘合貿易とも呼ばれる。

問10　ウが誤り。応仁の乱は，8代将軍足利義政の跡継ぎ問題がきっかけの1つであった。

問11　ウが正しい。ある戦国大名とは織田信長である。織田信長は，1560年に桶狭間の戦いで今川義元を破り，1569年に堺を支配し，堺や国友で刀鍛冶に鉄砲をつくらせた。

問12　寺子屋が正しい。武家の男子は藩校で朱子学などを学び，町人らは寺子屋で読み書き・そろばんを学んだ。

問13　エが正しい。A．誤り。江戸時代の人口構成は，百姓(84%)＞武士(７%)＞町人(６%)であった。B．正しい。C．正しい。

問14　領地と江戸屋敷に交互に住むこと，妻子は江戸に常住することが書かれていればよい。

問15　エが正しい。A．誤り。唐箕・千歯こき・からさお等は見られるが備中ぐわは見られない。B．正しい。C．正しい。

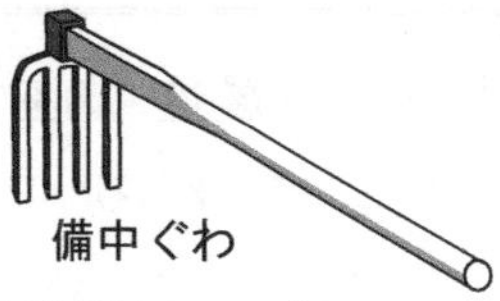
備中ぐわ

問16　福沢諭吉は慶應義塾を開いたことでも知られる。

問17　エが正しい。関東大震災は1923年に起きた。ノルマントン号事件は1886年。三国干渉は1895年。韓国併合は1910年。米騒動は1918年。治安維持法の制定は1925年。

問18　オが正しい。Ⅲ(学童疎開・1944年～)→Ⅰ(沖縄戦・1945年３月～６月)→Ⅱ(ソ連侵攻・1945年８月８日)

問19　イが正しい。ⅰ．正しい。ⅱ．誤り。女性に選挙権が与えられたのは1945年で，日本国憲法の施行(1947年)より前のことである。

問20　イが正しい。A．正しい。B．誤り。東海道新幹線は東京－新大阪間で開通した。C．正しい。

5　**問2**　A．８　B．10　　消費税は当初３%で導入され，３%→５%→８%→10%と引き上げられた。

問3　両方正しいからアである。国務大臣は内閣総理大臣によって任命されるので，閣議は全員一致を原則とする。

問4　保健所である。「都道府県・政令指定都市が設置」とあることから判断する。

2020 解答例
令和２年度

西大和学園中学校

《国　語》

一 問一．①属性　②画期的　③愛唱　④要　⑤沿　問二．A．ア　B．ウ　C．イ　D．オ　E．エ
問三．X．落ちる　Y．散る　問四．イ　問五．ア　問六．イ
問七．あ．もも　い．かに　う．いなずま　え．しわす　問八．身の回りの自然に関心を持って理解することで、自然も自分の心情を理解してくれるように感じ、また季節のめぐりによってもたらされる独特な時間の流れを感じるようになる。　問九．エ

二 問一．a．エ　b．イ　c．ア　問二．A．オ　B．イ　C．ア　D．ウ　E．エ　問三．ウ
問四．てていた。　問五．道に迷ってしまった自分を、助けに来てくれる人がいないと気付き、絶望している。
問六．誰に止められようとも自分の好きなように生きているおばあちゃんのことをみのりは頼もしく思っているということ。　問七．ウ　問八．ア

三 (i)1．大器晩成　2．心機一転　(ii)1．角／立つ　2．板／つい　(iii)ウ，ア，エ，イ，オ
(iv)復帰の意味を考えれば、「起きる」という意味の「起」よりも、「帰る」という意味の「帰」の方が適切だから。

《算　数》

1 (1)$2\frac{2}{7}$　(2)$\frac{3}{20}$　(3)45　(4)あ．8　い．5　(5)297　(6)20　(7)24

2 (1)2.565　(2)106　(3)あ．7　い．9　(4)40

3 (1)あ．4　い．7　う．64　え．43　(2)お．$\frac{1}{8}$　か．$\frac{1}{4}$　(3)き．27　く．$24\frac{3}{4}$

4 (1)あ．$10\frac{4}{5}$　い．5　(2)う．C　え．A　お．C　か．A　き．B　く．A　(3)$3\frac{3}{4}$　(4)こ．23　さ．370

《理　科》

1　⑴ウ　⑵イ　⑶ウ　⑷リゲル　⑸奈良…ア　シドニー…エ　⑹春分…56.1　夏至…32.7　⑺エ　⑻(ⅰ)9　(ⅱ)10

2　⑴ウ，オ，カ　⑵魚類…エ　ほ乳類…イ　⑶エ　⑷8　⑸イ　⑹(ⅰ)B　(ⅱ)ア，エ　(ⅲ)イ

3　⑴①赤　②アルカリ性　③カイロ　⑵オ　⑶空気と結びついたから（下線部は酸素でもよい）　⑷空気や水とふれあいやすくなるから／鉄の表面積が大きいから　などから1つ　⑸A．4.62　B．600　⑹1000　⑺7，8　⑻1067　⑼④緑　⑤3200　⑽35，16，10

4　⑴イ　⑵26.7　⑶55，25　⑷(ⅰ)3，3，1　(ⅱ)3，3，1　(ⅲ)9，9，1　⑸(ⅰ)5，2　(ⅱ)5，2　⑹7.2　⑺コップC…33.3　コップD…28.5　⑻75　⑼46

《社　会》

1　問1．⑴政令指定都市　⑵エ　⑶エ　⑷ごみ収集車や市バスの燃料として使用することで，二酸化炭素のさく減効果を生み出し，地球温暖化防止にこう献している。　問2．イ　問3．エ　問4．イ　問5．Wi-Fi　問6．ア

2　問1．⑴ウ，エ　⑵ 　問2．3　問3．イ　問4．水域…湖　理由…水域に面している三角点の標高が85.7mと高いため。

3　問1．減反　問2．ミニマム・アクセス　問3．関税を高く設定し，　問4．イ　問5．ウ　問6．イ　問7．⑴乱獲を行っている。　⑵オ　問8．イ　問9．イ，エ

4　問1．イ　問2．日本書紀　問3．カ　問4．木簡　問5．エ　問6．ア　問7．イ　問8．イ　問9．ウ　問10．ア　問11．イ　問12．イ　問13．浮世絵　問14．ア　問15．ウ　問16．オ　問17．渋沢栄一　問18．イ

5　問1．⑴ア　⑵エ　問2．庁　問3．あ．大化　い．万葉集　問4．ア　問5．裁判が身近で分かりやすいものとなり，司法に対する国民の信頼の向上につながる

←解答例は前のページにありますので，そちらをご覧ください。

《2020　国語　解説》

一　問三　椿《つばき》が「落ち」た様子を詠《よ》んだ俳句についての説明であること、Ｘは、直前に「花ごと」、Ｙは直前に「一片ずつ」とあることから、推測できる。

問四　御手討《おてうち》をまぬがれ、新婚《しんこん》生活を送る夫婦の更衣《ころもがえ》（衣替え）を詠んだ句で、筆者は「衣を～華《はな》やかな色の、しかも軽い材質の着物に着替《きが》えるわけですが、そこには新鮮《しんせん》さと、初夏特有の生命感があります。命がけの危機を乗り越《こ》えて、今の幸せを感じるというドラマのような一場面」と説明している。この説明に合う、イが適する。

ア・オ．「更衣」は、季節に合わせて着物を着替えること。今まで着ていた衣を捨ててしまうわけではないので、適さない。　ウ．冬の衣は、一般的に（夏の衣より）地味なものが多いが、「人目につかないよう着ていた」わけではない。「夏の生物たち」のことも本文に書かれていない。　エ．「他の生物におそわれるこわさ」は本文にない内容。

問五　「作者の雑念のない心によってすくい取られた音だったわけです」「まさに作者の心が切り取った季語でした」などから、「松尾芭蕉《まつおばしょう》が特に感じ入った部分が切り取られて表現されている」とある、アが適する。

イ．本文では、時間があるばかりでなく、「心に悩《なや》み事や迷う事もない、落ち着いた心」がなければ、この句のような状況《じょうきょう》にはならないと言っている。そのことが抜けているので、適さない。　ウ．「人と違ったことをしてやろうという松尾芭蕉の野心」は、本文から読みとれない。　エ～カ．この句の季語は「蛙《かわず》」（春）で、「古池」ではないので、適さない。

問六　ここであげられている３つの句は、季節の風物に心を動かされ、感動して詠んだものである。特に芭蕉の句の「蛙」について「まさに作者の心が切り取った季語でした」と言っていることをふまえると、イが適する。

問八　最後から６段落目に、「俳句を詠むということは～『季語』の持つ情感に共鳴することを意味します～そういう行為《こうい》は、我々にどんな影響《えいきょう》を与《あた》えるでしょうか」とあり、それ以降に、俳句を詠むことの影響、つまり「効果」が書かれている。一つは、自然から情感を得て、それを自然と共有できるようになること、もう一つは、花や生き物から四季を感じるといった、時計で測ったのではない「時間」の感覚を得られることである。

問九　エは、最後の３段落の内容（「かつて時間は～天体の運行に沿って、巡《めぐ》り来るものでした」「今や人間は、『衛星』～人工の天体を、地球の周りに打ち上げ～時を刻む時代になりました」）と一致《いっち》する。　ア．芭蕉の句は、「蛙」という季語に「新しい連想を見出した」が、「だれも思いつかなかった季語を作り出し」たわけではない。「季語」は、多くの読者が愛唱する名句が詠まれることで定着していく。　イ．高浜虚子《たかはまきょし》が『新歳時記《さいじき》』を刊行したのは昭和九年で、工業化が進んだのは、それより後の昭和三十年代に入ってから。　ウ．このような内容は本文に書かれていない。　オ．「人々の心も豊かな時代となった」が適さない。時計が刻む時間感覚だけで生きていると、「ひずみ」が生じる。「季語」の時間感覚はそれを癒《いや》してくれるのである。

二　問三　「鳥肌《とりはだ》が立つ」は、寒さや恐怖《きょうふ》などによって、皮膚《ひふ》にぶつぶつが浮《う》き出ること。恐怖による反応であることと、直後の「おばあちゃんは、おばあちゃんにしか見えない相手と会話している。その相手というのは～大切な存在に違《ちが》いない」から、ウが適する。

問四　最後から10行目の「みのりの後ろでは、夕飯を済ませて早々に寝《ね》てしまったおばあちゃんが、大きないびきをたてていた」まで。その後の「最近は～」からは、現在の様子。

問五　直前の「お母さんもお父さんもいない～帰ってくるのは夜の九時だ」と、おばあちゃんとの会話で、道がわからなくなったと言っていることからまとめる。

問六　――部４の前に「おばあちゃんは、どこからでも自由に出入りする」「お父さんに怒《おこ》られようと～おかまいなしだ」とある。両親、特にお母さんは、認知力がおとろえたように思えるおばあちゃんが、杖《つえ》も持たずに歩きまわるので、怪我《けが》をするのではないかなどと心配している。しかし、おばあちゃんに助けてもらったことのあるみのりは、おばあちゃんが頼《たよ》りになることを知っているので、心配していない。家族の言うことを気にかけず、気もつかわずに自由になったおばあちゃんを「たくましい」と、むしろ肯定《こうてい》的に感じている。

問七　おばあちゃんのために歌を「熱唱した」したり、「笑った顔がカエルみたいだね」と「のんきな顔」で言ったりしていることから、無邪気《むじゃき》さや幼さが感じられるので、ウが適する。思ったことをそのまま言っているだけで、発言に意図や下心などは感じられないので、他の選択肢《せんたくし》は適さない。

問八　問六の解説参照。両親はおばあちゃんが老いたと思い、心配しているが、みのりはおばあちゃんが自由に、たくましくなったと感じている。よってアが適する。　イ.「みのりの成長」は感じられない。おばあちゃんに対してみのりが思ったことが主に書かれている。　ウ.みのりの心情は書かれているが、他の家族の心情はほとんど書かれていない。　エ.「幻想《げんそう》的な世界」とは言えないので、適さない。　オ.「家族が抱《かか》える問題～解決する仕組み」が適さない。

三　**(ⅰ)1**　若い頃《ころ》には成果が出なかったが、長い年月をかけて研究し、ノーベル賞を取ったことから「大器晩成《たいきばんせい》」（才能のある人は、年をとってから大成するということ）が適する。　**2**　「新しい学年になったんだし」とあることから、「心機一転《しんきいってん》」（あることをきっかけとして、気持ちがすっかりよい方向に変わること）が適する。

(ⅱ)1　友達に貸した本が破れていたことを伝えると、友達との関係が悪くなってしまうかもしれない。よって「角《かど》が立つ」（人間関係がおだやかでなくなること）が適する。　**2**　「板につく」は、その事にすっかり慣れて、その人のしぐさがその事とぴったり合うこと。

(ⅲ)　（元号は日本だけの区切りなので）「意味ないのでは？」という問いかけに答えている、ウが最初にくる。２番目には元号の便利さを具体的に説明した、アがくる。アの「世界の歴史を考えるうえでも役に立つ」ことに加え、昭和を30年ずつ前半と後半に分けられることを説明したエが続き、イで昭和の前半と後半の様子を具体的に説明している。オで30年間という時間に着目し、Bにつなげている。

《2020　算数　解説》

1　**(1)**　与式$=\frac{8}{5}\div\{\frac{7}{6}-\frac{2}{5}\times(\frac{9}{6}-\frac{2}{6})\}=\frac{8}{5}\div(\frac{7}{6}-\frac{2}{5}\times\frac{7}{6})=\frac{8}{5}\div(\frac{35}{30}-\frac{14}{30})=\frac{8}{5}\div\frac{21}{30}=\frac{8}{5}\times\frac{10}{7}=\frac{16}{7}=2\frac{2}{7}$

(2)　与式より，$2\frac{1}{5}\div\square\times\frac{2}{33}=1\frac{2}{9}-\frac{1}{3}$　　$2\frac{1}{5}\div\square\times\frac{2}{33}=\frac{8}{9}$　　$2\frac{1}{5}\div\square=\frac{8}{9}\times\frac{33}{2}$　　$\frac{11}{5}\div\square=\frac{44}{3}$

$\square=\frac{11}{5}\div\frac{44}{3}=\frac{11}{5}\times\frac{3}{44}=\frac{3}{20}$

(3)　Aさんは18日間行う予定だった仕事を20日間，Bさんは18日間行う予定だった仕事を20－５＝15(日間)で行ったから，Aさんが増やした20－18＝２(日間)の仕事は，Bさんが行わなかった18－15＝３(日間)の仕事の量に等しい。したがって，AさんとBさんが１日に行う仕事の量は３：２だから，２人が１日に行う仕事の量を，Aさんが③，Bさんが②とすれば，１日の仕事の合計は③＋②＝⑤，仕事全体の量は⑤×18＝$\textcircled{90}$と表せる。よって，Bさん１人だけでやるとすれば，$\textcircled{90}$÷②＝45(日間)で終わる。

(4)　Aさんは８時ちょうどから８時20分までの20分間に，180×20＝3600(m)走ったから，Bさんは分速240mの速さで7200－3600＝3600(m)を走ったことになる。Bさんが走った時間は3600÷240＝15(分)だから，Bさん

が走り出したのは，8時20分－15分＝あ8時い5分

(5) 大人の男性の人数を③とすると，子どもの男性の人数は⑦と表せる。子どもの女性の人数は，大人の総人数より9人多いから，③＋27＋9＝③＋36(人)と表せる。子どもの総人数は，大人の総人数の$\frac{8}{3}$だから，子どもの総人数は，(③＋27)×$\frac{8}{3}$＝⑧＋72(人)と表せる。また，子どもの総人数は，⑦＋③＋36＝⑩＋36(人)でもあるから，⑩－⑧＝②は，72－36＝36(人)にあたり，①＝36÷2＝18(人)とわかる。参加者の人数は，大人が③＋27(人)，子どもが⑩＋36(人)，合計で(③＋27)＋(⑩＋36)＝⑬＋63(人)だから，総人数は，18×13＋63＝297(人)

(6) まず，カードと箱の番号が一致《いっち》する数字を1と2と決めて，残りのカードと箱について，カードと番号の数字が一致しない並べ方を考えると，(3の箱，4の箱，5の箱)へのカードの入れ方は(4，5，3)(5，3，4)の2通りあるとわかる。カードと箱の番号が一致する数字の組み合わせは，［1・2］［1・3］［1・4］［1・5］［2・3］［2・4］［2・5］［3・4］［3・5］［4・5］の10通りあるから，求める入れ方は，2×10＝20(通り)ある。

(7) はじめ容器Aには40×0.12＝4.8(g)，容器Bには70×0.07＝4.9(g)の食塩が入っていた。
容器Bから1回目の食塩水10gを容器Aに移すと，食塩は容器Bから容器Aに10×0.07＝0.7(g)移動し，容器Aには4.8＋0.7＝5.5(g)，容器Bには4.9－0.7＝4.2(g)の食塩があることになる。次に容器Bから2回目の食塩水10gを容器Aに移すと，容器Aには10%の食塩水が40＋10＋10＝60(g)できたから，この中に入っている食塩の量は，60×0.10＝6(g)である。2回目に容器Aに移した10gの食塩水の中には6－5.5＝0.5(g)の食塩が入っていたから，その濃度は，$\frac{0.5}{10}$×100＝5(%)である。2回目の食塩水10gを容器Aに移したときの容器Bには，食塩が4.2g入った5%の食塩水ができているから，このときの容器Bには4.2÷0.05＝84(g)の食塩水ができていたことになる。よって，加えた水の量は，84－(70－10)＝24(g)

2 (1) 右のように作図して，半径が6cmで中心角が45度のおうぎ形の面積から，半径が3cmで中心角が90度のおうぎ形の面積と直角をはさむ2辺の長さが3cmの直角二等辺三角形の面積を引けばよい。

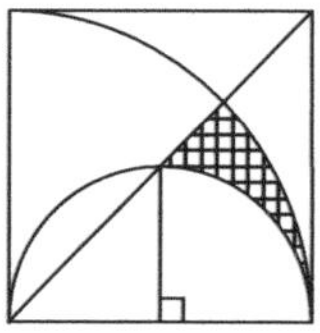

よって，6×6×3.14×$\frac{45}{360}$－3×3×3.14×$\frac{90}{360}$－3×3÷2＝2.565(cm²)

(2) 右図1のように1つの内角が180度をこえた四角形での角xの大きさは，角w＋角y＋角zで表されることを利用して考える。右図2のように記号を置くと，角アの大きさは，a＋b＋cで求めることができる。

図1

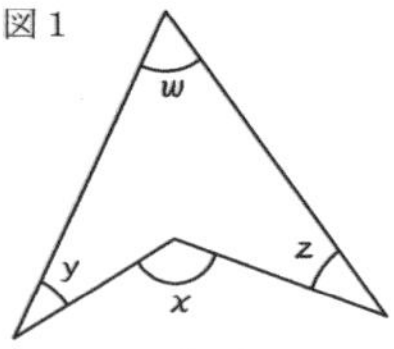

x＝w＋y＋z

図2

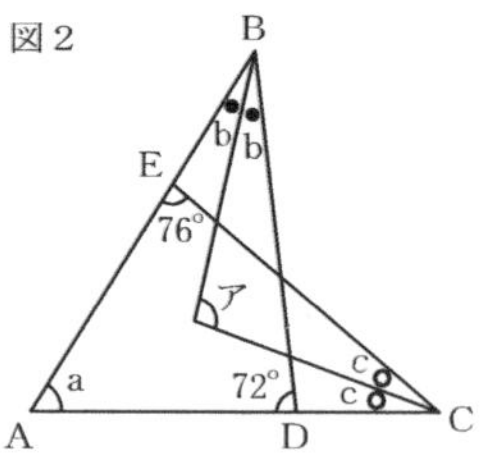

三角形ADBにおいて，a＋b×2＝180－72＝108(度)
三角形ACEにおいて，a＋c×2＝180－76＝104(度)
だから，a×2＋b×2＋c×2＝108＋104＝212(度)になるので，角ア＝a＋b＋c＝212÷2＝106(度)

(3) 右のように，AQの延長とDCの延長の交わる点をUとする。PS，TDのそれぞれとPDの長さの比を考える。三角形ABQと三角形UCQは，同じ形の三角形であり，AB：UC＝BQ：CQ＝3：1だから，UC＝AB×$\frac{1}{3}$である。三角形APSと三角形UDSも同じ形の三角形であり，PS：DS＝AP：UDに等しい。AP＝AB×$\frac{2}{3}$，UD＝UC＋CD＝AB×$\frac{1}{3}$＋AB＝AB×$\frac{4}{3}$だか

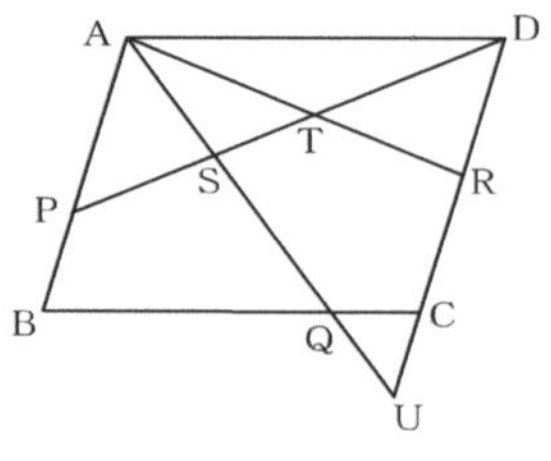

ら，ＰＳ：ＤＳ＝ＡＰ：ＵＤ＝(ＡＢ×$\frac{2}{3}$)：(ＡＢ×$\frac{4}{3}$)＝１：２より，ＰＳ＝ＰＤ×$\frac{1}{3}$と表せる。
三角形ＡＰＴと三角形ＲＤＴも同じ形の三角形であり，ＴＰ：ＴＤ＝ＡＰ：ＤＲ＝(ＡＢ×$\frac{2}{3}$)：(ＡＢ×$\frac{1}{2}$)＝４：３だから，ＴＤ＝ＰＤ×$\frac{3}{7}$と表せる。よって，ＰＳ：ＴＤ＝(ＰＤ×$\frac{1}{3}$)：(ＰＤ×$\frac{3}{7}$)＝あ$\underline{7}$：い$\underline{9}$である。

(4)　切断三角柱の公式を利用して体積を求めることにする。三角柱を，底面と垂直な３本の辺を通るように切断してできる立体の体積は，(底面積)×(底面と垂直な辺の長さの平均)で求めることができる。この問題の場合，「底面と垂直な辺の長さの平均」はＤＰ＝10－４＝６(cm)，ＥＱ＝10－５＝５(cm)，ＦＲ＝10－１＝９(cm)の平均だから，求める立体の体積は，$(3\times4\div2)\times\frac{6+5+9}{3}=6\times\frac{20}{3}=40$(㎤)

3　(1)①　７つの数の和は$1+2+3+4+5+6+7=28$だから，７つの数の平均は，$28\div7=$あ$\underline{4}$である。
６つの数の平均が$3\frac{1}{2}$となるときの６つの数の和は，$3\frac{1}{2}\times6=21$だから，消した数字は，$28-21=$い$\underline{7}$である。
②　１からｎまでの整数の平均は$\frac{n+1}{2}$になる。１からｎまでの整数から最大のｎを消すと平均は$\frac{1}{2}$減る。
最大数を消しても平均は$\frac{1}{2}$しか減らないから，１からｎまでの平均は，$32\frac{1}{3}+\frac{1}{2}=32\frac{5}{6}$より小さいことがわかる。
また，最小数の１を消しても平均は$\frac{1}{2}$しか増えないから，１からｎまでの平均は，$32\frac{1}{3}-\frac{1}{2}=31\frac{5}{6}$より大きいこともわかる。つまり，１からｎまでの整数を書いたときの平均は，$31\frac{5}{6}$より大きく$32\frac{5}{6}$より小さい。
１からｎまでの整数の平均は，整数か，分母が２の分数で表されるから，32か$32\frac{1}{2}$とわかるので，ｎは，
$32\times2-1=63$か$32\frac{1}{2}\times2-1=64$である。ここで，１つの整数を消したときの平均が$32\frac{1}{3}$であることから，ｎ－１は３の倍数でないと，１つを消したときの和が整数にならないので，ｎ＝う$\underline{64}$に決まる。
１から64までの和は$32\frac{1}{2}\times64=2080$で，１つの数字を消したときの和は，$32\frac{1}{3}\times(64-1)=2037$だから，消した数字は，$2080-2037=$え$\underline{43}$

(2)　三角すいＡ－ＰＱＲと立体アは，同じ形をした三角すいだから，体積比は，対応する辺の比を３回ずつかけたものに等しくなる。三角すいＡ－ＰＱＲと立体アの対応する辺の比は，１：２だから，体積比は，
$(1\times1\times1):(2\times2\times2)=1:8$になるので，三角すいＡ－ＰＱＲの体積は，立体アの体積のお$\underline{\frac{1}{8}}$倍になる。
次に，右図のようにＢＣ，ＣＤ，ＢＤの真ん中の点をそれぞれＳ，Ｔ，Ｕとおいて，６点Ｐ，Ｑ，Ｒ，Ｓ，Ｔ，Ｕを右図のように結ぶと，すべての辺の長さが１cmの立体ができる。この立体をウとする。立体ウは，立体アから三角すいＡ－ＰＱＲと合同な三角すいを４つ取り除いたものだから，立体ウの体積は，立体アの$1-\frac{1}{8}\times4=\frac{1}{2}$になる。

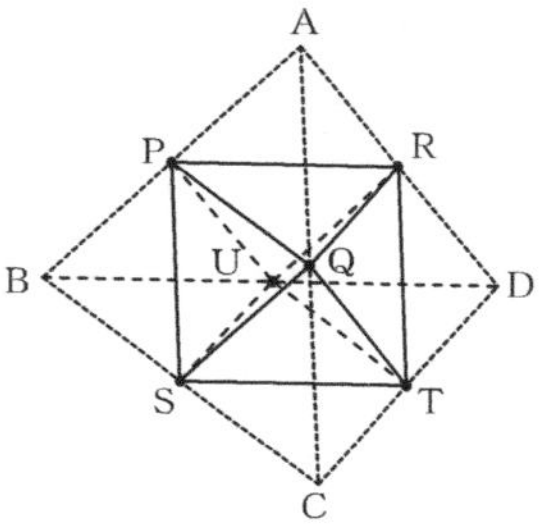

この立体ウは，２つの立体イを正方形の面が重なるように合わせた立体だから，
立体イの体積は，立体ウの体積の$\frac{1}{2}$，つまり，立体アの体積の$\frac{1}{2}\times\frac{1}{2}=$か$\underline{\frac{1}{4}}$(倍)になる。

(3)　右のように作図し，三角形ＡＢＲの面積を求めるためにＷＲの長さを求める。
三角形ＣＤＰと三角形ＣＵＱは同じ形の三角形で，対応する辺の比がＣＰ：ＣＱ＝１：２だから，ＱＵ＝ＰＤ×$\frac{1}{2}=6\times\frac{1}{2}=3$(cm)になる。ＶＵ＝12 cmだから，
ＶＱ＝$12-3=9$(cm)であり，三角形ＢＱＶと三角形ＢＲＷも同じ形の三角形で，
対応する辺の比がＢＱ：ＢＲ＝２：１だから，ＷＲ＝ＶＱ×$\frac{1}{2}=9\times\frac{1}{2}=\frac{9}{2}$(cm)で，
三角形ＡＢＲの面積は，$12\times\frac{9}{2}\div2=$き$\underline{27}$(㎠)

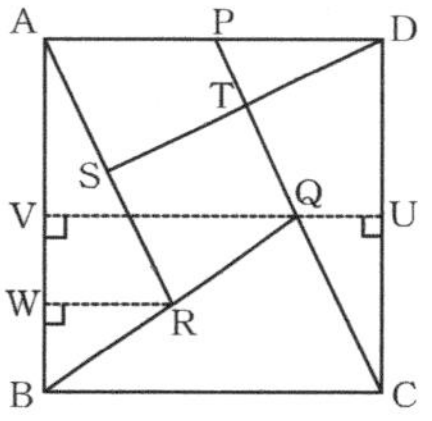

四角形ＱＲＳＴの面積は，正方形ＡＢＣＤの面積から，三角形ＰＣＤ，三角形ＢＣＱ，三角形ＡＢＲ，四角形ＡＳＴＰの４つの面積を引いて求める。
ＢＷ＝ＢＶ×$\frac{1}{2}=6\times\frac{1}{2}=3$(cm)だから，ＡＷ＝$12-3=9$(cm)になるので，三角形ＡＷＲは，ＡＷ：ＷＲ＝

$9:\frac{9}{2}=2:1$と直角をはさむ２辺の長さが２：１になるので，三角形ＣＰＤと同じ形の直角三角形であり，ＡＲとＰＣは平行であることがわかる。

三角形ＡＲＤの面積は12×９÷２＝54(cm²)だから，三角形ＡＳＤの面積は54÷２＝27(cm²)である。

三角形ＡＳＤと三角形ＰＴＤは同じ形の三角形であり，対応する辺の比が，ＡＤ：ＰＤ＝２：１だから，面積の比は(２×２)：(１×１)＝４：１になるので，四角形ＡＳＴＰの面積は，$27\times\frac{3}{4}=\frac{81}{4}$(cm²)になる。

よって，四角形ＱＲＳＴの面積は，$12\times12-12\times6\div2-12\times6\div2-27-\frac{81}{4}=\frac{99}{4}=$ く $\underline{24\frac{3}{4}}$(cm²)

4 (1) あ＝$\{(2+6)\div5\}\times3+6=\frac{8}{5}\times3+6=\frac{24}{5}+6=\frac{54}{5}=10\frac{4}{5}$

(い＋６)×(い－２)の値が33になる。(い＋６)の方が(い－２)より８大きいから，積が33で差が８である２数を考えると，11と３がみつかる。よって，い＝11－６＝５

(2) ＡとＢの計算をすると計算結果は増えるので，15を入口から入れて出口から15が出てくるためには，計算結果が減るＣの計算が少なくとも１回入ることがわかる。したがって，「う」または「え」，「お」または「か」のいずれかはＣである。「え」や「か」がＣだとすると，ＡＣ→15またはＢＣ→15となるＡＣ，ＢＣの入口には，15×５－６＝69，15×５÷３＝25が入り，15→う→69，15→お→25となる計算は，Ａ，Ｂ，Ｃの中にはない。

「う」がＣだとすると，15→ＣＡ→15÷５＋６＝９になるから，９→え→15となる計算は，９＋６＝15より，Ａとわかる。よって，う＝Ｃ，え＝Ａである。

次に，「お」がＣだとすると，15→ＣＢ→15÷５×３＝９になるから，お＝Ｃ，か＝Ａもあてはまる。

Ｃが２つ以上入ると25で割ることになり整数にならないので，「き」と「く」はＡかＢがあてはまる。

ＣＡ→15となるＣの入口には，(15－６)×５＝45が入り，ＣＢ→15となるＣの入口には，15÷３×５＝25が入る。しかし，15→き→25となる計算は，Ａ，Ｂ，Ｃにはないから，「く」にはＡがあてはまるとわかり，15→き→45となる「き」にはＢがあてはまるとわかる。よって，き＝Ｂ，く＝Ａである。

(3) ３→ＢＥ→３×３－け＝９－け，10→ＥＢＡ→(10－け)×３＋６＝36－け×３になるから，Ｆの出口には，(９－け)＋(36－け×３)＝45－け×４があてはまる。

４→ＡＣ→(４＋６)÷５＝２であり，Ｇの入口には，かけて60になる２数があてはまるから，45－け×４＝60÷２＝30である。よって，け×４＝45－30＝15だから，け＝$\frac{15}{4}=3\frac{3}{4}$

(4) 「さ」は下１桁の数が０の数だから，さ→ＣＡは整数となる。したがって，すべての計算で整数を入れて整数が出てくるので，Ｇの入口には１と73があてはまる。Ｈは引き算，Ａは足し算だから，Ｇの上の入口が１，下の入口が73である。Ｇの下の入口について，こ×３－２＋６＝73だから，こ×３＝73＋２－６より，こ＝69÷３＝23

こ＝23を入れると，23→ＡＤＢ→(23＋６－２)×３＝81になるから，Ｈの下の口について，さ÷５＋６＝80が成り立つ。さ÷５＝80－６　　さ÷５＝74　　さ＝74×５＝370

よって，こ＝23，さ＝370である。

《2020　理科　解説》

1　(1)　ウ○…北極星の近くに見えるカシオペヤ座は南半球にあるシドニーで見ることはできない。

(2)　イ○…南半球では，東の地平線からのぼった星は，北の空を通り，西の地平線に沈む。南半球では，イが東，アが北，エが西，ウが南の空に見える星の動き方になる(図Ⅰ)。

図Ⅰ　南半球の星の動き

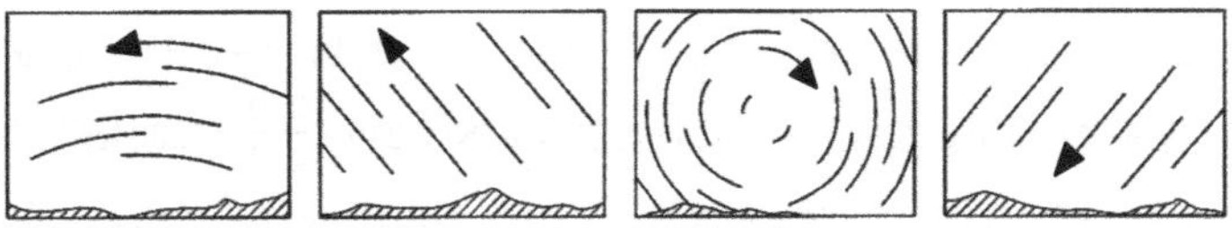

(4)　冬の大三角はオリオン座のベテルギウス，おおいぬ座のシリウス，こいぬ座のプロキオンからできている。

(5)　アが奈良から見た図である。南半球ではアの上下左右を反対にした状態(エ)に見える。

(6)　春分の日の太陽は南中時に赤道の真上にくるから，北半球でも南半球でも〔90°－緯度〕で求められる。夏至の日の太陽は南中時に北緯 23.4° の真上にくるから〔90°－緯度－23.4°〕で求められる。よって，シドニーの太陽の南中高度は，春分の日は 90－33.9＝56.1(°)，夏至の日は 56.1－23.4＝32.7(°)である。

(7)　エ×…南半球では，太陽も星と同様に東の地平線からのぼり，北の空を通り，西の地平線に沈む。冬至の日の南半球は夏なので，日の出は真東よりも南よりになり，日の入りは真西よりも南よりになる。

(8)(ⅰ)　南半球の同じ場所で同じ星を観測すると，天の南極を中心に星が時計回りに１日で１回転するように見えるから，１時間では 15° 時計回りに動く。よって，２時間前の午後６時には２×15＝30(°)反時計回りに回転した９の位置に見える。　(ⅱ)　南半球の同じ場所で同じ星を同じ時刻に観測すると，天の南極を中心に星が時計回りに１年で１回転するように見えるから，１か月では 30° 時計回りに動く。９か月後の 11 月４日の午後８時には 10 の位置から時計回りに９×30＝270(°)回転しており，その６時間後の 11 月５日の午前２時には時計回りにさらに６×15＝90(°)回転するから，元の 10 の位置に見える。

2　(4)　胸びれと腹びれが２枚ずつ，しりびれ，尾びれ，背びれ，脂《あぶら》びれが１枚ずつある。よって，計８枚である。

(5)　イ○…成長したアユは石に付着した藻《も》などをくし状の歯でそぎ取って食べる。

(6)(ⅰ)　B○…縄張りが大きくなるほど他のアユが縄張りに入ってくる回数が増えるので労力がかかる。

(ⅲ)　イ○…利益の方が大きく，利益と労力の差が最も大きくなる縄張りの大きさが，アユにとって最適だと考えられる。

3　(1)①　鉄がさびるときに水が関わると赤色のさびになる。

(2)　オ○…鉄は塩酸に反応し水素を発生しながらとける。水分を蒸発させた蒸発皿には鉄とは別の物質が残る。

(3)　鉄が酸素と結びついて別の物質になることをさびるという。さびると結びついた酸素の分だけ重さが増える。

(5)A　鉄粉とさびの重さの比 1.5：2.10＝５：７より，3.3ｇの鉄粉からできるさびは $3.3\times\frac{7}{5}=4.62$(ｇ)である。

B　発生する気体の量は鉄粉の重さに比例しているから，鉄粉 1.5ｇからは $240\times\frac{1.5}{0.6}=600$(㎤)の気体が発生する。

(6)　鉄粉 5.0ｇがすべてさびた場合，加熱後は 7.0ｇになり重さは 2.0ｇ増えるはずである。増えた重さ 6.0－5.0＝1.0(ｇ)より，さびた鉄粉は $5.0\times\frac{1.0}{2.0}=2.5$(ｇ)で，さびていない鉄粉 2.5ｇが残っている。よって，発生する気体は $240\times\frac{2.5}{0.6}=1000$(㎤)である。

(7)　『鉄以外のもの』とは酸素である。実験１では，スチールウール 10ｇが酸素 68.5－65＝3.5(ｇ)と結びつき，さび１が 13.5ｇできた。鉄とさび１にふくまれる酸素の重さの比は，10：3.5＝20：７である。(5)解説より実験２の鉄とさび２の重さの比は５：７だから，鉄と酸素の重さの比は５：２＝20：８である。よって，同じ鉄の重さに対するさび１とさび２にふくまれる『鉄以外のもの』の重さの比は７：８である。

(8) 鉄1gからできる $1\times\frac{7}{5}=1.4$(g)のさび2の温度を1℃上げるには 0.12×1.4=0.168(カロリー)の熱が必要だから，1750×0.1=175(カロリー)の熱によって，さび2の温度は $25+\frac{175}{0.168}=1066.6\cdots\rightarrow 1067$℃になる。

(9)⑤ 鉄とアルミニウムは塩酸にとけるが銅はとけないから，銅は 0.4gである。アルミニウムは水酸化ナトリウム水溶液にとけるが鉄と銅はとけないから，鉄は3.4−0.4=3.0(g)，アルミニウムは5.0−3.4=1.6(g)である。塩酸に鉄3.0g入れたときに発生する気体は $240\times\frac{3.0}{0.6}=1200$(㎤)だから，⑤には 1200+2000=3200(㎤)が入る。

(10) 『金属以外のもの』とは酸素である。銅 0.4gから 0.5g，鉄 3.0gから $3.0\times\frac{7}{5}=4.2$(g)のさびができるから，アルミニウム 1.6gからできるさびは 7.7−(0.5+4.2)=3.0(g)である。よって，金属と酸素の重さの比は，アルミニウムは 1.6：(3.0−1.6)=8：7=40：35，鉄は5：2=40：16，銅は 0.4：(0.5−0.4)=40：10 だから，同じ金属の重さに対する『金属以外のもの』の重さの比は，アルミニウム：鉄：銅=35：16：10 である。

4 (2) 室温は実験開始時の水温と等しい。Aの水温は5分ごとに 30.3−29.1=1.2(℃)上昇しているから，実験開始時の水温は $29.1-1.2\times\frac{10}{5}=26.7$(℃)である。

(3) 40.0−26.7=13.3(℃)上昇するのにかかる時間は $5\times\frac{13.3}{1.2}=55\frac{25}{60}$(分)→55分25秒である。

(4) 図1を回路図で表すと図Ⅱのようになる。なお，[a]が電熱線を表している。表より，水温の上昇がBはAの3倍，CはAの $\frac{1}{3}$ 倍になっていることから，Aの電熱線aにかかる電流と電圧は，Bの並列つなぎの3本それぞれの電熱線aにかかる電流と電圧と等しいことがわかる。また，Cの直列つなぎの3本それぞれの電熱線aには，Aの電熱線aの $\frac{1}{3}$ 倍の電圧がかかり，電流は電圧に比例するから，Cの電熱線aに流れる電流はAの電熱線aに流れる電流の $\frac{1}{3}$ 倍である。また，発熱量は電流と電圧に比例するから，Cの電熱線a1本の発熱量はAの電熱線aの $\frac{1}{3}\times\frac{1}{3}=\frac{1}{9}$(倍)になり，Cには電熱線aが3本あるので，水温の上昇は $\frac{1}{3}$ 倍になると考えられる。

図Ⅱ

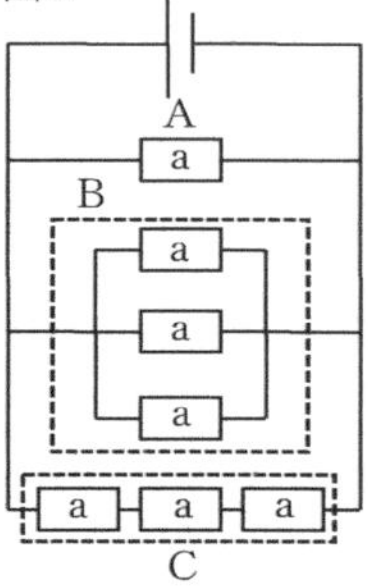

(5)(ⅰ) 電流の流れにくさを抵抗という。抵抗は電熱線の長さに比例し太さに反比例するから，電熱線aの抵抗を2とすると，電熱線bは1，電熱線cは4になる。よって，導線①の抵抗は2，導線②の抵抗は1+4=5だから，電流の大きさは，導線①：導線②=5：2である。 (ⅱ) 図2を回路図で表すと図Ⅲのようになり，Aの電熱線とBの電熱線は並列でかかる電圧は等しいから，水温の上昇量(発熱量)は電流に比例する。また，ここから発熱量は抵抗に反比例することもわかる。

図Ⅲ

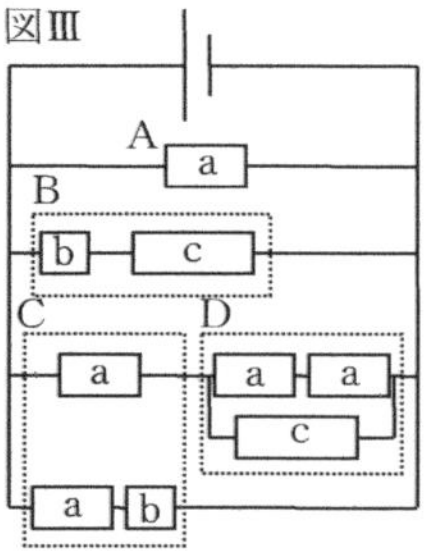

(6) 75分でBの水温は $1.2\times\frac{75}{5}\times\frac{2}{5}=7.2$(℃)上昇する。

(7) Dは電熱線cが2本並列につながれたのと同じだから，電熱線cの太さが2倍になったと考えると，電熱線aが1本入っているのと同じである。つまりDの導線部分には電源の $\frac{1}{2}$ 倍の電圧がかかり，直列つなぎのCの電熱線aにも電源の $\frac{1}{2}$ 倍の電圧がかかる。ここで電熱線aとbが直列につながれた部分の抵抗は電熱線aの $\frac{3}{2}$ 倍だから，(5)(ⅱ)解説より，発熱量は電熱線aだけのときの $\frac{2}{3}$ 倍である。よって，Cの発熱量はAの $\frac{2}{3}+\frac{1}{2}\times\frac{1}{2}=\frac{11}{12}$(倍)だから，Cの水温は $26.7+1.2\times\frac{30}{5}\times\frac{11}{12}=33.3$(℃)になる。また，Dの水温は $26.7+1.2\times\frac{30}{5}\times\frac{1}{2}\times\frac{1}{2}=28.5$(℃)になる。

(8) 電熱線aが切れる前のDの水温は5分ごとに $1.2\times\frac{1}{4}=0.3$(℃)ずつ上がる。電熱線aの1つが切れた後は，電熱線cだけに電流が流れ，直列つなぎの電熱線にかかる電圧は抵抗に比例するから，電圧の比は電熱線a：電熱線c=1：2となり，電熱線cに電源の $\frac{2}{3}$ 倍の電圧がかかるから，水温は5分ごとに $1.2\times\frac{2}{3}\times\frac{1}{3}=\frac{4}{15}$(℃)ずつ上がる。切れなかった場合の90分後の水温は$26.7+0.3\times\frac{90}{5}=32.1$(℃)で，実際より0.1℃高い。切れた場合と切れなかった場合では5分ごとに$\frac{3}{10}-\frac{4}{15}=\frac{1}{30}$(℃)ずつ差がつくから，0.1℃の差がつくのにかかる時間は$5\times0.1\div\frac{1}{30}=15$(分)である。よって，電熱線aが切れたのは90－15＝75(分後)だったと考えられる。

(9) 75分後のCの水温は$26.7+1.2\times\frac{75}{5}\times\frac{11}{12}=43.2$(℃)である。Dの電熱線aが切れた後の水温は，5分ごとに$1.2\times(\frac{2}{3}+\frac{1}{3\times3})=\frac{14}{15}$(℃)ずつ上昇するから，90分後の水温は$43.2+\frac{14}{15}\times\frac{90-75}{5}=46$(℃)になる。

《2020　社会　解説》

1　問1(1)　2020年5月現在，政令指定都市は20都市である。人口50万人以上の都市のうち，政令で指定された都市を政令指定都市とするが，一般に人口70万人以上を政令指定都市としている。しかし，人口減少によって，静岡市の人口は70万人を割り，減少し続けている。　(2)　エが正しい。夏の降水量が多いAは，太平洋側に位置する串本町である。冬の降水量が多いBは，日本海側に位置する豊岡市である。1年を通して降水量が少ないCは，内陸に位置する京都市である。　(3)　エがあてはまらない。大和川は，奈良県を水源として大阪湾に注ぐ河川である。

(4)　京都市では，地球温暖化防止会議(京都会議)のあった1997年から，使用済みのてんぷら油を回収して，バイオディーゼル燃料を製造し，市バスやごみ回収車の燃料とする取組みをしている。

問2　イが誤り。墓地遺跡としては，エジプトのギザのピラミッドなどが，すでに世界遺産に登録されている。

問3　エが正しい。日本との距離が近い中国と韓国からの訪日者数は多いと考え，特に2000年代になって急激に経済発展し富裕層が増えた中国をEと判断する。

問4　イが誤り。合計特殊出生率は，2005年まで減少を続けていた。

問5　Wi-Fiルーターを親機として，ルーターが受信した電波を子機に送ることでインターネットに接続される。

問6　アが誤り。バブル崩壊以降は，新たなゴルフ場やスキー場をもつリゾート開発は行われていない。

2　問1(1)　ウとエが使用されなくなった。桑畑は()，工場は()であった。

問2　(実際の距離)＝(地図上の長さ)×(縮尺の分母)より，12×25000＝300000(cm)＝3000(m)＝3(km)

問3　イが適当でない。警察署()や裁判所()は，見られない。

問4　遠浅な海岸線の高度は海抜0mを示すはずである。実際の地図は琵琶湖沿岸の地形図である。

3　問1　減反政策では，米の生産をやめて畑作にかえる転作が奨励された。

問2　日本は，アメリカやタイからミニマムアクセス米(最低限，輸入することを定められている米のこと)を輸入している。

問3　高い関税をかけて外国製品の流入を制限し，自国の農産物や産業を守る貿易を保護貿易という。

問4　イが誤り。ひとめぼれは宮城県のブランド米である。青森県のブランド米にはまっしぐらなどがある。

問5　ウが正しい。年々漁獲量が増えている中国と，変化の少ないペルーに注目する。

問6　イが正しい。石油危機は，第四次中東戦争をきっかけとして，1973年にアラブの産油国が石油価格の大幅な引き上げなどを実施したために，世界経済が大きく混乱して起こった。日本ではトイレットペーパーなどが不足するのではないかと騒ぎになり，買いだめを行う人々が増えたため，各地で品不足が発生した。排他的経済水域は，沿岸から200海里のうち領海を除く範囲で，範囲内の水産資源や地下資源の権利を有する。

問7(1)　制限を設けずに漁業を続けたことで，水産資源が減ってしまったとも考えられている。　(2)　オが正しい。鹿児島県は，ぶり類・うなぎの養殖が日本一である。

問8　イが正しい。大工場と中小工場の，工場数は1：99，従業員数は3：7，出荷額は1：1と覚えておく。

問9　イとエが適当でない。大館まげわっぱは秋田県，信楽焼は滋賀県の伝統的工芸品である。

4　問1　イが正しい。藤原氏は平安時代に摂関政治で権力をにぎった一族，十七条の憲法は，豪族に役人としての心構えを教えるための法令であった。

問2　日本書紀の紀の字に注意すること。古事記と合わせて「記紀」と呼ばれる。

問3　カが正しい。A．租は収穫した稲のおよそ３％を各地方の役所(国府)に納めるものである。B．庸は，１年に10日以内の労働か，それにかわる布を納める税である。

問4　木簡は，地方から運ばれる調・庸の荷札や，都の役所の記録用に使われた。

問5　どちらも誤りだからエを選ぶ。ｉ．平城京は文武天皇のころから計画され元明天皇によって遷都された。ⅱ．寝殿造がみられたのは，平城京ではなく平安京である。

問6　アが正しい。11世紀初めから中ごろまでは，藤原道長・頼通親子による摂関政治の絶頂期である。末法思想が流行する中で，藤原頼通は平等院鳳凰堂を建て阿弥陀如来をまつった。イは金閣(室町時代)，ウは唐招提寺(奈良時代)，エは東大寺大仏殿(奈良時代)。

問7　Bが誤りだからイを選ぶ。竹崎季長は，関東ではなく肥後(現在の熊本県)の御家人である。

問8　イが誤り。足利義昭を追放し室町幕府を滅ぼしたのは織田信長である。

問9　ウが誤り。ガラスはすでに古代から伝わった。(正倉院にある白瑠璃碗など)

問10　アが正しい。江戸幕府は，キリシタン(キリスト教徒)の増加がヨーロッパによる日本侵略のきっかけとなり，また神への信仰を何よりも大事とする教えが幕府の支配のさまたげになると考え，キリスト教の布教を行うポルトガルやスペインの船の来航を禁止した。その後，キリスト教の布教を行わないオランダ，キリスト教と関係のない中国，の２か国のみ長崎での貿易を認めた。

問11　イが正しい。徳川綱吉によって建てられた湯島の聖堂は，松平定信の寛政の改革時に昌平坂学問所となり，この地での朱子学以外の学問が禁じられた。

問12　イの人形浄瑠璃が正しい。アは狂言，ウは落語，エは能である。

問13　浮世とは，変わりやすい現世の世の中を指す。

問14　アが正しい。もと大阪奉行所の役人が幕府に対して反抗したことが，幕府をおどろかせた。

問15　ウが正しい。年号がわからなくても，西南戦争は徴兵令によって集められた明治政府軍によって鎮圧され，この内戦以降，言論による自由民権運動が展開され，国会開設の勅諭につながったことからも考えらえる。徴兵令は1873年，西南戦争は1877年，国会開設の勅諭は1881年。

問16　AとCが誤りだからオを選ぶ。A．日清戦争の下関条約では，台湾・澎湖諸島・遼東半島を獲得した。樺太の南半分を獲得したのはポーツマス条約である。C．日露戦争の講和条約は，アメリカ(T・ルーズベルト大統領)の仲介で，アメリカの東海岸にあるポーツマスで結ばれた。

問17　一万円札が渋沢栄一，五千円札が津田梅子，千円札が北里柴三郎になる。

問18　イがあてはまらない。第一次世界大戦は大正時代に終わったからまだテレビ放送は行われていない。

5　問1(1)　アが正しい。公布日の11月３日が文化の日，施行日の５月３日が憲法記念日である。　(2)　エが正しい。みどりの日は５月４日，海の日は７月の第３月曜日，昭和の日は４月29日(昭和天皇の誕生日)。

問2　海上保安庁・警察庁・金融庁・気象庁・宮内庁など数多くの庁がある。

問３　中大兄皇子や中臣鎌足らは，蘇我氏を滅ぼした後，人民や土地を国家が直接支配する公地公民の方針を示し，政治改革に着手した。この頃，「大化」という元号が初めて用いられたので，この改革を大化の改新という。これまでの元号は，中国の歴史書から引用されていたが，令和は『万葉集』の「初春の令月にして，気淑く風和らぎ…」から引用された。

問４　アが誤り。国務大臣の任命は内閣総理大臣の権限である。

問５　「裁判を身近なものとなる」「国民の一般的な意見が反映した判決となる」などの内容があればよい。

■ ご使用にあたってのお願い・ご注意

（１）問題文等の非掲載

著作権上の都合により，問題文や図表などの一部を掲載できない場合があります。

誠に申し訳ございませんが，ご了承くださいますようお願いいたします。

（２）過去問における時事性

過去問題集は，学習指導要領の改訂や社会状況の変化，新たな発見などにより，現在とは異なる表記や解説になっている場合があります。過去問の特性上，出題当時のままで出版していますので，あらかじめご了承ください。

（３）配点

学校等から配点が公表されている場合は，記載しています。公表されていない場合は，記載していません。

独自の予想配点は，出題者の意図と異なる場合があり，お客様が学習するうえで誤った判断をしてしまう恐れがあるため記載していません。

（４）無断複製等の禁止

購入された個人のお客様が，ご家庭でご自身またはご家族の学習のためにコピーをすることは可能ですが，それ以外の目的でコピー，スキャン，転載（ブログ，ＳＮＳなどでの公開を含みます）などをすることは法律により禁止されています。学校や学習塾などで，児童生徒のためにコピーをして使用することも法律により禁止されています。

ご不明な点や，違法な疑いのある行為を確認された場合は，弊社までご連絡ください。

（５）けがに注意

この問題集は針を外して使用します。針を外すときは，けがをしないように注意してください。また，表紙カバーや問題用紙の端で手指を傷つけないように十分注意してください。

（６）正誤

制作には万全を期しておりますが，万が一誤りなどがございましたら，弊社までご連絡ください。

なお，誤りが判明した場合は，弊社ウェブサイトの「ご購入者様のページ」に掲載しておりますので，そちらもご確認ください。

■ お問い合わせ

解答例，解説，印刷，製本など，問題集発行におけるすべての責任は弊社にあります。

ご不明な点がございましたら，弊社ウェブサイトの「お問い合わせ」フォームよりご連絡ください。迅速に対応いたしますが，営業日の都合で回答に数日を要する場合があります。

ご入力いただいたメールアドレス宛に自動返信メールをお送りしています。自動返信メールが届かない場合は，「よくある質問」の「メールの問い合わせに対し返信がありません。」の項目をご確認ください。

また弊社営業日（平日）は，午前９時から午後５時まで，電話でのお問い合わせも受け付けています。

2025春

株式会社教英出版

〒422-8054　静岡県静岡市駿河区南安倍３丁目 12-28

TEL　054-288-2131　　FAX　054-288-2133

URL　https://kyoei-syuppan.net/

MAIL　siteform@kyoei-syuppan.net

教英出版の親子で取りくむシリーズ

公立中高一貫校とは？適性検査とは？
受検を考えはじめた親子のための最初の１冊！

「概要編」では公立中高一貫校の仕組みや適性検査の特徴をわかりやすく説明し，「例題編」では実際の適性検査の中から，よく出題されるパターンの問題を厳選して紹介しています。実際の問題紙面も掲載しているので受検を身近に感じることができます。

- 公立中高一貫校を知ろう！
- 適性検査を知ろう！
- 教科的な問題〈適性検査ってこんな感じ〉
- 実技的な問題〈さらにはこんな問題も！〉
- おさえておきたいキーワード

定価：1,078円（本体980＋税）

適性検査の作文問題にも対応！
「書けない」を「書けた！」に導く合格レッスン

「実力養成レッスン」では，作文の技術や素材の見つけ方，書き方や教え方を対話形式でわかりやすく解説。実際の入試作文をもとに，とり外して使える解答用紙に書き込んでレッスンをします。赤ペンの添削例や，「添削チェックシート」を参考にすれば，お子さんが書いた作文をていねいに添削することができます。

- レッスン１　作文の基本と，書くための準備
- レッスン２　さまざまなテーマの入試作文
- レッスン３　長文の内容をふまえて書く入試作文
- 実力だめし！入試作文
- 別冊「添削チェックシート・解答用紙」付き

定価：1,155円（本体1,050＋税）

絶賛販売中！

詳しくは教英出版で検索

教英出版　検索

URL https://kyoei-syuppan.net/

神奈川県

①[県立] 相模原中等教育学校
　　　　平塚中等教育学校

②[市立]南高等学校附属中学校

③[市立]横浜サイエンスフロンティア高等学校附属中学校

④[市立]川崎高等学校附属中学校

✿⑤聖光学院中学校

✿⑥浅野中学校

⑦洗足学園中学校

⑧法政大学第二中学校

⑨逗子開成中学校(1次)

⑩逗子開成中学校(2·3次)

⑪神奈川大学附属中学校(第1回)

⑫神奈川大学附属中学校(第2·3回)

⑬栄光学園中学校

⑭フェリス女学院中学校

新潟県

①[県立] 村上中等教育学校
　　　　柏崎翔洋中等教育学校
　　　　燕中等教育学校
　　　　津南中等教育学校
　　　　直江津中等教育学校
　　　　佐渡中等教育学校

②[市立]高志中等教育学校

③新潟第一中学校

④新潟明訓中学校

石川県

①[県立]金沢錦丘中学校

②星稜中学校

福井県

①[県立]高志中学校

山梨県

①山梨英和中学校

②山梨学院中学校

③駿台甲府中学校

長野県

①[県立] 屋代高等学校附属中学校
　　　　諏訪清陵高等学校附属中学校

②[市立]長野中学校

岐阜県

①岐阜東中学校

②鶯谷中学校

③岐阜聖徳学園大学附属中学校

静岡県

①[国立]静岡大学教育学部附属中学校
　(静岡·島田·浜松)

② [県立]清水南高等学校中等部
　 [県立]浜松西高等学校中等部
　 [市立]沼津高等学校中等部

③不二聖心女子学院中学校

④日本大学三島中学校

⑤加藤学園暁秀中学校

⑥星陵中学校

⑦東海大学付属静岡翔洋高等学校中等部

⑧静岡サレジオ中学校

⑨静岡英和女学院中学校

⑩静岡雙葉中学校

⑪静岡聖光学院中学校

⑫静岡学園中学校

⑬静岡大成中学校

⑭城南静岡中学校

⑮静岡北中学校

⑯ 常葉大学附属常葉中学校
　 常葉大学附属橘中学校
　 常葉大学附属菊川中学校

⑰藤枝明誠中学校

⑱浜松開誠館中学校

⑲静岡県西遠女子学園中学校

⑳浜松日体中学校

㉑浜松学芸中学校

愛知県

①[国立]愛知教育大学附属名古屋中学校

②愛知淑徳中学校

③ 名古屋経済大学市邨中学校
　 名古屋経済大学高蔵中学校

④金城学院中学校

⑤椙山女学園中学校

⑥東海中学校

⑦南山中学校男子部

⑧南山中学校女子部

⑨聖霊中学校

⑩滝中学校

⑪名古屋中学校

⑫大成中学校

⑬愛知中学校

⑭星城中学校

⑮名古屋葵大学中学校
　(名古屋女子大学中学校)

⑯愛知工業大学名電中学校

⑰海陽中等教育学校(特別給費生)

⑱海陽中等教育学校(I·II)

⑲中部大学春日丘中学校

新刊⑳名古屋国際中学校

三重県

①[国立]三重大学教育学部附属中学校

②暁中学校

③海星中学校

④四日市メリノール学院中学校

⑤高田中学校

⑥セントヨゼフ女子学園中学校

⑦三重中学校

⑧皇學館中学校

⑨鈴鹿中等教育学校

⑩津田学園中学校

滋賀県

①[国立]滋賀大学教育学部附属中学校

②[県立] 河瀬中学校
　　　　守山中学校
　　　　水口東中学校

京都府

①[国立]京都教育大学附属桃山中学校

②[府立]洛北高等学校附属中学校

③[府立]園部高等学校附属中学校

④[府立]福知山高等学校附属中学校

⑤[府立]南陽高等学校附属中学校

⑥[市立]西京高等学校附属中学校

⑦同志社中学校

⑧洛星中学校

⑨洛南高等学校附属中学校

⑩立命館中学校

⑪同志社国際中学校

⑫同志社女子中学校(前期日程)

⑬同志社女子中学校(後期日程)

大阪府

①[国立]大阪教育大学附属天王寺中学校

②[国立]大阪教育大学附属平野中学校

③[国立]大阪教育大学附属池田中学校

④[府立]富田林中学校
⑤[府立]咲くやこの花中学校
⑥[府立]水都国際中学校
⑦清風中学校
⑧高槻中学校（A日程）
⑨高槻中学校（B日程）
⑩明星中学校
⑪大阪女学院中学校
⑫大谷中学校
⑬四天王寺中学校
⑭帝塚山学院中学校
⑮大阪国際中学校
⑯大阪桐蔭中学校
⑰開明中学校
⑱関西大学第一中学校
⑲近畿大学附属中学校
⑳金蘭千里中学校
㉑金光八尾中学校
㉒清風南海中学校
㉓帝塚山学院泉ヶ丘中学校
㉔同志社香里中学校
㉕初芝立命館中学校
㉖関西大学中等部
㉗大阪星光学院中学校

兵庫県

①[国立]神戸大学附属中等教育学校
②[県立]兵庫県立大学附属中学校
③雲雀丘学園中学校
④関西学院中学部
⑤神戸女学院中学部
⑥甲陽学院中学校
⑦甲南中学校
⑧甲南女子中学校
⑨灘中学校
⑩親和中学校
⑪神戸海星女子学院中学校
⑫滝川中学校
⑬啓明学院中学校
⑭三田学園中学校
⑮淳心学院中学校
⑯仁川学院中学校
⑰六甲学院中学校
⑱須磨学園中学校(第1回入試)
⑲須磨学園中学校(第2回入試)
⑳須磨学園中学校(第3回入試)
㉑白陵中学校
㉒夙川中学校

奈良県

①[国立]奈良女子大学附属中等教育学校
②[国立]奈良教育大学附属中学校
③[県立] 国際中学校
青翔中学校
④[市立]一条高等学校附属中学校
⑤帝塚山中学校
⑥東大寺学園中学校
⑦奈良学園中学校
⑧西大和学園中学校

和歌山県

①[県立] 古佐田丘中学校
向陽中学校
桐蔭中学校
日高高等学校附属中学校
田辺中学校
②智辯学園和歌山中学校
③近畿大学附属和歌山中学校
④開智中学校

岡山県

①[県立]岡山操山中学校
②[県立]倉敷天城中学校
③[県立]岡山大安寺中等教育学校
④[県立]津山中学校
⑤岡山中学校
⑥清心中学校
⑦岡山白陵中学校
⑧金光学園中学校
⑨就実中学校
⑩岡山理科大学附属中学校
⑪山陽学園中学校

広島県

①[国立]広島大学附属中学校
②[国立]広島大学附属福山中学校
③[県立]広島中学校
④[県立]三次中学校
⑤[県立]広島叡智学園中学校
⑥[市立]広島中等教育学校
⑦[市立]福山中学校
⑧広島学院中学校
⑨広島女学院中学校
⑩修道中学校
⑪崇徳中学校
⑫比治山女子中学校
⑬福山暁の星女子中学校
⑭安田女子中学校
⑮広島なぎさ中学校
⑯広島城北中学校
⑰近畿大学附属広島中学校福山校
⑱盈進中学校
⑲如水館中学校
⑳ノートルダム清心中学校
㉑銀河学院中学校
㉒近畿大学附属広島中学校東広島校
㉓AICJ中学校
㉔広島国際学院中学校
㉕広島修道大学ひろしま協創中学校

山口県

①[県立] 下関中等教育学校
高森みどり中学校
②野田学園中学校

徳島県

①[県立] 富岡東中学校
川島中学校
城ノ内中等教育学校
②徳島文理中学校

香川県

①大手前丸亀中学校
②香川誠陵中学校

愛媛県

①[県立] 今治東中等教育学校
松山西中等教育学校
②愛光中学校
③済美平成中等教育学校
④新田青雲中等教育学校

高知県

①[県立] 安芸中学校
高知国際中学校
中村中学校

福岡県

①[国立]福岡教育大学附属中学校
(福岡·小倉·久留米)

②[県立]
- 育徳館中学校
- 門司学園中学校
- 宗像中学校
- 嘉穂高等学校附属中学校
- 輝翔館中等教育学校

③西南学院中学校
④上智福岡中学校
⑤福岡女学院中学校
⑥福岡雙葉中学校
⑦照曜館中学校
⑧筑紫女学園中学校
⑨敬愛中学校
⑩久留米大学附設中学校
⑪飯塚日新館中学校
⑫明治学園中学校
⑬小倉日新館中学校
⑭久留米信愛中学校
⑮中村学園女子中学校
⑯福岡大学附属大濠中学校
⑰筑陽学園中学校
⑱九州国際大学付属中学校
⑲博多女子中学校
⑳東福岡自彊館中学校
㉑八女学院中学校

佐賀県

①[県立]
- 香楠中学校
- 致遠館中学校
- 唐津東中学校
- 武雄青陵中学校

②弘学館中学校
③東明館中学校
④佐賀清和中学校
⑤成穎中学校
⑥早稲田佐賀中学校

長崎県

①[県立]
- 長崎東中学校
- 佐世保北中学校
- 諫早高等学校附属中学校

②青雲中学校
③長崎南山中学校
④長崎日本大学中学校
⑤海星中学校

熊本県

①[県立]
- 玉名高等学校附属中学校
- 宇土中学校
- 八代中学校

②真和中学校
③九州学院中学校
④ルーテル学院中学校
⑤熊本信愛女学院中学校
⑥熊本マリスト学園中学校
⑦熊本学園大学付属中学校

大分県

①[県立]大分豊府中学校
②岩田中学校

宮崎県

①[県立]五ヶ瀬中等教育学校

②[県立]
- 宮崎西高等学校附属中学校
- 都城泉ヶ丘高等学校附属中学校

③宮崎日本大学中学校
④日向学院中学校
⑤宮崎第一中学校

鹿児島県

①[県立]楠隼中学校
②[市立]鹿児島玉龍中学校
③鹿児島修学館中学校
④ラ・サール中学校
⑤志學館中等部

沖縄県

①[県立]
- 与勝緑が丘中学校
- 開邦中学校
- 球陽中学校
- 名護高等学校附属桜中学校

もっと過去問シリーズ

北海道

北嶺中学校
7年分(算数・理科・社会)

静岡県

静岡大学教育学部附属中学校
(静岡·島田·浜松)
10年分(算数)

愛知県

愛知淑徳中学校
7年分(算数・理科・社会)
東海中学校
7年分(算数・理科・社会)
南山中学校男子部
7年分(算数・理科・社会)
南山中学校女子部
7年分(算数・理科・社会)
滝中学校
7年分(算数・理科・社会)
名古屋中学校
7年分(算数・理科・社会)

岡山県

岡山白陵中学校
7年分(算数・理科)

広島県

広島大学附属中学校
7年分(算数・理科・社会)
広島大学附属福山中学校
7年分(算数・理科・社会)
広島学院中学校
7年分(算数・理科・社会)
広島女学院中学校
7年分(算数・理科・社会)
修道中学校
7年分(算数・理科・社会)
ノートルダム清心中学校
7年分(算数・理科・社会)

愛媛県

愛光中学校
7年分(算数・理科・社会)

福岡県

福岡教育大学附属中学校
(福岡·小倉·久留米)
7年分(算数・理科・社会)
西南学院中学校
7年分(算数・理科・社会)
久留米大学附設中学校
7年分(算数・理科・社会)
福岡大学附属大濠中学校
7年分(算数・理科・社会)

佐賀県

早稲田佐賀中学校
7年分(算数・理科・社会)

長崎県

青雲中学校
7年分(算数・理科・社会)

鹿児島県

ラ·サール中学校
7年分(算数・理科・社会)

※もっと過去問シリーズは
国語の収録はありません。

教英出版

〒422-8054
静岡県静岡市駿河区南安倍3丁目12-28
TEL 054-288-2131
FAX 054-288-2133

詳しくは教英出版で検索
教英出版 検索
URL https://kyoei-syuppan.net/

2024年度 入学試験問題

国 語

（60分）

〔注 意〕

① 問題は㊀～㊂まであります。
② 解答用紙はこの問題用紙の間にはさんであります。
③ 解答用紙には受験番号、氏名を必ず記入のこと。
④ 各問題とも解答は解答用紙の所定のところへ記入のこと。
⑤ 各問題とも特に指定のない限り、句読点、記号なども一字に数えること。

西大和学園中学校

一　次の文章を読んで、あとの問いに答えなさい。

お詫び

著作権上の都合により、文章は掲載しておりません。
ご不便をおかけし、誠に申し訳ございません。

教英出版

（小坂井敏晶『異邦人のまなざし』による）

【語注】

（注1）咀嚼　…　食べものをよくかみ砕《くだ》いて味わうこと。言葉や文章などの意味をよく考えて理解すること。

（注2）嬰児　…　生まれたばかりの子。

問一　＝＝部①～⑤のカタカナを、それぞれ漢字に直しなさい。（かい書で、ていねいに書くこと）

問二　〰〰部（a）「ノイズ」の本文における意味として最もふさわしいものを次の中から一つ選び、記号で答えなさい。

ア　未知のもの　イ　親しいもの　ウ　無力なもの　エ　邪魔なもの　オ　騒《さわ》がしいもの

問三　［　Ⅰ　］に入る言葉として最もふさわしいものを次の中から一つ選び、記号で答えなさい。

ア　一進一退　イ　百戦錬磨《ひゃくせんれんま》　ウ　唯我独尊《ゆいがどくそん》　エ　勧善懲悪《かんぜんちょうあく》　オ　喜怒哀楽《きどあいらく》

問四　――部1「街灯近くの明るいところ」とありますが、これとほぼ同じ内容が書かれているところを、本文中から十字で抜き出しなさい。

問五　――部2「レンズの色が淡くなったり、無色透明になったりすることはありえない」とありますが、どういうことですか。本文の語句を使って四十字以内で説明しなさい。

問六　――部3「新しい知識の獲得とは、空の箱に何か新しいものを投入するようなことではない」とありますが、筆者は「新しい知識の獲得」についてどういうことだと考えていますか。本文の語句を使って四十字以内で説明しなさい。

問七　――部4「知識の過剰が創造活動の邪魔をしている」とありますが、どういうことですか。その説明として最もふさわしいものを次の中から一つ選び、記号で答えなさい。

ア　古い認識枠にとらわれていると、新たな発想を受け入れられなくなってしまうということ。

イ　新たな発想を生み出すには、むしろ、知識の少ない新入生や赤ん坊の方が適しているということ。

ウ　常識は世の中の人の多数派が受け入れている知識であり、平凡《へいぼん》になりがちなものであるということ。

エ　知識が記憶の底からあふれ出すほど多くなると、新たな情報を吸収できなくなってしまうということ。

オ　思考方法を規定する言語の習得は、新たな知識の獲得とともに困難になってゆくものであるということ。

問八　本文の内容としてふさわしいものを次の中から一つ選び、記号で答えなさい。

ア　「コロンブスの卵」は常識から距離を取ることに失敗した例である。

イ　恋愛のように考察対象と常識との距離が遠いと常識が邪魔をする。

ウ　哲学者や科学者などの専門家も外界を直接把握することはできない。

エ　専門家は知識が過剰なため、新たな知識を獲得することはできない。

オ　子どもも言語を習得するに従って、外界を認識する力は失われていく。

二　商店街で小さな薬局を営む和田さんは、最近高校生の息子の進学のことで、たびたび妻（奥《おく》さん）と喧嘩《けんか》を繰《く》り返している。次の文章を読んで、あとの問いに答えなさい。

和田さんは、市役所を定年退職してから二年近く、鬱陶《うっとう》しい毎日を送っている。

昭和薬局に婿《むこ》入りして以来三十年間、夫婦仲は当たり前、子供たちは出来がよく、波風のない暮らしを営んできた。市役所では(注1)戸籍《こせき》係(注2)主事という地位で終わったが、特に不満はなかった。

「退職したら、おれも薬局の仕事に精を出すぞ。お前だけでやってきた経営におれが手を貸して、もっと繁盛《はんじょう》する大きな薬局にしてやる」

当初は(注3)意気軒昂《いきけんこう》だったが、間もなくそれが現実とかけ離《はな》れた考えであることに気づかされた。

昭和薬局のある駅前商店街は、昔からの店々が（　A　）軒《のき》を並べていて、両隣《りょうどなり》のいずれかが空かなければ店舗《てんぽ》を拡張することができない状態にある。そのうえ最近、商店街の近くに(注4)廉売《れんばい》薬品のチェーン店が進出してきて、(注5)〔薄利多売《はくりたばい》〕で客足を誘《さそ》っている。——和田さんが経営手腕《しゅわん》を発揮する場面は、既《すで》に失われていた。

さらに和田さんを消沈《しょうちん》させたのは、奥さんの存在である。長年、薬局を切り盛りしてきただけあってキャリア豊富で、夫の手を借りなくても充分《じゅうぶん》に店をやっていける。しかも、奥さんは薬剤師《やくざいし》である。白衣をまとえば、夫をも寄せつけない専門家の威厳《いげん》が漂《ただよ》うのである。

和田さんは、五十半ばにして、自分の人生に疑いを懐《いだ》きはじめた。

——1おれは、何をなすべきなのだ。おれに存在価値はあるのか？

和田さんは、毎日、焦《こ》げ茶色のカーデガンを羽織って店先に佇《たたず》んでいる。たまに薬品問屋から配送されるダンボールの荷解きが担当なのだ。

「コンピュータってのは、そんなに面白いのかい。一生の仕事にしていけるんだろうな？」

和田さんは、自分より十センチも背の高い息子を見上げた。図体《ずうたい》は大きいが、父親に似ておとなしく、a引っ込《こ》み思案な性格である。

「とにかく、これっきゃないって、中学のときから決めてたんだよ。……好きなんだ、ぼく」

「そうか。まあ、時代の先端《せんたん》を行ってる分野だもんな。役所に機械が来たときも驚《おどろ》いた。膨大《ぼうだい》な戸籍簿《ぼ》がそっくり機械に入っちまってさ。キーを叩《たた》くだけで、一発で出てくるんだもの。時代が変わったなって、ほんとに思ったよ」

息子は、父親の述懐《じゅっかい》に耳を傾《かたむ》けている。二人で歩くのは、息子が幼かったころ以来である。和田さんが退職後はじめた早朝散歩に、ときどき息子も早起きして、くっついてくる。家のなかではできない話をするのが狙《ねら》いである。

「まあ、お母さんのことは任しとけ。……いま、うまく納得させる方法を考えてあるんだ」

「大丈夫《だいじょうぶ》？　わが家の女帝《じょてい》だからね、相手は」

「なあに、どんな鉄壁《てっぺき》にも弱点はあるものだよ」

そういって笑ってみせたが、和田さんに奥さん攻略の勝算があったわけではない。それどころか内心では、白衣をまとった奥さんがますます聳《そび》え立つ壁《かべ》のように思えて仕方がなかった。

――なんとかしなくちゃな。2宙ぶらりんは、おれだけでたくさんだ。

和田さんは、（　B　）そう思っている。これまで市役所に勤めていても、気持ちのどこかに〔薬局の婿養子〕(注6)というところがあった。適当に波風立てずに暮らしていて、定年になったら薬局をやればいいんだ。そういう安心感にぶら下がっていたような気がする。

――結局、何かに賭《か》けることも、一生懸命《いっしょうけんめい》になることもなかった。宙ぶらりんに生きてきて、いまだに宙ぶらりんなんだ。

「おい。コンピュータのことは、当分の間、口にしてはいけないぞ。分かったな？」

和田さんは、息子の顔を見上げて、そういいわたした。

「やっぱり、あんたの考え違《ちが》いでした。……あの子、薬科大に入ってもいいっていってますよ」

3奥さんが勝ち誇《ほこ》った顔で和田さんにいったのは、二日後のことだった。

「へえ、そうかい。……案外だったな」

「何が案外よ。あの子は、ちゃんとわきまえてるんです、自分の立場ってものをね」

「優しい子なんだ、あいつは。……しかし、もしかして、何か条件をつけたんじゃないか？」

奥さんは、急に憂《うれ》い顔になった。b図星を指された感じである。

「……薬局は継《つ》ぐけど、こんなちっぽけな店じゃ嫌《いや》だっていうの。……そんなことといったってねえ」

「そりゃ、そうだろ。おまえだって、この前いってたじゃないか。……薬科大を出た若い娘《むすめ》が、こんなちっぽけな薬局に嫁《よめ》に来るもんかって」

「そりゃあ、いったけど……」

「なんとかして店を拡張することだな。これは、跡《あと》を継いでくれる息子のために、ぜひとも親の代でやっておかなくちゃならないことだよ」

「だって、この商店街じゃ無理よ」

「それならやっぱり、どこかに移転して新しい店を出すことだ。この店を売って、新天地を見つけるのさ。幸い、おれの退職金も手つかずだしな」

「そんなこと、急にいい出しても……」

「まあともかく、この計画は、おれに任せてくれ。……これは、おれも忙《いそが》しくなるなあ」

和田さんは、ようやく仕事にありついた喜びを隠《かく》し切れないように、（　C　）外出の支度《したく》をはじめた。

「どこ行くのよ、急に？」

「善は急げっていうからな。……さっそく土地に詳《くわ》しい奴《やつ》に相談してくるのさ。ほら、役所の先輩《せんぱい》だった人で、不動産屋になったのがいたろう」

それから二週間、和田さんは毎日朝から夕方まで外出をつづけた。新しい店の候補地を懸命に探しているのは明らかだった。

「おい。ようやく、これという場所を二カ所だけ見つけたぞ」

ちょうど二週間後、奥さんに図面を見せながら和田さんがいった。一カ所は来年完成するニュータウン(注7)の団地内、もう一カ所は地下鉄が郊外《こうがい》に延びてできた新駅の周辺。——いずれも、いまの町からは遠く、奥さんが初めて聞く地名だった。

「両方とも、これから発展する場所だよ。いまから頑張《がんば》れば、あいつが大学を出るころには、順調な店になってるはずだ」

和田さんの話を聞きながら、奥さんは心細い表情をした。いつもの威厳は影《かげ》をひそめていた。

「そんなに遠くへ行かなきゃダメなの？」

「そうじゃないと土地が高くて、手が届かないんだよ。……その代わり、大きな店舗ができるぞ。間口(注8)三間で、いまの倍だ。奥行きも相当とれるから健康食品だの、漢方薬だの、なんなら化粧品《けしょうひん》だって扱《あつか》うことができるじゃないか」

「ふうん。……それはそうだけどねえ」

それから二、三日、奥さんはしょげ返って、何をするにもうわの空という状態になった。まるで和田さんの鬱陶しい毎日が、奥さんに乗り換《か》えてしまったような具合である。

「おい。……例の土地、どうするんだ。お前も、一度は見に行かなきゃ話にならないぜ。いつまでも放っておけないんだ。よかったら、すぐにでも(注9)手付けをうっておかなけりゃ……」

和田さんは、せっつくように繰《く》り返した。

「お前が、どうでもいいってんなら、おれ一人で決めてくるぞ。……おい。はっきりしろよ」

和田さんは珍《めずら》しく顔を引き締《し》めていい切った。その顔面には、新しい計画に燃えている男の、Cのっぴきならない迫力《はくりょく》がみなぎっていた。

「ごめんなさい、あんた。……どうしても決心できないの。この店を売って、よその土地へ行くなんて、いままで考えたこともないんですもの」

「それ以外に店舗を大きくする方法があるってのか？　おれが懸命に探してきた土地を見もしないで、そんないいかたはないだろ？」

「……だって、この町はあたしが生まれて育ったところなのよ。住み慣れてるし、仲のいい友だちもたくさんいるのよ」

奥さんは、急に哀願《あいがん》するような顔になった。

「それに、五十歳《さい》をすぎて、知らない土地で、一から店をやるってのは、並大抵《なみたいてい》のことじゃないわ。……あたしには、とてもできない」

「そんなこというなよ。……お前らしくもない」

「あんたにはわるいけど、どうかこのままで店をつづけさせてちょうだい。お願いよ」

4奥さんは、いまにも泣き出しそうな表情で、（　D　）和田さんに頭を下げた。

「……それじゃ、お母さんは納得したんだね。ぼくが薬科大に進学しないことを？」

「ああ、しかたないだろ。お前の出した条件を果たせないんだからな」

和田さんと息子は、朝早い街路を歩きながら話している。5二人とも、なんとなく意気が上がらない様子である。

「うまくいったのは嬉《うれ》しいけど、なんだか可哀《かわい》そうな気もするな、お母さんが」

「それは、いうなよ。……お母さんもお前も、乗り越えなきゃならなかったことなんだから」

和田さんは、街路の先にたなびいている朝霧《あさぎり》に目を凝《こ》らしながら、唇《くちびる》をゆがめていった。

1からAまでの数がかかれた玉①，②，…，Ⓐが1つずつあり，このA個の玉を横一列に並べます。また，左から2番目以降に並んでいる玉について，次の【性質】を考えます。

> 【性質】
> 自分より大きな数がかかれた玉が，自分より左側に少なくとも1個ある

たとえば，A＝10のとき，10個の玉が

② ① ③ ⑦ ⑤ ④ ⑧ ⑨ ⑩ ⑥

と並んだ場合，【性質】を満たす玉は①，④，⑤，⑥の4個になります。

このとき，次の問いに答えなさい。

(3) A＝10のとき，【性質】を満たす玉がちょうど1個だけになるような並べ方は何通りありますか。

(4) A＝10のとき，【性質】を満たす玉が③と④だけになるような並べ方は何通りありますか。

(5) A＝7のとき，【性質】を満たす玉がちょうど2個だけになるような並べ方は何通りありますか。

(6) A＝12のとき，【性質】を満たす玉がちょうど2個だけになるような並べ方は何通りありますか。

問題は以上です。

4 次のように，規則にしたがって表をかいていきます。

1番目

1	2
2	4

2番目

1	2	3
2	4	6
3	6	9

3番目

1	2	3	4
2	4	6	8
3	6	9	12
4	8	12	16

4番目

1	2	3	4	5
2	4	6	8	10
3	6	9	12	15
4	8	12	16	20
5	10	15	20	25

，……

……

たとえば，1番目の表に現れている数すべての和は 1＋2＋2＋4＝9 です。

(1) 6番目の表に現れている数すべての和を求めなさい。

それぞれの表に対して，記号＜X＞，｛Y｝を次のように定めます。

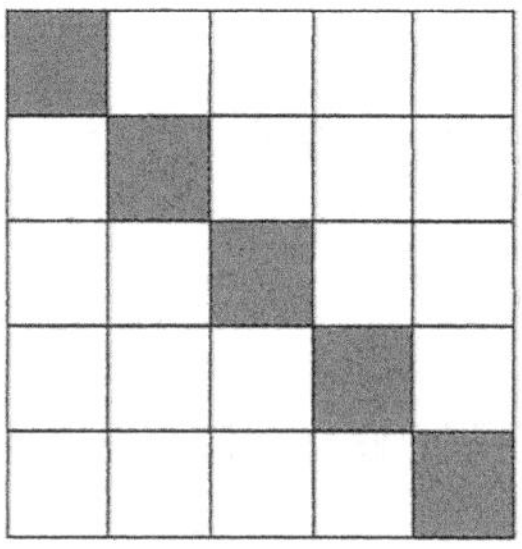

図1

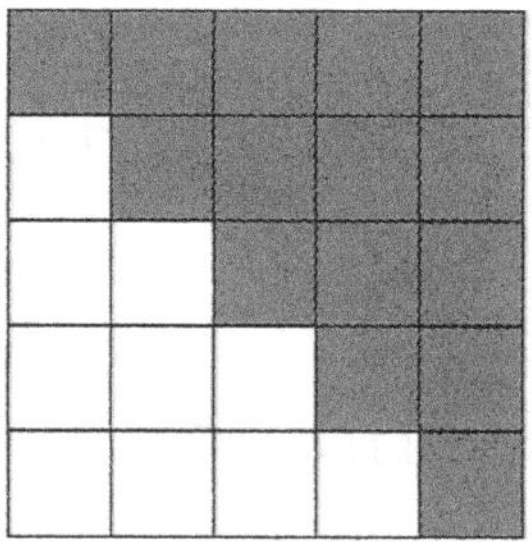

図2

＜X＞：X番目の表の対角線の数の和
（図1の塗《ぬ》りつぶされた部分の和が＜5＞を表します。）
｛Y｝：Y番目の表の対角線より右上にある数の和
（図2の塗りつぶされた部分の和が｛5｝を表します。）

たとえば，

＜3＞＝1＋4＋9＋16＝30，

｛3｝＝1＋2＋3＋4＋4＋6＋8＋9＋12＋16＝65

となるので，3番目に現れている数すべての和は［ ① ］と表すことができます。

(2) 空らん①にあてはまる，記号＜ ＞と｛ ｝を用いた式として正しいものを次のア．～エ．の中から選び，記号で答えなさい。

ア．｛3｝＋＜3＞　　イ．2×｛3｝＋＜3＞

ウ．｛3｝－＜3＞　　エ．2×｛3｝－＜3＞

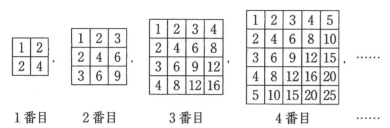

(2) 大きさの等しい白い正三角形 15 枚と黒い正三角形 10 枚を組み合わせて，図のような大きな正三角形をつくりました。点 A から F はそれぞれ小さな正三角形の頂点です。

(i) 三角形 ABC の中で，黒い部分の面積 B_1 と白い部分の面積 W_1 の比は $\dfrac{W_1}{B_1}$ = あ です。

(ii) 三角形 ABC と三角形 DEF が重なる部分において，黒い部分の面積 B_2 と白い部分の面積 W_2 の比は $\dfrac{W_2}{B_2}$ = い です。

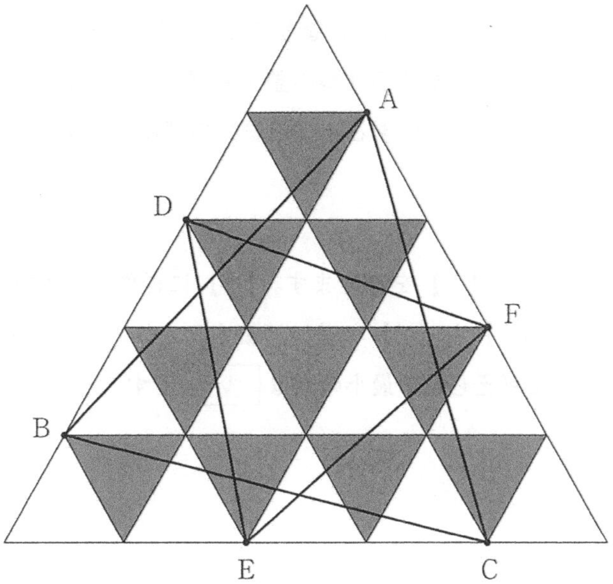

問題は次のページへ続きます。

3　次の□にあてはまる数を答えなさい。

(1)　3828や5991のように，4桁《けた》のうち2桁の数字が同じで，残りの2桁は相異なる数字でできた「2つかぶりの整数」を考えます。ただし，各位の数字は1から9までとします。

　また，相異なる2桁の数字を入れ替《か》える操作を操作Aとします。たとえば，3828に操作Aをすると2838になります。

(i)　3828のように，百の位と一の位が同じ数字である「2つかぶりの整数」【ア】を考えます。

　【ア】に操作Aをすると【ア】より小さい数【イ】になり，【ア】と【イ】の差は連続する4つの整数の積で表せる数になりました。【ア】として考えられる最大の数は［あ］です。ただし，連続する4つの整数の積で表せる数とは，5040（$=7\times8\times9\times10$と，7から10までの連続する4つの整数の積になっている）のような数のことです。

(ii)　「2つかぶりの整数」【ウ】を考えます。【ウ】に操作Aをすると【ウ】より小さい数【エ】になり，【ウ】と【エ】の差は連続する4つの整数の積で表せる数になりました。【ウ】として考えられる最小の数は［い］です。

3 次の文を読み、以下の問いに答えなさい。

一度使った使い捨てカイロ（以下、「カイロ」は全て使い捨てカイロを指す）を、振《ふ》っても温かくならないことに疑問をもった大和君は、先生と相談しながら、下のような実験を行いました。以下は、大和君と先生とのやりとりです。

大和君：先生、一度使ったカイロは、いくら一生懸《けん》命振っても二度と温かくならないですよね。なぜですか？

先　生：一度使ったカイロと未使用のカイロでは何がちがうのか、実験して確かめてみましょう！

【実験１】　未使用のカイロと、一度使って冷たくなったカイロに、磁石を近づけた。

大和君：未使用のカイロは、磁石にくっついたけど、一度使ったカイロはくっつきません！未使用のカイロには、［　あ　］が含《ふく》まれているのですね。一度使ったカイロの［　あ　］はどうなってしまったのですか？

先　生：一度使ったカイロの［　あ　］は別の物質に変わってしまったのです。では、もう１つ実験をしてみましょう。

【実験２】　温かくなったカイロを集気びんの中にはりつけて、図１のように水の入った水槽《そう》内に逆さに立てて固定し、１日放置した。

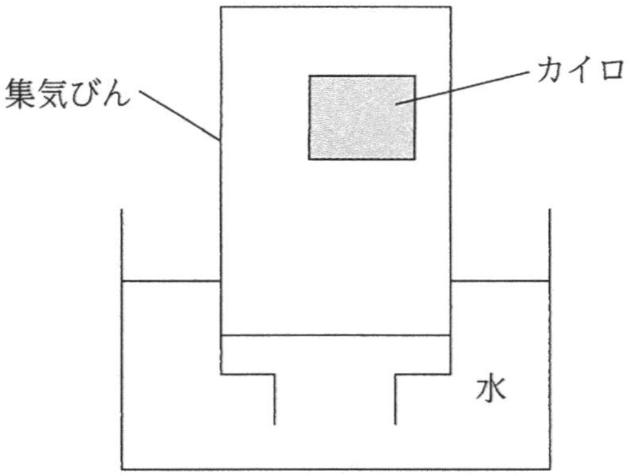

図１

＜次の日＞

大和君：昨日より、集気びんの中の水面が［　い　］いますね！集気びんの中の気体が、［　あ　］と結びついてなくなってしまったということでしょうか？何が［　あ　］と結びついたのですか？

先　生：集気びんの中の酸素と［　あ　］が結びついたのです。集気びんの中の酸素がなくなってしまったことを確かめるには、どのような実験をして、どのような結果が得られればよいでしょうか？

大和君：［　う　］実験をして、［　え　］という結果が得られればいいと思います。

先　生：そうですね。実はカイロは、酸素と［　あ　］が結びつくときに熱が発生することを利用したもので、酸素と［　あ　］が結びついてできた物質は、それ以上酸素と結びつかないので、一度使ったカイロは、もう二度と温かくならないのです。

大和君：そうなんですね。カイロは、どれくらいの熱を発生しているのですか？

先　生：カイロ 1 個の一般《ぱん》的な発熱量は約 5000 cal（カロリー）です。カロリーとはエネルギーの単位で、1 cal の発熱量で、1 g の水を 1 ℃上昇させることができます。では、カイロ 1 個で水 100 g を、何℃上昇《しょう》させることができるでしょうか？

大和君：100 g の水であれば、［　お　］℃上昇させることができると思います。そんなに熱が発生するのですか！

先　生：その通りです。ただし、5000 cal というのは、10 時間以上かけて発生する熱量なので、たくさんのカイロを使っても、すぐにお湯をわかすことはできません。

大和君：そういえば、僕《ぼく》の家ではプロパンガス※1を使っていますが、プロパンガスって、どれくらいの熱が発生するのですか？

先　生：気体のプロパンガス $1\ m^3$ を燃焼させると、だいたい 24000 kcal の熱が発生しますよ。1 kcal が 1000 cal だから、24000000 cal ですね。

大和君：やっぱり、カイロとは全然ちがうのですね。母が、最近はガス代が高くて家計が苦しいといっていました。プロパンガスを使うことで、お風呂《ろ》をわかすのに、1 回あたりいくらくらいかかるのでしょうか？やっぱり、都市ガス※2の方が安いのかな？

先　生：では、実際に計算してみましょうか！

プロパンガス※1、都市ガス※2…日本の多くの家庭で使われている 2 種類のガス。
発熱量や供給方法、ガス料金などに差がある。

(1) [あ] に適する金属を漢字１文字で書きなさい。

(2) [い] に適する言葉を次から一つ選び、記号で答えなさい。ただし、水は蒸発しなかったものとします。

ア．あがって　　　**イ**．さがって

(3) [う] に適する言葉を下の**ア**～**オ**から選び、 [え] に入る実験結果を答えなさい。

ア．集気びんの中に水で湿《しめ》らせた青色リトマス紙を入れる
イ．集気びんの中の気体をBTB 溶《よう》液に通す
ウ．集気びんの中に火のついたろうそくを入れる
エ．集気びんの中の気体を石灰水に通す
オ．集気びんの中の気体のにおいをかぐ

(4) カイロの発熱量が5000 calで、温めているうちに水が冷めないとしたとき、 [お] に適する数値を答えなさい。

(5) 未使用のカイロの中身を丸底フラスコにすべて入れ、ゴム栓《せん》でふさいで密閉し、全体の重さを測定しました。このときの重さをＡ〔g〕とします。丸底フラスコを５分おきに軽く振り、30分してから全体の重さをはかりました。このときの重さをＢ〔g〕とします。ゴム栓をゆっくりとはずすと、丸底フラスコの中に空気が吸いこまれるのがわかりました。再びゴム栓でふさぎ、全体の重さをはかりました。このときの重さをＣ〔g〕とします。
　Ａ、Ｂ、Ｃの重さの関係はどのようになっていると考えられますか。例のように、不等号を用いて答えなさい。

例：ＤよりＥの方が重く、ＥとＦは同じ重さの場合：Ｄ＜Ｅ＝Ｆ

気体のプロパンガス 1 m^3 を燃焼させると、24000 kcal の熱が発生しますが、熱効率※3は 90 % です。お風呂のお湯 200 L をわかすとき、次の各問いに答えなさい。ただし、1 kcal = 1000 cal とし、水は温度によらず 1 L = 1 kg = 1000 g 、わかす前の水温を 20 ℃、わかした後の水温を 40 ℃とします。

熱効率※3…発生した熱のうち、温度上昇に使われる熱の量のこと。例えば、熱効率が 90 % というのは、1000 kcal の熱が発生したときに、温度上昇に使われた熱が 900 kcal で、100 kcal の熱は失われてしまったということ。

(6) お風呂のお湯をわかすために必要なプロパンガスは、何 m^3 ですか。小数第 3 位を四捨五入して小数第 2 位まで答えなさい。

(7) お風呂のお湯をわかすのに必要なプロパンガスを燃焼させるためには、空気は何 m^3 必要ですか。小数第 2 位を四捨五入して、小数第 1 位まで答えなさい。ただし、プロパンガス 1 L を燃焼させるためには酸素が 5 L 必要で、空気中には酸素が体積の割合で 20 % 含まれているものとします。

(8) 都市ガス 1 m^3 を燃焼させると、10750 kcal の熱が発生しますが、熱効率は 90 % です。都市ガス 1 m^3 あたりのガス代が 180 円、プロパンガス 1 m^3 あたりのガス代が 540 円としたとき、お風呂のお湯をわかすためには、どちらのガスを使った方がいくら安くなりますか。解答らんの都市ガス・プロパンガスのどちらかに○をし、安くなるガス代は小数第 1 位を四捨五入して整数で答えなさい。

プロパンガスと都市ガスのちがいについて調べた大和君は、それぞれのガスが燃焼するときに必要な酸素の量や、燃焼した後に出す二酸化炭素の量のちがいに興味を持ちました。以下は、大和君と先生とのやりとりです。これを読んで、以下の問いに答えなさい。

大和君：プロパンガスが燃えると、二酸化炭素ができますよね。他に、何かできるものはありますか？

先　生：水も同時にできますよ。プロパンガスには、プロパンのほかにもいろいろなものが含まれていますが、純粋《すい》な気体のプロパン 10 L は、ちょうど 50 L の酸素と反応します。そのとき、水は 32.2 g できます。

大和君：二酸化炭素はどれくらいできますか？

先　生：燃える前のプロパンと酸素の重さの合計と、燃えた後にできた二酸化炭素と水の重さの合計は、等しくなります。ここから、計算してみてください。

大和君：プロパンと都市ガスでは、同じ量を燃やした時にできる二酸化炭素の量はどれくらいちがうのですか？

先　生：都市ガスは、主成分がメタンという気体です。メタン 10 L は、ちょうど 20 L の酸素と反応して、10 L の二酸化炭素ができます。

大和君：それなら計算して比べることができそうです！でも、燃やした時にできる二酸化炭素の量がちがうし、発生する熱量もちがいますよね。お風呂をわかしたときに発生する二酸化炭素の量も、どちらが少ないか、計算してみようっと！

先　生：計算するときは、プロパン 1 m^3 を燃焼させたときに発生する熱量を 24000 kcal、メタン 1 m^3 を燃焼させたときに発生する熱を 10750 kcal として考えてみてください。

(9) 次の表は、プロパン、酸素、二酸化炭素の 10 L の重さです。これをふまえて、次のうちから正しいものを一つ選び、記号で答えなさい。

気体名	プロパン	酸素	二酸化炭素
気体 10 L の重さ〔g〕	19.6	14.28	19.6

ア．プロパン 10 L とメタン 10 L をそれぞれ燃やしたとき、発生する二酸化炭素の量はプロパンの方が少ない。

イ．プロパンとメタンそれぞれを、ちょうど 10 L の酸素と燃える分だけ燃やしたとき、発生する二酸化炭素の量はプロパンの方が少ない。

ウ．プロパンとメタンでそれぞれお風呂のお湯をわかすとき、メタンよりもプロパンの方が二酸化炭素が多く発生する。

エ．プロパンとメタンでそれぞれお風呂のお湯をわかすとき、プロパンよりもメタンの方が酸素が多く必要になる。

4 次の文を読み、以下の問いに答えなさい。

物体を水などの液体の中に入れると、上向きの力がかかります。この力を「浮《ふ》力」といいます。浮力の大きさは、物体を入れたことで押《お》しのけられた液体の重さに等しくなります。例えば、図1のように水中に 100 cm^3 の物体を入れると、それにより 100 cm^3 の水が押しのけられます。水は 1 cm^3 の重さが 1 g なので、浮力の大きさは 100 g となります。

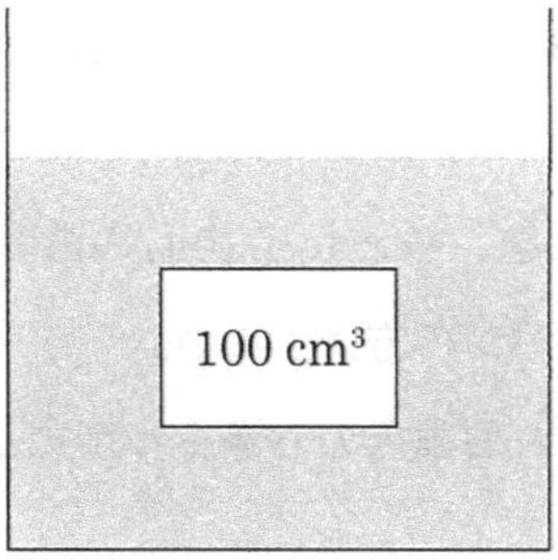

図1

(1) 重さ 1 kg で内部に空洞《くうどう》のない木、鉄、ガラスを用意し、いずれも全体を水中に入れました。このとき最も浮力が大きくなるのはどれですか。物質名を答えなさい。ただし、最も浮力が大きくなる物質が2つある場合はその2つの物質名を、3つとも浮力の大きさが同じ場合は3つの物質名を書きなさい。

(2) 1辺の長さが 10 cm の立方体の物体を水に入れたところ、図2のように物体は水面に 2 cm だけ出た状態で静止しました。この物体の重さは何 g ですか。なお、物体は斜めになることはなく、全体が 2 cm ずつ水面から出ているとします。

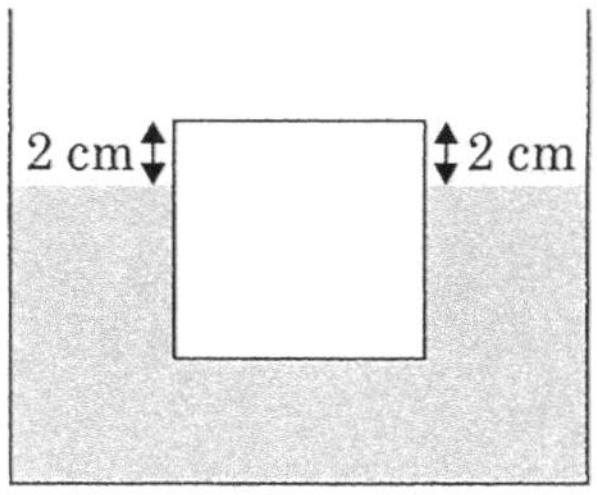

図2

(3) (2)の物体を別の液体に入れたところ、液体の底に沈みました。そこで、この物体にばねはかりをつけて引き上げたところ、図3のように50 gを示して液体中で静止しました。この液体1 cm^3の重さは何gですか。

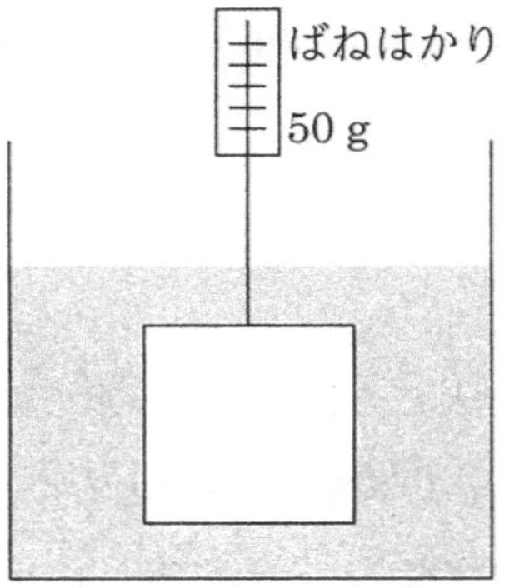

図3

浮力は液体の中だけでなく、気体の中でもかかります。この原理を利用したものが、気球やヘリウムガスを入れた風船です。気体の場合も、浮力の大きさは、物体があることで押しのけられた気体の重さに等しくなります。

空気は1 Lの重さが1.2 g、ヘリウムガスは1 Lの重さが0.18 gであるとします。10 gの重さの風船に15 Lのヘリウムガスを入れたところ、風船は空気中に浮かび、上空に上がっていきました。風船自体は薄い素材でできていて、その体積は考えなくて良いとします。

(4) この風船にかかる浮力の大きさは何gですか。

(5) この風船に花の種をつるして飛ばすとき、花の種は何gまでつるすことができますか。

物体を水中深く沈めるとき、深くなればなるほど水圧が大きくなるので、物体によっては物体の体積が変わってしまいます。しかし水の1 cm^3 あたりの重さは、水深が大きくなっても1gのままほぼ変化しません。一方、物体を上空に上げるときは、物体によっては物体の体積が変わりませんが、空気の1 cm^3 あたりの重さは変化します。この違いを次のA、Bで考えたいと思います。

〔A〕

40 g のゴムボールに空気を入たところ、ゴムボールの体積は 120 cm^3 になりました。このゴムボールを水中に沈めたとき、その体積は水深とともに図4のように変化しました。図のゴムボールの体積は、水深0mでの体積を1として表しています。

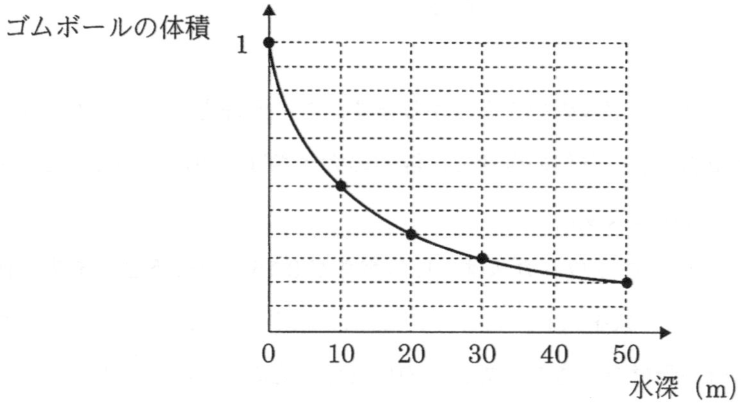

図4

(6) ゴムボールを水中にゆっくり沈めていき、ある水深で手をはなしたところ、ゴムボールは静止し動きませんでした。そのときの水深は何mですか。

(7) ゴムボールの位置を(6)よりも少しだけ浅くすると、どうなりますか。また(6)よりも少しだけ深くすると、どうなりますか。次より最も適当なものをそれぞれ一つずつ選び、記号で答えなさい。

ア. 浮かび上がる力の方が強くなり、ゴムボールは水面まで戻った。
イ. 浮かび上がる力の方が強くなり、ゴムボールは(6)の水深で静止した。
ウ. 沈む力の方が強くなり、ゴムボールは(6)の水深で静止した。
エ. 沈む力の方が強くなり、ゴムボールはより深く沈んでいった。

〔B〕

15 g の重さで体積が 20 L の伸び縮みしない素材でできた風船に 20 L のヘリウムガスを入れたところ、風船は空気中に浮かび、上空に上がっていきました。空気の 1 L の重さは地上からの高さとともに図5のように変化しました。図の空気の重さは、地表での重さを 1 として表しています。風船自体は薄い素材でできていて、その体積は考えなくて良いとします。

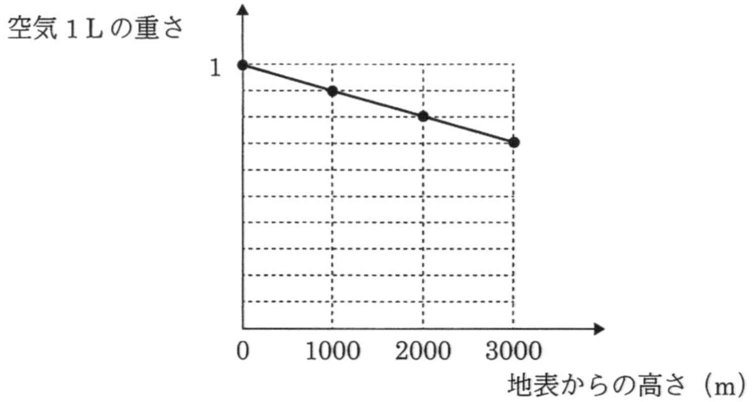

図5

(8) 風船を上空に持っていき、ある高さで手をはなしたところ、風船は静止し動きませんでした。そのときの地表からの高さは何 m ですか。

(9) 風船の高さを(8)よりも少しだけ低くすると、どうなりますか。また(8)よりも少しだけ高くすると、どうなりますか。次より最も適当なものをそれぞれ一つずつ選び、記号で答えなさい。

ア．上がる力の方が強くなり、風船はどんどん高く昇っていった。
イ．上がる力の方が強くなり、風船は(8)の高さで静止した。
ウ．下がる力の方が強くなり、風船は(8)の高さで静止した。
エ．下がる力の方が強くなり、風船は地表まで戻った。

問題は次のページに続きます。

問4　【 う 】にあてはまる国名を答えなさい。

問5　下線部③について、これまでの国際連合の働きについて説明した文として誤っているものを、次の**ア**～**エ**から1つ選び、記号で答えなさい。

ア　シリアの紛《ふん》争によって発生した難民を支援するために、ユニセフが世界中に募金活動を呼びかけた。

イ　教育・科学・文化を通じた国際協力を促進するユネスコが、屋久島を世界遺産に登録した。

ウ　国連気候変動枠《わく》組条約を結んだ国や地域による会議で、温室効果ガスの削減目標などが定められた。

エ　安全保障理事会にて、ソ連に対してアフガニスタン侵《しん》攻の即《そく》時停止を命じることが決議された。

問2　下線部①に関連して、日本の内閣について説明した文として正しいものを、次の**ア**～**エ**から１つ選び、記号で答えなさい。

ア　18歳以上のすべての国民による選挙で、内閣総理大臣が選出される。

イ　内閣の構成員により開かれる閣議は、多数決を原則としている。

ウ　国会から提出された予算案について、専門委員会で審《しん》議をおこなう。

エ　最高裁判所の長官を指名し、そのほかの裁判官を任命する。

問3　下線部②について、2023年６月21日、世界経済フォーラムが、世界各国における男女間の格差に関する調査結果を発表しました。次の男女平等達成率の国別ランキングを見て、（　　　）にあてはまる国名として正しいものを、あとの**ア**～**エ**から１つ選び、記号で答えなさい。

順位	国名	⋮	⋮	107	（　　　）
1	アイスランド	36	アルゼンチン	⋮	⋮
2	ノルウェー	⋮	⋮	125	日本
3	フィンランド	40	フランス	⋮	⋮
⋮	⋮	⋮	⋮	129	トルコ
6	ドイツ	43	アメリカ合衆国	130	ナイジェリア
⋮	⋮	⋮	⋮	131	サウジアラビア
15	イギリス	49	シンガポール	⋮	⋮
16	フィリピン	⋮	⋮	143	イラン
⋮	⋮	79	イタリア	⋮	⋮
26	オーストラリア	⋮	⋮	146	アフガニスタン

ア　ニュージーランド　　**イ**　スウェーデン　　**ウ**　中国　　**エ**　エジプト

4 2023年は、世界の情勢が大きく変化する1年となりました。これに関してまとめた次の表を見て、あとの**問1**～**問5**に答えなさい。

時期	できごと
4月16日	「脱《だつ》原発」を進めてきた【　あ　】において、最後の原発が稼《か》働を終えた。【　あ　】では、2010年に一度、脱原発の完了時期が延長されたものの、東日本大震災による福島第一原発の事故を受けて政策が見直され、早期の脱原発を目指して改革がおこなわれてきていた。
7月4日	少子化対策の強化をめぐり、こども家庭庁は、新たな「支援《えん》金制度」の具体化に向けて、①厚生労働省や財務省など、関係省庁の職員も加わって、準備室を設置した。
8月24日	BRICSが、来年1月から新たに南半球の【　い　】など6カ国の加盟を認めることを決定した。
9月15日	岸《きし》田《だ》文《ふみ》雄《お》内閣が、新たな副大臣26人と政務官28人を発表したが、②すべて男性議員で女性は0人であった。同月13日の内閣改造では5人の女性閣僚《りょう》を起用したが、それとは対照的な構成となった。
10月9日	パレスチナのガザ地区を実効支配するイスラム組織ハマスが、【　う　】への一斉攻《せいこう》撃を仕掛《か》けたことから、大規模な軍事衝突《しょうとつ》が始まった。
10月23日	③国際連合の専門機関である国際通貨基金（IMF）は、2023年の日本の名目国内総生産（GDP）が、ドル・ベースで【　あ　】に逆転されるとの見通しを示した。

問1　【　あ　】・【　い　】にあてはまる国の組み合わせとして正しいものを、次の**ア**～**エ**から1つ選び、記号で答えなさい。

	あ	い
ア	ドイツ	アルゼンチン
イ	ドイツ	サウジアラビア
ウ	フランス	アルゼンチン
エ	フランス	サウジアラビア

問題は次のページに続きます。

問20　下線部⑰について、現在の日本には「駄《だ》菓子」文化も根付いています。次の写真は、「うまい棒」という駄菓子の発売当初のパッケージを写したものですが、この駄菓子について説明した次の文章を読んで、文章中の［　　　］にあてはまる語句を漢字３字で答えなさい。

（うまい棒の写真）

お詫び：著作権上の都合により，掲載しておりません。ご不便をおかけし，誠に申し訳ございません。

教英出版

写真は「やおきんどっとこむ」より引用（ただし、カレー味は画像が現存せず）

> 1979年、中心に穴のあいた棒状のスナック菓子「うまい棒」が、ソース味・サラミ味・カレー味の３種類で誕生しました。発売以来、１本10円という価格にこだわってきましたが、1989年、「うまい棒」に危機が訪れました。［　　　］の導入です。当初は３％という税率でしたが、国民の日々の暮らしを直撃《げき》することから、各地で反対運動なども起こりました。
>
> ［　　　］が引き上げられると、価格を維持できなくなる可能性が生じましたが、2019年から10％に引き上げられた際も、軽減税率により「うまい棒」に課せられる［　　　］は８％となり、１本10円の価格を維持することができました。しかし、2022年、原材料費や人件費などの上昇を受けて、「うまい棒」は初となる値上げ（１本12円）に踏み切りました。

問19　下線部⑯について、戦後の日本における菓子について述べた次の文**Ⅰ**～**Ⅲ**を、年代の古い順にならべかえたものとして正しいものを、あとの**ア**～**カ**から１つ選び、記号で答えなさい。

Ⅰ　東海道新幹線が開通して以来、全国的に鉄道網《もう》が整備されて旅行ブームがおこり、観光地では名産品を生かした土産菓子が増えていった。

Ⅱ　バブル景気が終わったことで、激しい価格競争から菓子は売ってもほぼ儲《もう》からない状況となり、多くの菓子屋が廃業していった。

Ⅲ　朝鮮戦争の影響で経済が復活したため、砂糖をはじめとする各種原材料の制限が解除されて、菓子業界が活気を取り戻《もど》した。

ア　**Ⅰ**－**Ⅱ**－**Ⅲ**　　**イ**　**Ⅰ**－**Ⅲ**－**Ⅱ**　　**ウ**　**Ⅱ**－**Ⅰ**－**Ⅲ**

エ　**Ⅱ**－**Ⅲ**－**Ⅰ**　　**オ**　**Ⅲ**－**Ⅰ**－**Ⅱ**　　**カ**　**Ⅲ**－**Ⅱ**－**Ⅰ**

問16　【　お　】にあてはまる場所として正しいものを、次の地図中の**ア**～**エ**から１つ選び、記号で答えなさい。

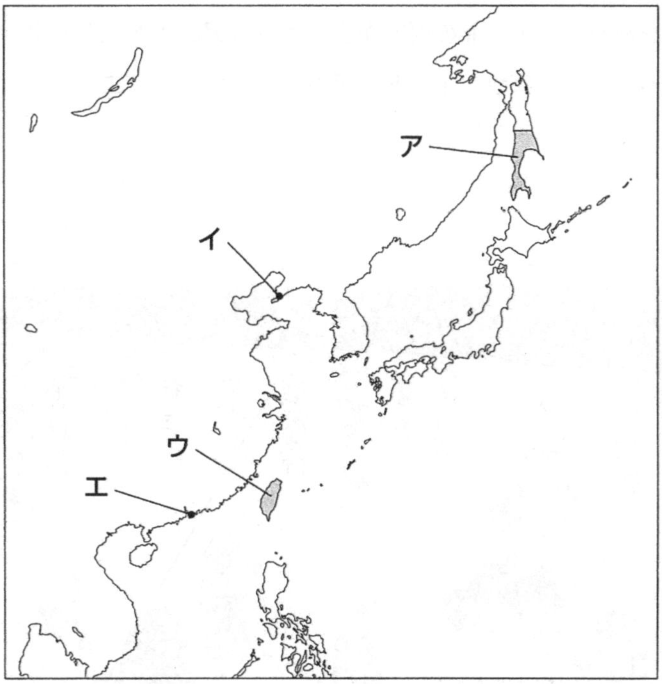

問17　下線部⑭について、明治時代における日本の産業の近代化について説明した文として誤っているものを、次の**ア**～**エ**から１つ選び、記号で答えなさい。

ア　日清戦争前には、電灯を採用して24時間機械を動かす紡《ぼう》績工場も現れた。

イ　日清戦争後には、北九州に近代的な設備をもつ八幡《はた》製鉄所が建設された。

ウ　日露《ろ》戦争後には、綿糸の輸入額が綿花の輸入額を上回った。

エ　明治時代末には、生糸の輸出量が世界第１位となった。

問18　下線部⑮について、大正時代に起こったできごととして正しいものを、次の**ア**～**エ**から１つ選び、記号で答えなさい。

ア　田中正造《たなかしょうぞう》が足尾《お》銅山の操業停止を天皇に訴《うった》えた。

イ　日本で初となるラジオ放送がはじまった。

ウ　韓《かん》国が日本に併《へい》合されて植民地となった。

エ　政府に不満を持つ軍人たちが二・二六事件を起こした。

問15　下線部⑬について、明治新政府の政策によって生活に困った士族の中には、菓子屋などを開いて商業を始める者もいました。こうした士族の姿は、次の絵にも風刺《し》されています。これに関連して、この絵や当時の士族について説明した次のⅰ・ⅱの文が正しいか誤っているかを判断し、ⅰ・ⅱの両方が正しければ**ア**、ⅰが正しくⅱが誤っていれば**イ**、ⅰが誤りでⅱが正しければ**ウ**、ⅰ・ⅱの両方が誤っていれば**エ**と答えなさい。

「困弊盗《こんぺいとう》」：生活が苦しくなった士族のこと
「有平党《あるへいとう》」：明治新政府に不平をもつ士族のこと
「新政堂隆盛」と記された饅頭の容器
「熊鹿戦《くましかせん》べい」：熊本城と鹿児島軍の戦いのこと
新政堂
困弊盗
肉饅頭
有平黨
瓦斯提邏
士族の商法

ⅰ　名字・帯刀などの特権が廃止されたことで、士族たちの不満が高まった。

ⅱ　この絵は、士族の反乱である西南戦争にふれている。

【Ⅳ】

幕末の開港とともに、⑫外国の安い砂糖が大量に輸入され、日本の製糖業は一時おとろえましたが、チョコレートやケーキなどの欧《おう》米の菓子が日本に伝来するきっかけにもなり、⑬明治維《い》新は、日本の菓子にとっても新たな歴史の出発点となりました。やがて砂糖の国産化が進むと、日清戦争で獲得した【　お　】経営の中心として製糖業が位置づけられるとともに、機械が導入されて⑭近代化も進みました。

⑮大正時代には、関東大震《しん》災が発生し、首都圏の菓子屋や工場も被《ひ》災しました。芥川龍《あくたがわりゅう》之《の》介《すけ》は、随筆のなかで「僕《ぼく》等の東京の為《ため》にもやはり少なからぬ損失である」と嘆《なげ》くほどでした。この影響で地方に菓子が届かなくなったため、北日本製菓の吉田《よしだ》吉造《きちぞう》社長は、個人経営でビスケットの製造を開始し、日本各地に届けました。北日本製菓は、今でもブルボンと社名を変えて菓子を製造しています。

昭和時代になると、戦争の影響で多くの菓子屋は休廃《はい》業しましたが、⑯戦後の復興とともに少しずつ営業が再開されていきました。1952年には、全国菓子大博覧会が開催《さい》され、日本全国から自慢《まん》の郷土菓子が多数出品されました。日本の風土や歴史が育んできた文化として、⑰これからも菓子は人々の心を魅了《みりょう》していくことでしょう。

問14　下線部⑫について、このような事態がおこったのはなぜか、簡単に説明しなさい。

問11　下線部⑨について、江戸幕府の、ある将軍について説明した次の文章を読んで、あとの(1)・(2)に答えなさい。

> 江戸幕府の将軍となった［　　　］は、目安箱を設置して町人の意見を政治に取りいれ、**ア**途絶えていた交流を再開するため朝鮮《せん》に使者を送るなど、様々な改革をおこないました。［　　　］は、「安倍川餅《あべかわもち》」という菓子を好んだと伝えられています。本来は**イ**中山道にある駿河《するが》国（静岡県）の安倍川付近の名物だったのですが、駿河国出身の家臣が作って［　　　］に献上していました。
>
> また、［　　　］は、江戸の人々の暮らしを安定させるために、**ウ**江戸町奉行《ぶぎょう》に大《おお》岡忠相《おかただすけ》を任命しました。これは、**エ**役人となる武士の能力よりも家柄《がら》を重視した［　　　］らしい人選でした。数々の争いごとを上手に裁いたことで知られる大岡ですが、中には「幾世餅《いくよもち》」という菓子の元祖をめぐる菓子屋の争いを解決したこともありました。［　　　］は他にも、隅《すみ》田川沿いに桜の植樹を命じましたが、この桜の葉を塩漬《づ》けにして餅を包んだことから、現在の「桜餅《さくらもち》」が誕生したと言われています。この時代の、菓子文化の広がりがうかがえます。

(1)　文章中の［　　　］にあてはまる将軍の名前を、漢字で答えなさい。

(2)　文章中の下線部**ア**～**エ**から、正しいものを１つ選び、記号で答えなさい。

問12　下線部⑩について、江戸の将軍家に献上された菓子を、全国の大名が知ることとなった背景について、江戸幕府の制度にふれながら簡単に説明しなさい。

問13　下線部⑪について、この時期のできごとについて説明した文として誤っているものを、次の**ア**～**エ**から１つ選び、記号で答えなさい。

ア　歌川広重《うたがわひろしげ》の「東海道五十三次」など、名所を題材にした浮《うき》世絵が流行した。

イ　九州の島原・天草で、キリスト教の信者が中心となって一揆《き》をおこした。

ウ　アメリカ合衆国の使節が、開国を求めて浦《うら》賀に来航した。

エ　幕府の元役人だった大塩平八郎《おおしおへいはちろう》が、大阪で反乱をおこした。

問10　下線部⑧について、この時代の様子を表した資料として誤っているものを、次の**ア**～**エ**から１つ選び、記号で答えなさい。

ア

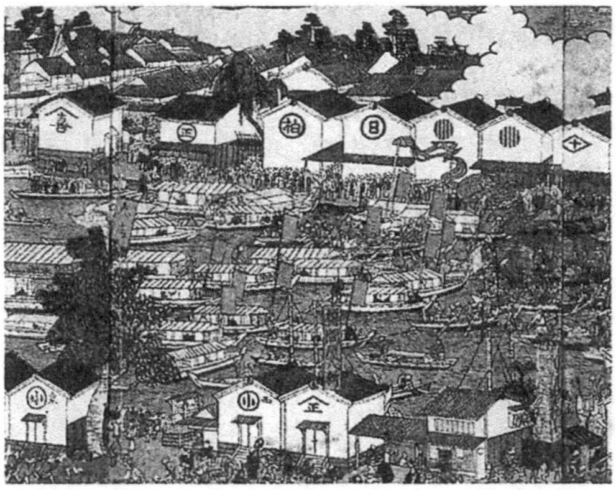

イ

ウ

エ

【Ⅲ】

戦国時代になると、ヨーロッパの国々から様々な菓子が日本に伝わりました。このとき伝来した南蛮《ばん》菓子は、ボーロやカラメル、⑦金平糖《こんぺいとう》など数多くあります。中には、「けさちいな」と呼ばれる菓子のように、今は製法の伝承が途絶えてしまい、幻《まぼろし》の南蛮菓子となっているものもあります。

南蛮菓子の卵を使う製法は、日本の菓子に大きな転機をもたらしました。⑧江戸時代に入ると、多様な菓子が生み出され、各地の藩《はん》主が⑨将軍家に献《けん》上する銘《めい》菓も登場し、それらの菓子は、⑩全国の大名たちに好まれて城下町でも販《はん》売されるようになりました。⑪18～19世紀には、『御前菓子秘伝抄《ごぜんかしひでんしょう》』をはじめとして、菓子の作り方を記した書物がたびたび刊行され、菓子は庶民の間にも広がっていきました。このように、江戸時代を通じて、日本独自の「和菓子」が発展・大成していきました。

問9 下線部⑦について説明した次の文章を読んで、（ ⅰ ）・（ ⅱ ）にあてはまる語句として正しいものを、あとの**ア**～**エ**から１つ選び、記号で答えなさい。

貴重な砂糖でできた金平糖は贈《おく》り物としても重宝されており、1569年には、宣教師ルイス＝フロイスが、将軍足利義昭《あしかがよしあき》の邸《てい》宅において、時の権力者（ ⅰ ）にこれを献上しました。江戸時代においても、砂糖は輸入に頼《たよ》っており、1707年に「鎖《さ》国」下の日本が（ ⅱ ）から仕入れた品物の総額のうち、砂糖の金額が29.4%を占めていました。

	ⅰ	ⅱ
ア	織田信長《おだのぶなが》	オランダ
イ	織田信長	ポルトガル
ウ	豊臣秀吉《とよとみひでよし》	オランダ
エ	豊臣秀吉	ポルトガル

問6　下線部⑤について、この時代の日本のできごとを述べた次の文**Ⅰ**～**Ⅲ**を、年代の古い順にならべかえたものとして正しいものを、あとの**ア**～**カ**から１つ選び、記号で答えなさい。

Ⅰ　京都の北山に、金箔《ぱく》を張りつめた豪華《ごうか》な金閣が建てられた。

Ⅱ　京都の町衆が中心となり、長らく途《と》絶えていた祇《ぎ》園祭が復活した。

Ⅲ　南朝と北朝の対立が続くなか、京都に武家政権が成立した。

ア　Ⅰ－Ⅱ－Ⅲ　　**イ**　Ⅰ－Ⅲ－Ⅱ　　**ウ**　Ⅱ－Ⅰ－Ⅲ

エ　Ⅱ－Ⅲ－Ⅰ　　**オ**　Ⅲ－Ⅰ－Ⅱ　　**カ**　Ⅲ－Ⅱ－Ⅰ

問7　下線部⑥について、鎌倉時代・室町時代の社会の様子について説明した文として正しいものを、次の**ア**～**エ**から１つ選び、記号で答えなさい。

ア　極楽浄《じょう》土を目指す信仰《こう》が高まり、中尊寺金色堂などの阿弥陀《あみだ》堂が建てられた。

イ　牛や馬に農具を引かせて田畑を深く耕すなど、収穫《かく》を増やすための努力をした。

ウ　北前船が運航し、蝦夷《えぞ》地（北海道）の昆《こん》布などの産物を大阪に運んだ。

エ　寺社の修理費などを集めるために、入場料をとって相撲《すもう》が盛んにおこなわれた。

問8　文章中の【　う　】・【　え　】にあてはまる語句や説明として適当なものの組み合わせを、次の**ア**～**エ**から１つ選び、記号で答えなさい。

	う	え
ア	人形浄瑠璃《じょうるり》	都で発生した戦乱から逃《のが》れるため、地方に向かう
イ	人形浄瑠璃	地方の特産品である調を納めるため、都に向かう
ウ	狂《きょう》言	都で発生した戦乱から逃れるため、地方に向かう
エ	狂言	地方の特産品である調を納めるため、都に向かう

【Ⅱ】

鎌《かま》倉時代には、中国から様々な文化や習慣が日本にもたらされました。その一つである「点心《てんじん》」は、食事の合間の軽食のことで、現在の羊羹《ようかん》や饅頭のもとにもなりました。この時代の饅頭には、まだ餡《あん》は使われておらず、蒸した餅の上を縦横に切って食べやすくした「④十字《じゅうじ》」と呼ばれる饅頭もありました。

やがて⑤室町時代に入ると、「点心」は客人に出す品としての役割も担うなど、⑥社会に浸透《しんとう》していきました。この頃に成立した【　う　】の作品中にも、「点心」は登場しています。また、この時代には、【　え　】といった人の移動とともに、菓子文化はさらなる広がりを見せました。日明貿易を通じて、「落雁《らくがん》」のような砂糖をたくさん用いた菓子が伝えられたことも、日本の菓子に大きな影響を与《あた》えていきました。

問5　下線部④について、ある人物の、この菓子をめぐる逸《いつ》話について説明した次の文章を読んで、あとの(1)・(2)に答えなさい。

この人物は、征夷《せいい》大将軍となったのち、富士山のふもとで狩《か》りをおこないました。このときに連れて行った12歳《さい》の長男が、初めて鹿を射止めることに成功したため、これを祝う儀《ぎ》式が開かれました。その際に「十字」がつくられ、御《ご》家人たちに配ったと伝えられています。また、この人物は、長男の初狩りをとても喜び、妻の□に報告したのですが、「武家の後継《つ》ぎが狩りで鹿を射止めたのは当たり前のことで、わざわざ知らせるほどのことではありません」と言われてしまいました。のちに「尼《あま》将軍」と呼ばれて御家人をまとめ上げた□の、頼《たの》もしさがうかがえる逸話です。

(1)　文章中の□にあてはまる人物を漢字で答えなさい。

(2)　文章中の「この人物」について説明した次のⅰ・ⅱの文が正しいか誤っているかを判断し、ⅰ・ⅱの両方が正しければ**ア**、ⅰが正しくⅱが誤っていれば**イ**、ⅰが誤りでⅱが正しければ**ウ**、ⅰ・ⅱの両方が誤っていれば**エ**と答えなさい。

ⅰ　武士として初めて太政大臣にもなり、一族で朝廷の重要な地位をおさえて勢力をふるった。

ⅱ　元軍が二度にわたって九州北部に攻《せ》めてきたため、御家人たちを集めて戦った。

問４　下線部③について、図１の和菓子は、この時代につくられた文学作品の一場面を題材にして創作されました。この和菓子について説明したあとの文章を読んで、その作品名を漢字で答えなさい。

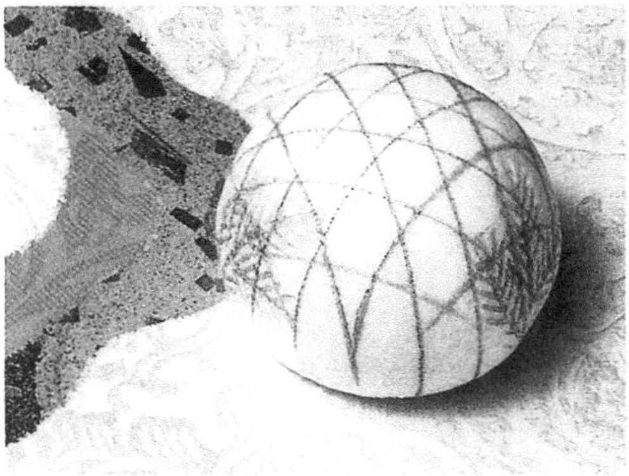

図１

図２

図１は、饅頭《まんじゅう》に緑色で籠《かご》の模様をつけ、饅頭を伏《ふ》せた籠に見立てた「若紫《わかむらさき》」という和菓子です。籠に飼っていたスズメを逃《に》がされて、「若紫」（「紫の上」の幼い頃《ころ》の名前）が泣いている場面をイメージしています。この文学作品は、後世に絵巻物にもなっており、その場面を描《えが》いたのが図２です。平安時代に朝廷に仕えて活躍《やく》した紫式《むらさきしき》部《ぶ》の、有名な作品の情景をかたどった和菓子です。

問2　文章中の【　**あ**　】・【　**い**　】にあてはまる語句や説明として適当なものの組み合わせを、次の**ア**～**エ**から１つ選び、記号で答えなさい。

	あ	**い**
ア	米づくりが本格化した	土偶《ぐう》
イ	米づくりが本格化した	はにわ
ウ	草木の灰を肥料とした	土偶
エ	草木の灰を肥料とした	はにわ

問3　下線部②について、遣唐使が派遣されていた時期のできごととして誤っているものを、次の**ア**～**エ**から１つ選び、記号で答えなさい。

ア　行基《ぎょうき》が、仏教の教えを説いてまわり、道路や橋などをつくって農民の暮らしを助けた。

イ　鑑真《がんじん》が、日本の仏教の発展のために来日し、僧《そう》が学ぶ場所として奈良に唐招提寺を開いた。

ウ　中大兄皇子《なかのおおえのおうじ》が、天皇中心の政治を実現するために、中臣鎌足《なかとみのかまたり》とともに大化の改新をはじめた。

エ　聖徳太子《しょうとくたいし》が、役人の心構えを示す十七条の憲法をつくるなど、政治の改革をおこなった。

3　日本の菓子《かし》についての次の【Ⅰ】～【Ⅳ】の文章を読み、あとの**問１**～**問20**に答えなさい。

【Ⅰ】

日本の菓子の歴史をたどると、その登場は①はるか昔にまでさかのぼります。縄文時代に生まれた「縄文クッキー」は、デンプンの粉を固めて焼いただけの、簡単な穀物の加工品でした。しかし、弥生《やよい》時代には、【　あ　】ことによる食料環境の変化によって、団子や餅《もち》のようなものが登場し、菓子は嗜《し》好品としての性格を強めました。古墳《ふん》の周りに並べられた【　い　】においても、団子や餅をかたどったと考えられるものが発掘《くつ》されました。

砂糖を用いた現在の菓子は、②遣唐《けんとう》使が持ち帰った「唐菓子《とうがし》」に始まると言われています。しかし、砂糖は当初は薬として使われる貴重なもので、甘《かん》味料として用いるまでには長い年月を必要としました。③平安時代には、朝廷《てい》の祝いの場で「唐菓子」が食べられていた記録が残っていますが、甘味料には主に「甘葛煎《あまづらせん》」という樹液を煮詰《につ》めたものが使われていました。

問１　下線部①について、縄文時代から古墳時代にかけての日本について説明した次の**A**～**C**の文が正しいか誤っているかを判断し、その正誤の組み合わせとして正しいものを、あとの**ア**～**カ**から１つ選び、記号で答えなさい。

A　縄文時代に人々は竪《たて》穴住居に住み、土器で食べ物を料理して暮らしていた。

B　弥生時代に大和政権が成立したことが、吉《よし》野ヶ里遺跡《せき》の調査で明らかになった。

C　古墳時代に中国から銅鐸《たく》などの青銅器がはじめて伝わり、武器として用いられた。

	A	B	C
ア	正	正	誤
イ	正	誤	正
ウ	正	誤	誤
エ	誤	正	正
オ	誤	正	誤
カ	誤	誤	正

問７　空らん⑦について、次の表５は、四国中央市が全国１位の製造品出荷額等をほこる工業製品とその関連製品における上位５市町村について表したものです。表を参考にして、空らんにあてはまる語句を漢字１字で答えなさい。

表５

１位	四国中央市（愛媛県）
２位	富士市（静岡県）
３位	春日井市（愛知県）
４位	新潟市（新潟県）
５位	苫《とま》小牧市（北海道）

統計年次は2020年
総務省「令和３年経済センサス－活動調査」により作成

問８　下線部⑧について、次の表６中の**ア**～**エ**は、岩手県、鹿児島県、東京都、山口県のいずれかにおける、都道府県章、都道府県の花、都道府県の木、都道府県の鳥を表したものです。鹿児島県を表しているものとして正しいものを、表中の**ア**～**エ**から１つ選び、記号で答えなさい。

表６

	ア	**イ**	**ウ**	**エ**
都道府県章				
都道府県の花	ソメイヨシノ	ミヤマキリシマ	夏みかんの花	キリ
都道府県の木	イチョウ	クスノキ カイコウズ	アカマツ	ナンブアカマツ
都道府県の鳥	ユリカモメ	ルリカケス	ナベヅル	キジ

「全国知事会ホームページ」により作成

二

問四

20
40

問五

問六

問七

問八

20
40
60
80
90

※

三

i

問一

問二

問三

ii

問一

20
40

問二

3

4

6

7

8

※

※150点満点
（配点非公表）

2024年度　西大和学園中学校入学試験

算 数 解 答 用 紙

240114-30

↓ここにシールを貼ってください↓

受験番号	氏　　名

※のらんには何も書かないこと。

1	(1)	(2)	(3)	※
	(4)	(5)	(6)	
2	(1)	(2)		※
	(3)			

【解答

2024年度　西大和学園中学校入学試験

理 科 解 答 用 紙

240114-40

↓ここにシールを貼ってください↓

受 験 番 号	氏　　　　名

※のらんには何も書かないこと。

1

(1) i	(1) ii	(1) iii	(2)	(3)	(4)	(5)	※

(6) 地形	(6) ア	(6) イ

(7) ウ	(7) エ

(1) A	(2)	※

(3)

【解答】

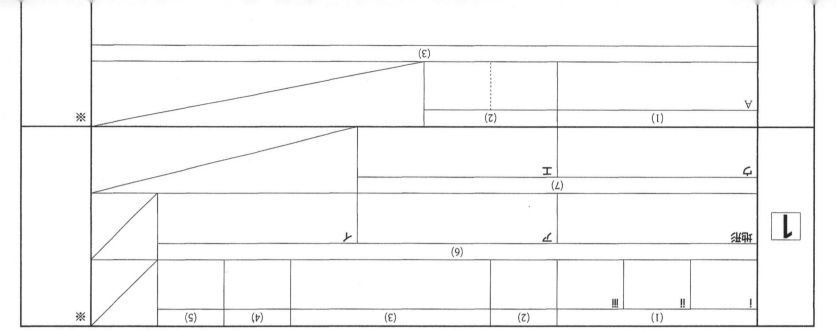

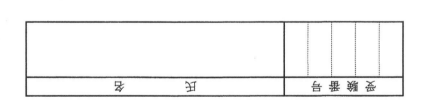

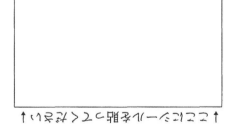

2024年度　西大和学園中学校入学試験

社　会　解　答　用　紙

240114-20

↓ここにシールを貼ってください↓

受験番号	氏　　名

※のらんには何も書かないこと。

1	問1		問2		問3	(1)	※
	問3	(2)					
	問4		問5		問6	(1)	
	問6	(2)	問7				
	問8	記号	理由				
	問9		問10		問11		
	問1						※
	問2						

【解答用

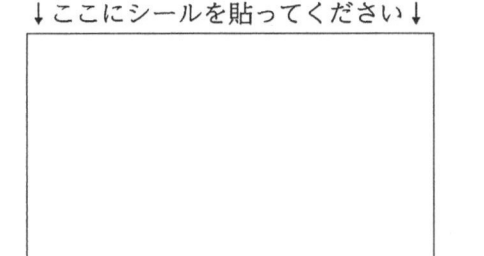

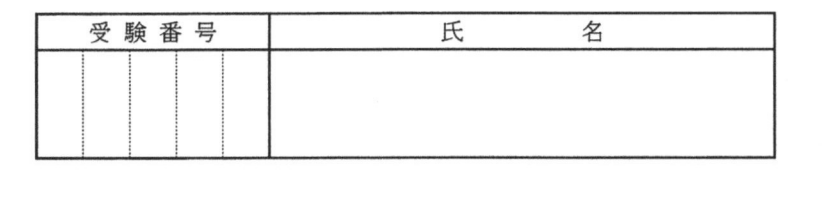

	3	(1)	3	(1)	4	(1)	
	問4	(2)	問5		問6		
	問7		問8				
3	問1		問2		問3		※
	問4		問5	(1)	問5	(2)	
	問6		問7		問8		
	問9		問10		問11	(1)	
	問11	(2)	問12				
	問13		問14				
	問15		問16		問17		
	問18		問19		問20		
4	問1		問2		問3		※
	問4		問5				

※ ※100点満点 （配点非公表）

(4)	(5)	(6)	(7)	(8)
	B			

(9)

3 ※

(1)	(2)	(3)	
		う	え

(4)	(5)	(6)	(7)
		m^3	m^3

(8)				(9)
どちらかに○ 都市ガス　・　プロパンガス	を使った方が		円安くなる。	

4 ※

(1)	(2)	(3)	(4)
	g	g	g

(5)	(6)	(7)		(8)	(9)	
g	m	浅く	深く	m	低く	高く

※

※100点満点
（配点非公表）

3	(1)		(2)	※
	あ	い	あ	
	(2)			
	い			

4	(1)	(2)	(3)	
			通り	
	(4)	(5)	(6)	
	通り	通り	通り	

※

※150点満点
（配点非公表）

2024年度　西大和学園中学校入学試験

国語解答用紙

240114-10

↓ここにシールを貼ってください↓

受験番号	氏　名

※のらんには何も書かないこと。

一

問一	①		②		③		④		⑤	
問二		問三		問四	10					※
問五	20 / 40									
問六	20 / 40									
問七		問八								

問一	a		b		c		※

1 次の文章は、日本が提唱する未来社会のコンセプトであるSociety 5.0についてまとめたものです。これに関連したあとの**問1～問11**に答えなさい。

〈Society 5.0とは〉

サイバー空間（仮想空間）とフィジカル空間（現実空間）を高度に融《ゆう》合させたシステムにより、経済発展と①社会的課題の解決を両立する、人間中心の社会（Society）。

狩猟《しゅりょう》社会（Society 1.0）、②農耕社会（Society 2.0）、③工業社会（Society 3.0）、④情報社会（Society 4.0）に続く、新たな社会を指すもので、第５期科学技術基本計画において我が国が目指すべき未来社会の姿として初めて提唱されました。

〈経済発展と社会的課題の解決を両立するSociety 5.0へ〉

我が国そして世界を取り巻く環《かん》境は大きな変革期にあるといえます。経済発展が進む中、人々の生活は便利で豊かになり、⑤エネルギーや⑥食料の需《じゅ》要が増加し、寿《じゅ》命の延伸《しん》が達成され、高齢《れい》化が進んでいます。また、経済の⑦グローバル化が進み、国際的な競争も激化し、富の集中や地域間の不平等といった面も生じてきています。これら経済発展に相反（トレードオフ）して解決すべき社会的課題は複雑化してきており、⑧温室効果ガス（GHG）排《はい》出の削《さく》減、食料の増産やロスの削減、高齢化などに伴《ともな》う社会コストの抑《よく》制、持続可能な産業化の推進、富の再配分や⑨地域間の格差是《ぜ》正といった対策が必要になってきています。しかしながら、現在の社会システムでは経済発展と社会的課題の解決を両立することは困難な状況《きょう》になってきています。

このように世界が大きく変化する一方で、（　⑩　）、ロボット、人工知能（AI）、ビッグデータといった社会の在り方に影響《えいきょう》を及《およ》ぼす新たな技術の進展が進んできており、我が国は、課題先進国として、これら⑪先端《たん》技術をあらゆる産業や社会生活に取り入れ、経済発展と社会的課題の解決を両立していく新たな社会であるSociety 5.0の実現を目指しています。

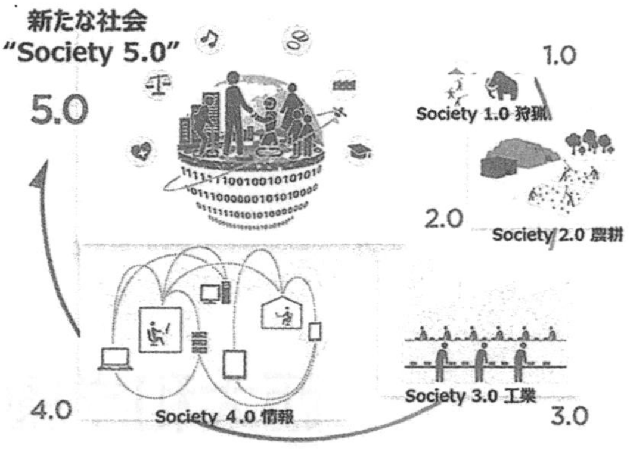

「内閣府ホームページ」により作成

問1　下線部①について、日本では人口減少に伴って、経済規模の縮小や労働力不足などの社会的課題が深刻化しています。日本の人口減少について説明した次の文章中の空らんにあてはまる都道府県として正しいものを、あとの**ア**～**エ**から１つ選び、記号で答えなさい。

> 総務省が公表した令和４年10月１日時点の人口推計によると、外国人を含《ふく》む総人口は前年の10月と比べて約55万6000人少ない約１億2494万7000人だった。12年連続のマイナスで、労働力不足を補う生産性の向上が急務となる。東京都を除く46道府県で人口が減少した。また、（　　　）は昭和47年以降で初めて人口が減少に転じた。

ア　愛知県　　　**イ**　沖縄県　　　**ウ**　神奈川県　　　**エ**　滋賀県

問2　下線部②について、次の表１中の**ア**～**エ**は、千葉県、長野県、宮崎県、山形県のいずれかにおける耕地面積に占《し》める田の割合と、農業産出額に占める米、野菜、果実の割合を表したものです。長野県を表しているものとして正しいものを、表中の**ア**～**エ**から１つ選び、記号で答えなさい。

表１

	耕地面積に占める田の割合（%）	農業産出額に占める各農作物の割合（%）		
		米	野菜	果実
ア	79.1	33.4	18.5	29.1
イ	59.3	16.6	35.9	2.9
ウ	53.4	5.2	20.3	3.9
エ	49.1	15.3	33.0	33.1

統計年次は、耕地面積に占める田の割合は2021年、農業産出額に占める米、野菜、果実の割合は2020年
『データでみる県勢 2023』により作成

問3　下線部③について、あとの(1)・(2)に答えなさい。

(1)　次の文章は、ある金属製品**X**の特性について説明したものです。この金属製品の名称《しょう》を答えなさい。

この金属製品**X**は、軽くて、錆《さ》びにくいうえ、熱伝導性や導電性に優れている。そのため電気機器や鉄道車両、航空機の機体に使用されるほか、リサイクルにも適しているので飲料缶《かん》にも多用されている。

(2)　次の図1は、金属製品**X**（地金）の供給の変遷《せん》について表したものです。日本はこの金属製品について、かつて国内供給量の100％を自給する国でしたが、現在ではすべての地金を輸入しています。この金属製品の国内生産が衰《すい》退した理由を、図を参考にして、40字以内で説明しなさい。

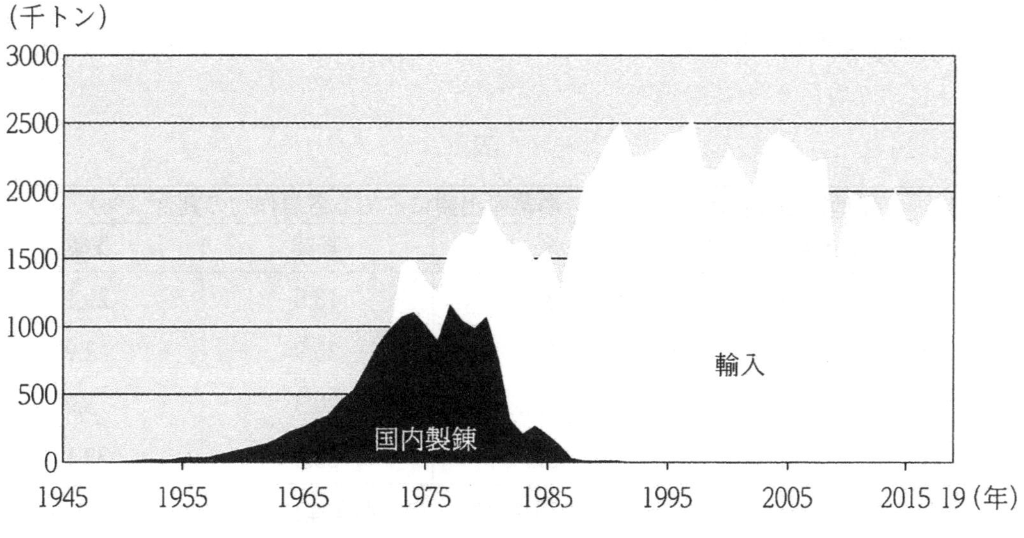

「日本（金属製品**X**）協会ホームページ」により作成

図1

問4　下線部④について、次の図2は、日本におけるメディアの平日1日当たり利用時間（分）を年代別に表したものであり、図中の**ア**～**エ**は、インターネット、新聞、テレビ、ラジオのいずれかです。インターネットを表しているものとして正しいものを、図中の**ア**～**エ**から1つ選び、記号で答えなさい。

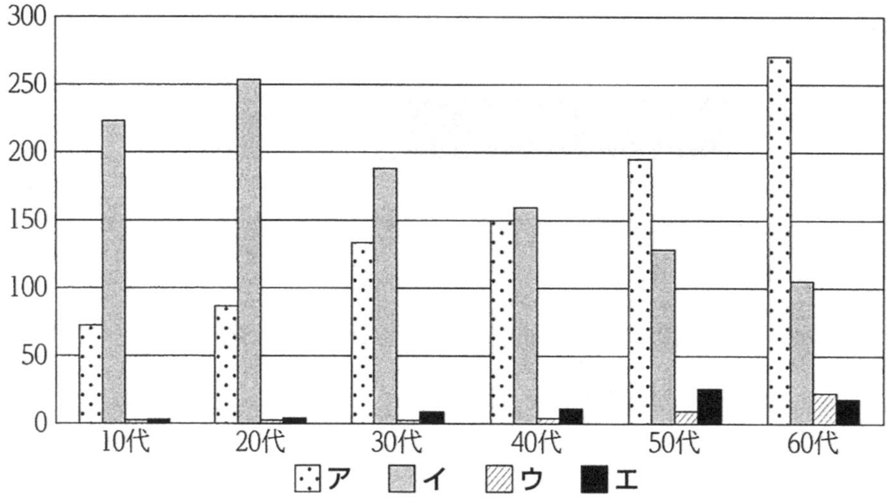

統計年次は2020年
テレビは、リアルタイムで視聴《ちょう》したものとする
『日本国勢図会 2022／23』により作成

図2

問5　下線部⑤について、次の図３中の**A**～**C**は、青森県、大分県、富山県のいずれかにおける再生可能エネルギーのエネルギー別の供給割合を表したものです。図中の**A**～**C**と県名の組み合わせとして正しいものを、あとの**ア**～**カ**から１つ選び、記号で答えなさい。

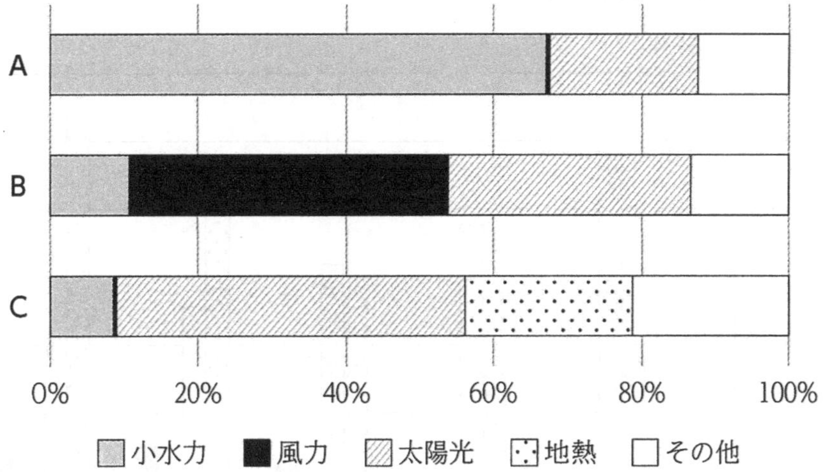

統計年次は2021年
小水力発電とは、発電量10,000kW以下の水力発電を指す
『永続地帯2022年度版報告書』により作成

図３

	A	B	C
ア	青森県	大分県	富山県
イ	青森県	富山県	大分県
ウ	大分県	青森県	富山県
エ	大分県	富山県	青森県
オ	富山県	青森県	大分県
カ	富山県	大分県	青森県

問6　下線部⑥について、あとの(1)・(2)に答えなさい。

(1)　次の表２中の**ア**～**エ**は、コーヒー豆、さけ・ます、大豆、豚《ぶた》肉の日本の輸入相手上位４カ国と輸入総額に占める割合（％）を表したものです。コーヒー豆を表しているものとして正しいものを、表中の**ア**～**エ**から１つ選び、記号で答えなさい。

表２

ア

チリ	56.8
ノルウェー	25.0
ロシア	9.1
アメリカ合衆国	2.7

イ

アメリカ合衆国	74.8
ブラジル	14.1
カナダ	9.9
中国	1.1

ウ

ブラジル	33.9
コロンビア	17.3
ベトナム	14.7
グアテマラ	7.5

エ

アメリカ合衆国	27.1
カナダ	25.7
スペイン	13.4
メキシコ	12.4

統計年次は2021年
『データブック・オブ・ザ・ワールド 2023』により作成

(2)　次の表３中の**ア**～**エ**は、アイスクリーム・シャーベット、食パン、ヨーグルト、緑茶の１世帯当たりの年間購《こう》入額上位３都市とその金額（円）を表したものです。食パンを表しているものとして正しいものを、表中の**ア**～**エ**から１つ選び、記号で答えなさい。

表３

	１位		２位		３位	
ア	福島市	16,150	盛岡市	16,065	水戸市	15,502
イ	金沢《ざわ》市	12,146	さいたま市	11,723	福島市	11,267
ウ	静岡市	8,924	鹿児島市	6,269	長崎市	6,047
エ	神戸市	12,866	奈良市	12,331	京都市	11,934

統計年次は2019～2021年の平均値
２人以上の世帯で都道府県庁所在地を調査の対象とする
『データでみる県勢 2023』により作成

問7　下線部⑦について、次の表４中の**D**～**F**は、静岡県、広島県、福岡県のいずれかにおける在留外国人の総数と国籍《せき》別人数を表したものです。表中の**D**～**F**と県名の組み合わせとして正しいものを、あとの**ア**～**カ**から１つ選び、記号で答えなさい。

表４

	総数（人）	国籍別人数（人）			
		中国	ベトナム	韓《かん》国	ブラジル
D	97,338	10,110	13,420	4,352	30,641
E	76,234	17,882	18,160	14,169	336
F	50,605	11,906	12,713	6,866	2,282

統計年次は2021年
中国に台湾《わん》は含まない
『データでみる県勢 2023』により作成

	D	E	F
ア	静岡県	広島県	福岡県
イ	静岡県	福岡県	広島県
ウ	広島県	静岡県	福岡県
エ	広島県	福岡県	静岡県
オ	福岡県	静岡県	広島県
カ	福岡県	広島県	静岡県

問8　下線部⑧について、次の図４中の**G**と**H**は、1981年～2010年を基準とした北半球と南半球のいずれかの平均地上気温の変化を表したものです。南半球を表しているものとして正しいものを、図中の**G**・**H**から１つ選び、記号で答えなさい。また、そのように判断した理由を、南半球の自然条件を踏まえて、簡潔に説明しなさい。

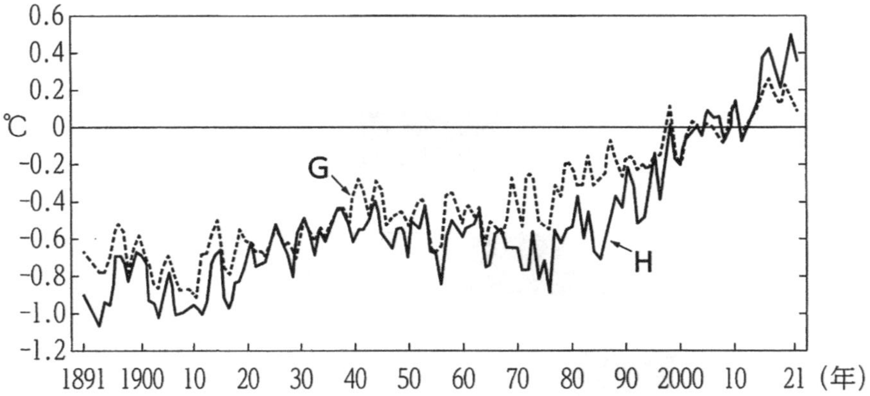

『世界国勢図会 2022／23』により作成

図４

問９　下線部⑨について、日本では東京一極集中により、地域間格差の拡大がみられます。次の図５中の**ア**～**エ**は、人口、製造品出荷額等、大学生の数、面積のいずれかの指標について、日本全体に占める三大都市圏《けん》（東京圏、大阪圏、名古屋圏）の割合を表したものです。製造品出荷額等を表しているものとして正しいものを、図中の**ア**～**エ**から１つ選び、記号で答えなさい。

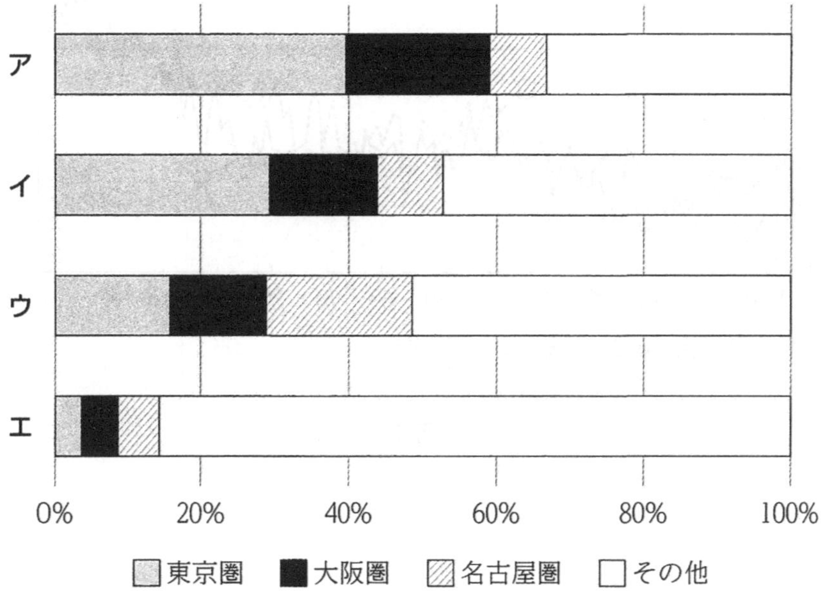

統計年次は、人口、大学生の数、面積は2021年、製造品出荷額等は2019年
東京圏は東京都、神奈川県、埼玉県、千葉県とする
大阪圏は大阪府、京都府、奈良県、兵庫県とする
名古屋圏は愛知県、岐阜県、三重県とする
『データでみる県勢 2023』により作成

図５

問10　空らん⑩について、次の文章は、空らんにあてはまる語句について説明したものです。この語句をアルファベット３字で答えなさい。

> 従来インターネットに接続されていなかった様々なモノ（住宅・建物、車、家電製品など）が、ネットワークを通じてサーバーやクラウドサービスに接続され、相互《ご》に情報交換《かん》をする仕組みのこと。

問11　下線部⑪について、先端技術産業の発展には、多額の研究開発・技術開発投資が長期にわたって必要です。次の図6中の**Ｉ**～**Ｋ**は、アメリカ合衆国、中国、日本のいずれかにおける研究開発費の推移を表したものです。図中の**Ｉ**～**Ｋ**と国名の組み合わせとして正しいものを、あとの**ア**～**カ**から１つ選び、記号で答えなさい。

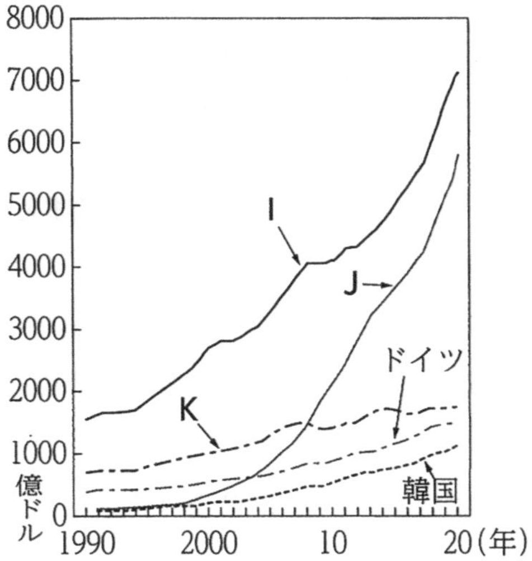

『日本国勢図会 2022／23』により作成

図6

	I	J	K
ア	アメリカ合衆国	中国	日本
イ	アメリカ合衆国	日本	中国
ウ	中国	アメリカ合衆国	日本
エ	中国	日本	アメリカ合衆国
オ	日本	アメリカ合衆国	中国
カ	日本	中国	アメリカ合衆国

2 「SDGs未来都市」とは、SDGsの達成に向けた取組を積極的に進める自治体を公募《ぼ》し、経済・社会・環境の三側面の統合的取組により、新たな価値を創造する提案を行った自治体を認定する制度です。次の表1は、令和5年度に選定されたSDGs未来都市28件のうち8件をまとめたものです。これに関連したあとの**問1**～**問8**に答えなさい。

表1

【令和5年度SDGs未来都市　選定都市一覧】

提案者名	提案全体のタイトル
埼玉県①深谷市	渋沢栄一《しぶさわえいいち》「論語と算盤《そろばん》」の教えを踏《ふ》まえた深谷版SDGsの実践《せん》
東京都東村山市	ワンランク上の②ベッドタウン東村山 ～SDGsビジョン「笑顔つながる東村山」を目指して～
③山梨県	誰《だれ》もが豊かさを実感できる「豊かさ共創社会やまなし」の実現
京都府宮津《づ》市	日本三景天橋立のあるまち宮津の未来へつなぐチャレンジ ～SDGsな④観光地づくり、若者から選ばれるまちづくり、資源循《じゅん》環の促《そく》進～
⑤兵庫県	公民連携《けい》により未来へつなぐ持続可能な兵庫
島根県松江《え》市	「国際文化観光都市松江」の豊かさ創出 ～地域と世代をツナグ「⑥水の都」と「城下町」の持続可能な発展を目指して～
愛媛県四国中央市	若者に選ばれるサステナブルな（　⑦　）のまち創造事業
⑧鹿児島県奄《あま》美市	世界自然遺産と歴史が織りなす環境文化経済循環都市の実現

「自治体SDGs推進評価・調査検討会における選定に関する資料」により作成

問1　下線部①について、寒さで甘《あま》みが増す冬の時期が旬《しゅん》の深谷ねぎは、全国的なねぎのブランドとして定着しています。次の図１中の**A**～**C**は、茨城県、埼玉県、北海道のいずれかについて、東京都中央卸《おろし》売市場における月ごとのねぎの産地別取扱《あつかい》量（千kg）を表したものです。図中の**A**～**C**と道県名の組み合わせとして正しいものを、あとの**ア**～**カ**から１つ選び、記号で答えなさい。

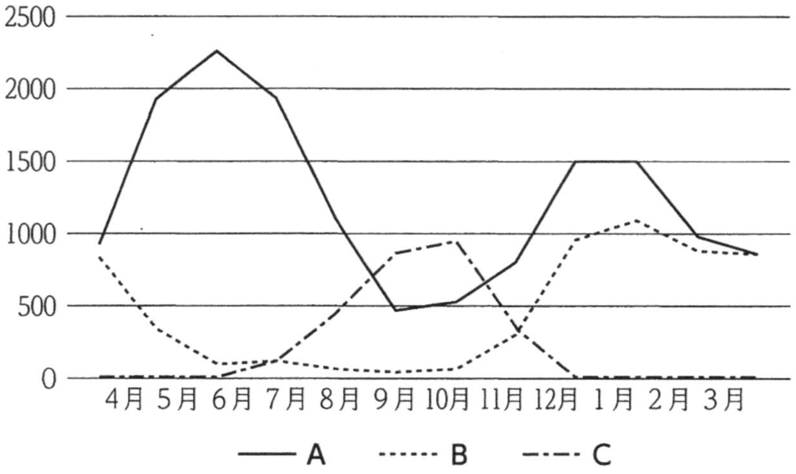

統計年次は2022年４月～2023年３月
東京都中央卸売市場「市場統計情報（月報・年報）」により作成

図１

	A	B	C
ア	茨城県	埼玉県	北海道
イ	茨城県	北海道	埼玉県
ウ	埼玉県	茨城県	北海道
エ	埼玉県	北海道	茨城県
オ	北海道	茨城県	埼玉県
カ	北海道	埼玉県	茨城県

問2　下線部②について、次の図２は、1962年に入居が開始されたニュータウン**Y**と日本全体の老年人口割合（％）の推移を表したものです。1990年～2010年にかけて、ニュータウン**Y**の老年人口割合が急速に上昇《しょう》している理由を、「流入」と「流出」という語句を必ず使用して、50字以内で説明しなさい。

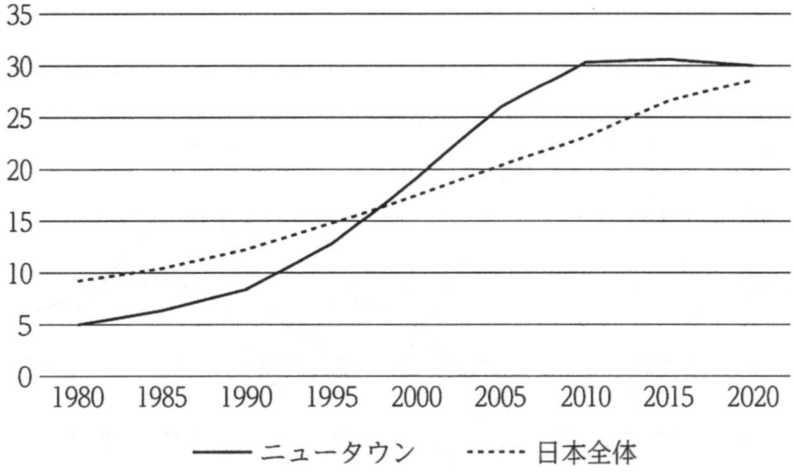

『ニュータウン**Y**の資料集（人口推移等)』により作成

図２

問3　下線部③について、あとの(1)・(2)に答えなさい。

(1)　次の表2中の**D**～**F**は、あとの図3中の甲《こう》州市、南部町、富士河口湖町のいずれかにおける第1次産業、第2次産業、第3次産業のそれぞれ人口割合（%）を表したものです。表中の**D**～**F**と市町名の組み合わせとして正しいものを、あとの**ア**～**カ**から1つ選び、記号で答えなさい。

表2

	第1次産業人口割合	第2次産業人口割合	第3次産業人口割合
D	2.3	28.2	69.5
E	24.1	18.8	57.1
F	3.0	37.1	59.9

統計年次は2020年
「国勢調査」により作成

図3

	D	E	F
ア	甲州市	南部町	富士河口湖町
イ	甲州市	富士河口湖町	南部町
ウ	南部町	甲州市	富士河口湖町
エ	南部町	富士河口湖町	甲州市
オ	富士河口湖町	甲州市	南部町
カ	富士河口湖町	南部町	甲州市

(2)　次の図４の地形図（平成30年作成、一部改変）から読み取ることができることとして正しいものを、あとの**ア**～**エ**から１つ選び、記号で答えなさい。

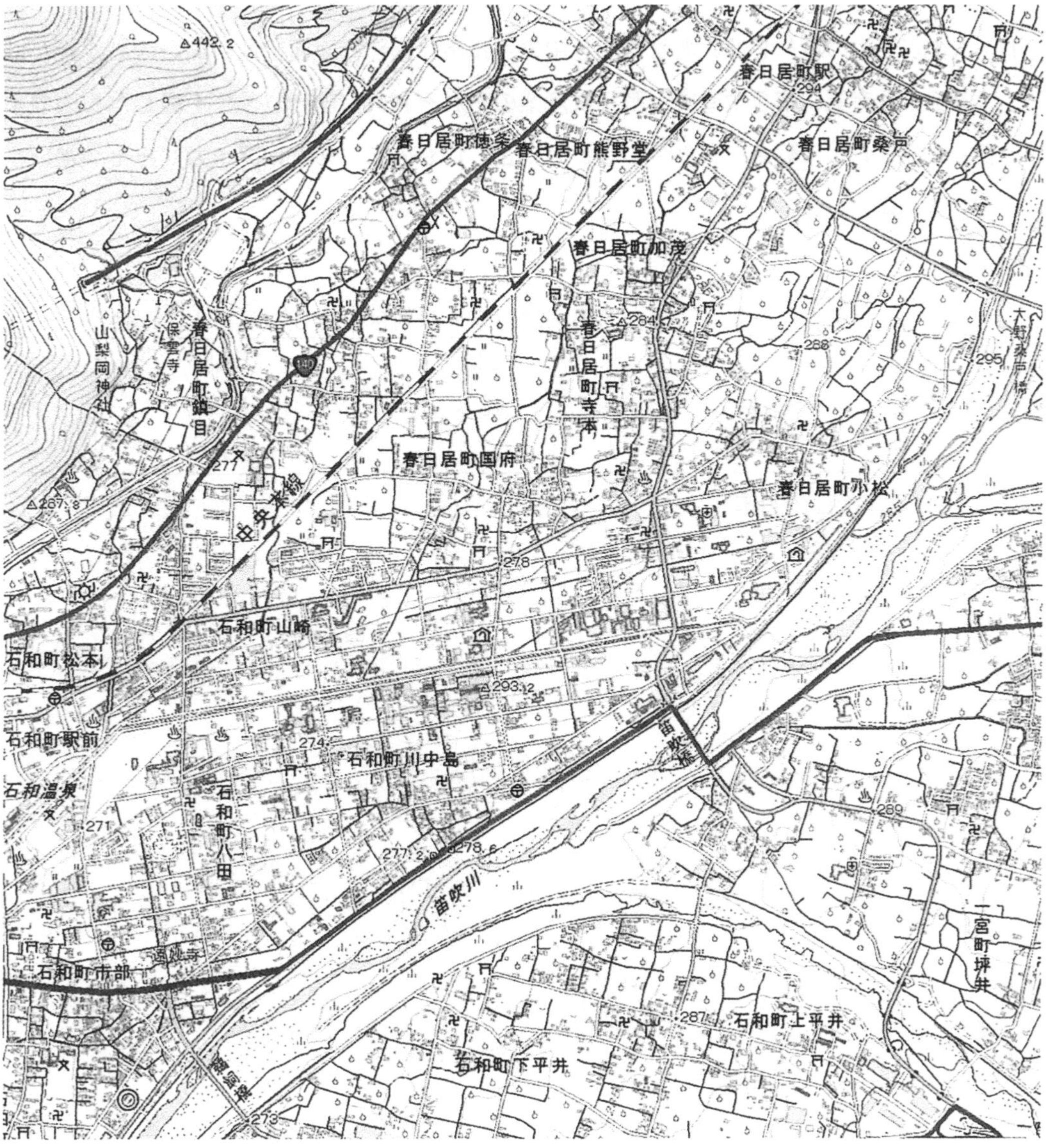

図４

ア　この地形図の縮尺は50000分の１である。

イ　地形図中の最高地点と最低地点の高低差は250mを超《こ》えている。

ウ　「春日居町熊野堂」から「石和町松本」の間を走る国道沿いには、郵便局や交番のほか、電波塔《とう》がみられる。

エ　笛吹《ふき》川の左岸には市役所の他、老人ホーム、自然災害伝承碑《ひ》がみられる。

問題は次のページに続きます。

問4　下線部④について、次の表3は、オーストラリア、中国、フィリピンの人たちが、観光・レジャーを目的として訪れた都道府県別ランキング上位6都道府県を、あとの図5は、それらの国における日本を訪れた外国人旅行者1人当たり費用項《こう》目別旅行支出の割合と1人当たり旅行総額について表したものです。あとの(1)・(2)に答えなさい。

表3

	G	H	I
1位	東京都	大阪府	東京都
2位	（　　　）	東京都	（　　　）
3位	京都府	京都府	大阪府
4位	大阪府	（　　　）	京都府
5位	広島県	奈良県	奈良県
6位	長野県	愛知県	神奈川県

統計年次は2019年
JNTO「日本の観光統計データ」により作成

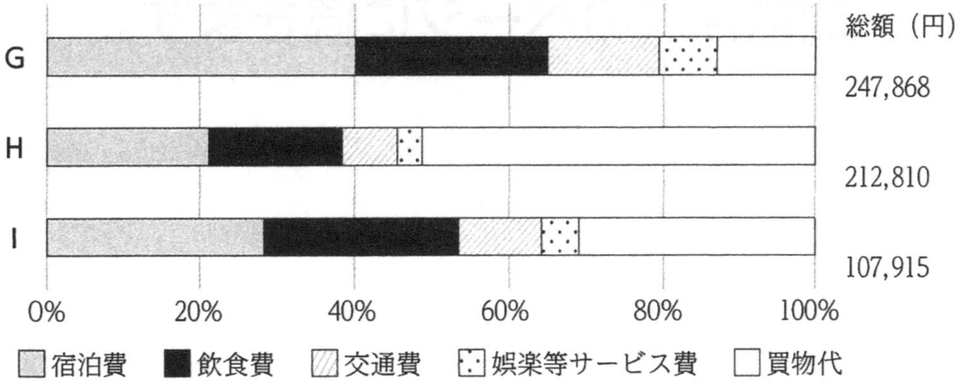

統計年次は2019年
観光庁「2019年の訪日外国人旅行消費額（確報）」により作成

図5

(1)　表3中の空らんにあてはまる都道府県名を答えなさい。

(2) 前ページの表３と図５中の**G**～**I**は、オーストラリア、中国、フィリピンのいずれかです。**G**～**I**と国名の組み合わせとして正しいものを、あとの**ア**～**カ**から１つ選び、記号で答えなさい。

	G	H	I
ア	オーストラリア	中国	フィリピン
イ	オーストラリア	フィリピン	中国
ウ	中国	オーストラリア	フィリピン
エ	中国	フィリピン	オーストラリア
オ	フィリピン	オーストラリア	中国
カ	フィリピン	中国	オーストラリア

問５　下線部⑤について、次の図６は、近畿《き》地方、中国地方、東北地方における水の使用割合を表したものであり、図中の**J**～**L**は、工業用水、生活用水、農業用水のいずれかです。図中の**J**～**L**と用水名の組み合わせとして正しいものを、あとの**ア**～**カ**から１つ選び、記号で答えなさい。

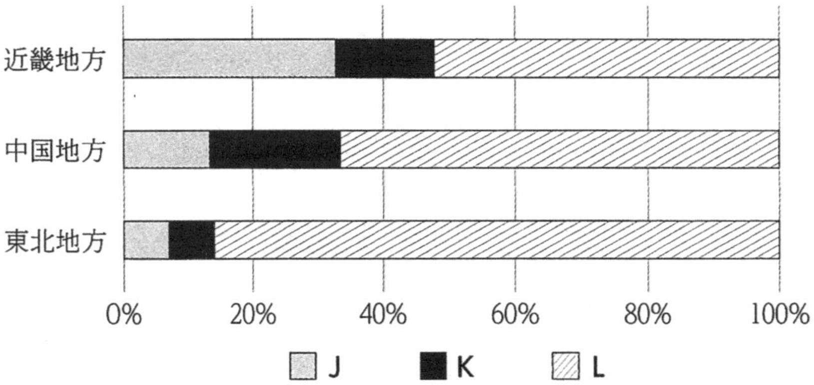

統計年次は2018年
『データブック・オブ・ザ・ワールド 2023』により作成

図６

	J	K	L
ア	工業用水	生活用水	農業用水
イ	工業用水	農業用水	生活用水
ウ	生活用水	工業用水	農業用水
エ	生活用水	農業用水	工業用水
オ	農業用水	工業用水	生活用水
カ	農業用水	生活用水	工業用水

問6　下線部⑥について、次の表4中の**M**～**O**は、あとの図7中の三田市、洲《す》本市、豊岡市のいずれかの年間平均気温、年間降水量、年間日照時間の平年値を表したものです。表中の**M**～**O**と都市名の組み合わせとして正しいものを、あとの**ア**～**カ**から1つ選び、記号で答えなさい。

表4

	年平均気温（℃）	年降水量（㎜）	年日照時間（時間）
M	14.6	2072.0	1487.3
N	16.1	1559.9	1994.5
O	14.1	1281.8	1853.3

統計年次は1991～2020年の平年値
「気象庁資料」により作成

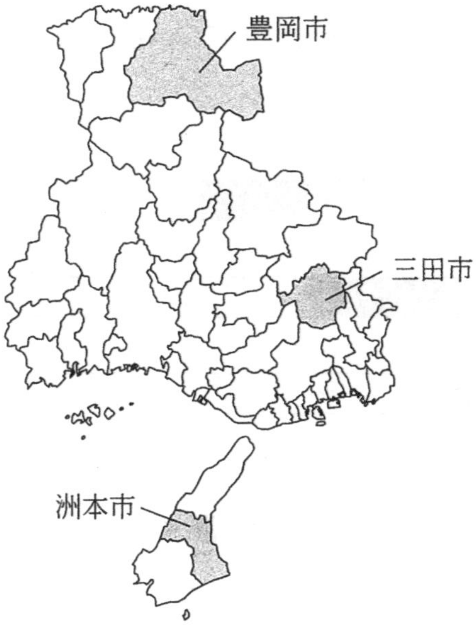

図7

	M	N	O
ア	三田市	洲本市	豊岡市
イ	三田市	豊岡市	洲本市
ウ	洲本市	三田市	豊岡市
エ	洲本市	豊岡市	三田市
オ	豊岡市	三田市	洲本市
カ	豊岡市	洲本市	三田市

2024年度　入学試験問題

社　会

（40分）

〔注 意〕

① 問題は[1]～[4]まであります。
② 解答用紙はこの問題用紙の間にはさんであります。
③ 解答用紙には受験番号、氏名を必ず記入のこと。
④ 各問題とも解答は解答用紙の所定のところへ記入のこと。

西大和学園中学校

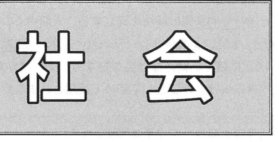

(9) 西さんはマツヨイグサの花の形が、家に設置されている衛星放送のパラボラアンテナの形に似ていると感じました。調べてみるとパラボラアンテナは、そのおわんのような形によって人工衛星から届く弱い電波を増幅《ぞうふく》させる機能を持つことがわかりました。そこで西さんは、「マツヨイグサの花もミツバチの弱い羽音を増幅させている」という仮説を立てました。この仮説を確かめるためには、どのような実験を行えばいいですか。簡単に答えなさい。

マツヨイグサの花

パラボラアンテナ

【先生が教えてくれた実験】

防音室の中でマツヨイグサに、録音したミツバチの羽音（200 ~ 500 ヘルツの音が混ざったもの)、人工的に作成した音①（350 ヘルツ)、人工的に作成した音②（2 万ヘルツ)、人工的に作成した音③（16 万ヘルツ）の 4 種類の音を聞かせ、その際に出す蜜《みつ》に含まれる糖分の濃《のう》度（%）を測定し、音を聞かせなかった場合（無音）と比べた。その結果を、下の表に示した。

さらに防音室の中でマツヨイグサに、録音したミツバチの羽音を聞かせ、花、茎、葉におこる小さな揺《ゆ》れを観測した。その結果、花が最も揺れていることがわかった。

	音を聞かせてからの経過時間			
	0 分後	3 分後	10分後	60分後
無音	15	15.1	14.6	15
羽音	14.5	20	19	15.8
音①	14.9	18.8	18.3	15.1
音②	15.2	15	15.1	15
音③	14.3	14.4	14.8	14.5

(8) 表からわかることを述べた以下の文のうち、最も正しいものを一つ選び、記号で答えなさい。

ア. 無音だと蜜に糖分は含まれない。

イ. 蜜に含まれる糖分の濃度を高くすることで、ミツバチをおびき寄せている。

ウ. どんな音を聞かせても蜜に含まれる糖分の濃度は高くなる。

エ. ミツバチの羽音を聞いてから 3 分後に、蜜に含まれる糖分の濃度が最も高くなる。

【先生が教えてくれた研究】

防音室においたトマトとタバコの２種類の植物を用いて、それぞれ一定時間水を与《あた》えなかった場合と体の一部を切除した場合を、作業前の状態と比べ、１時間あたりに１個体の植物が音を発した回数の平均を調べたところ、下のグラフのようになった。

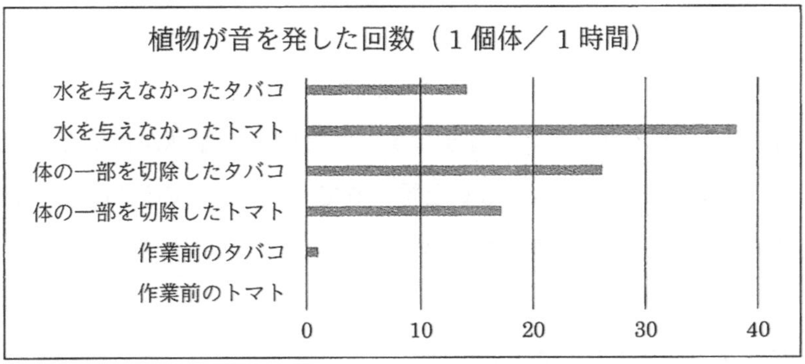

(7)　この実験結果からわかることとして、最も正しいものを次の中から一つ選び、記号で答えなさい。

ア．トマトもタバコも一定時間水を与えなかった場合よりも、体の一部を切除した場合の方が音をたくさん発している。

イ．トマトの方が、タバコよりも大きな音を発する。

ウ．一定時間水を与えなかったことによる影響は次第に現れるが、体の一部を切除したことによる影響はすぐに現れるので、異なるメカニズムで音を出している。

エ．一定時間水を与えなかったことや体の一部を切除したことによる影響により、トマトもタバコも音の発生数が増加する。

オ．どの植物においても、発せられる音は悲鳴を意味している。

さらに西さんは先生に「植物が音を発していることにすごくおどろきました。逆に植物は音を聞き取ることもできるのでしょうか」と質問をすると、先生は「可能性は十分にあります。人間が見たり聞いたりできるものだけが世の中の全てではありません。トマトやタバコも音を発することで、他の生物と会話をしているのかもしれませんね。生物の世界は我々が知るよりも、複雑であることが研究の結果わかってきました。西さんも豊かな生物の世界を知ろうとする志向力をもっともっと養っていってください」といって、以下のような実験とその結果も教えてくれました。

(5) 最初の葉が出た後、次々と葉が増えていきますが、新しい葉が増えたときには最初の葉は小さくしぼんでいました。その理由を述べた以下の文の [B] に入る言葉を答えなさい。

最初の葉に含《ふく》まれていた、種子から芽を出すために必要な [B] と呼ばれる養分が使われたから。

(6) 私たちが食べている米は、イネの種子です。収穫《かく》間近の稲穂《いなほ》が台風などで水に十分につかってしまうと、おいしい米にならないと言われています。その理由として最も正しいものを次の中から一つ選び、記号で答えなさい。

ア. 稲穂の中で発芽してしまうから。
イ. 茎《くき》を木のようにかたく変化させるのにエネルギーを大量に消費してしまうから。
ウ. 根が酸素を取りこむことができずに、土の中でくさってしまうから。
エ. 稲穂についた水が乾燥《かんそう》するときに、水と同時に栄養分も蒸発してしまうから。

〔文Ⅱ〕
西さんは、ハスについて色々と調べているうちに下のような俳句に出会いました。

「蓮《はす》開く　音聞く人か　朝まだき※1」　　　　正岡子規※2
朝まだき※1…早朝のこと。ハスの花は早朝に開花します。
正岡子規※2…日本の俳人。この俳句の作者。

西さんは、ハスの花が開くときに音がするのかと思い、それについても色々と調べました。すると、大賀一郎博士はこのことについても調べていたことがわかりました。ハスの花が開くときにマイクを近づけて録音したそうですが、ハスの花が開く音は入っていなかったとのことでした。西さんは先生に「植物は音を発することはないんですね」と伝えると、先生は「そんなことはないですよ。最近の研究で、植物も人間には聞こえないような高い音を発していることが分かってきたんです」といって、次の研究とその結果を教えてくれました。

2 次の文を読み、以下の問いに答えなさい。

〔文Ⅰ〕

春はいろいろな植物が芽を出す様子を観察することができます。植物の種子から芽が出ることを［ A ］といいます。

西さんは、ある本の中で、「1951年に大賀一郎博士が地下5mの泥《どろ》の中から、約2000年前のハスの実を見つけた。その実から得た種子は［ A ］の条件を整えるとみごと［ A ］し、花も咲《さ》かせた」という内容を見つけました。そこで西さんはハスについて色々と調べることにしました。

(1) ［ A ］に適する語句を、漢字2文字で答えなさい。

(2) 下線部について、一般的に種子から芽が出るのに必要な条件として、正しいものを次の中から2つ選び、記号で答えなさい。

ア．水　　**イ**．土　　**ウ**．空気　　**エ**．肥料　　**オ**．二酸化炭素

(3) 種子から芽が出るのに必要な条件の一つとして、「適当な温度」があります。本当に「適当な温度」が必要かどうかを調べるために、西さんは以下の実験を行おうと先生に相談しましたが、先生から「この実験では適当な温度が必要かどうかわからない」と言われました。その理由を考えて2行以内で答えなさい。

【西さんの考えた実験】

正常なハスの種子を10個ずつ2グループ準備し、1つは室温が20℃になる明るい部屋に、もう1つは4℃になる冷蔵庫の中に入れて3日間置く。ただし、(2)で答えた温度以外の2つの条件は最適な状態を保つものとする。

(4) 種子から出た最初の葉を何といいますか。漢字2文字で答えなさい。

問題は次のページに続きます。

(7) 月の表面には、「餅《もち》つきをするうさぎ」の模様があるとよくいわれるように、白い岩石の部分と、黒い岩石の部分があります。月は大昔に、地球に巨大な隕《いん》石がぶつかったときに地球から飛び散った岩石が集まってできたと考えられており、その成分は地球の岩石とよく似ています。また、月ができてすぐの月の表面は、ほとんどが白い岩石で覆《おお》われていたと考えられています。次の、地球の岩石の成分表を見て、月の黒い部分はどのような岩石でできているか、後の文の空らんに当てはまる語句を答えなさい。ただし、（　**エ**　）については、「大き」か「小さ」で答えなさい。

見た目の色	白色	灰色	黒色
火山岩 地上付近で 急激に固まる	**リュウモン岩**	**安山岩**	**ゲンブ岩**
深成岩 地下深くで ゆっくり固まる	**カコウ岩**	**センリョク岩**	**ハンレイ岩**
主な構成鉱物 **(体積%)**			
密度※〔g/cm^3〕	約2.7	約2.9	約3.1

密度※…体積あたりの重さのこと。今回は、1 cm^{3}あたりの岩石の重さのこと。

月の黒い部分は（　**ウ**　）という岩石だと考えられる。月ができた後、密度が（　**エ**　）い（**ウ**）は白い岩石の地層の下にあったが、隕石が落下することで白い岩石の地層が吹き飛ばされ、中から（**ウ**）がよう岩としてふき出して急激に固まったため、月の表面は現在のような白い岩石と黒い岩石に覆われることになった。

(4) [④] に適する語句として正しいものを次の中から一つ選び、記号で答えなさい。

ア. 新月　**イ**. 三日月　**ウ**. 上弦の月
エ. 満月　**オ**. 下弦の月　**カ**. 二十六夜月（逆三日月）

(5) 下線部⑤に関して、日本で午前9時に月が見えた場合、月が見えた方角と、その日の月齢として考えられるものの組み合わせとして正しいものを次の中から一つ選び、記号で答えなさい。

	ア	イ	ウ	エ	オ	カ	キ	ク	ケ
方角	東	東	東	南	南	南	西	西	西
月齢	5	13	21	5	13	21	5	13	21

(6) 下線部⑥に関して、図1のように、月の表面に見られるくぼんだ地形を何と言いますか。また、この地形が月には今も多く残っており、地球にはほとんど残っていない理由を、次の文の空らんに合うように答えなさい。

地球には（ **ア** ）があるので、長い年月の間に（ **イ** ）されるから。

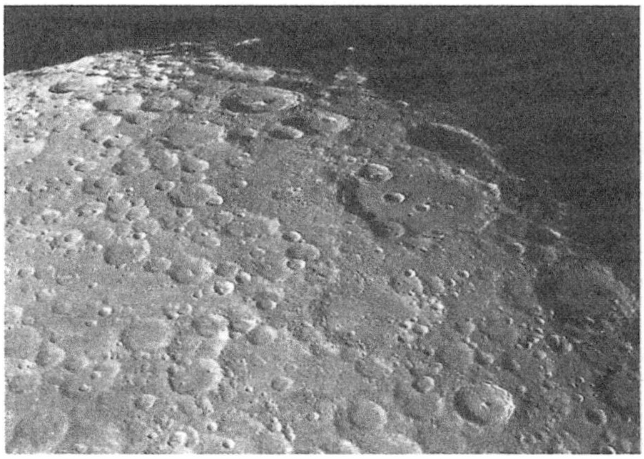

図1

1 次の文を読み、以下の問いに答えなさい。

①太陽も月も、明るく輝《かがや》いて見えますが、ほとんどの場合で丸い形に見える太陽に対して、②月は日ごとに形を変え、約１か月の周期で満ち欠けをしています。太陽が丸い形に見えない場合の一つに［　③　］があります。［　③　］とは、太陽と地球の間に月が一直線に並んだ場合に、太陽が月に隠《かく》されることで観察される現象で、この日の月の形は、必ず［　④　］になります。月の満ち欠けは、「月齢《れい》」という数字で表すことができます。新月を「０」として、次の日が「１」、その次の日が「２」としていくと、上弦《げん》の月の月齢は「７」前後になり、満月なら「15」前後、下弦の月なら「22」前後になります。また、太陽は昼間にしか見ることはできませんが、⑤月がその日いつ見えるかは、その時の月齢によります。月齢次第では、昼間に見えたり、夜間に見られなかったりするのです。

晴れた夜に天体望遠鏡で月の表面を観察すると、月の表面には、⑥くぼんだ地形が多く見られることが分かります。この地形は月以外にも、水星や火星といった地球以外の惑《わく》星の表面にも見られます。大昔の地球にはこの地形が多くあったと考えられていますが、今では月よりも少ない数しか存在しません。

(1)　下線部①に関して、次のうち、太陽と同じ原理で輝いているものには「**ア**」を、月と同じものには「**イ**」を答えなさい。

ⅰ．北極星　　ⅱ．金星　　ⅲ．マッチの火

(2)　下線部②に関して、月の満ち欠けの原因として正しいものを次の中から一つ選び、記号で答えなさい。

ア．月が自転しているから。　　**イ**．地球が自転しているから。
ウ．地球が太陽の周りを公転しているから。　　**エ**．月が地球の周りを公転しているから。

(3)　［　③　］に適する語句を、漢字２文字で答えなさい。

問題は次のページから始まります。

2024年度　入学試験問題

理　科

（40分）

〔注 意〕

---

① 問題は1～4まであります。
② 解答用紙はこの問題用紙の間にはさんであります。
③ 解答用紙には受験番号、氏名を必ず記入のこと。
④ 各問題とも解答は解答用紙の所定のところへ記入のこと。

西大和学園中学校

(3) 正方形ABCDがあり，西さんは図1のように，正方形ABCDの辺AB，BC，CD，DAを3：1に分ける点E，F，G，Hをとり，EF，FG，GH，HEを結びました。大和さんは図2のように，正方形ABCDの内側に大きさの同じ小さな正方形6つを入れました。ただし，4点I，J，K，Lは小さな正方形の頂点で，それぞれが正方形ABCDの辺上にあります。三角形EBFの面積が72 cm^2であるとします。

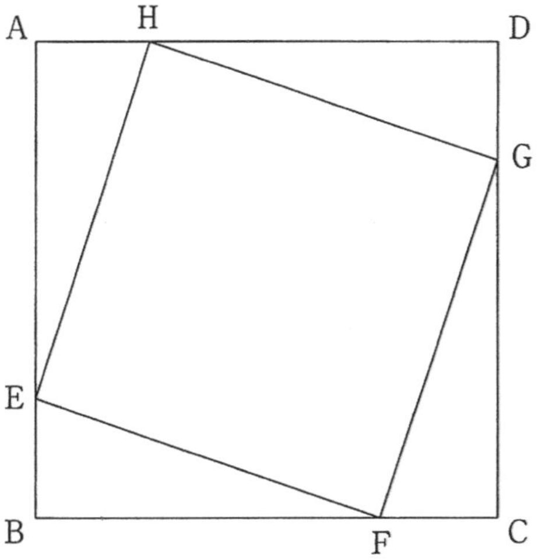

図1

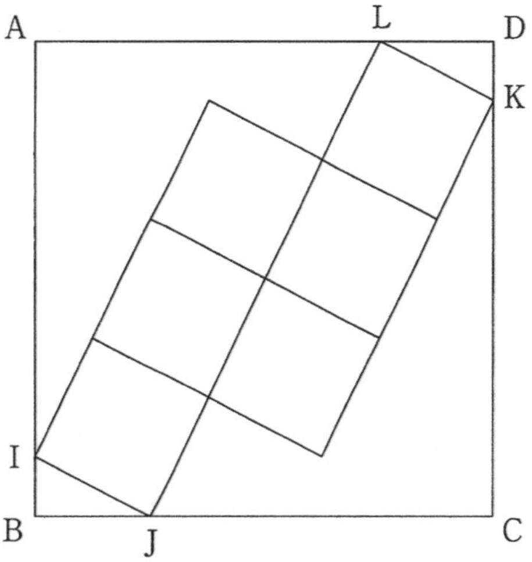

図2

(i) 正方形ABCDの面積は[あ] cm^2です。

(ii) IBの長さとBJの長さの比 $\frac{IB}{BJ}$ は[い]です。

(iii) 図2の小さな正方形1つの面積は[う] cm^2です。

2 次の □ にあてはまる数を答えなさい。

(1) 正五角形 ABCDE と正三角形 CDF があり，A と D，E と F を結びました。
図の (あ) の角の大きさは □ °です。

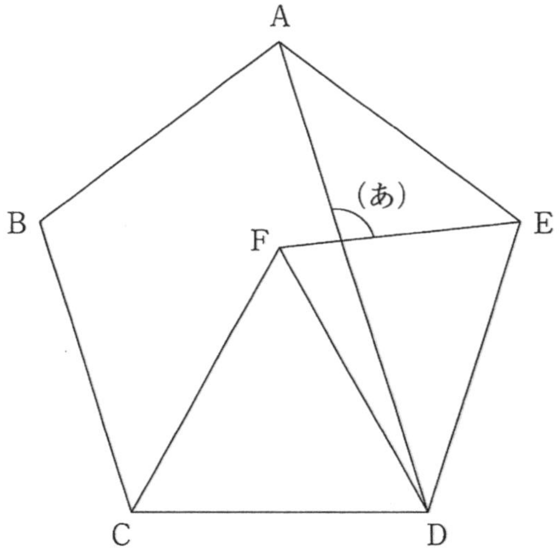

(2) 一辺の長さが 3 cm と 6 cm の長方形を底面とし，高さが 9 cm の直方体から，図のように，一辺の長さが 3 cm の正方形を底面とし高さが 6 cm の直方体を切り取って，立体 V をつくりました。点 A，B，C，D を結んでできる三角すいと立体 V の共通部分の体積は □ cm^3 です。ただし，角すいの体積は (底面積) × (高さ) ÷ 3 で求められます。

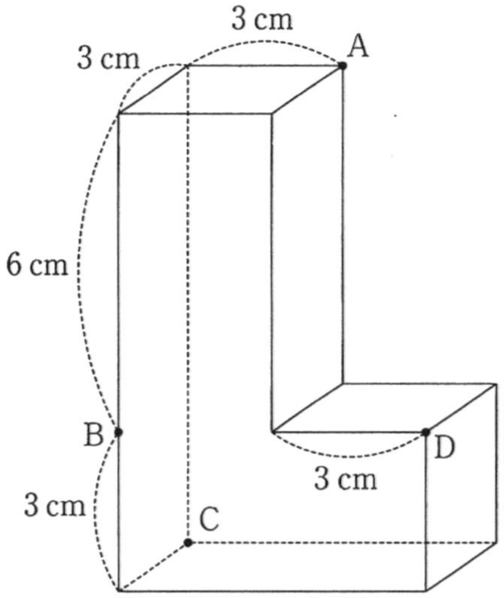

1　次の□にあてはまる数を答えなさい。

(1)　$\left(\dfrac{2024}{2025}\times 10.125-7\right)\times\dfrac{4}{13}=\square$

(2)　$\left\{(20\div 2+4)\div\square\right\}\times\dfrac{8}{7}=8+11+23$

(3)　学年全体の生徒を組分けします。最初に7人1組にしようとすると，3組だけ8人1組の組分けになります。次に8人1組とすると，3組だけ7人1組にすることで，最初の組の数より3組少ない組分けになります。学年全体の生徒は□人です。

(4)　一辺の長さが10 cmの正方形で同じ大きさの青色のタイルと黄色のタイルがあります。辺を共有するタイルは色が異なるものとして，横の長さが70 cm，縦の長さが110 cmの敷地《しきち》を敷き詰《つ》めることを考えます。左上のタイルが青色であったとき，黄色のタイルは全部で□枚必要です。

(5)　AさんとAさんの父が，自宅から15 km離《はな》れたキャンプ場に同じ道を通って向かいます。Aさんは自転車で12時ちょうどに，父は自動車で13時4分にそれぞれ自宅を出発しました。自転車，自動車の移動速度はそれぞれ時速12 km，時速□kmで一定であるとします。途中でAさんが運転する自転車がパンクして，Aさんは移動できなくなってしまいました。その場で父が通りかかるのを待ち，13時12分に合流しました。父の自動車に6分間で自転車を積み込《こ》み，同乗してキャンプ場に向かったところ，Aさんは予定より15分遅れで到着することができました。

(6)　2022個の分数

$$\frac{2}{2024},\ \frac{3}{2024},\ \frac{4}{2024},\ \cdots\cdots,\ \frac{2022}{2024},\ \frac{2023}{2024}$$

のうち，約分すると分子が1になる分数をすべてかけると，$\dfrac{1}{A}$となりました。

このとき，Aは4で□回割り切れます。ただし，□としてあてはまる整数のうち，もっとも大きい値を答えなさい。

2024年度 入学試験問題

算　数

（６０分）

〔注 意〕

---

① 問題は1～4まであります。
② 解答用紙はこの問題冊子の間にはさんであります。
③ 解答用紙には受験番号と氏名を必ず記入のこと。
④ 各問題とも解答は解答用紙の所定のところへ記入のこと。

＃教英出版 編集部　注
編集の都合上、計算用紙は省略しています。

西大和学園中学校

「……ぼく、途中で、はらはらしちゃった。だって、お父さん、まるで本気になって土地探しをしてるみたいだったんだもの」

息子がくすくす笑いながらいうのを、和田さんは憮然《ぶぜん》とした表情で聞いていた。ゆがめた唇を、前歯で噛《か》んだ。

息子には、それが見えないらしく笑い声のまま聞いた。

「あの二週間、土地を探すふりをして、毎日朝から、いったいどこに行ってたの？」

「……土地を探しに行ってたのさ」

和田さんが、（　E　）答えた。

「だって、あれは嘘《うそ》だったはずでしょう？」

「ほんとに、土地を探しまわってたんだよ」

「じゃあ、あの二カ所の土地は、ほんとにお父さんが見つけてきたものだったの？」

「そうさ。……もし、お母さんさえオーケーしたら買うつもりだったんだ」

6息子は、呆《あき》れ顔で立ち停《ど》まった。

「ちょっと待ってよ。お母さんがオーケーしてたら、ぼくはどうなったのよ。薬剤師にならなきゃならなかったってことなの？」

「まあ、そうだな。……7お前にとっても、おれにとっても、あれは大きな賭《か》けだったのだよ」

和田さんは、新しい計画に燃えた日々を思い起こしながら、息子のふくれっ面に笑いかけた。

（内海隆一郎《うつみりゅういちろう》「宙ぶらりん」『人びとの情景』所収　ＰＨＰ研究所による）

【語注】

（注1）戸籍　…　国民各自の本籍・氏名・生年月日・親族との関係などを記載《きさい》した公文書。

（注2）主事　…　その事務を中心的に扱う人。　（注3）意気軒昂　…　意気込《いきご》みが盛んな様子。

（注4）廉売　…　安く売ること。

（注5）薄利多売　…　品物一つあたりのもうけを少なくして安く大量に売ることにより、全体としてもうけをあげること。

（注6）婿養子　…　養子縁組《えんぐみ》をして、婿（妻の家にはいる男性）となる人。

（注7）ニュータウン　…　新築住宅を建てるために郊外に新しく宅地造成される市街地。

（注8）間口三間　…　「間口」は土地・家屋などの通りに面している正面の幅《はば》。「一間」は一・八二mに相当する。

（注9）手付け　…　「手付け金」の略。売買などの契約が成立した際、実行の保証として前もって支払う金。

問一 ══部a～cの本文中における意味として最もふさわしいものを、次の各群の中からそれぞれ一つずつ選び、記号で答えなさい。

a 「引っ込み思案な性格」

ア 人付き合いが苦手で独りを好む性格
イ 何事も考えすぎて行動に移せない性格
ウ 思慮分別《しりょふんべつ》があるが協調性はない性格
エ 物事を悪い方にばかり考えてしまう性格
オ 進んで積極的に行う意欲に乏《とぼ》しい性格

b 「図星を指された」

ア 秘密を明らかにされた
イ 嫌《いや》なことを言われた
ウ 急所を言い当てられた
エ 気分を害された
オ 心配事を増やされた

c 「のっぴきならない」

ア 他者を寄せつけないような
イ 何としてでもやり遂《と》げそうな
ウ 諦《あきら》めさせるのが難しそうな
エ 演技とは到底《とうてい》見えないような
オ 今すぐに結論を迫《せま》るような

問二 （ A ）～（ E ）に当てはまる語としてふさわしいものを次の中からそれぞれ一つずつ選び、記号で答えなさい。ただし、同じ記号を二度以上用いてはいけません。

ア いそいそと　イ ぽつんと　ウ とうとう　エ まじまじと　オ びっしりと　カ つくづく

問三 ――部1「おれは、何をなすべきなのだ。おれに存在価値はあるのか?」とあるが、和田さんがこのような心境に至ったのはなぜですか。その理由を説明したものとして**誤っているもの**を次の中から一つ選び、記号で答えなさい。

ア 医薬品の専門家である奥さんに比べて、素人の自分に出来ることは限られているから。
イ 医薬品のチェーン店の進出のため、現在の場所では売り上げを伸《の》ばすのが難しいから。
ウ 市役所では主事という中途半端《ちゅうとはんぱ》な地位で定年退職を迎《むか》え、たいして出世できなかったから。
エ 昭和薬局は商店街にあり、両隣の店が営業を続けている限り店舗の拡大は望めないから。
オ 薬局は奥さんが長年独力で営んできたために、自分の力を借りなくても特段問題ないから。

問四 ——部2「宙ぶらりんは、おれだけでたくさんだ」とあるが、和田さんは自分のどのような点を「宙ぶらりん」と表現しているのか。四十字以内で具体的に説明しなさい。

問五 ——部3「奥さんが勝ち誇った顔で」から、——部4「奥さんは、いまにも泣き出しそうな表情で」までに至る「奥さん」の心情の変化について説明したものとして最もふさわしいものを次の中から一つ選び、記号で答えなさい。

ア 息子の将来に関して思い通りに事が運びそうなことをうれしく思っていたが、和田さんとやりとりするなかで息子の優しさに甘《あま》えていただけだと痛感し、罪悪感にさいなまれるようになっている。

イ 日ごろから夫婦のいさかいのもとであった息子の進路の件が落着しそうでほっとしていたが、和田さんもまだ諦めてはいない様子を見てとり、これ以上どのように説得すればよいか途方《とほう》に暮れている。

ウ 息子が自分の跡を継いでくれることに誇らしさを感じていたが、そのためには生まれ育って住み慣れた街を捨て、知らない土地で暮らさなければならないこととなり、寂《さび》しさを感じている。

エ 息子を跡継ぎにできそうなことに満足していたが、息子の出した条件を満たしてあげるための思い切った決断が、自分にはできないと痛感し、断念するほかないとつらく感じている。

オ 息子が父親の意向ではなく自分の意向に従うことに優越感《ゆうえつかん》を覚えていたが、自分の弱みにつけこんだ和田さんの思わぬ反撃《はんげき》にあい、自分のふがいなさを思い知って弱気になっている。

問六　――部5「二人とも、なんとなく意気が上がらない様子である」とあるが、この時の息子と和田さんそれぞれの様子を説明したものとして最もふさわしいものを次の中から一つ選び、記号で答えなさい。

ア　息子は、今回の一件で母親が営んできた薬局が親の代で閉店せざるをえなくなったことに申し訳なさを感じており、和田さんも、息子のために仕方なくしたこととはいえ、跡継ぎがいなくなることに多少の不安を覚えている。

イ　息子は、自分の自由な進路選択《せんたく》のために父親がやりがいのある仕事をできなくなったことにいたたまれない思いでいるが、和田さんは自分の夢を優先するあまり、妻につらい決断をさせてしまったことに申し訳なさを感じている。

ウ　息子は、母親につらい思いをさせることで自分の進路を確保するよりも、自分が直接母親と話し合う機会を設けるべきだったと後悔《こうかい》しており、和田さんも、遠回りな方法をとらずに家族でじっくり話し合うべきだったと悔《く》やんでいる。

エ　息子は、自分のやりたいことを優先せずに、母親が人生をかけて営んできた薬局を継ぐべきだったと自責の念を抱《いだ》いており、和田さんは、せっかくいい店舗の移転先を見つけたのにうまく妻と息子を丸め込《こ》むことができずに落胆《らくたん》している。

オ　息子は、母親に苦渋《くじゅう》の決断を強《し》いることで自分に跡を継がせることを諦めさせたことに多少の罪悪感を感じており、和田さんは、息子と同様の思いもあるが、それに加えて店舗拡大の計画が実現しなかったことも少し残念に思っている。

問七　――部6「息子は、呆れ顔で立ち停まった」とあるが、どうして「息子」は「呆れ」ているのですか。その説明として最もふさわしいものを次の中から一つ選び、記号で答えなさい。

ア　ただでさえ父親と嘘《うそ》をつき母親をだましたことに気がとがめていたのに、父親は演技としてではなく、実際に移転先の土地を探していたと知り、さらに母親に追い打ちをかけて傷つけることになりかねなかったと、父親の軽率さに驚《おどろ》いたから。

イ　父親は完全に自分の味方で、コンピュータ関連で進学を考えている自分が薬局を継がなくてよくなるように、嘘の移転話をでっちあげていると思っていたのに、実際に移転先の土地を買う可能性もあったと知り、だまされたと感じたから。

ウ　医薬品のチェーン店が進出してきている現時点では、いくら郊外の土地で大型店舗に拡大したとしても、薬局が繁盛する見込《みこ》みはないと考えていたのに、父親が本気でチェーン店に対抗《たいこう》しようと考えていたと知り、見通しの悪さを軽蔑《けいべつ》したから。

エ　父親は自分の進路に理解を示してくれ、進路の自由を認めない母親を諦めさせるためにうまく策を考えて立ち回ってくれていると思っていたのに、実際は父親も自分に跡を継いで欲しいと考えていたと分かり、憎《にく》しみを覚えたから。

オ　父親が現在の小さな薬局ではやりがいを感じていないことには薄々《うすうす》気づいていたものの、自分の進路のことを優先して協力してくれるとばかり思っていたのに、この機に乗じて自分の計画を強行しようとしていたと知り、見損なったから。

問八　――部7「お前にとっても、おれにとっても、あれは大きな賭けだったのだよ」とあるが、どういうことか。それぞれの「賭け」の内容が分かるように、九十字以内で具体的に説明しなさい。

三　あとの各問いに答えなさい。

(i) 次のAさんとBさんの会話を読んで、あとの問いに答えなさい。

A：最近、言葉の「誤用」に興味を持っていろいろ調べてるんだ。毎年、文化庁が「国語に関する世論調査」を実施していて面白いんだ。

B：ゴヨウ……？　ああ、使い方の間違いか。たとえば、どんなものがあるのか教えて。

A：有名な例だと、「情けは人のためならず」（平成十二・令和四年度同調査）って聞いたことあるでしょ。

B：うん。「情けをかけて親切にしてしまうと、その人のためにならない」ってことでしょ。

A：それが違うんだ。正しくは「人に情けをかけて親切にしておけば、[A]」って意味なんだって。

B：なるほど、それは知らなかった……。他には？

A：「役不足」（平成十四・十八・二十四年度同調査）って言葉もよく聞くでしょ。

B：うん、それなら僕《ぼく》もちょうど昨日使ったよ。少年サッカークラブの監督《かんとく》から「副主将」に任命されたんだけど、僕にはリーダーシップなんてないから、「僕には役不足です」っていったん断ったんだ。今日また話をすることになってるけど。

A：……それがまさに「誤用」だよ。「役不足」の正しい意味は、「その人の実力に対して、与えられた役目が軽すぎてふさわしくない」ってことなんだ。だから、君が断るつもりなら、「[B]不足」と言うべきだったんだよ。

B：知らないうちに「誤用」してたなんて……。監督が正しい意味をご存じだったら、改めて今日[C]に任命されるかもしれないな……。

A：あはは、本当だね。

B：正しい意味を知っておかないと、相手に誤ったメッセージを伝えることになるし、相手の言葉も間違って理解しちゃうことになるね。

A：そうなんだ。

B：よし、僕も四月に西大和学園中学校に入学したら、しっかりと国語の授業を受け、言葉の意味を正しく理解するぞ。

問一 A に当てはまる適当な文を書きなさい。

問二 B に当てはまる適語を漢字一字で答えなさい。

問三 本文の会話の流れを理解した上で、 C に当てはまる適語を漢字で答えなさい。

(ii) 次の文章を読んで、あとの問いに答えなさい。

(朝日新聞『天声人語』による)

問一 ――部「うまい見出しだな」とありますが、どういう点がうまいのですか。四十字以内でわかりやすく説明しなさい。

問二 次の文章は12段落で構成されています。段落[3]・[4]・[6]・[7]・[8]に入るものとして最もふさわしいものを次の中からそれぞれ選び、文章を完成させなさい。ただし、同じ記号を二度用いてはいけません。

ア 刻々に変化するゆたかな色彩《しきさい》は、私たちが木々の緑に見る色と違《ちが》って、人工的な虚色《きょしょく》である。

イ モミジの緑には黄がまじり、ヤナギは青みをおびている。くすんだ緑のクスやシイも、よく見ると紅色がかった若々しい葉を先端《せんたん》につけている。

ウ 光と色彩の魔術師《まじゅつし》といわれるアルウィン・ニコライは、朱や紅、黄、うすあお、白銀色などの人工的な光彩を舞台《ぶたい》にちりばめ、踊《おど》り手の動き、形、それに音を組み合わせて幻覚的《げんかくてき》な舞台をつくりあげるのに成功していた。

エ 現代は人工着色のような「見かけの色」がヤングファッションの主調になりつつあるという学者の説があった。ブラウン管に現れる虚色に慣れたせいか、あざとい色彩をもとめるというのだ。

オ 久しぶりに五月の光をあびた木々の緑の多様さに目が吸いこまれそうだ。ラクウショウやカツラは淡い若緑色だが、トチの木やコブシの緑はひときわ濃《こ》い。

【語注】

(注) アヤメ、ショウブ、モミジ、ヤナギ、クス、シイ、ラクウショウ、カツラ、トチ、コブシ　…　すべて植物の名称。

(注) アルウィン・ニコライ　…　ロシアの演劇家。

(注) ブラウン管　…　旧型のテレビのこと。

(注) フィリップ・モリス社　…　世界最大のたばこ会社。

(注) オートメーション　…　人間に代わって自動的に行なう機械装置。

2023年度 入学試験問題

国　語

（60分）

〔注 意〕

① 問題は㊀～㊂まであります。
② 解答用紙はこの問題用紙の間にはさんであります。
③ 解答用紙には受験番号、氏名を必ず記入のこと。
④ 各問題とも解答は解答用紙の所定のところへ記入のこと。
⑤ 各問題とも特に指定のない限り、句読点、記号なども一字に数えること。

西大和学園中学校

2023(R5) 西大和学園中
教英出版

一　**次の文章を読んで、あとの問いに答えなさい。**

状況《じょうきょう》やその人物の感情を1から10までセリフで説明する作品が、近年増えてきた。「なんでもセリフで説明されていて、作品の余白部分が少ないと感じます。（　A　）そのセリフというのが、わかりにくい洒落《しゃれ》た言い回しではなく、わかりやすくて安直」（大学4年生）。

そうした作品に慣れた視聴者《しちょうしゃ》は、セリフとして与《あた》えられる情報だけが物語の進行に関わっている、と思い込《こ》むようになる。

（　B　）、彼らの理屈《りくつ》はこうだ。

「倍速でもセリフは聞こえている（もしくは字幕で読めている）んだから、ストーリーはわかる。問題ない」

一方で、人物が登場しなかったり、沈黙《ちんもく》が続いたりするようなシーンは、物語が進行していないとみなされ、10秒飛ばされる。

本来、10秒間の沈黙という演出には、視聴者に無音の10秒間を体験させるという演出意図がある（はずだ）がそのような作り手側の意図は届かない。

『ドラえもん』などのファミリーアニメ、『交響詩篇《こうきょうしへん》エウレカセブン』などのSFアニメほか、実写映画やドラマの脚本《きゃくほん》、ゲームシナリオを手掛ける脚本家の佐藤大《さとうだい》氏は、こう嘆《なげ》く。

「1口では相手のことを『嫌《きら》い』と言っているけど本当は好き、みたいな描写《びょうしゃ》が、今は通じないんですよ」

近い話は、筆者も聞いたことがある。とある作品のワンシーンで、男女が無言で見つめあっているが、互《たが》いに相手から視線を外さない。明らかに好意を抱《いだ》きあっている描写だ。（　C　）ある視聴者は、それがaソウシソウアイの意味だとわからず、誰《だれ》かから教えられると、こう反論した。

「でも、どっちも『好き』って言ってなかったから、違《ちが》うんじゃない？　好きだったら、そう言うはずだし」

暗喩《あんゆ》やbヒニクや寓意《ぐうい》を理解できない人は(注1)Ｔｗｉｔｔｅｒなどでもよく観察される。（　D　）、ある時代錯誤《さくご》な発言をした著名人に対して、誰かが「こいつ、昭和の人間かよ」というヒニクをツイートする。すると「え？　彼の年齢《ねんれい》からして昭和生まれではないですよね」という(注2)リプが届く。

とりわけ珍《めずら》しい光景ではない。

アニメーション映画『この世界の片隅《かたすみ》に』（２０１６年）などのプロデュース会社・ジェンコの代表取締役《とりしまりやく》・真木太郎《たろう》氏によれば、

説明セリフの多い作品が増えた理由のひとつは、製作委員会（製作費を出資する企業群《きぎょうぐん》）で脚本が回し読みされる際、「わかりにくい」という意見が出るからだ。

なぜ製作委員会は、そこまで「わかりやすさ」を求めるのか。

「観客がわかってくれないんじゃないかって、不安なんだろうね。本来、セリフで説明しすぎると白けちゃうから、多少わからなくても映画に集中させるほうがいいし、僕《ぼく》個人としては、わかりやすくすることだけが作品を良くする解決策だとは、まったく思わない。ただ、『わかりにくいから直してほしい』と言ってくる委員会メンバーが多いのは事実」

真木氏は、押井守《おしいまもる》監督《かんとく》の『機動警察パトレイバー　ｔｈｅ　Ｍｏｖｉｅ』（１９８９年）や今敏《こんさとし》監督の『千年女優』（２００２年）をはじめ、30年以上にわたる商業作品のプロデュース経験がある。それだけに、「ドラマはもちろん、映画に関しても、説明セリフの多い作品が20年前、30年前と比べて圧倒的《あっとうてき》に増えた」との言葉には、重みがある。

佐藤氏は、そんなオーダーに対してどうしているのか。

「『説明しないとわかりにくい』って言われちゃうことについては、基本的にはｃハイボク感しかない。でも、僕ははっきりと言います。〝［Ｘ］してください〟は〝［Ｙ］してください〟と、イコールではないですよって。『多少［Ｙ］なくなってもいいから、［Ｘ］してくれ』というオーダーなら、筋が通っているので聞きますけど」

わかりやすくした結果、どうなるのか。

「勢いがなくなります。それは当然で、全部説明しちゃったら、観ている人の思考がそこで止まっちゃうから。やや理解が追いつかない程度、多少視聴者を置いていくくらいじゃないと、勢いが出ない。脚本はどっちでも書けるけど、じゃあどっちを取りますかって話をします」

そんなオーダーをされるまでもなく、最初から説明的なシナリオ（注3）を書いてくる脚本家も多い。小林雄次《こばやしゆうじ》氏も言う。

「最近の作品をたくさん観ている脚本家が、先回りして説明的なシナリオを書いてくる傾向《けいこう》はあると思います。２彼《かれ》らはわかっているんですよ。今の最先端《さいせんたん》のシナリオでは親切にセリフで説明すべきである、という〝正解〟が」

「わかりやすいこと」が礼賛される世の中だ。極端《きょくたん》（注4）で煽情的《せんじょうてき》な意見を歯切れよく短い（注5）センテンスで叫《さけ》ぶ者は、ネット上（注6）でフォロワーを集めやすい。

ブロガー・実業家の山本一郎は、（注7）メンタリストＤａｉＧｏが２０２１年８月に自身のＹｏｕＴｕｂｅチャンネルで「ホームレスに存在価値はない」と発言して炎上《えんじょう》(注8)した際、YouTubeという媒体《ばいたい》の仕組みを「『より過激なことを言って、動画視聴数を稼《かせ》いだもの勝ち』という『教祖ビジネス』を促進《そくしん》する側面があります」とした上で、こう続けた。

「この手の『教祖ビジネス』というものは、それらしい知識を新書や学説から漁り、本人の言葉で分かりやすく、視聴者の目線まで下げて断定的な物言いで語ることで信者をかき集めるのが基本です。必ずしも、教祖は扱《あつか》うテーマについて詳《くわ》しくなくても構わないのが特徴《とくちょう》です。必要なのは、分かりやすく、断定することで、わかってる感、理解してくれている感を醸《かも》し出し、疑いを抱かせず『俺《おれ》を信じてついてこい』とやることです」

（　E　）、DaiGo氏(注9)のYouTubeチャンネル登録者数は、炎上から6ヶ月が経過した2022年2月時点でも約230万人をキープしている。

一部のオンラインサロン(注10)も3そのような構造で成立している。サロン主は課金したメンバーを対象に、極端で煽情的な意見を歯切れよく短いセンテンスで叫び続ける。その状況は課金者だけのクローズドな場で展開するため、反対意見やツッコミといったノイズが外野から入りにくい。寄り道なく、最短距離《さいたんきょり》で「答え」を授かることができる。

ある論点、ある問題dテイキに対して賛否たくさんの意見が並べられている状況は、それだけでわかりにくい。eフカイの原因となる。余計なノイズを除去し、シンプルでわかりやすい正解をひとつだけ用意する者や場所に、人は集う。

同じように、わかりにくさを排《はい》した映像作品にも人が集う。

テレビをつけて目にする番組が情報過多なものばかりになれば、視聴者もすべてが説明されている状態に慣れる。慣らされる。それが普通《ふつう》だという感覚になる。

大学生たちに、説明過多の風潮をどう思うかと聞いたところ、その多くは「言われてみればそうかもしれないが、特に意識したことはなかった」「へえ、これは説明が多いんですね。新しい気づきを得ました」といった反応を示した。ピンと来ていないのだ。

「説明の多さに慣らされた結果、説明セリフの少ないドラマや映画を観ると、情報が少ないと感じて、物足りない気分になる。それで早送りするなり、ついスマホを見たりしてしまう」（森永氏）

実際、倍速視聴が習慣化している人はよく、「もはや普通の速度では物足りない。1・5倍か2倍くらいがちょうどいい」と口にする。

また、若年層がＴＶ以上に親しんでいるＹｏｕＴｕｂｅの企画動画は、概《がい》して地上波ＴＶ番組よりも編集のテンポが速い。間はとことん排除《はいじょ》され、インパクトのある発言だけで埋《う》めつくされている。その意味では「情報密度が高い」。

その情報密度、そのテンポに慣れてしまえば、映画のワンカット長回しや、セリフなしで沈黙芝居に耐《た》えられなくなるのは、4当然かもしれない。大学生たちが口々《くちぐち》に言っていた「せっかち」という言葉が思い出される。

説明セリフを求める傾向は、観客の民度や向上心の問題というよりは、習慣の問題なのだ。情報過多・説明過多・無駄《むだ》のないテンポの映像コンテンツばかりを浴び続ければ、どんな人間でも「それが普通」と思うようになる。その状態で、いざ長回しの意味深なワンカット映像や、セリフなしの沈黙芝居《しばい》から何かを汲《く》み取れと言われても、戸惑《とまど》うしかない。

結果、出てくる感想は「わかんなかった（だから、つまらない）」「飽《あ》きる（だから、観る価値がない）」だ。

積み重ねられた習慣こそが、人の教養やリテラシーを育む。抽象《ちゅうしょう》絵画を一度も見たことない人間が、(注11)モンドリアンの絵をいきなり見せられても、どう解釈《かいしゃく》していいかわからない。

無論、抽象絵画など鑑賞《かんしょう》しなくても人間は生きていける。同じように、セリフのないシーンに意味を見出《みいだ》すことができなくても、人間は生きていける。善悪ではない。ただただ、そういうことだ。

（稲田豊史『映画を早送りで観る人たち　ファスト映画・ネタバレ――コンテンツ消費の現在形』光文社新書による。一部改変）

【語注】

(注1) Ｔｗｉｔｔｅｒ … ツイッター。使用者が「つぶやき」と呼ばれる１４０字以内の短い記事を書き込み、ほかの使用者がそれを読んだり、返信をすることでコミュニケーションが生まれるインターネット上のサービス。

(注2) リプ … 「リプライ」の略。返信。

(注3) シナリオ … 映画の脚本、台本。

(注4) 煽情的《せんじょうてき》 … 感情をあおりたてるさま。

(注5) センテンス … 一文のこと。

(注6) フォロワー … Ｔｗｉｔｔｅｒなどのインターネット上のサービスにおいて、その人の投稿《とうこう》内容を受け取られるように登録した人。

(注7) メンタリストＤａｉＧｏ … 日本のタレント。

（注8）炎上　……　Ｔｗｉｔｔｅｒなどに掲載《けいさい》した文章に対し、批判的コメントが集中し、閲覧《えつらん》・管理機能が損なわれてしまう状態を火災にたとえた表現。

（注9）ＹｏｕＴｕｂｅチャンネル登録者数　…　よく見るチャンネル（番組）を登録しておけば、新たに登録された動画を簡単に見ることができる。登録者数が増えるほど人気だとされている。

（注10）オンラインサロン　…　ウェブ上で、個人が運営する会員制の集まり。

（注11）モンドリアン　…　オランダの画家。

問一　═══部ａ～ｅのカタカナを、それぞれ漢字に直しなさい。（楷書《かいしょ》で、ていねいに書くこと）

問二　（　Ａ　）～（　Ｅ　）にあてはまる語としてふさわしいものを、次の中からそれぞれ一つずつ選び、記号で答えなさい。ただし、同じ記号を二度以上用いてはいけません。

ア　たとえば　**イ**　なお　**ウ**　しかし　**エ**　それゆえに　**オ**　しかも

問三　───部１「口では相手のことを『嫌い』と言っているけど本当は好き、みたいな描写」とありますが、そのような描写の例として最もふさわしいものを次の中から一つ選び、記号で答えなさい。

ア　友人を褒《ほ》めるつもりで「背が高いね」と言ったが、その意図が伝わらず、自分の背の高さに悩《なや》んでいた友人を傷つけてしまった。

イ　本当は赤色の帽子《ぼうし》が欲しかったが、その場の友人とおそろいにしようということになり、空気を読んで自分の好みではない青色の帽子を選んだ。

ウ　待ち合わせ時間に一時間以上遅《おく》れてきた友人に対して、長時間待たされたことを直接注意せず、「ずいぶん早いね」と遠回しに遅れてきたことを注意した。

エ　好きな子に少しでも興味を持ってもらうために、好きという気持ちは伝えずに、勉強を熱心に取り組んだり運動を始めたり、自分の良さを表現した。

オ　お父さんに宿題をしていないことを指摘《してき》されたので、「お父さんは家でだらだらしてもいいのに何で私はダメなの？」と思ったことを聞いてみた。

問四　本文中の［X］と［Y］に入る適当な言葉をそれぞれ答えなさい。なお、［X］は本文中から探し、［Y］は自分で考えて答えること。また、本文中にある二箇所《かしょ》の［X］と［Y］にはそれぞれ同じものが入ります。

問五　――部2「彼らはわかっているんですよ」とありますが、何を「わかっている」のですか。その説明として最もふさわしいものを次の中から一つ選び、記号で答えなさい。

ア　映画の中でのセリフを増やすことで内容が理解しやすくなり、体感できないような心が揺《ゆ》さぶられるシーンを演出できるということ。

イ　映画の中で理解できない内容が多ければ、観客の集中力は切れてしまうので、少しでも集中できる工夫が必要であるということ。

ウ　近年観客の理解度が低下していることが明らかであるため、誰でも理解できる易しいセリフを用意する必要があるということ。

エ　脚本家として成功するために、観客が映画の内容を理解しやすいように、ていねいなセリフ説明を心掛ける必要があるということ。

オ　心を揺さぶらない映画を作ることが、製作委員会から好まれることであり、自分の脚本が採用されることにつながるということ。

問六　――部3「そのような構造で成立している」とありますが、「そのような構造」とはどのようなものですか。その説明として最もふさわしいものを次の中から一つ選び、記号で答えなさい。

ア　過激なものや危険なことに大勢の人の注目は集まるため、時にはしてはいけないことをしてでも聞き手となる人々を集めるというもの。

イ　ある話題について詳しく調べた上で多くの聞き手に分かりやすく伝えられるように短い言葉で意見をまとめ、それを理解させるというもの。

ウ　ある分野に詳しくなくても過激な発言をして世間の注目を集めることで聞き手が集まり、結果的に聞き手をだましてしまおうというもの。

エ　真実ではない情報だったとしても、わかりやすく簡単な言葉に変えて表現することで、自信を持って自分の意見を聞き手に伝えるというもの。

オ　分かりやすく短い言葉を使ってある話題について説明し、聞き手にわかりにくいという不信感を抱かせずに自分の考えを信じさせるというもの。

問七　――部**4**「当然かもしれない」とありますが、筆者がそう述べる理由として、二つの理由が考えられます。それを説明した次の文の空らんに当てはまる言葉を本文中から［　①　］は三十字以内、［　②　］は四十字以内でそれぞれ抜き出して、最初の七字を答えなさい。

・映画の視聴者が［　①（三十字以内）　］と考えているから。

・映画の視聴者が［　②（四十字以内）　］と考えているから。

問八　～～～部「状況やその人物の感情を1から10までセリフで説明する作品が、近年増えてきた」とありますが、それはなぜですか。その理由を、本文全体をふまえて、九十字以内で説明しなさい。

二　次の文章を読んで、あとの問いに答えなさい。

東京の会社に勤める美帆《みほ》は、ある出来事をきっかけとして、その会社に対して疑問を感じるようになった。また、恋人《こいびと》との関係や実家にいる家族との関係にも悩《なや》みを抱《いだ》いており、だれにも頼《たよ》れないと思って暗い気持ちになる日々が続いている。

その問題については以前から知っていた。

ＮＨＫで特集番組を観《み》たことがあるし、ツイッターで話題になっているのを目にしたこともある。

けれど実際、見たのは初めてだった。

成人の日の休日に一人（注1）で中目黒を散歩していた。

中目黒というのは、一人でいることがあまりa様にならない街だ。カップルや友人たちのグループで行動している人間が多い。特に、人気男性アイドルのタレントショップがある目黒川付近のカフェやレストランはそのファンらしい女性で埋《う》め尽《つ》くされている。

わん、と小さな鳴き声がした。

ふっとあたりを見回す。するとすかさず、わんわん、と高い鳴き声が続いた。

まるで、ここにボクがいるのを見落とさないで！　と言っているような声だった。

そこは、中目黒駅前の、バスやタクシーが止まっている、ビルの前のエリアだった。その小さな空間を利用して、食べ物屋の屋台が並んでいる一角に「彼《かれ》」はいた。

背中の黒いチワワが、小さな目を見開いて美帆を見ている。その横に、表情のおだやかな白い大型犬が並んでいた。

改めて（　A　）見て、保護された犬猫《いぬねこ》を育てるボランティアのブースだということがわかった。たくさんの犬猫の写真や募金《ぼきん》箱が並んでいる。しかし、焼きたてのソーセージや産地直送の野菜が並んでいる店に比べたら圧倒的《あっとうてき》に地味だ。

けれど、1それを補ってあまりあるかわいらしさに目が釘付《くぎづ》けになった。思わず、犬たちにかけ寄ってしゃがみ込《こ》んでしまった。

「いらっしゃいませー。私たち、保護犬猫のボランティアをしている、シャイン・エンジェルです」

生成《きなり》色のシャツにカーキ色のパンツ、引っ詰《つ》めた髪《かみ》に帽子《ぼうし》をかぶった、優しそうな女性が話しかけてきた。

「この子たちも、保護犬なんですか」

チワワばかりでは不公平になると思い、大型犬もなでてやった。すると、［　X　］ように、チワワがキャンキャンと鳴く。

その様子を大型犬が優しげに見守る。
「はい。彼らは今、うちの施設《しせつ》に保護されているんですよ」
「こんな、チワワなんかもいるんですか」
「ええ。保健所にいたのを引き取ったんです」
「何歳《なんさい》ぐらいかしら」
「はっきりはわからないけど、五歳ぐらいかも」
チワワはしゃがんでいる美帆の膝《ひざ》に頭をすりつけてきた。
「こんなかわいい小さい犬なのに」
保護犬のことは知っていたが、雑種や（　B　）大きな犬がほとんどかと思っていた。あとは、年寄りで介護《かいご》が必要な犬とか。とても自分には飼えない、ボランティアの人は立派だと感心していた。
しかし、彼らを見て、心が動いた。こんな元気な子たちなら、自分にも飼えるかもしれない。
「ですよねー。犬、お好きですか」
「子供の頃《ころ》、飼っていて……」
そこまで言うと、胸が痛んだ。
「今、ペットが飼えるような場所にお住まいですか」
「いえ、賃貸マンションなので」
「それでは、むずかしいですね」
彼女《かのじょ》はパンフレットを美帆に渡《わた》してくれた。
「ここに他の犬や猫たちも出ています。それから、ホームページに新しい情報が出ていますので、ぜひ、見てください」
「ありがとうございます」
「里親になっていただくためにはいろいろ条件があるんです。でも、それさえクリアできれば、いつでも募集《ぼしゅう》していますので、機会があったらご連絡《れんらく》ください」
「本当にありがとうございます」
最後にチワワを抱《だ》かせてもらった。
2 それはびっくりするほど体温が高く、美帆の目をじっと見つめていた。

計算用紙

※切り離してはいけません。

問題は次のページへ続きます。

3 次の□にあてはまる数を答えなさい。

(1) 1から2023までの整数のうち，7の倍数

7，14，21，28，35，…，2023

をつなげて，新たに整数

714212835…2023

をつくり，この整数をAとします。また，整数Bと1桁の整数Xに対して，記号［B：X］は，整数Bの各位に整数Xが現れる回数を表します。

たとえば，B＝20222023のとき，［B：0］＝2，［B：2］＝5です。

① 7の倍数

7，14，21，28，35，…，2023

の中に，一の位が0の整数は［あ］個あります。

② ［A：0］＋［A：1］＋［A：2］＋…＋［A：9］＝［い］です。

③ ［A：0］＝［う］です。

(2) 下の図のように，3辺が3 cm，4 cm，5 cmの直角三角形を3つ組み合わせました。このとき，四角形ABCDの面積は□cm^2です。

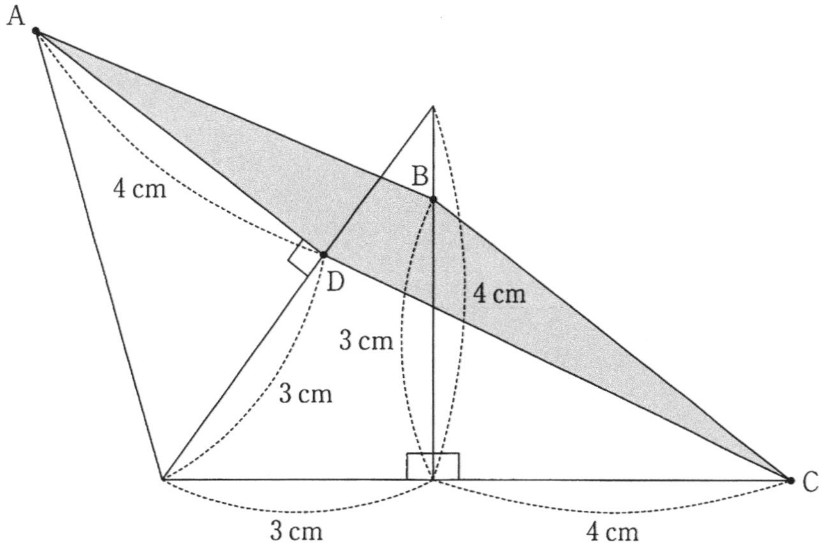

計算用紙

※切り離してはいけません。

問題は次のページへ続きます。

4

　西さんと大和さんは，グラウンドでの体育祭の練習のために，図のように，石灰の粉で白線を引き，トラック全体の線を描《えが》きます。

　内側の太線部分を内周，外側の太線部分を外周と呼びます。細線部分は徒競走用にレーンを８レーンずつ，合計16レーン作るためのものです。1つのレーンの幅は1.25 mです。

　太線部分に白線を引くためのラインカーＰと，細線部分に白線を引くためのラインカーＱの２種類を用います。Ｐを用いると１ｍあたり７ｇの石灰，Ｑを用いると１ｍあたり５ｇの石灰が費やされます。このとき，次の問いに答えなさい。

　ただし，白線そのものの幅は考えないものとし，この問題においては円周率を$\frac{22}{7}$としなさい。

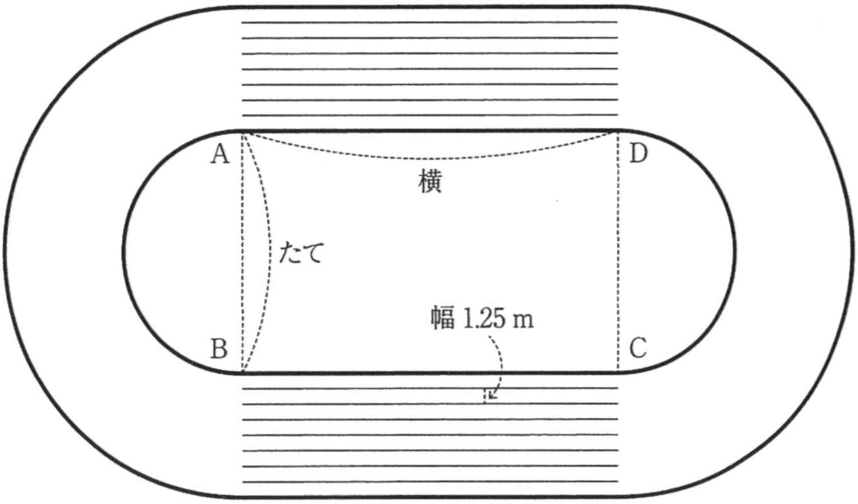

グラウンドのトラック

内周，外周は太線で，レーンを区切る線は細線で描きます。

四角形ABCDは長方形であり，横線はすべてADと平行です。

内周，外周のまっすぐではない部分は半円の弧《こ》です。

点線は描きません。

(1) 大和さんは，四角形ABCDが正方形で，トラックの内周が250 mとなるように計算したところ，ADの長さが整数になりませんでした。そこで，内周の長さは250 mにはなりませんが，ADの長さの小数第一位を四捨五入して，正方形の一辺の長さとしました。

① 正方形の一辺の長さは何mですか。

② 内周は何mになりますか。

③ ABの長さはそのままに，ADの長さを変えて，内周がぴったり250 mになるようにしました。このとき，ADの長さは何mですか。また，このトラック全体を描くために必要な石灰は何gですか。

(2) 大和さんはADの長さを60 mにし，内周が250 mになるように計算したところ，ABの長さが整数になりませんでした。内周が250 mに最も近くなるような，整数をABの長さとしました。トラックを描き終えてから確認すると，使った石灰の量は8400 gであり，一部に間違った太さの線を引いたことに気がつきました。

① ABの長さは何mですか。

② 次の文章において，(　　　)内については正しい方に○をつけ，[　　]には適切な値を入れて文章を完成させなさい。

「大和さんは本来（太・細）い線を引くべきところに，間違って（太・細）い線を[　　]m引きました。」

(3) 大和さんが引いた白線が雨で流れてしまい，西さんが下の規則で，白線を一から引き直すことになりました。

― 規則 ―

・AD，ABの長さをそれぞれ[う]m，[え]mとします。ただし，[う]は30以上70未満の整数です。

・[え]は[う]を決めたあと，内周が250 mに最も近い長さとなる整数と決めます。[え]は[う]を決めると1つに決まります。

規則に従ってトラック全体を描いたところ，使用した石灰の量が7700 g以下でした。[う]として考えられる最も大きい整数を求めなさい。

問題は以上です。

(7) その後、おもりは再びばねからはなれ運動する。その運動を説明した文として、最も適当なものを１つ選び、記号で答えなさい。

ア．坂Ｂをのぼり、坂Ｂの頂上が最高点になるように折り返し、再びばねを縮める。その後、ずっとこれをくり返す。

イ．坂Ｂをのぼり、坂Ｂの頂上が最高点になるように折り返し、再びばねを縮める。その後、往復をくり返し、しだいに勢いがなくなり止まる。

ウ．坂Ｂをのぼり、坂Ｂの頂上から飛び出す。その後、高さＨ〔cm〕のところが最高点になる。

エ．坂Ｂをのぼり、坂Ｂの頂上から飛び出す。その後、高さＨ〔cm〕より低いところが最高点になる。

(2) 表１、表２の①～④に当てはまる数値をそれぞれ答えなさい。割り切れない場合は小数第２位を四捨五入して第１位まで答えなさい。

(3) 【実験３】で、５秒間で進んだ長さが 10 m のとき、ばねを縮めた長さは何 cm ですか。小数第１位を四捨五入して整数で答えなさい。

【実験４】　図４のように【実験１】のばねに 10 g のおもりをおしつけて 20 cm 縮めてはなし、ばねからはなれた後のおもりの運動を調べました。おもりはばねからはなれたあと、坂Aをのぼり、高さ 20 cm にある長さ５m の平面を通過し、軽いふりこについた重さ６g のカゴに入りました。おもりはカゴから落ちないようになっていて、坂Bにぶつかることなく、ちょうど 90°回転した高さH〔cm〕で一瞬《いっしゅん》止まりました。そのとき、ふりことカゴを止めると、おもりのみが落下し坂Bを下りました。ただし、坂Bに当たる前後でおもりの速さは変わりませんでした。最後に、スタートと同じ高さに用意されたばねを縮めました。なお、このばねは【実験１】で用いられたばねと同じものでした。

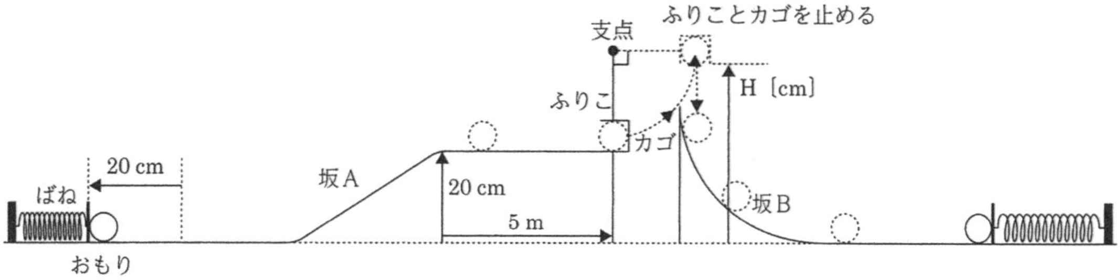

図４

(4) おもりは高さ 20 cm にある長さ５m の平面を何秒間で通過しましたか。

(5) おもりとカゴが到達した高さH〔cm〕はいくらか。

(6) 坂Bを下ったあと、おもりはばねを何 cm 縮めましたか。小数第１位を四捨五入して整数で答えなさい。

【実験２】　図２のように坂の上からおもりを静かにはなし、平面に達したときの様子を観察しました。おもりの重さ〔g〕、おもりをはなした高さ〔cm〕、平面に達したときに５秒間で進んだ長さ〔m〕の関係は表２のようになりました。

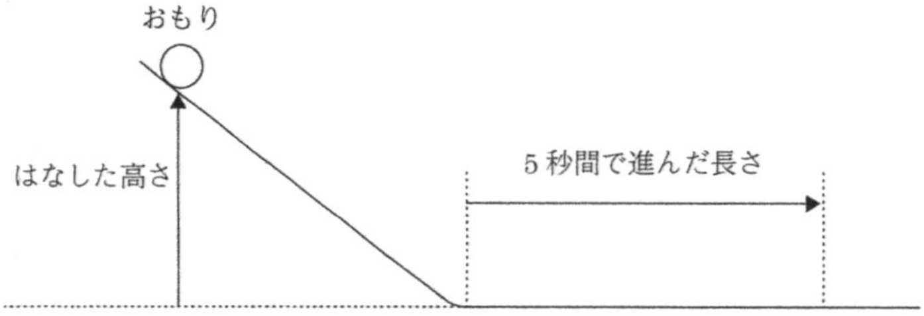

図２

表２

おもりの重さ〔g〕	5	10	10	10	10	10	15	20	25
はなした高さ〔cm〕	20	5	20	45	③	125	20	20	20
５秒間で進んだ長さ〔m〕	10	5	10	15	20	25	10	④	10

【実験３】　図３のように【実験１】のばねに 10 g のおもりをおしつけてはなし、ばねからはなれた後のおもりの運動を調べました。

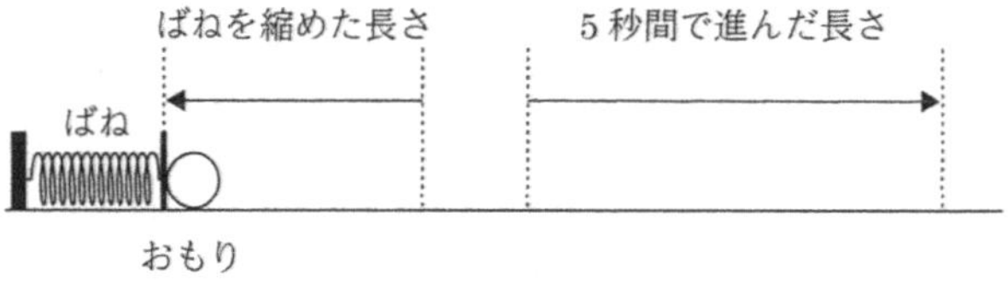

図３

(1)　【実験１】、【実験２】について述べた次の文のうち、正しいものを１つ選び、記号で答えなさい。

ア.【実験１】で、おもりの重さが等しいとき、ばねを縮めた長さと到達した高さが比例する。

イ.【実験１】で、おもりの重さと到達した高さの関係は、おもりの重さによらない。

ウ.【実験２】で、おもりの重さが等しいとき、はなした高さと５秒間で進んだ長さが比例する。

エ.【実験２】で、おもりの重さと５秒間で進んだ長さの関係は、おもりの重さによらない。

4 高いところから物体をはなすと、その高さが高いほど地面につくときの速さは速くなります。これは、高いところにある物体ほど大きなエネルギーをもち、このエネルギーが速さのエネルギーに移り変わるからです。ふりこの動きも同じで、ある高さからふりこをはなすと、一番下でもっとも速くなり、もとの高さまであがります。高さのエネルギーが速さのエネルギーに変わり、再び高さのエネルギーに移り変わります。

このようにエネルギーは形を変えて移り変わり、その合計は一定に保たれることが知られています。エネルギーの移り変わりの様子を調べるため実験を行いました。いずれの実験でも、おもりやカゴの大きさ、摩擦《まさつ》、空気抵抗《ていこう》は考えなくてよいものとします。また、計算の際には、次の式が成り立っているものとします。

1.00×1.00＝1	1.41×1.41＝2	1.73×1.73＝3
2.00×2.00＝4	2.24×2.24＝5	2.45×2.45＝6
2.65×2.65＝7	2.83×2.83＝8	3.00×3.00＝9
3.16×3.16＝10	3.32×3.32＝11	3.46×3.46＝12
3.61×3.61＝13	3.74×3.74＝14	3.87×3.87＝15

【実験１】　図１のようにばねにおもりをおしつけてはなし、ばねからはなれたおもりが坂のどの高さまで到《とう》達し、下り始めるかを測定しました。おもりの重さ〔g〕、初めに縮めたばねの長さ〔cm〕、到達した高さ〔cm〕の関係は表１のようになりました。

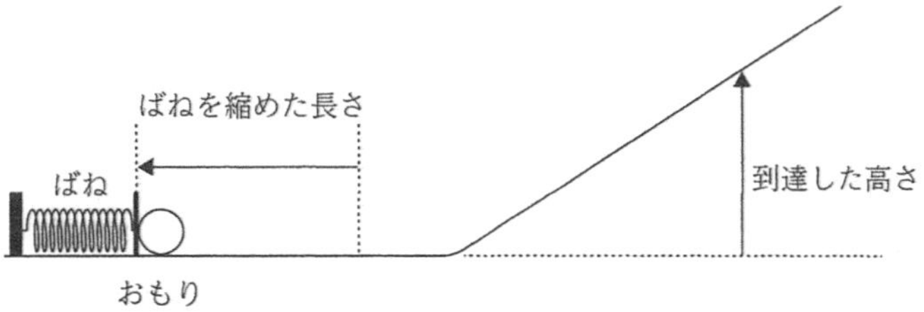

図１

表１

おもりの重さ〔g〕	5	10	10	10	10	10	15	20	25
ばねを縮めた長さ〔cm〕	10	5	10	15	20	25	10	10	10
到達した高さ〔cm〕	20	2.5	10	22.5	40	①	②	5	4

【実験B】　不純物を含《ふく》まない、いろいろな重さの石灰石に、同じ濃《こ》さの塩酸を、体積を変えて加えたときに発生する気体の体積を測定したところ、下の結果が得られました。

表

石灰石の重さ〔g〕	1.0	1.5	2.0	2.5	3.0
加えた塩酸の体積〔cm^3〕	32	32	32	16	32
発生する気体の体積〔cm^3〕	230	345	①	②	598

(6)　表の①・②に当てはまる数値を答えなさい。

(7)　不純物を含まない石灰石 3.5 g に、【実験B】の塩酸を 40 cm^3 加えるとき、発生する気体の体積は何 cm^3 ですか。小数第 1 位を四捨五入して整数で答えなさい。

(8)　大和くんは不純物を含む重さ 5.0 g の石灰石を拾いました。この石灰石と【実験B】の塩酸をじゅうぶんに反応させたところ、1012 cm^3 の気体が発生しました。この石灰石 5.0 g に含まれる不純物は何%ですか。割り切れない場合は、小数第 1 位を四捨五入して整数で答えなさい。ただし、不純物は塩酸と反応しないものとします。

大和くんは二酸化炭素に興味を持ち、次の実験Ａ・Ｂを行いました。

【実験Ａ】　二酸化炭素だけが入っているペットボトルの中に水を３分の１ほど入れて、ふたを閉めてよくふると、ペットボトルがへこみました。

(5)　【実験Ａ】よりもペットボトルをへこませることができる実験として適当なものを次のうちから２つ選び、記号で答えなさい。

ア．水のかわりに、同じ体積のオキシドールを入れる。
イ．水のかわりに、同じ体積の食塩水を入れる。
ウ．水のかわりに、同じ体積の水酸化ナトリウム水溶液を入れる。
エ．水のかわりに、同じ体積の塩酸を入れる。
オ．【実験Ａ】のあと、ペットボトルを温める。
カ．【実験Ａ】のあと、ペットボトルを冷やす。

次の文章は西先生と大和くんの会話文です。

西先生　:「大和くん、二酸化炭素を発生させる方法にはどのようなものがあるか知っていますか。」

大和くん:「西先生、もちろん知っています。石灰水に塩酸を加える、でいいですよね。」

西先生　:「残念ながら不正解です。よくあるまちがいですね。石灰水ではなく石灰石です。」

大和くん:「あ、そうでした。やはり何事も正確に理解することが大切ですね。」

西先生　:「その姿勢が大切です。その姿勢が君を大きく成長させてくれますよ。ちなみに石灰水に塩酸を加えると何が起こるでしょうか。」

(4)　下線部について、石灰水に塩酸を加えると起こることとして適当なものを２つ選び、記号で答えなさい。

ア．はじめの水溶液に青色リトマス紙をつけると赤色になるが、塩酸をじゅうぶんに加えた水溶液に赤色リトマス紙をつけると青色になる。

イ．はじめの水溶液に赤色リトマス紙をつけると青色になるが、塩酸をじゅうぶんに加えた水溶液に青色リトマス紙をつけると赤色になる。

ウ．はじめの水溶液にリトマス紙をつけても変化は起こらないが、塩酸をじゅうぶんに加えた水溶液に青色リトマス紙をつけると赤色になる。

エ．泡《あわ》が発生し、水溶液が白くにごる。

オ．泡が発生するが、水溶液は無色のままである。

カ．目に見える変化はなく、水溶液も無色のままである。

3 二酸化炭素に関する以下の問いに答えなさい。

(1) 二酸化炭素について述べた次の文のうち、正しいものをすべて選び、記号で答えなさい。

ア．無色・無臭《むしゅう》である。
イ．入浴剤《にゅうよくざい》をお風呂《ふろ》に入れると出てくる気体である。
ウ．ぬれた赤色リトマス紙を青色に変える。
エ．空気より軽く、水にとけやすい。
オ．石灰水に通すと白くにごり、さらに通すとにごりが消える。

(2) 次の文のうち、二酸化炭素が発生すると考えられるものをすべて選び、記号で答えなさい。

ア．アルミニウムを水酸化ナトリウム水溶《よう》液に入れる。
イ．灯油を燃やす。
ウ．卵のからを塩酸に入れる。
エ．鉄くぎを硫《りゅう》酸水溶液に入れる。
オ．スチールウールを燃やす。

(3) ドライアイスは二酸化炭素の固体です。ドライアイス 1 cm^3 の重さが 1.53 g のとき、10 g のドライアイスがすべて気体になると、体積は 5290 cm^3 になります。固体の二酸化炭素が気体になると、その体積は何倍になりますか。小数第 1 位を四捨五入して整数で答えなさい。

(6)　【実験１】の下線部について、目の大きい網でおおったときには、アリが入ってきて、網の中には、アリ、テントウムシ、アブラムシの３種の昆虫が観察されました。これらの昆虫の間では、【実験１】とは異なる関係が見られました。その関係を説明した次の文のD、E、Fに入る昆虫の組み合わせとして正しいものを次の中から１つ選び、記号で答えなさい。

ムクゲの茎《くき》の中には甘《あま》い汁《しる》が流れている。（　D　）はこの甘い汁を吸いにやってくる。（　E　）は、（D）がおしりからだす甘い汁をもらいにやってくる。一方、（　F　）は（D）を食べにやってくる。（E）は（D）に近づく（F）を追いはらう。

	D	E	F
ア	アリ	アブラムシ	テントウムシ
イ	アリ	テントウムシ	アブラムシ
ウ	アブラムシ	アリ	テントウムシ
エ	アブラムシ	テントウムシ	アリ
オ	テントウムシ	アリ	アブラムシ
カ	テントウムシ	アブラムシ	アリ

(7)　【実験１】、【実験２】の結果から、２種のテントウムシの関係について考えられることを、次の中から３つ選び、記号で答えなさい。

ア．【実験１】では、植木鉢Bの方が植木鉢Aのテントウムシよりも成虫の生存率が高い。

イ．【実験１】では、植木鉢Cのナミテントウは植木鉢Cのナナホシテントウに比べて、えさのアブラムシをめぐる争いに強い。

ウ．ナナホシテントウもナミテントウも共に、幼齢幼虫から老齢幼虫の時期にかけてアブラムシの他に、ヒラタアブやクサカゲロウなど別のえさを食べることができる。

エ．ナナホシテントウもナミテントウも共に、さなぎの時期にはえさを必要としない。

オ．【実験１】では、ナナホシテントウもナミテントウも共に、中齢幼虫から老齢幼虫にかけて他の生物に食べられるので、この時期に数が大きく減少する。

カ．【実験２】では、野外にいるハナグモは、ナナホシテントウよりもナミテントウを優先的に食べている。

キ．【実験２】では、【実験１】と同数のアブラムシがいた場合、２種のテントウムシの成虫の生存率は共に【実験１】よりも減少する。

問2　表中の【　**あ**　】にあてはまる語句を、アルファベット４字で答えなさい。

問3　下線部②について述べた次の文中【　ⅰ　】・【　ⅱ　】にあてはまる語句の組み合わせとして適当なものを、あとの**ア**～**エ**から１つ選び、記号で答えなさい。

> 国際連合の専門機関である【　ⅰ　】が2022年10月に発表した「世界経済見通し」によると、2022年の世界経済成長率は3.2％であり、４月の見通しから下方改定されました。新型コロナウイルス感染症のパンデミックが深刻だった一時期などを除くと、2001年以降で最も弱い成長の推移となっています。その理由の１つとして、ロシアのウクライナ侵攻《しんこう》などを背景とする資源や食料の不足で、【　ⅱ　】が進行していることが挙げられています。

ア　ⅰ－ＩＭＦ　　ⅱ－インフレーション

イ　ⅰ－ＩＭＦ　　ⅱ－デフレーション

ウ　ⅰ－ＷＨＯ　　ⅱ－インフレーション

エ　ⅰ－ＷＨＯ　　ⅱ－デフレーション

問4　表中の【　**い**　】について、国家が費用を負担しておこなわれるこの儀式の名称を、答えなさい。

問5　下線部③について、トラス氏の後任として、イギリス初のアジア系首相となった人物を、カタカナで答えなさい。

4 2022年は、日本と世界とのつながりがいっそう強まる１年でした。これに関してまとめた次の表を見て、あとの**問１**～**問５**に答えなさい。

時期	できごと
３月23日	ウクライナのゼレンスキー大統領が、日本の①国会でオンライン形式の演説をおこない、ウクライナの状況を伝えた。
５月24日	日本・アメリカ合衆国・オーストラリア・インドの４カ国の協力の枠組みである【　**あ**　】の首脳会合が東京でおこなわれ、「自由で開かれたインド太平洋」を築くという目標について改めて確認した。
６月９日	②国際連合は総会で、非常任理事国を選ぶ投票をおこない、日本は史上最多となる12回目の選出を決めた。
９月19日	イギリスのエリザベス女王の【　**い**　】がロンドンのウェストミンスター寺院でおこなわれ、日本からは天皇・皇后が参列した。
９月27日	安倍《あべ》晋三《しんぞう》元首相の【　**い**　】が東京都千代田区の日本武道館でおこなわれ、海外からも多くの要人が参列した。
10月21日	イギリスで３人目の女性首相となるトラス氏が、史上最短の任期で③辞任を表明し、岸田《きしだ》文雄《ふみお》首相は「今後の動きについて注視」していく旨を述べた。

問１　下線部①について説明した文として誤っているものを、次の**ア**～**エ**から１つ選び、記号で答えなさい。

ア　国会は、重大なあやまちを犯した裁判官を辞めさせるかどうかを決めることができる。

イ　内閣が提出した予算案の審議は、必ず参議院が先におこなうよう定められている。

ウ　衆参各議院で総議員の３分の２以上の賛成があれば、国会は憲法改正を発議できる。

エ　衆議院が内閣に対する不信任の決議を出した場合は、内閣は総辞職するか、衆議院を解散しなければならない。

問題は次のページに続きます。

問1　地形図から読み取ることができることとして正しいものを、次の**ア**～**エ**から１つ選び、記号で答えなさい。

ア　地形図中を走っているJR線はすべて複線となっている。

イ　「新町川」の南側には、郵便局の数より小・中学校の数の方が多い。

ウ　「南沖洲（五)」の沿岸部は、干拓《たく》によって造成された土地で、工場が立地する。

エ　「徳島城跡《せき》」の東側の国道を南へ下ると、道路沿いに裁判所や消防署がみられる。

問2　地形図中の「眉山《びざん》ロープウェイ」の「山頂駅」から「山麓《ろく》駅」までの直線距離は、地形図上では2.6cmです。実際の距離は何mになるか、答えなさい。

問3　次の図１中の香川用水は、香川県でたびたび発生する自然災害である干害に対処するため、1875年から送水を開始しました。香川用水建設の目的について、**X**川の名称《しょう》をあげ、「山地」と「少雨」という語句を必ず使用して、50字以内で説明しなさい。

図１

問4　次の表１中の**A～C**は、あとの図２中の藍住《あいずみ》町、徳島市、美馬市のいずれかの昼夜間人口比率と老年人口割合を表したものです。表中の**A～C**と市町名の組み合わせとして正しいものを、あとの**ア～カ**から１つ選び、記号で答えなさい。

表１

	A	B	C
昼夜間人口比率（％）	106.9	97.3	84.0
老年人口割合（％）	29.7	38.9	25.3

統計年次は2020年
昼夜間人口比率とは、夜間人口100人あたりの昼間人口の割合のこと
老年人口割合とは、市町の総人口に占める65歳以上人口の割合のこと
国勢調査により作成

図２

	A	B	C
ア	藍住町	徳島市	美馬市
イ	藍住町	美馬市	徳島市
ウ	徳島市	藍住町	美馬市
エ	徳島市	美馬市	藍住町
オ	美馬市	藍住町	徳島市
カ	美馬市	徳島市	藍住町

問5　徳島県が日本一の出荷額をほこる工業製品として正しいものを、次の**ア**～**エ**から１つ選び、記号で答えなさい。

ア　自転車　　**イ**　発光ダイオード　　**ウ**　包丁　　**エ**　眼鏡枠《めがねわく》

問6　次の表２は、愛媛県、香川県、高知県、徳島県のいずれかの林野率と海面養殖《しょく》業収穫量、小麦収穫量を表したものです。徳島県を表しているものを、表中の**ア**～**エ**から１つ選び、記号で答えなさい。

表２

	ア	イ	ウ	エ
林野率（%）	46.5	70.6	75.5	83.7
海面養殖業収穫量（ｔ）	20,049	64,207	10,492	20,008
小麦収穫量（ｔ）	8,300	826	160	6

統計年次は、海面養殖業収穫量は2019年、その他は2020年
『データでみる県勢 2022』により作成

3　日本の桜に関する次の【Ⅰ】～【Ⅳ】の文章を読み、あとの**問１**～**問20**に答えなさい。

【Ⅰ】

> ①日本の歴史には残らないほど遠い昔から、桜は日本に咲《さ》いていましたが、日本の歴史上「桜」という言葉が最初に登場するのは、②『万葉集』の一節です。③9世紀になると、日本では天皇主宰《しゅさい》の桜の花見がおこなわれるようになりました。貴族の間でも桜が流行し、紀貫之《きのつらゆき》の詠《よ》んだ「ひとめ見し君もや来ると桜花今日はまち見て散らば散らなむ」という和歌が、④『古今和歌集《こきんわかしゅう》』に収められています。

問１　下線部①について、縄文時代から弥生《やよい》時代にかけての日本について説明した次の**A**～**C**の文が正しいか、誤っているかを判断し、その正誤の組み合わせとして正しいものを、あとの**ア**～**カ**から１つ選び、記号で答えなさい。

A　縄文時代の人々は、狩《か》りや漁・採集をして暮らしながら、豊かなめぐみを願い土偶《どぐう》をつくった。

B　弥生時代には、大陸から移り住んだ渡来人《とらいじん》により、日本に進んだ技術がもたらされた。

C　三内丸山《さんないまるやま》遺跡《いせき》からは、弥生時代に争いがあったことを示す、矢じりがささった人骨が出土した。

	A	B	C
ア	正	正	誤
イ	正	誤	正
ウ	正	誤	誤
エ	誤	正	正
オ	誤	正	誤
カ	誤	誤	正

問2　下線部②について、『万葉集』がつくられた時代と関係のあるものとして最も適当なものを、次の**ア**～**エ**から１つ選び、記号で答えなさい。

ア

イ

ウ

エ

問3　下線部③について、９世紀のできごととして正しいものを、次の**ア**～**エ**から１つ選び、記号で答えなさい。

ア　聖徳太子《しょうとくたいし》（厩戸王《うまやどおう》）が、能力のある役人を取り立てる冠位十二階《かんいじゅうにかい》をつくった。

イ　聖武天皇《しょうむてんのう》が、混乱する世の中を仏教の力でしずめようとした。

ウ　菅原道真《すがわらのみちざね》が、遣唐使《けんとうし》の取りやめを朝廷《ちょうてい》に意見した。

エ　平清盛《たいらのきよもり》が、武士としてはじめて太政大臣となった。

問4　下線部④について、『古今和歌集』は平安時代につくられた歌集です。この時代の様子を説明した次の**i**・**ii**の文が正しいか誤っているかを判断し、**i**・**ii**の両方が正しければ**ア**、**i**が正しく**ii**が誤っていれば**イ**、**i**が誤りで**ii**が正しければ**ウ**、**i**・**ii**の両方が誤っていれば**エ**と答えなさい。

i　貴族の社会では、季節ごとにさまざまな儀式《ぎしき》や年中行事がおこなわれ、細かいしきたりを守ることが重視された。

ii　かな文字はおもに朝廷に仕える男性たちによって用いられ、宮廷の生活や自然などを表現した文学作品が書かれた。

【Ⅱ】

⑤鎌倉《かまくら》時代になると、桜を愛《め》でる文化はますます広まっていきました。⑥後鳥羽上皇《ごとばじょうこう》が桜を愛でる様子が記録に残っているほか、吉田兼好《よしだけんこう》の『徒然草』には、⑦武士や庶民《しょみん》が桜の花見を楽しむ様子が描かれています。室町時代には、将軍⑧足利義満《あしかがよしみつ》が造営した花の御《ご》所《しょ》に、京都だけでなく日本各地から様々な種類の桜が集められました。一休宗純《いっきゅうそうじゅん》がのこしたとされる「花は桜木、人は武士」という言葉からも、美しく咲いて潔く散る桜に、人々が魅力を感じていたことがうかがえます。観阿弥《かんあみ》・世阿弥《ぜあみ》父子が大成した【　あ　】の世界においても、『西行桜《さいぎょうざくら》』のような桜を題材とする作品がつくられています。

問5　下線部⑤について、鎌倉時代に起こった戦乱を描いた作品として正しいものを、次の**ア**～**エ**から１つ選び、記号で答えなさい。

ア

イ

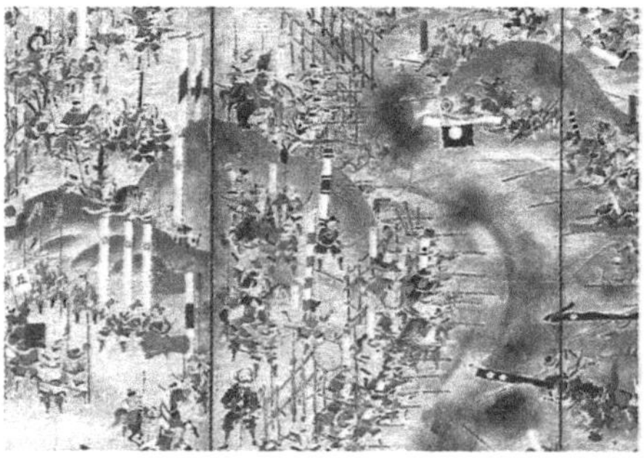

ウ

エ

問6　下線部⑥の人物の説明として正しいものを、次の**ア**～**エ**から１つ選び、記号で答えなさい。

ア　都で起こった平治の乱に勝利して、政治の実権を握《にぎ》った。

イ　京都の宇治に、平等院鳳凰堂《びょうどういんほうおうどう》を建てた。

ウ　源氏の将軍が途《と》絶えると、幕府を倒《たお》す命令を全国に出した。

エ　土地をめぐる裁判の基準として、御成敗式目を制定した。

問7　下線部⑦について、鎌倉時代の武士について説明した文として誤っているものを、次の**ア**～**エ**から１つ選び、記号で答えなさい。

ア　武士は、一族の長を中心に武士団を形成して結合し、勢力を伸《の》ばしていった。

イ　武士の中には、武芸を認められて朝廷や貴族に仕えて、力をつけていく者もいた。

ウ　武士は、貴族と同様に寝殿造《しんでんづくり》の邸宅《ていたく》で暮らし、品数の多い豪《ごう》華《か》な食事をとっていた。

エ　武士は、ふだんは一族とともに領地に住み、農民や家来を使って農業を営んでいた。

問8　下線部⑧について、この人物が活躍した時期のできごとを説明した次の**ⅰ**・**ⅱ**の文が正しいか誤っているかを判断し、**ⅰ**・**ⅱ**の両方が正しければ**ア**、**ⅰ**が正しく**ⅱ**が誤っていれば**イ**、**ⅰ**が誤りで**ⅱ**が正しければ**ウ**、**ⅰ**・**ⅱ**の両方が誤っていれば**エ**と答えなさい。

ⅰ　兵庫の港を整えて、宋《そう》との貿易を開始したことで、幕府は大きな利益を得ることとなった。

ⅱ　京都で大きな内乱が起きたことを受けて、多くの文化人が地方に移動したことで、中央の文化が地方へ広まっていった。

問9　文章中の【　**あ**　】にあてはまる語句を、漢字１字で答えなさい。

【Ⅲ】

16世紀末に⑨豊臣秀吉《とよとみひでよし》が主宰した吉野の花見会には、徳川家康《とくがわいえやす》や伊達《だて》政宗《まさむね》などの武将をはじめ多くの人が集まって桜を観賞したとされます。⑩江戸《えど》時代になると、３代将軍徳川【　い　】が上野寛永寺《かんえいじ》に吉野の桜を植え替《か》えて花見を楽しみました。上野の桜は庶民が見ることは許されませんでしたが、『江戸名所花暦《えどめいしょはなごよみ》』において「東都第一の花の名所」と評されるほど見事なものでした。のちに、８代将軍⑪徳川吉宗《よしむね》が浅草などに桜を植えたことで、庶民にとっても花見は⑫暮らしの中の大きな楽しみとなりました。川沿いに植えられた桜は、隅田川《すみだがわ》の堤防《ていぼう》としての役割も果たしたため、当時の植樹は治水工事としての側面も持っていました。

問10　下線部⑨の人物が検地や刀狩をおこなった結果、百姓《ひゃくしょう》にどのような変化が生じたか、解答らんの書き出しに合うように10字以内で答えなさい。

問11　下線部⑩について、江戸時代の人々の暮らしについて説明した文として誤っているものを、次の**ア**～**エ**から１つ選び、記号で答えなさい。

ア　百姓は、千歯こきなど様々な農具改良によって、農業生産力の向上を目指した。

イ　庶民がキリスト教を信仰することは禁止されたが、長崎に限り布教が認められていた。

ウ　商人の中には、村に小工場を持つものが現れ、陶磁器《とうじき》や絹織物などの特産品を生産した。

エ　江戸時代後半には、大きなききんが度重なって物価が上がり、全国で百姓一揆《いっき》が起こった。

問12　文章中の【　い　】にあてはまる人物を、解答らんに合うように漢字で答えなさい。

問13 下線部⑪の人物は、ヨーロッパの書物の輸入を条件付きで認めました。これにより、日本では西洋の学問を学ぶ人が増えました。これに関して、江戸時代における学問や教育について説明した次の**A**～**C**の文が正しいか、誤っているかを判断し、その正誤の組み合わせとして正しいものを、あとの**ア**～**カ**から１つ選び、記号で答えなさい。

A　ヨーロッパの学問は蘭学《らんがく》と呼ばれ、前野良沢《まえのりょうたく》のように西洋の天文学や測量術を用いて全国を測量して歩き、正確な日本地図を作ろうとする者も現れた。

B　本居宣長《もとおりのりなが》に代表される国学は、日本古来の考え方を尊重する学問であり、人々の間に広まるにつれて、政治の現状を批判する人たちが現れ、幕末の政治に大きな影響を与《あた》えることとなった。

C　江戸や大阪などの都市においては、武士の子どもたちのための寺子屋が誕生し、読み・書き・そろばんなど生活に欠かせない知識に加え、武芸なども教えられた。

	A	B	C
ア	正	正	誤
イ	正	誤	正
ウ	正	誤	誤
エ	誤	正	正
オ	誤	正	誤
カ	誤	誤	正

問14 下線部⑫について、江戸時代の人々は、歌舞伎《かぶき》や人形浄瑠璃《にんぎょうじょうるり》の鑑賞《かんしょう》なども楽しみました。『曽根崎心中《そねざきしんじゅう》』や『国性爺合戦《こくせんやかっせん》』などの作者として知られる人物を、漢字で答えなさい。

【Ⅳ】

幕末に横浜《よこはま》が開港されて以降、⑬19世紀の西欧《せいおう》社会にはヤエザクラ（八重桜）をはじめとする日本の桜が広まっていきました。桜が世界で人気を高めていく一方、⑭近代日本においても桜は愛され続けました。明治時代の作家⑮樋口一葉《ひぐちいちよう》の日記には「隅田川の（知人の）家に、花見の宴《えん》に招かれた」ことが記されており、江戸が東京と改称《かいしょう》されても、江戸の人々にとって花見は欠かせない行事だったことがうかがえます。しかし、やがて⑯日本が戦争の時代に突入《とつにゅう》すると、「散る桜」のイメージは、軍人に重ねられていき、若者たちが詠んだ辞世の句の中には、数多くの「桜」の姿がありました。

戦後、⑰1950年代になると、受験合格を意味する「桜咲く」という表現が生まれました。これは、地方の学生に合格をいち早く伝えるため、早稲田《わせだ》大学が電報で「サクラサク」という言葉を用いたことが由来とされています。やがて他の大学でも合格電報が取り入れられ、お茶の水女子大学では「オチャカオル（お茶香る）」、静岡大学では「フジサンチョウセイフクス（富士山頂征服す）」のように、各大学の特徴《とくちょう》を生かした表現が生み出されました。悠久《ゆうきゅう》の時を超え、⑱現代においても、桜は多くの人々を魅了しています。

問15　下線部⑬について、19世紀に世界で起こったできごととして誤っているものを、次の**ア**～**エ**から１つ選び、記号で答えなさい。

ア　アメリカで南北戦争がはじまった。

イ　中国とイギリスの間でアヘン戦争がはじまった。

ウ　日本がイギリスとの間で領事裁判権を撤廃した。

エ　朝鮮《ちょうせん》で三・一独立運動がおこなわれた。

問16　下線部⑭について、次の絵は、銀座のレンガ通りの町並みを描いた錦《にしき》絵《え》です。文明開化を象徴するこの場所にも、満開の桜並木が植えられました。これに関して、日本の文明開化について述べた次のⅰ・ⅱの文が正しいか誤っているかを判断し、ⅰ・ⅱの両方が正しければ**ア**、ⅰが正しくⅱが誤っていれば**イ**、ⅰが誤りでⅱが正しければ**ウ**、ⅰ・ⅱの両方が誤っていれば**エ**と答えなさい。

ⅰ　教育を重視した政府は全国に小学校を作らせ、1880年代には就学率は男女ともに９割を超えた。

ⅱ　洋服を着る人や、西洋風の髪型《かみがた》にする人が増え、牛肉やパンなどを食べる文化も広まった。

問17　下線部⑮の人物の肖像《しょうぞう》は、現在の五千円札に用いられていますが、2024年から五千円札の肖像として採用される人物について説明したものとして正しいものを、次の**ア**～**エ**から１つ選び、記号で答えなさい。

ア　国際連盟の事務局次長を務め、国際社会の発展のために力を尽《つ》くした。

イ　「もともと、女性は太陽だった」とうったえ、女性の地位向上を目指す運動を進めた。

ウ　戦場の弟を思う詩「君死にたまふことなかれ」を発表し、日露戦争《にちろせんそう》に反対した。

エ　幼少期にアメリカに留学し、帰国後は女子教育に力を注ぎ女子英学塾《じょしえいがくじゅく》をつくった。

問18　下線部⑯について、昭和時代における日本の戦争について説明した次の**A**～**C**の文が正しいか、誤っているかを判断し、その正誤の組み合わせとして正しいものを、あとの**ア**～**カ**から１つ選び、記号で答えなさい。

A　日本軍が南満州鉄道を爆破《ばくは》したことをきっかけに、日中戦争がはじまった。

B　第二次世界大戦では、日本はドイツ・イタリアと結び同盟国とよばれた。

C　東京大空襲《とうきょうだいくうしゅう》がおこなわれると、政府に不満を持つ軍人たちが反乱をおこした。

	A	B	C
ア	正	正	誤
イ	正	誤	正
ウ	正	誤	誤
エ	誤	正	正
オ	誤	正	誤
カ	誤	誤	正

問19　下線部⑰について、1950年以降に起こったできごとを述べた次の文Ⅰ～Ⅲを、年代の古い順に正しくならべかえたものとして正しいものを、あとの**ア**～**カ**から１つ選び、記号で答えなさい。

Ⅰ　祖国復帰運動が続けられた沖縄は、佐藤栄作《さとうえいさく》内閣のときに日本復帰を実現した。

Ⅱ　国民所得倍増計画が発表され、産業を急速に発展させる政策が進められた。

Ⅲ　アメリカが水爆実験をおこない、日本の漁船第五福竜丸《だいごふくりゅうまる》が被《ひ》ばくした。

ア　Ⅰ－Ⅱ－Ⅲ　　**イ**　Ⅰ－Ⅲ－Ⅱ　　**ウ**　Ⅱ－Ⅰ－Ⅲ

エ　Ⅱ－Ⅲ－Ⅰ　　**オ**　Ⅲ－Ⅰ－Ⅱ　　**カ**　Ⅲ－Ⅱ－Ⅰ

問20　下線部⑱について、今や桜は、世界中の人から愛される存在となっています。次の写真は、ある歴史的場所の跡地《あとち》に植えられた桜を写したものですが、これについて説明したあとの文中の【　　　】にあてはまる語句を答えなさい。

第二次世界大戦後、冷戦の象徴であった【　　　】は、1989年に市民によって取り壊《こわ》されました。その後まもなく、その跡地に桜を植樹して世界平和を祈《いの》ろうというキャンペーンが日本で開始され、20年にわたり約9000本もの桜の木が植えられました。毎年４月には「日本桜まつり」と題したイベントがおこなわれ、現地の人々には“Hanami”とよばれ親しまれています。

二

問二
A
B
C
D
E

問三

問四

問五

問六
20
40
60
80
90

問七

※

三

(i)
問一

問二
音を表す部分

漢字

・

(ii)
A
B
C
D

(iii)
①
②
③

※

※

※150点満点
（配点非公表）

2023年度　西大和学園中学校入学試験

算数解答用紙

受験番号	氏名

※のらんには何も書かないこと

	(1)	(2)	(3)	※
1				
	(4)	(5)		
	あ	あ	い	

	(1)	(2)		※
2				
	(3)			

【解答

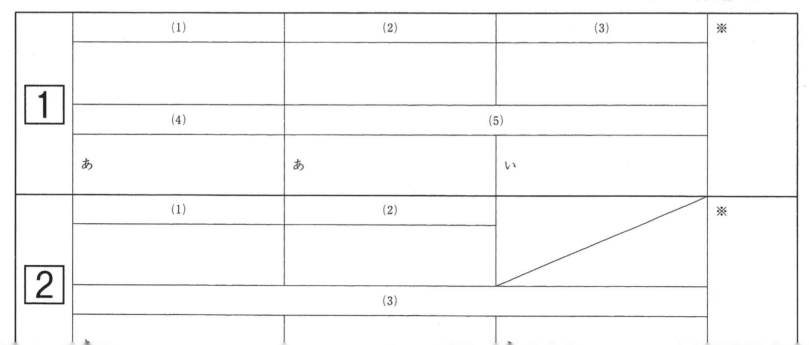

2023年度　西大和学園中学校入学試験

理 科 解 答 用 紙

受験番号	氏　　名

※のらんには何も書かないこと。

1	(1)	(2)	(3)	(4)	(5) ③ ④	※
	(6)					
	(7)	(8)				

2	(1) あ い う		(2)	※
	(3) 名前 記号	(4)	(5)	

【解答

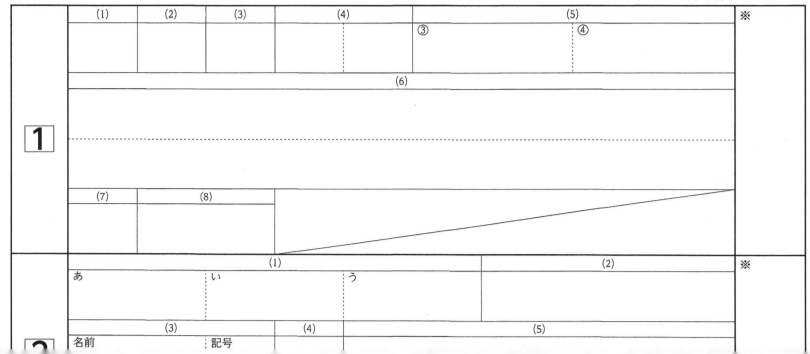

2023年度　西大和学園中学校入学試験

社 会 解 答 用 紙

受験番号	氏　　名

※のらんには何も書かないこと。

1	問1		問2		問3		※
	問4		問5		問6		
	問7		問8		問9		
	問10		問11				
	問12	(1)					
		(2)	産業				
	問13		問14		問15		
	問16				問17		
2	問1		問2	m			※
	問3						

【解答

3	1		2		3		※
	問4		問5		問6		
	問7		問8		問9		
	問10	百姓は			問11		
	問12	徳川	問13		問14		
	問15		問16		問17		
	問18		問19		問20		
4	問1		問2		問3		※
	問4		問5				

※
※100点満点 （配点非公表）

3	(1)	(2)	(3)	(4)	※
			倍		
	(5)	(6) ① ②	(7)	(8)	
			cm^3	%	

4	(1)	(2) ①	②	③	④	※
	(3)	(4)	(5)	(6)	(7)	
	cm	秒	cm	cm		

※

※100点満点
（配点非公表）

3				
	あ	い	う	
	(2)			

4					※
	(1) ①	(1) ②	(1) ③		
	m	m	ADの長さ m	石灰 g	
	(2) ①	(3)			
	m	う			
	(2) ②				

「大和さんは本来（ 太 ・ 細 ）い線を引くべきところに，
間違って（ 太 ・ 細 ）い線を　　　　m引きました。」

※

※150点満点
（配点非公表）

2023年度　西大和学園中学校入学試験

国語解答用紙

受験番号

氏名

※の欄には何も書かないこと。

一

問一
a
b
c
d
e

問二
A
B
C
D
E

問三

問四
X
Y

問五

問六

問七
①
②

問八
20
40
60
80

※

2 次の地形図は、「徳島」（平成30年作成、一部改変）の一部です。この地形図をみて、あとの**問1～問6**に答えなさい。

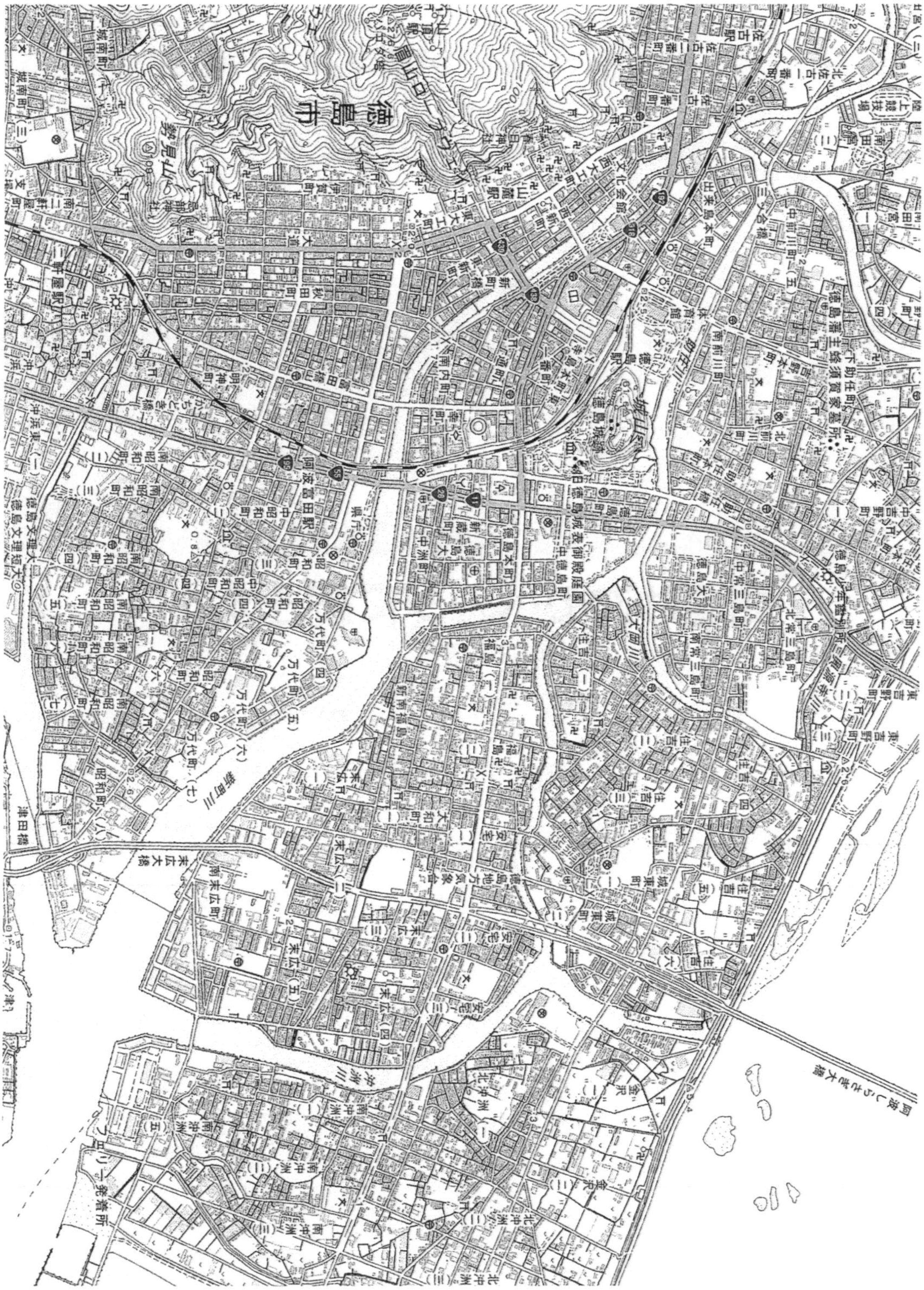

問題は次のページに続きます。

問17　下線部⑰について、世界経済フォーラムは、2022年７月、各国における男女格差をはかるジェンダーギャップ指数を発表しました。この指数は、「経済」・「政治」・「教育」・「健康」の４つの項《こう》目において男性に対する女性の割合を数値化しており、０が完全不平等、１が完全平等を表しています。次の図７は、日本とフィンランドの４つの項目におけるジェンダーギャップ指数を表したものです。**P**にあてはまる項目と**i**にあてはまる国の組み合わせとして正しいものを、あとの**ア**～**エ**から１つ選び、記号で答えなさい。

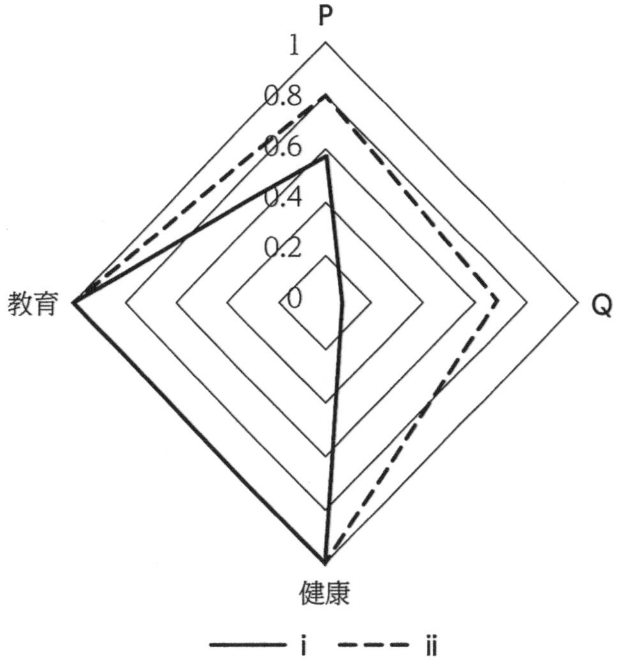

『グローバル・ジェンダー・ギャップ報告書（2022)』により作成

図７

	P	i
ア	経済	日本
イ	経済	フィンランド
ウ	政治	日本
エ	政治	フィンランド

問16　下線部⑯について、次の文章はアルコール飲料であるワインとビールの工場の立地についてまとめたものです。次の文章中の空らん［O］にあてはまるように、10字以内で考えて答えなさい。

ワインは、収穫したブドウをただちに加工して生産されるため、原料のブドウ産地付近に生産工場が立地する傾《けい》向が強いが、ビールは原料の［O］ため、消費量の多い大都市の付近に生産工場が立地する傾向が強い。

問15　下線部⑮について、次の表３は、たまねぎ、にんじん、ばれいしょ（じゃがいも）の収穫《かく》量の上位５道県と全国生産量に占める割合（％）を表したものです。表中の**L**～**N**と農作物の組み合わせとして正しいものを、あとの**ア**～**カ**から１つ選び、記号で答えなさい。

表３

L

北海道	78.6
鹿児島	3.9
長崎	3.8
茨城	1.9
千葉	1.3

M

北海道	65.6
佐賀	9.2
兵庫	7.3
長崎	2.4
愛知	2.0

N

北海道	31.3
千葉	18.0
徳島	8.5
青森	6.8
長崎	5.3

統計年次は2020年
『データでみる県勢 2022』により作成

	L	M	N
ア	たまねぎ	にんじん	ばれいしょ
イ	たまねぎ	ばれいしょ	にんじん
ウ	にんじん	たまねぎ	ばれいしょ
エ	にんじん	ばれいしょ	たまねぎ
オ	ばれいしょ	たまねぎ	にんじん
カ	ばれいしょ	にんじん	たまねぎ

問14　下線部⑭について、ゆいさんとりささんは、新潟県十日町市では、雪害に強い街づくりがなされていることを知り、豪雪地域の暮らしの工夫について調べてみました。ゆいさんとりささんの次の会話文中の下線部**Ｉ**～**Ｋ**の文が正しいか、誤っているかを判断し、その正誤の組み合わせとして正しいものを、あとの**ア**～**ク**から１つ選び、記号で答えなさい。

ゆい　「豪雪地域には、よく見ないと気づかないようなところにも、雪から暮らしを守るための工夫や設備がたくさんあるよ」

りさ　「調べてみると、道路には10mほどの間隔《かく》でポールがたっていて、**Ｉ**道路の境目や側溝《そっこう》など道路わきの危険な場所を知らせているんだよ」

ゆい　「除雪作業では、人の手だけではなく機械の活躍《やく》も目立つよね」

りさ　「そうだね。主要な道路では、**Ｊ**おもに地下水を利用した消雪パイプが設置されていて、道路上の雪をとかしているんだよ」

ゆい　「とうげ道では、斜《しゃ》面のすぐそばを車が走るため、なだれにあう危険性もあるよね」

りさ　「鉄骨でできたなだれ防護柵《さく》のほかに、**Ｋ**斜面を階段のような形にして、雪がすべり落ちるのを防ぐ工夫もされているよ」

	Ｉ	Ｊ	Ｋ
ア	正	正	正
イ	正	正	誤
ウ	正	誤	正
エ	正	誤	誤
オ	誤	正	正
カ	誤	正	誤
キ	誤	誤	正
ク	誤	誤	誤

問13　下線部⑬について、棚田は、ただ米を生産する場ではなく、私たちの生活に多様な役割を果たしていると近年注目されています。これらの役割は「多面的機能」と呼ばれています。棚田の持つ多面的機能として誤っているものを、次の**ア**～**エ**から１つ選び、記号で答えなさい。

ア　雨水を一時的に貯めこみ、洪《こう》水を防止する機能

イ　山地からの野生動物の侵《しん》入を防止する機能

ウ　地表面の侵食や土砂崩壊《ほうかい》を防止する機能

エ　地域の伝統的な景観を保全する機能

問12　下線部⑫について、あとの(1)・(2)に答えなさい。

(1)　次の図６は、令和２年度の東京都中央卸《おろし》売市場における月ごとのかぼちゃの地域別入荷割合（％）を表したものです。図中の２～５月を見ると、ニュージーランド（ＮＺ）産かぼちゃの入荷割合が高くなっていることが見てとれます。その理由を20字以内で説明しなさい。

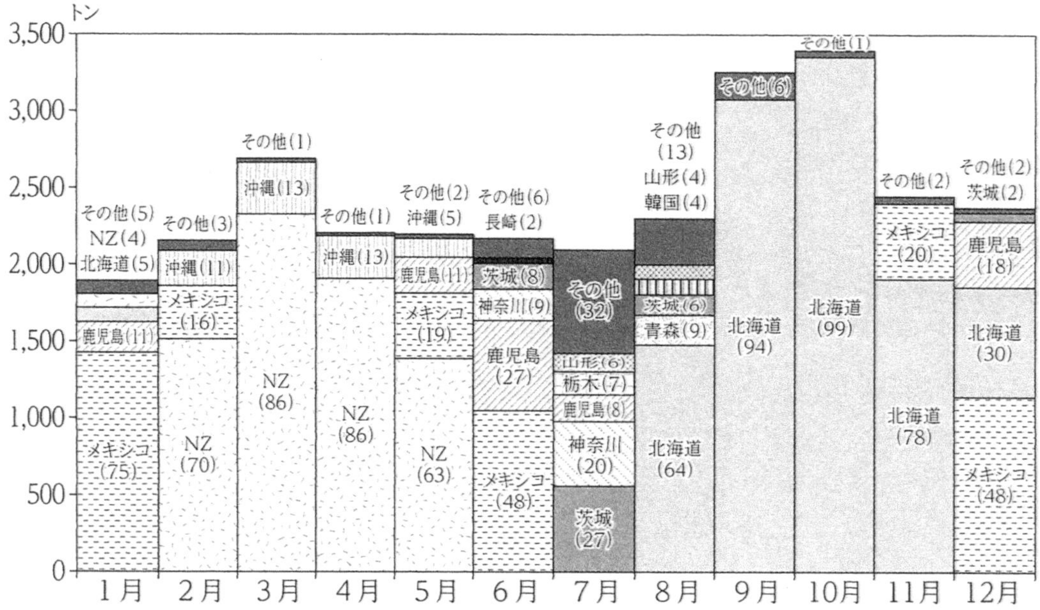

『令和２年東京都中央卸売市場年報』により作成

図６

(2)　東京などの大都市は、市場の流行といった最新の情報や高い技術を持つクリエイターが集まりやすいことなどを背景に、ゲームやアニメなどを製作・販売する産業が発達しやすい環境となっています。このような産業は、海外からも高く評価され、国際的にも競争力のある産業として注目されています。このような産業を何というか、解答らんに合うようにカタカナ５字で答えなさい。

問11 下線部⑪について、次の図5は、出国日本人数と訪日外国人数の推移を表したものです。図中の**ⅰ～ⅲ**の時期に見られる変化について説明したあとの**F～H**の文が正しいか、誤っているかを判断し、その正誤の組み合わせとして正しいものを、あとの**ア～ク**から1つ選び、記号で答えなさい。

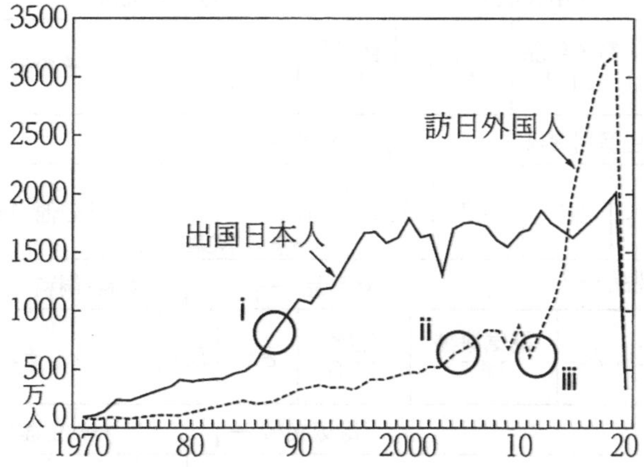

『日本国勢図会 2021／22』により作成

図5

F　ⅰの時期は、円安が続いた影響《えいきょう》もあり出国日本人数が増加した。

G　ⅱの時期は、日本でバブル景気が続いた影響もあり訪日外国人数が増加した。

H　ⅲの時期は、日本で大規模な震《しん》災が発生した影響もあり訪日外国人数が減少した。

	F	G	H
ア	正	正	正
イ	正	正	誤
ウ	正	誤	正
エ	正	誤	誤
オ	誤	正	正
カ	誤	正	誤
キ	誤	誤	正
ク	誤	誤	誤

問10　下線部⑩について、次の図４は、愛知県、岐阜県、静岡県、長野県のいずれかの製造品出荷額等における品目別の割合（％）を表したものです。静岡県を表しているものとして正しいものを、図中の**ア**～**エ**から１つ選び、記号で答えなさい。

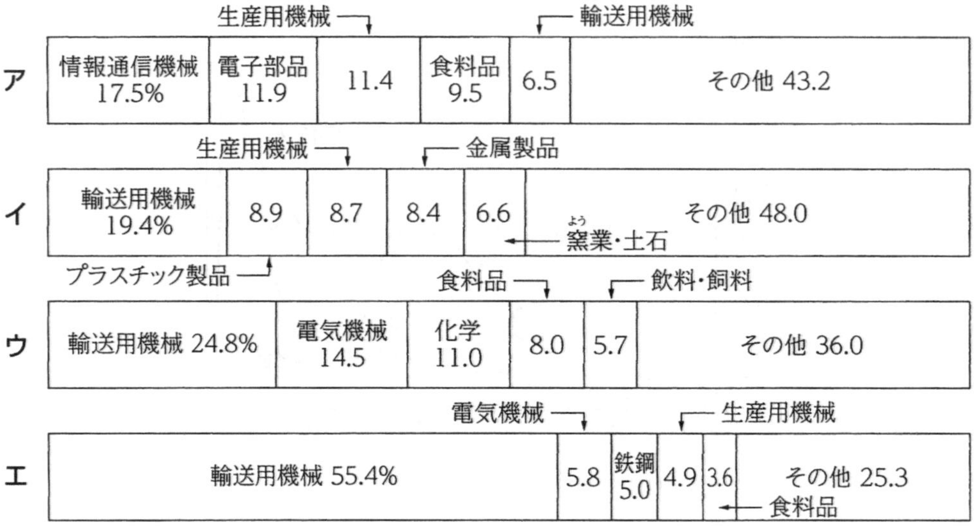

統計年次は2019年
『データでみる県勢 2022』により作成

図４

問8　下線部⑧について、次の表2は、日本の原油、石炭、鉄鉱石、銅鉱石の輸入相手上位5か国と輸入総額に占《し》める割合（%）を表したものです。銅鉱石を表しているものとして正しいものを、表中の**ア**～**エ**から1つ選び、記号で答えなさい。

表2

ア

サウジアラビア	40.1
アラブ首長国連邦《ぽう》	31.5
クウェート	9.0
カタール	8.3
ロシア	4.1

イ

オーストラリア	59.6
インドネシア	15.9
ロシア	12.5
アメリカ合衆国	5.4
カナダ	5.2

ウ

チリ	46.0
ペルー	14.3
オーストラリア	9.5
カナダ	9.5
インドネシア	5.7

エ

オーストラリア	57.9
ブラジル	26.9
カナダ	6.0
南アフリカ共和国	3.1
インド	1.9

統計年次は2020年
財務省「貿易統計」により作成

問9　表1中の空らん（　⑨　）にあてはまる熊本県の日本遺産ストーリーとして正しいものを、次の**ア**～**エ**から1つ選び、記号で答えなさい。

ア　八代《やつしろ》を創造した石工たちの軌跡《きせき》 ～石工の郷に息づく石造りのレガシー～

イ　関門“ノスタルジック”海峡 ～時の停車場、近代化の記憶《おく》～

ウ　日本磁器のふるさと肥前《ひぜん》 ～百花繚《りょう》乱のやきもの散歩～

エ　鬼《おに》が仏になった里「くにさき」

問4　下線部④について、海洋プラスチックごみは今、世界で問題視されており、海を汚染《おせん》するだけでなく、そこに住む生き物にも影響を与えています。日本では問題解決に向けた施《し》策《さく》として、2020年にプラスチック製買い物袋《ぶくろ》の有料化が始まりました。次の図３中の空らん［　E　］にあてはまる語句を、カタカナ５字で答えなさい。

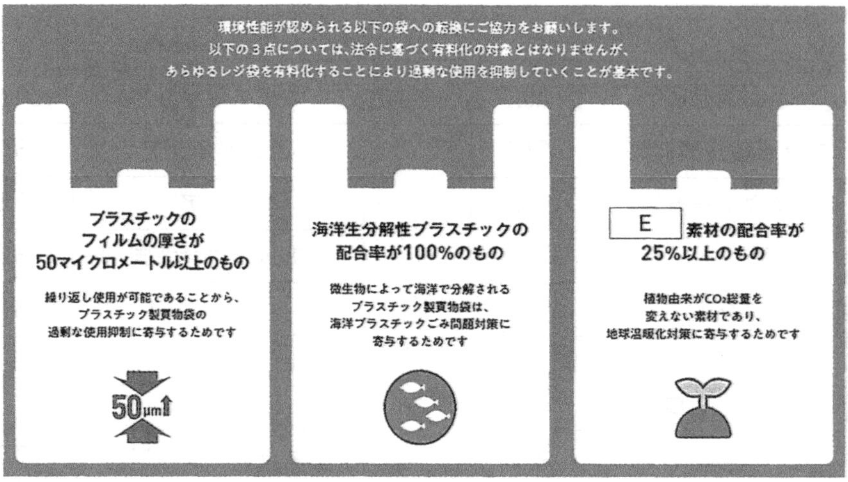

『経済産業省資料』により作成

図３

問5　下線部⑤について、世界遺産とは、地球の生成と人類の歴史によって生み出され、過去から現在へと引き継がれ、そして私たちが未来の世代に引き継いでいくべきかけがえのない宝物です。2021年７月現在、日本からは文化遺産20件、自然遺産５件の計25件の世界遺産が登録されています。世界遺産が登録されていない県として正しいものを、次の**ア**～**エ**から１つ選び、記号で答えなさい。

ア　岩手県　　**イ**　群馬県　　**ウ**　千葉県　　**エ**　長崎県

問6　表１中の空らん（　⑥　）には同じ都道府県名が入ります。空らんにあてはまる都道府県名を答えなさい。

問7　下線部⑦について、食品をはじめ、電子部品や医薬品など幅《はば》広い分野で用いられており、その製品がいつ、どこで、だれによって作られたのかを明らかにし、原材料の調達から生産、そして消費または廃棄《はいき》まで追跡《せき》可能な状態にするシステムを何というか、カタカナで答えなさい。

問3　下線部③について、外国人技能実習制度は、日本が先進国としての役割を果たしつつ国際社会との調和ある発展を図っていくために、技能、技術または知識の開発途上国への移転を図り、開発途上国の経済発展を担う「人づくり」に協力することを目的としています。次の図２は、日本に在留する外国人技能実習生の国籍《せき》別の構成比（％）を表したものです。図中の**D**にあてはまる国名として正しいものを、あとの**ア**～**エ**から１つ選び、記号で答えなさい。

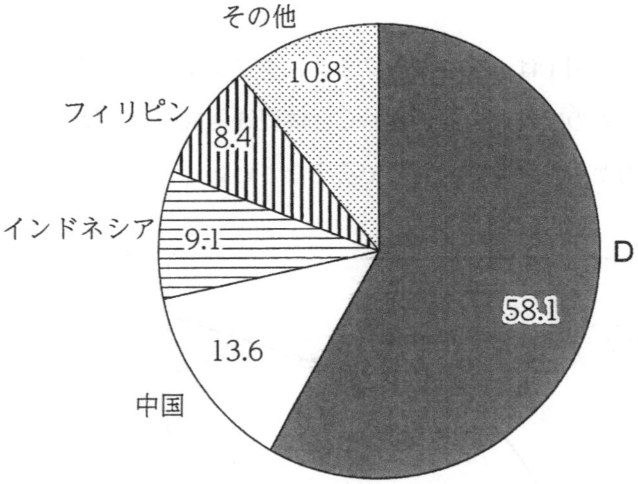

統計年次は2021年
『法務省資料』により作成

図２

ア　インド　　**イ**　シンガポール　　**ウ**　ブラジル　　**エ**　ベトナム

問1　下線部①について、伝統的工芸品は、2022年３月現在で237品目が経済産業大臣によって指定されています。伝統的工芸品とその産地である県の組み合わせとして正しいものを、次の**ア**～**エ**から１つ選び、記号で答えなさい。

ア　越前《えちぜん》和紙　－　富山県
イ　天童将棋駒《しょうぎこま》　－　秋田県
ウ　萩《はぎ》焼　－　島根県
エ　本場大島紬《つむぎ》　－　鹿児島県

問2　下線部②について、次の図１は、スマートフォン、タブレット型端《たん》末、パソコンの保有世帯割合の推移を表したものです。図中の**A**～**C**と情報通信機器の組み合わせとして正しいものを、あとの**ア**～**カ**から１つ選び、記号で答えなさい。

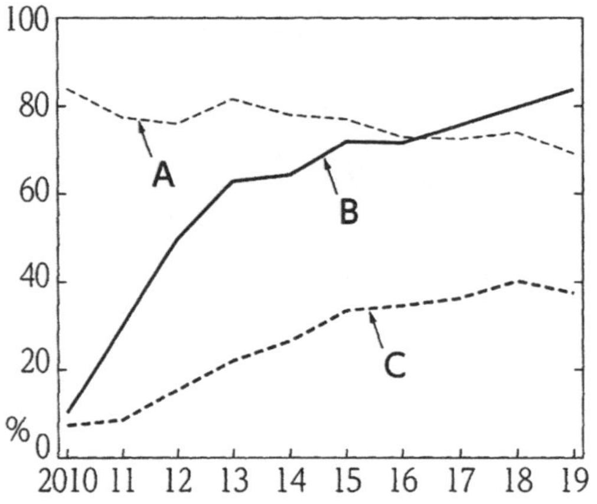

『日本国勢図会 2021／22』により作成

図１

	A	B	C
ア	スマートフォン	タブレット型端末	パソコン
イ	スマートフォン	パソコン	タブレット型端末
ウ	タブレット型端末	スマートフォン	パソコン
エ	タブレット型端末	パソコン	スマートフォン
オ	パソコン	スマートフォン	タブレット型端末
カ	パソコン	タブレット型端末	スマートフォン

1　「日本遺産」とは、日本各地に存在する、有形・無形の文化財を、その地域の歴史的ストーリーにからめて認知を広めるために、2015年より文化庁が開始した認定制度です。次の文章は、日本遺産の主旨《し》と目的を、表１は、令和２年度に認定された日本遺産21件のうち10件をまとめたものです。これに関連したあとの**問１**～**問17**に答えなさい。

【主旨と目的】

我が国の文化財や①伝統文化を通じた地域の活性化を図るためには、その歴史的経緯《い》や、地域の風土に根ざした世代を超《こ》えて受け継《つ》がれている伝承、風習などを踏《ふ》まえたストーリーの下に有形・無形の文化財をパッケージ化し、これらの活用を図る中で、②情報発信や③人材育成・伝承、④環境整備などの取組を効果的に進めていくことが必要です。

文化庁では、地域の歴史的魅《み》力や特色を通じて我が国の文化・伝統を語るストーリーを「日本⑤遺産（Japan Heritage）」として認定し、ストーリーを語る上で不可欠な魅力ある有形・無形の様々な文化財群を総合的に活用する取組を支援《えん》します。

表１

【令和２年度認定】

地域	ストーリー
（　⑥　）	甲州の匠《たくみ》の源流・御嶽昇仙峡《みたけしょうせんきょう》 ～水晶《しょう》の鼓《こ》動が導いた信仰《こう》と技、そして先進⑦技術へ～
岡山県	「ジャパンレッド」発祥《しょう》の地　－弁柄《べんがら》と⑧銅の町・備中吹《ふき》屋－
熊本県	（　　　　⑨　　　　）
⑩静岡県	日本初「⑪旅ブーム」を起こした弥次《やじ》さん喜多《きた》さん、駿《すん》州の旅 ～滑稽《こっけい》本と浮世絵が描《えが》く東海道旅のガイドブック（道中記）～
⑫東京都	霊《れい》気満山　高尾山 ～人々の祈《いの》りが紡《つむ》ぐ桑《くわ》都物語～
長野県	月の都　千曲《ちくま》 －姨捨《おばすて》の⑬棚《たな》田がつくる摩訶《まか》不思議な月景色「田毎《たごと》の月」－
新潟県	究極の⑭雪国とおかまち －真説！豪雪地ものがたり－
⑮北海道	「鮭《さけ》の聖地」の物語 ～根室海峡一万年の道程～
茨城県・（　⑥　）	日本⑯ワイン140年史 ～国産ブドウで醸《じょう》造する和文化の結晶～
大阪府・奈良県・和歌山県	⑰女性とともに今に息づく女人高野 ～時を超え、時に合わせて見守り続ける癒《いや》しの聖地～

文化庁『日本遺産パンフレット』により作成

問題は次のページから始まります。

2023年度 入学試験問題

社 会

（40分）

〔注 意〕

① 問題は1～4まであります。
② 解答用紙はこの問題用紙の間にはさんであります。
③ 解答用紙には受験番号、氏名を必ず記入のこと。
④ 各問題とも解答は解答用紙の所定のところへ記入のこと。

西大和学園中学校

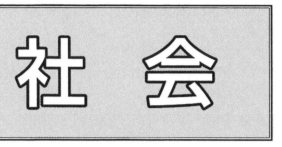

1 西大和学園では、中学２年生の学年行事として富士登山を行います。富士山は静岡県と山梨県の県境に位置する、標高（　①　）m の日本一高い山です。成層火山という種類の火山で、主に（　②　）という岩石で構成されています。

高い山に急に登ると、高山病になる危険性があるので、空気が薄《うす》い環境《かんきょう》に合わせて体を慣らすため、到着《とうちゃく》した１日目はホテルでゆっくり休みます。ホテルは標高 800 m にあり、空気が薄いので、少しずつ体を慣らすことができます。２日目から、いよいよ富士山に登ります。

まず、標高 2300 m 地点までバスで行き、そこから登山を開始します。昼から登り始め、夕方までに標高 3000 m の山小屋を目指します。登っている最中、標高が 100 m 上がるごとに気圧は 10 hPa (※1) 下がり、気温は 0.65 ℃下がります。標高 0 m 地点が 1000 hPa のとき、地上 1 m^2 当たりにのっている空気の量を考えると、標高 0 m から標高 3000 m の間には、標高 0 m から大気の終わりまでの空気の量のうち（　③　）% があると計算できます。また、標高 3000 m 地点の気温は、ホテルよりも（　④　）℃低いと計算できます。

この登山道は山梨県側に面していて、山小屋からは湖がいくつか見えます。山にかくれるため、山小屋から日の入りを見ることはできませんが、その代わり、「ご来光（高い山から見る日の出のこと)」を見ることができます。

hPa (※1) …圧力の単位。「ヘクトパスカル」と読む。その標高より上にある空気の量に比例する。

(1) 空らん（　①　）に当てはまる数値として最も適当なものを次の中から１つ選び、記号で答えなさい。

ア. 3667　　**イ**. 3676　　**ウ**. 3677　　**エ**. 3766　　**オ**. 3767　　**カ**. 3776

(2) 空らん（　②　）に当てはまる語句として最も適当なものを次の中から１つ選び、記号で答えなさい。

ア. 安山岩　　**イ**. セン緑岩　　**ウ**. 花コウ岩　　**エ**. リュウモン岩

(3)　(2)の岩石を顕微鏡《けんびきょう》で観察し、スケッチした図として正しいものを次の中から１つ選び、記号で答えなさい。

ア　　　　イ　　　　ウ　　　　エ

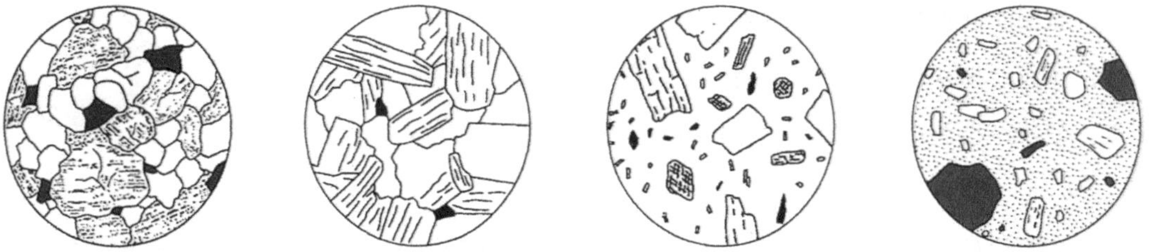

(4)　富士山から噴出《ふんしゅつ》するマグマの粘《ねば》り気について、正しいものを次の中から２つ選び、記号で答えなさい。

ア．キラウエア山から噴出するマグマよりも粘り気が小さい。

イ．昭和新山から噴出するマグマよりも粘り気が小さい。

ウ．雲仙《うんぜん》普賢岳《ふげんだけ》から噴出するマグマよりも粘り気が大きい。

エ．浅間山から噴出するマグマと同じ程度の粘り気である。

(5)　空らん（　③　）・（　④　）に適する数値をそれぞれ答えなさい。割り切れない場合は小数第２位を四捨五入して第１位まで答えなさい。

(6)　富士山には、右の写真のような小さな穴の空いた石があちこちに落ちています。このような石はどのようにしてできましたか。石のでき方と、穴の空き方を考えて答えなさい。

(7)　富士山に登っていると、右の写真のように密封《みっぷう》された袋《ふくろ》が膨《ふく》らんでいきます。この理由として最も適当なものを次のうちから１つ選び、記号で答えなさい。

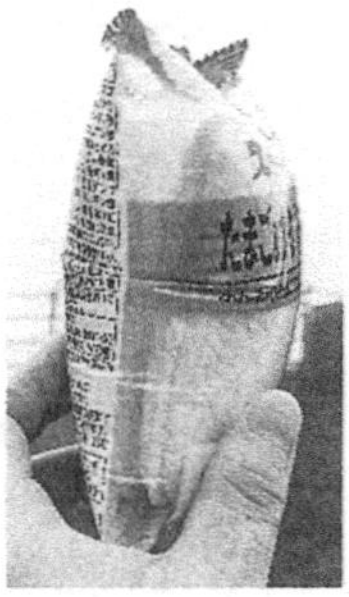

ア．気温が低くなるので、袋の中の空気の密度が大きくなるため。

イ．気温が低くなるので、袋の中の空気が膨張《ぼうちょう》するため。

ウ．気圧が小さくなるので、袋の中の空気の密度が大きくなるため。

エ．気圧が小さくなるので、袋の中の空気が膨張するため。

(8)　下の写真は、2022 年 7 月に山梨県側の標高 3000 m の山小屋から見たご来光です。この写真に写っている湖の名前として正しいものを図の中から１つ選びなさい。ただし、図のそれぞれの湖の形は、すべて同じ●で表しています。

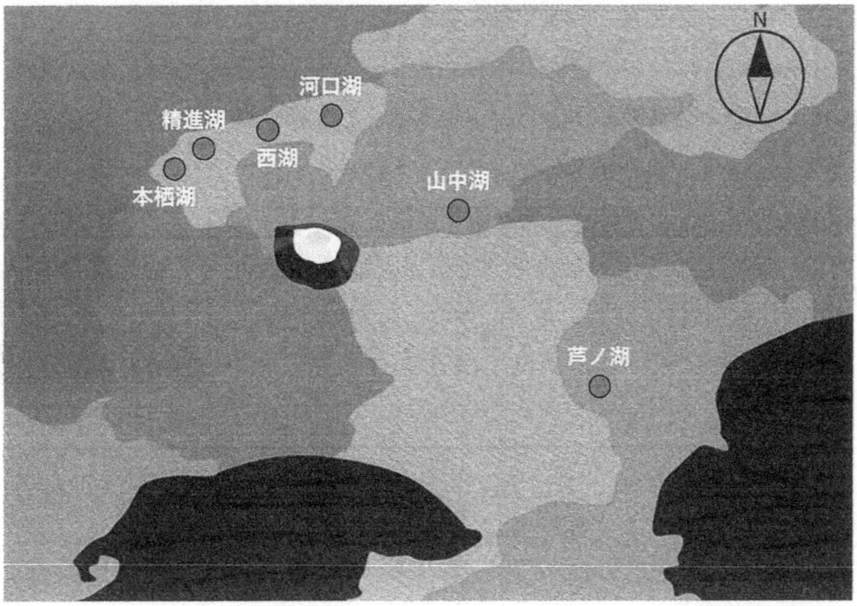

問題は次のページに続きます。

2 次の文章を読み、以下の問いに答えなさい。

〔Ⅰ〕

地球上にはさまざまな生物が生息しています。私たちヒトのように（　あ　）を持つ動物をセキツイ動物、持たない動物を無セキツイ動物といいます。無セキツイ動物のうち、ハチやバッタなど、体が頭、胸、腹の３つの部分に分かれ、（　い　）の部分に（　う　）本の足がついている生物を昆虫《こんちゅう》といいます。次の①～⑧の図は、いろいろな生物のシルエットを示したものです。

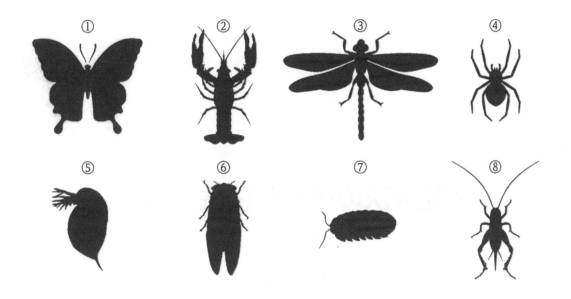

①

②
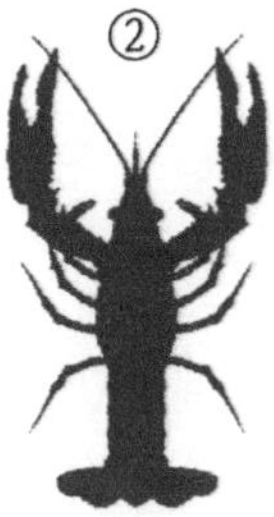
③
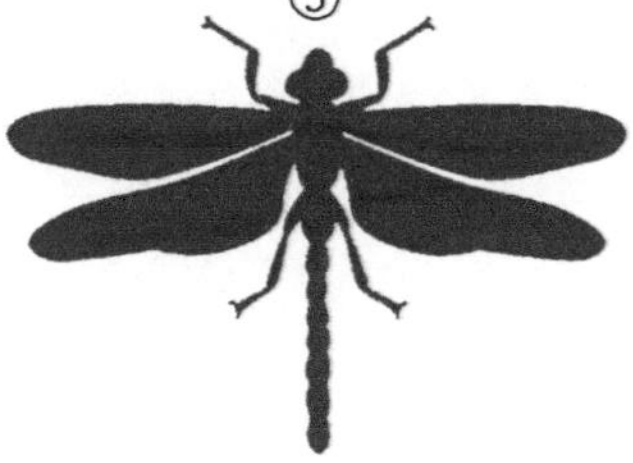
④
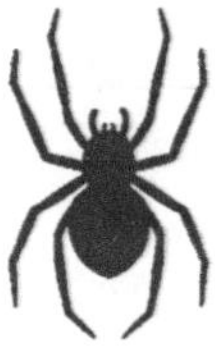
⑤

⑥

⑦

⑧
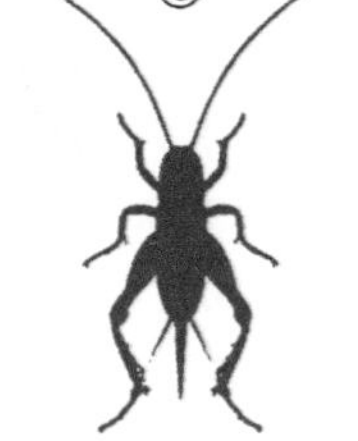

(1)　空らん（　あ　）～（　う　）に当てはまる語句または数値をそれぞれ答えなさい。ただし、（　あ　）は漢字二文字で答えなさい。

(2)　①～⑧の生物のうち、昆虫をすべて選び、記号で答えなさい。

(3)　③の生物の幼虫を何といいますか。また、その幼虫は主に何を食べて生きていますか。次の中から**誤っているもの**を１つ選び、記号で答えなさい。

ア．水草　　**イ**．アカムシ　　**ウ**．メダカ　　**エ**．ボウフラ

(4) 昆虫の腹部には気門と呼ばれる部分があります。気門のはたらきとして最も適当なものを次の中から1つ選び、記号で答えなさい。

ア．明暗を感じる。　　**イ**．においや音を感じる。

ウ．形や色を見分ける。　　**エ**．呼吸のときに気体の出入り口になる。

(5) ①の生物は、【卵→よう虫→さなぎ→成虫】の順番で育ちます。⑧の生物の育つ順番を同じような書き方で表しなさい。

〔Ⅱ〕

ナナホシテントウとナミテントウはアブラムシをえさとする昆虫です。この2種のテントウムシについて、次の実験を行いました。

【実験1】　ムクゲを植えた3つの植《うえ》木《き》鉢《ばち》A、B、Cにアブラムシの成虫を800匹《びき》ずつつけ、校庭に置いた。植木鉢A～Cには次のようにテントウムシの幼齢《ようれい》幼虫をつけ、それぞれを網《あみ》でおおった。

植木鉢A：ナナホシテントウ幼齢幼虫20匹

植木鉢B：ナミテントウ幼齢幼虫20匹

植木鉢C：ナナホシテントウ幼齢幼虫10匹＋ナミテントウ幼齢幼虫10匹

2種のテントウムシが幼齢幼虫→中齢《ちゅうれい》幼虫→老齢《ろうれい》幼虫→さなぎ→成虫と段階的に成長していく様子を観察し、はじめの数に対する各段階の生存率を確かめた。テントウムシが老齢幼虫になったときには、いずれの植木鉢でもアブラムシはいなくなっていた。また、さなぎまで成長したものはすべて成虫になった。この実験を10回くり返し、その結果を次の図1、図2に示した。

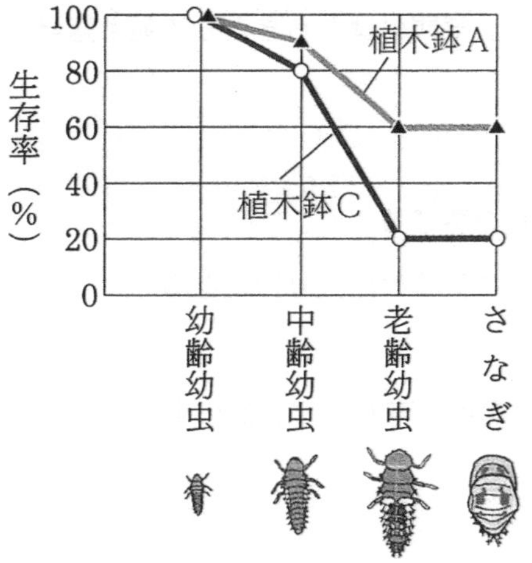

図１　ナナホシテントウの生存率

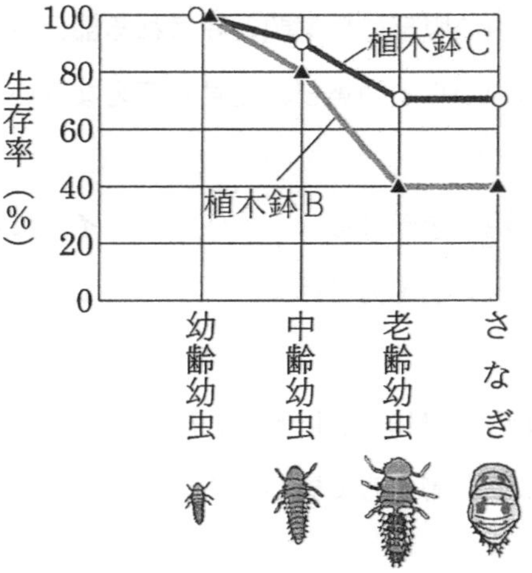

図２　ナミテントウの生存率

【実験２】　【実験１】と同じ３つの植木鉢を網でおおわずに、野外に置いた。野外のムクゲではアブラムシをえさとするナナホシテントウ、ナミテントウ、ヒラタアブ、クサカゲロウ、ハナグモが観察され、これらの生物は「食う・食われる」の関係がみられた（図３）。このうち、２種のテントウムシの成虫までの生存率を調査したところ、図４のようになった。

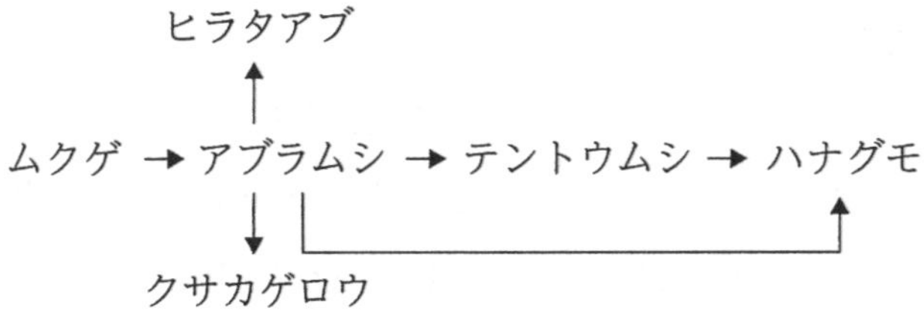

図３　野外での「食う・食われる」の関係

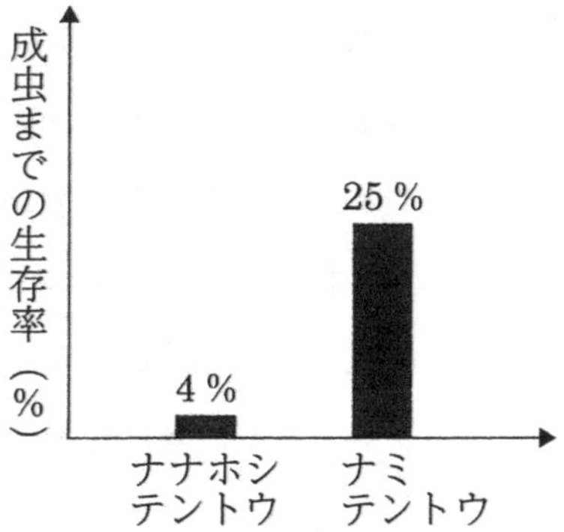

図４　２種のテントウムシの生存率

問題は次のページから始まります。

K 教英出版

2023年度　入学試験問題

理　科

（40分）

〔注 意〕

① 問題は[1]〜[4]まであります。
② 解答用紙はこの問題用紙の間にはさんであります。
③ 解答用紙には受験番号、氏名を必ず記入のこと。
④ 各問題とも解答は解答用紙の所定のところへ記入のこと。

西大和学園中学校

(3) 図のような一辺の長さが24 cmの立方体を3点A, B, Cを通る平面で切って，2つの立体に分けます。このとき切り口の図形の辺の本数は[あ]本です。

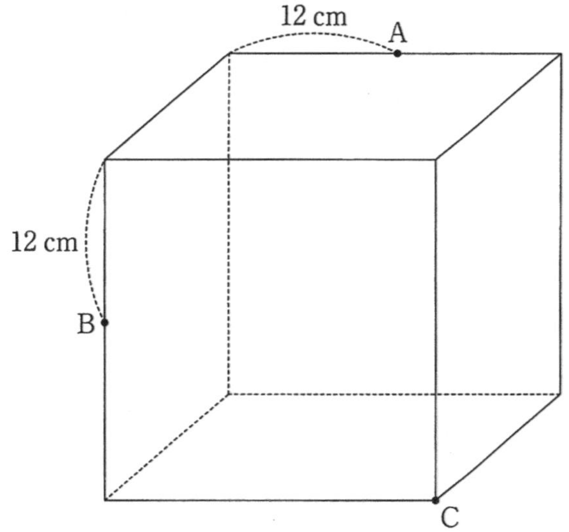

次に，一辺の長さが12 cmの正方形を底面とする，高さが24 cmの2つの直方体を下の図のように置きます。3点A, B, Cを通る平面で切ると，立体は全部で[い]個に分かれます。このうち体積が最も小さい立体の体積は[う]cm^{3}です。ただし，角すいの体積は，(底面積)×(高さ)×$\frac{1}{3}$で求められます。

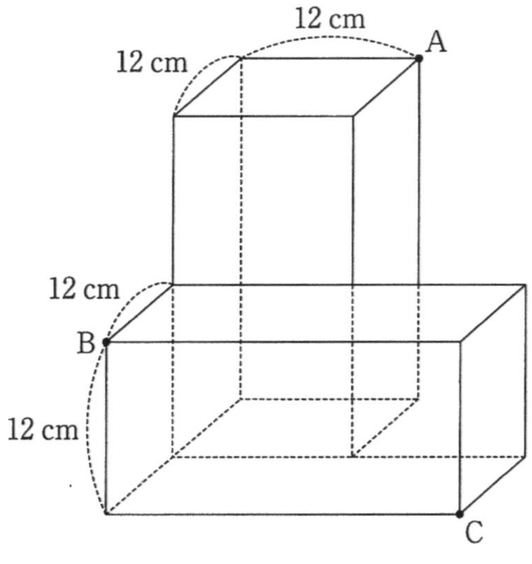

計算用紙

※切り離してはいけません。

問題は次のページへ続きます。

2 次の□にあてはまる数を答えなさい。

(1) 下の図の正六角形 ABCDEF において，EP と PF の長さの比は 2：1 です。
このとき，網《あみ》目部分の面積は，正六角形 ABCDEF の面積の□倍です。

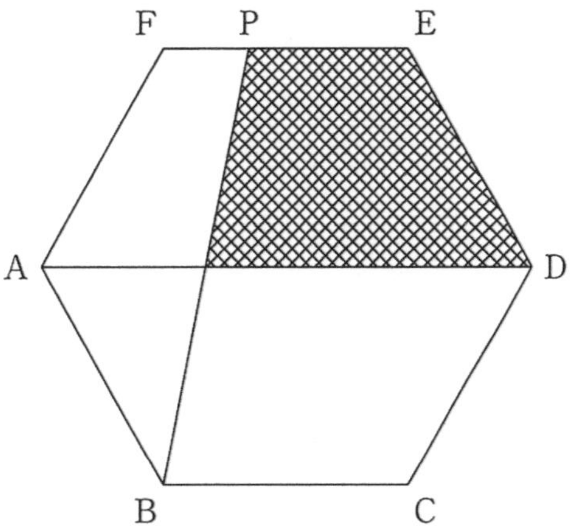

(2) 下の図のように平行四辺形 ABCD と，直角三角形 PQR を，点 D と点 R，辺 AD と辺 QR が重なるように組み合わせました。点 P と点 C を結んだところ，同じしるしをつけた角の大きさはそれぞれ等しくなりました。このとき，●のしるしをつけた角の大きさは□°です。

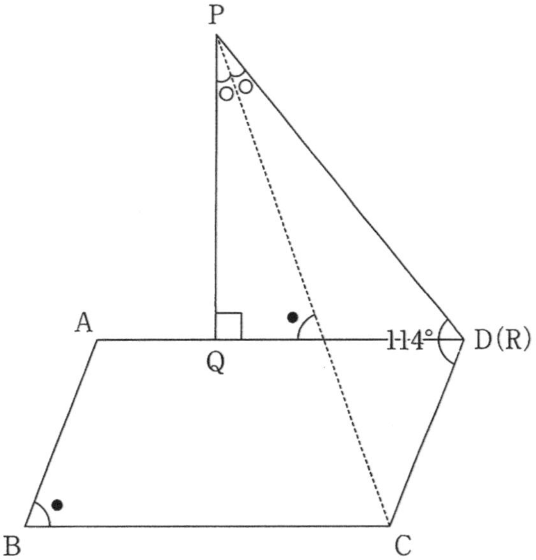

計算用紙

※切り離してはいけません。

問題は次のページへ続きます。

1 次の□にあてはまる数を答えなさい。

(1) $\left(0.825 \times 2\frac{5}{11} - 0.5 \div \frac{1}{4}\right) \div \left(\frac{1}{8} - \frac{1}{10}\right) = \square$

(2) $202\frac{3}{7} \div \left(9 \times 11 + \square\right) = \left(\frac{1}{2} - \frac{1}{3} + \frac{1}{7}\right) \div \frac{1}{6}$

(3) 45人のクラスで，算数と国語のテストをしました。算数の得点が国語の得点より高かった生徒の人数は，国語の得点が算数の得点より高かった生徒の人数よりも7人多く，算数の得点と国語の得点が同じであった生徒は4人でした。このとき，算数の得点が国語の得点より高かった生徒の人数は□人です。

(4) 容器Aに濃度《のうど》が16％の食塩水が150g入っています。容器Aに水を［あ］g加えて薄《うす》める予定でしたが，［あ］gの5倍の量の水を加えてしまったため，食塩水の濃度は予定していた濃度の半分になりました。ただし，［あ］には同じ数が入ります。

(5) 1から19までの整数が書かれたカード

[1]，[2]，[3]，…，[18]，[19]

が1枚ずつあります。この中から2枚，または3枚のカードを使って3桁《けた》の整数をつくります。ただし，3枚のカード[2]，[1]，[9]をこの順で使用するときは219を，2枚のカード[2]，[19]をこの順で使用するときも219を表します。

① このようにしてできる3桁の整数のうち各位の数字がすべて異なる整数は［あ］個あります。

② このようにしてできる3桁の整数は全部で［い］個あります。

2023年度　入学試験問題

算　数

（６０分）

〔注 意〕

① 問題は[1]～[4]まであります。
② 解答用紙はこの問題冊子の間にはさんであります。
③ 解答用紙には受験番号と氏名を必ず記入のこと。
④ 各問題とも解答は解答用紙の所定のところへ記入のこと。

西大和学園中学校

あの保護犬たちと出会ってから、美帆は彼らのことばかり考えている。
美帆も子供の頃、ミニチュアダックスを飼っていた。名前はピーナッツのピー。子犬の頃《ころ》、まるで小さなピーナッツのような色と形状をしていたからだ。
犬を飼いたくて、飼いたくて、何度も何度もねだって買ってもらった、宝物のような犬だった。けれど、美帆が中学生になり、ピーが十歳を超《こ》えた頃、行方不明になってしまった。
その少し前から予兆のようなものはあった。年老いてボケた……というか、ぼんやりしていることが多くなった。そして、雨の日になぜか家を出て行って、そのまま行方がわからなくなってしまった。
美帆は泣いた。
一生大切にします、世話は全部します、と誓《ちか》って飼った犬のはずなのに、中学生になってから部活や勉強、友達との付き合いが忙しくなり、世話は親に任せきりだった。
時々それを怒《おこ》られると、「しょうがないでしょ！　あたしも忙しいんだから！」と怒鳴《どな》り返し、ケンカになった。
そんな時、ピーは部屋の片隅《かたすみ》から、じっと悲しそうな目でこちらを見ていた。頭のいい犬だったし、自分のことでケンカをしているのがわかってつらかったのか、嫌《きら》われていると思ったのか。
今でもあの目を思い出すと、胸が締《し》め付けられる。
一生懸命《いっしょうけんめい》探したが見つからなかった。あとで、保健所に保護されたらしい、と聞いた。そして、そこではしばらくの間飼い主を待った後、殺処分されるという残酷《ざんこく》な現実も知った。
保健所に探しに行くことを当時まったく思いつかなかった自分を責めた。
ずっと、ピーのことが心残りだった。
その後悔《こうかい》も、保護犬を引き取ったら、少しは晴れるかもしれない。あの時のピーのような存在を助けることができたら。それは美帆の新しい生きがい、生きる目標になるような気がした。
家に帰って、ボランティアのホームページをよく見た。
驚《おどろ》くほどたくさんの犬たちの写真が（　C　）並んでいる。さっき見たばかりのチワワの写真もあった。他にも小型犬は何匹《なんびき》もいる。
かわいい犬、より若い犬に目がいってしまう自分に気がつき、浅ましく思った。3ホームページを閉じてしまいそうになる。

しかし、考えてみれば、長年飼うのだから、やはりかわいいと思う犬、自分と相性のいい犬の方がいいに決まっている。そう、心で言い訳しながら、ページを見続けた。

そう言えば、さっきの人が「条件がある」と言っていたな、と思い出し、「保護を考えておられる方へ」というページをクリックした。

そこにはさまざまな条件が書いてあった。

まずは、犬猫に予防接種を受けさせること、避妊手術を受けさせること、その費用は全額里親が負担すること。第二にすべての犬猫は室内で飼育すること、またそれが可能な家があること、確認のため、ボランティアが里親の家に犬猫を直接届けること。第三に、里親が飼えなくなった時（病気や死亡など）に必ず引き取ってくれる保証人のサインが必要なこと。

他にもろもろ小さな決まりがあったが、一番大きなものはその三つだった。

なかなか厳しいと思った。しかし、それだけに、団体の強い「愛情」を感じた。

美帆はすぐに自宅近くの「ペット可」のマンションを調べた。

予想できていたことだが、数が少なく、びっくりするほど高い。ほとんどが、今払《はら》っている賃料の倍以上だ。

美帆の給料ではとても借りられないとわかった。もしも、無理をして借りたとしても、会社をリストラされたり、給料が下がったりしたら、犬を連れて b路頭に迷うことになる。自分一人ならともかく、それでは犬に申し訳ない。安定した保護とは言えない。

（　D　）、気がつく。ここに書かれていることは、保護犬だけじゃなく、自分にも必要であることに。飼育できるような「家」、健康な「身体」、そしてもちろん「お金」。すべて、保護犬を飼おうと飼うまいと必要なことだ。

実家は「終《つい》の住処《すみか》」でないかもしれないことに気がついてしまった。結婚《けっこん》の予定は今すぐにはない。そして。

少し前まで、会社が美帆の cよりどころで、人生の安心材料だった。信頼《しんらい》していた。けれど、街絵(注2)さんが退職してから、自分が安定した場所にいるわけではないことを知った。二十代の間はよくても、ほんの少し歳《とし》を取れば、（　E　）放り出されるかもしれない場所にいる。

これから、どう生きていったらいいのだろう。

4小さな犬たちの写真は無言のうちに、美帆にその「生き方」を問いかけてきている気がした。

（原田ひ香『三千円の使いかた』による。一部改変）

【語注】

（注1）中目黒　…　東京都目黒区の地名。

（注2）街絵さん　…　美帆が働いていた会社に以前まで勤めていた女性。長くその会社に勤めて仕事でも優秀《ゆうしゅう》、人柄《ひとがら》も良かったために美帆は慕《した》っていたが、リストラの対象となって退職してしまった。

問一　＝＝＝部**a**～**c**の語句の本文中の意味として最もふさわしいものを次の中からそれぞれ一つずつ選び、記号で答えなさい。

a「様にならない」

ア　気にならない
イ　楽しくない
ウ　ふさわしくない
エ　目立たない
オ　めずらしくない

b「路頭に迷う」

ア　道に迷う
イ　暮らしに困る
ウ　人の手伝いをする
エ　だれかのお世話になる
オ　何をすればよいのか悩む

c「よりどころ」

ア　自慢《じまん》するところ
イ　支えてくれるところ
ウ　好きなところ
エ　つい立ち寄るところ
オ　よく行くところ

問二　（　A　）～（　E　）に入る語としてふさわしいものを、次の中からそれぞれ一つずつ選び、記号で答えなさい。ただし、同じ記号を二度以上用いてはいけません。

ア　ずらりと　　イ　そっと　　ウ　ふっと　　エ　ぽいと　　オ　まじまじと　　カ　もっと

問三　――部1「それを補ってあまりあるかわいらしさに目が釘付けになった」とありますが、それはどういうことですか。その説明として最もふさわしいものを次の中から一つ選び、記号で答えなさい。

ア　保護犬のブースに並んでいる募金箱や犬猫の写真はどれもつまらないものだったが、そこにいた保護犬たちのかわいらしさだけは見る価値のあるものだったということ。

イ　保護犬のブースは他のブースに比べてつつましいものであるが、それ以上にそこにいる保護犬たちのかわいらしさが目立っており、それに魅了《みりょう》されてしまったということ。

ウ　ペットショップで売られている犬と比べれば保護犬は問題を抱えているかもしれないが、それがかわいらしいことには変わりないので、思わず注目してしまったということ。

エ　保護犬のブースは食べ物を売っているブースに比べて目を引く魅力はないが、そこにはあまりにもかわいらしいチワワがいたために、つい目がそちらを向いてしまったということ。

オ　保護犬たちは鳴き声が聞こえても、どこにいるのかすぐにはわからないほど地味な存在であるが、その見た目はとてもかわいらしく、一度見てしまうと目が離せなくなったということ。

問四　［　X　］には慣用句が入ります。ここに入る慣用句として最もふさわしいものを次の中から一つ選び、記号で答えなさい。

ア　足元に火がついた　　イ　図に乗る　　ウ　虫が好かない　　エ　焼き餅《もち》を焼く　　オ　やけを起こす

問五　――部2「それはびっくりするほど体温が高く、美帆の目をじっと見つめていた」とありますが、この部分の説明として最もふさわしいものを次の中から一つ選び、記号で答えなさい。

ア　美帆の抱いた保護犬が温かみを持ち、とてもかわいらしい様子が描《えが》かれており、それによって今まで保護犬にまったく興味のなかった美帆の心が急激に保護犬に引き込まれていったことをわかりやすく表現している。

イ　美帆の抱いた保護犬が生き生きとしており、美帆と心がつながっているかのような様子が描かれており、それによって孤独《こどく》感を覚えていた美帆の心に保護犬が大きな存在として焼き付いたことを印象的に表現している。

ウ　美帆の抱いた保護犬が病気がちで、だれかの助けを求めている様子が描かれており、それによってテレビなどの情報としてしか保護犬を知らなかった美帆が実感を通して保護犬を知ったことを効果的に表現している。

エ　美帆の抱いた保護犬が生きたいという意志を持っていて、美帆にもその意志を伝えようとする様子が描かれており、それによって保護犬たちが決して弱い存在ではなく役に立つ存在なのだということを直接的に表現している。

オ　美帆の抱いた保護犬が美帆の想像以上に立派であり、人なつっこい様子が描かれており、それによって今まで保護犬に対して良くないイメージを持っていた美帆が保護犬を見直していることを具体的に表現している。

問六　―――部3「ホームページを閉じてしまいそうになる」とありますが、それはなぜですか。その理由を九十字以内で説明しなさい。

問七　―――部4「小さな犬たちの写真は無言のうちに、美帆にその『生き方』を問いかけてきている気がした」とありますが、美帆がそのように感じたのはなぜですか。その理由として最もふさわしいものを次の中から一つ選び、記号で答えなさい。

ア　なんとしてでも保護犬を引き取ることができないかと考えているなか、そのためにはたくさんのお金が必要だという結論にたどり着いたが、今の会社に勤めているだけではそれは難しいかもしれないと考えるようになったから。

イ　子どものころに自分の不手際のせいで愛犬を失ったためにどうにかしてその罪滅《つみほろ》ぼしをしたいと常々考えていたが、保護犬を引き取る機会を得たことで、それが自分の生きる目標になるにちがいないと考えるようになったから。

ウ　いろいろなことがうまくいっていないと感じるなか、思いがけず出会った保護犬のことを調べていくうちに、それをとりまく環《かん》境《きょう》も自分と同じようなものだと考えたことで、これから自分はどういう道に進むべきかと考えるようになったから。

エ　もし保護犬を引き取るとしても、金銭面などの問題で自分一人の力ではどうにもならないことを知り、現在あまり良い関係を作れていない会社や恋人、実家などに、自分が頭を下げて力を借りる必要があると考えてしまったから。

オ　中目黒で保護犬ボランティアのブースを訪れたことで保護犬を引き取ることに心ひかれたものの、くわしく調べるうちに自分には難しいことに気づき、保護犬の写真にまで引き取れないことを責められているのではないかと考えてしまったから。

三

あとの各問いに答えなさい。

（ⅰ）次のAさんとBさんの会話を読んで、あとの問いに答えなさい。

Aさんがインターネットでニュースを調べ、このような題名の記事を見つけました。
「コロナ禍の中小企業《きぎょう》など支援《しえん》へ来年度も制度融資《ゆうし》―奈良県会代表質問」（『奈良新聞デジタル』二〇二二年三月四日）

A：（記事中の「禍」を指しながら）ええっと、この漢字は何て読むんだったかな。
B：お、ニュースの勉強中か。それは「か」と読むんだよ。
A：ああ、そうだった。つい忘れてしまうんだ。
B：ちなみに、「過」の音読みはわかるかい。
A：ばかにしないでよ。「か」だよね。
B：それなら「禍」も「過」も同じだと気付くはずだよ。
A：たしかに、どちらも「か」と読む漢字だけど……。あ、そういえばどちらも「咼」という部分が共通しているね。
B：そのとおり。漢字の中には「意味を表す部分（部首）」と「音を表す部分」を組み合わせて作られる漢字があるんだ。「咼」という部分は、実は「か」という読みを表しているんだよ。それに意味を表す「しんにょう（辶）」や「しめすへん（ネ）」が付いているというわけさ。こういう漢字のことを「形声文字」というんだ。
A：へえ、面白いね。他にはどんな「形声文字」があるの。
B：たとえば日本では「圣」が「けい」という音を表す部分として使われているんだ。だから、「軽」も「経」も同じ音読みをするでしょう。
A：どちらも「けい」だね。そして、「車」や「糸」が部首になっているというわけか。
B：そういうこと。こういうふうに漢字を勉強すると、漢字も面白く感じるでしょう。
A：たしかに。これからも漢字の勉強を楽しみながらがんばるよ。

問一 ═══部「『圣』が『けい』という音を表す部分として使われている」漢字を答えなさい。ただし、「軽」「経」と書いた場合は得点をあたえません。

問二 会話文中にあるもの以外にどのような形声文字の漢字があると考えられるか。(例)にならって「音を表す部分」とそれを使った漢字を二つ答えなさい。ただし、「咼」と「圣」を使った漢字を書いた場合は得点をあたえません。

(例) 音を表す部分→圣 ／ 漢字→軽・経

(ⅱ) 次の文章は九つの段落で構成されています。段落BとCの間には五つの段落が入ります。あとのア～オの段落を正しく並べかえ、文章を完成させなさい。(AB□□□□□CD)

A 社会による合意形成は、必ずしも世界で同じ結論に至るわけではありません。

B もちろん、核兵器《かくへいき》の廃絶《はいぜつ》やクローン人間の作製のように、人類の根幹に関《かか》わるものは世界的に統一された合意に至ります。

□
□
□
□
□

C アメリカでは、2001年からのブッシュ政権時代に宗教上の観点から、ES細胞《さいぼう》を用いる研究に連邦《れんぽう》予算を出していませんでした。これは、「受精した瞬間《しゅんかん》がヒトの始まり」とするキリスト教の原理主義者がブッシュ氏の支持者に多かったためです。2009年にオバマ政権になってからは一転して、この規制を解禁しています。時代や指導者によっても考えが変わるのです。

D 生命科学の研究には、倫理的《りんりてき》な問題がつきものであり、そこには宗教観が大きな影響《えいきょう》を与《あた》えます。日本では宗教観を意識することは少ないですが、世界においては無視できない重要な観点です。

(高橋祥子《たかはししょうこ》『ゲノム解析《かいせき》は「私」の世界をどう変えるのか 生命科学のテクノロジーによって生まれうる未来』による)

ア 受精卵から取り出して作製するES細胞も、国や時代によって規制が異なります。

イ 例えば人工妊娠《にんしん》中絶は、命の始まりをどこと定義するかで、宗教観が大きく影響を与える問題です。

ウ　しかし多くの場合、国や地域によって結論が変わります。その国や地域の歴史、文化、あるいは宗教観に左右されます。

エ　日本ではガイドラインのもと、不妊治療《ふにんちりょう》で余って廃棄《はいき》される予定の受精卵からＥＳ細胞を作ることが認められています。フランスもＥＳ細胞の作製を認めている一方、ドイツは禁止、イギリスはクローン胚《はい》からのＥＳ細胞の作製を認めているなど、ヨーロッパ内でも国によって正反対の方針を立てています。

オ　日本では母体保護法のもと、身体的または経済的理由により母体の健康に大きな負担がかかる場合、もしくは望まない妊娠の場合に、妊娠22週未満で人工妊娠中絶が容認されています。しかしモロッコでは、人工妊娠中絶は全面的に禁止されています。キリスト教徒の多いアメリカでは州によって法律が異なり、常に裁判で争われていたり、州知事選のたびに争点のひとつとなったりするほどです。

(ⅲ)　次にあげる①～③にある――部の漢字の部首を（例）にならって答えなさい。なお、――部となっている漢字はいずれも小学校では習わない漢字である。

（例）将来は宇宙飛行士になりたい。　→　解答らんには　宀　と書きます。

①　曖昧《あいまい》な受け答えをしてはいけない。

②　あの子の気持ちが分からず悶々《もんもん》とする。

③　日本はかつて中国に朝貢《ちょうこう》していた。

2022年度 入学試験問題

国語

（60分）

〔注 意〕

① 問題は㊀～㊂まであります。
② 解答用紙はこの問題用紙の間にはさんであります。
③ 解答用紙には受験番号、氏名を必ず記入のこと。
④ 各問題とも解答は解答用紙の所定のところへ記入のこと。
⑤ 各問題とも特に指定のない限り、句読点、記号なども一字に数えること。

西大和学園中学校

2022(R4) 西大和学園中
K 教英出版

問題は次のページから始まります。

一　**次の文章を読んであとの問いに答えなさい。**

さて、(注1)バイオミメティクスにならって長寿《ちょうじゅ》のコツを他の生物から学ぶことはできないでしょうか？　寿命《じゅみょう》に関しては、ヒトより長く生きられる生き物はあまりいないため、難しいように思いますが、注目に値《あたい》する動物が1種います。第3章で紹介《しょうかい》したハダカデバネズミです。

同じサイズのげっ歯類（ネズミの仲間）、例えばハツカネズミの寿命が2～3年なのに対して、ハダカデバネズミは30年と10倍ほど長く生きます。すごい多様性の幅《はば》ですね。(注2)霊長類《れいちょうるい》にたとえると、ヒトとほぼ同サイズのゴリラやチンパンジーの寿命は40～50年なので、もしハダカデバネズミ並みにヒトが長生きできたとすると、単純計算ではヒトの寿命はその10倍の５００年生きることになります。ハダカデバネズミの長生きの理由を真似《まね》して、ヒトの寿命を延ばすことはできるのでしょうか？

ハダカデバネズミの特徴《とくちょう》については、第3章でお話ししました。ここではそれをおさらいしながら、①ハダカデバネズミのどのような特徴が長寿に結びついたのか、考察してみましょう。

（　A　）、「進化が生き物を作った」という観点から、どのような選択《せんたく》の結果、長寿になったのか想像していきます。ハツカネズミもハダカデバネズミも、祖先は同じ小型のネズミでした。小型の祖先ネズミは陸上と地下の両方で暮らしていました。地下は巣穴だったのかもしれません。偶然《ぐうぜん》の「変化」が起こり、地下で長く生活できるものが出てきました。ヘビなどの天敵から身を守るための「選択」も働いたのかもしれません。あるいは、環境《かんきょう》の変化で地下のほうがaカイテキになったのかもしれません。地下の穴の中でも、また変化と選択が起こり、低酸素でも活動できるもの、栄養が少なくても生きられるもの、そして狭《せま》い穴の中でも仲良く協力して暮らせるものが、選択されてきました。このときに、ネズミの繁殖《はんしょく》力の強さ、世代交代の短さが進化速度を加速したと思われます。

そして協力はやがて組織化し、食料調達、子育て、巣穴の設計・防衛にまでおよび、組織力が強い集団が選択されていきます。最終的には、女王のみが出産し、あとは分業・協力して集団を維持《いじ》する真社会性ができ上がったのです。さらに、低酸素環境での代謝の低下、分業によるストレスの軽減が、長寿化にプラスに働いたとbスイサツされます。

長寿の要因は、それだけではありません。天敵が少なく、食べ物が限られている穴の中での生活では、「食べられて死ぬ」という一《いっ》般的《ぱんてき》なハツカネズミなどの多産多死のスタイルよりも、少なく産んで長生きさせる「少産長寿」のほうが、集団および個体を維持するコストがずっと低くてすみます。長生きは、集団での若年《じゃくねん》個体の割合を下げ、子育てにかかる労力の割合も低下します。

そして野生の生き物は概《がい》してそうなのですが、老年個体のパフォーマンス（体力）も死亡率も、若年個体とほとんど変わりません。

つまり死ぬ直前まで働き、ピンピンコロリで死んでいきます。そのため人間社会とは異なり、老年個体を支える集団のコストもないのです。非常にエネルギー効率の良い「総活躍《かつやく》」社会を形成しています。

（　B　）、それでは②ハダカデバネズミのどこを真似したらヒトも同じように超《ちょう》長寿になれるのでしょうか？　まず低酸素、低体温、低代謝などの生理的な部分は、簡単に真似するのは無理です。これは基礎《きそ》研究でじっくりメカニズム(注3)を解明し、これらの生理現象と似た効果を作り出す薬やサプリメントを開発するしか方法はないでしょう。例えば活性酸素の発生を抑《おさ》えるような薬です。

（　C　）、③社会的な変革のほうは可能かもしれません。この点について、ハダカデバネズミから学べることは2つあります。一つは子育て、もう一つは働き方です。

まず子育て改革ですが、ハダカデバネズミの女王のように産むことに特化したヒトを作るとまではいかないにしても、産むことを選択したカップルに社会全体としてのサポートを手厚くします。例えば3人以上子供を作ると養育費は国が負担する。4人目以降は養育費プラス「手当」をcシキュウするようにして、産みたい方はたくさん産めるような仕組み作りはどうでしょうか。もちろん保育園の増設、保育士の増員もして子育ての直接的な負担も分担します。子育ての実務を今以上にプロに任せることにより、親個人にかかるコストや労力、ストレスを軽減します。この政策は少子化にも歯止めをかけられるかもしれません。

2つ目の働き方改革ですが、ハダカデバネズミの「生涯現役《しょうがいげんえき》」にならいます。現在の退職後の年金を若い世代が負担する日本の仕組みは、いつも世代間の人口バランスが取れているわけではないので、安定した運用は困難です。（　D　）現在の日本のように少子高《こう》齢化《れいか》の状態では、若い人の負担が増えてしまいます。

そこで世代間の負担バランスを取るためには、歳《とし》をとってもできる仕事、やりたい仕事を一生続けられる仕組みを作るのはどうでしょうか。一部の企業《きぎょう》ではすでに始まっていますが、定年制など、労働者人口が増え続けていた時代に作られた制度は見直し、働ける人、働きたい人は年齢《ねんれい》にかかわらず働けるようにするのはいかがでしょう。うまくいけば、生きがいを作り、健康にもプラスに働き、長生きが楽しくなる社会が築けるかもしれません。

（　E　）シニアが活躍する制度を提案すると必ずある議論は、若い人の職が減ってしまわないかということです。今の日本のように若い世代の人口が減少している状態では、その心配はあまり大きくないのかもしれません。逆にこのまま定年制などを続けていくと、就労者人口が維持できずに、人手不足により日本の産業をはじめ、研究、技術開発などさまざまな分野の維持が困難になる可能性もあると思います。

以上は私が考える理想論なので、現実にはうまくいかないことも多々出てくるかもしれません。ただ、ハダカデバネズミの多くの個体は昼寝《ひるね》をしています。みんなが競《きそ》って仕事量を増やし成果を競う社会から、効率を上げてゆとりある社会に転換《てんかん》することが、社会全体のストレスを減らし、結果的にヒトの健康寿命を延ばすことができるかも、と私は思いますが、皆《みな》さんはどう思われますか？

　これまでお話ししてきたことで、生物共通の「死」の意味が見えてきたでしょうか。生き物にとって死とは、進化、つまり　X　を実現するためにあります。「死ぬ」ことで生物は誕生し、進化し、生き残ってくることができたのです。

　化学反応で何かの物質ができたとします。そこで反応が止まったら、単なる塊《かたまり》です。それが壊《こわ》れてまた同じようなものを作り、さらに同じことを何度も繰《く》り返《かえ》すことで多様さが生まれていきます。やがて自ら dフクセイが可能な塊ができるようになり、その中でより効率良くフクセイできるものが主流となり、その延長線上に「生物」がいるのです。生き物が生まれるのは偶然ですが、死ぬのは必然なのです。壊れないと次ができません。これはまさに、本書で繰り返してきた「ターンオーバー」そのものです。

　——つまり、死は生命の連続性を維持する eゲンドウ力なのです。本書で考えてきた「生物はなぜ死ぬのか」という問いの答えは、ここにあります。

「死」は絶対的な悪の存在ではなく、全生物にとって必要なものです。第1章から見てきた通り、生物はミラクルが重なってこの地球に誕生し、多様化し、絶滅《ぜつめつ》を繰り返して選択され、進化を遂《と》げてきました。その流れの中でこの世に偶然にして生まれてきた私たちは、その奇跡《きせき》的な命を次の世代へと繋《つな》ぐために死ぬのです。④命のたすきを次に委《ゆだ》ねて「利他的に死ぬ」というわけです。

　生きている間に子孫を残したか否《いな》かは関係ありません。生物の長い歴史を振《ふ》り返《かえ》れば、子を残さずに一生を終えた生物も数えきれないほど存在しています。地球全体で見れば、全ての生物は、ターンオーバーし、生と死が繰り返されて進化し続けています。生まれてきた以上、私たちは次の世代のために死ななければならないのです。

「死」をこのように生物学的に定義し、肯定的《こうていてき》に捉《とら》えることはできますが、ヒトは感情の生き物です。死は悲しいし、できればその恐《きょう》怖《ふ》から逃《のが》れたいと思うのは当然です。たとえハダカデバネズミ的な生活を真似ることに見事成功し、健康寿命が延びて理想的な「ピンピンコロリの人生」が送れたとしても、やはり⑤自分という存在を失う恐怖は、変わりありません。ではこの恐怖を、私たちはどう捉えたらいいのでしょうか。

　答えは簡単で、この恐怖から逃れる方法はありません。この恐怖は、ヒトが「共感力」を身につけ、集団を大切にし、他者との繋がりにより生き残ってきた証《あかし》なのです。

　ヒトにとって「共感力」は、何よりも重要です。これは「同情する」ということだけではありません。ヒトは、喜びを分かち合うこと、自分の感覚を肯定《こうてい》してもらうことで幸福感を得ます。美味《おい》しい料理を二人で食べて「美味しいね」と言うだけで、さらに美味しく感じられるのがヒトなのです。そしてこの共感力はヒトとヒトの「絆《きずな》」となり、社会全体をまとめる骨格となります。

ヒトにとって「死」の恐怖は、「共感」で繋がり、常に幸福感を与《あた》えていてくれたヒトとの絆を喪失《そうしつ》する恐怖なのです。また、自分自身ではなく、共感で繋がったヒトが亡《な》くなった場合も同じです。そしてその悲しみを癒《い》やす、別の何かがその喪失感を埋《う》めるまで、悲しみは続くのです。

（小林武彦《たけひこ》『生物はなぜ死ぬのか』による）

【語注】

（注1） バイオミメティクス … 生体の持つ優《すぐ》れた機能や形状を、工学や医療《いりょう》の分野で応用して使うこと。

（注2） 霊長類 … サルの仲間。人間もここに分類される。

（注3） メカニズム … しくみのこと。

問一 ＝＝部a～eのカタカナを、それぞれ漢字に直しなさい。（かい書で、ていねいに書くこと）

問二 （ **A** ）～（ **E** ）にあてはまる語としてふさわしいものを、次の中からそれぞれ一つずつ選び、記号で答えなさい。ただし、同じ記号を二度以上用いてはいけません。

ア たとえば　**イ** さて　**ウ** まず　**エ** このように　**オ** そして　**カ** 一方

問三 ――部①「ハダカデバネズミのどのような特徴が長寿に結びついたのか」とありますが、ハダカデバネズミが長寿である理由について説明したものとして、最もふさわしいものを次の中から一つ選び、記号で答えなさい。

ア ハダカデバネズミは、他のネズミよりもたくさんの食糧《しょくりょう》を必要としつつも食料の少ない環境で生活するために、若年個体が老年の個体の分も働く仕組みを作り上げたから。

イ ハダカデバネズミは、ハツカネズミなどの他のネズミに比べると食べることができるものの幅が広く、生きていくためにあらゆるものをエネルギー源とすることができたから。

ウ ハダカデバネズミは、陸上と地下の両方で暮らしてきた小型のネズミを祖先に持ち、生息地によって個体数を分散させてきたことでヘビなどの天敵におそわれずにすんだから。

エ ハダカデバネズミは、天敵の少ない地下を生活環境とし出産数が少なくても生存できるようになったことで、一匹当たりがもらえる食料の取り分を多くすることができたから。

オ　ハダカデバネズミは、低酸素の地下環境を巣穴とし役割分担をしながら生活してきたことで、活動するために必要なエネルギーの消費が少なくストレスもかかりにくい生活ができたから。

問四　――部②「ハダカデバネズミのどこを真似したらヒトも同じように超長寿になれるのでしょうか」とありますが、筆者はヒトが「超長寿」になるためにはどうするべきだと考えていますか。それを説明したものとして、最もふさわしいものを次の中から一つ選び、記号で答えなさい。

ア　ヒトは、食料調達の能力が野生の動物よりも劣《おと》っているので、もっと手に入れることが簡単な食料をエネルギー源とできるようヒトが食べることのできる食料の幅を広げるべきである。

イ　ヒトは、少子高齢化の社会で生活しており労働人口が少ないので、世代間のバランスをとるために労働人口を増やす取り組みとして高齢者《こうれいしゃ》が長く働ける仕組みを確立するべきである。

ウ　ヒトは、子育てに対して消極的な姿勢をもっているので、子育てがしやすくなるように社会全体のサポートを手厚くすることで産むことに特化したヒトをつくり出すべきである。

エ　ヒトは、労働によるストレスをかかえすぎているので、年長者が多くの負担をしてでも社会で働き続けることで、若い世代の労働のストレスを減らす仕組みを確立するべきである。

オ　ヒトは、陸上でしか生活することができないほどネズミに比べて適応能力が低いので、まずはどのような環境下でも生活ができるように身体の機能を強化していくべきである。

問五　――部③「社会的な変革」とありますが、どういうことですか。四十字以内で説明しなさい。

問六　――部④「命のたすきを次に委ねて『利他的に死ぬ』」とありますが、どういうことですか。その説明として最もふさわしいものを次の中から一つ選び、記号で答えなさい。

ア　自分の時間と体力を使って社会に貢献《こうけん》するために、社会の仕組みの一部となって生きるということ。

イ　他の誰《だれ》のものでもない自分だけの人生にするために、自由気ままに好きなように生きるということ。

ウ　自分と同じ遺伝子を絶やさないために、子どもを産んでその子の世話をしながら生きるということ。

エ　人間という種を存続させていくために、進化していく上での多様性の一つとして生きるということ。

オ　先祖が築き上げた歴史と伝統を次の世代に残すために、文化の記録を残しながら生きるということ。

問七　[X] に入る言葉として、最もふさわしいものを解答用紙の空欄《くうらん》にあうように本文中からそれぞれ漢字二文字で抜き出して答えなさい。

問八　――部⑤「自分という存在を失う恐怖」とは、どのようなものですか。五十字以内で説明しなさい。

二　次の文章を読んであとの問いに答えなさい。

カナの父親は、プロレス団体ＪＰＦに所属し、マサ横島という名前で活動するプロレスラーである。人気もあまりなく、怪我《けが》をかかえたマサ横島は、所属する団体から引退を言い渡《わた》された。負けたら引退となる試合の相手にＪＰＦのスター選手である御子柴大河《みこしばたいが》との試合が決定した。そんな中、対戦相手の御子柴から娘《むすめ》のカナを試合に呼ぶように勧《すす》められた。

「呼びましょうよ、カナちゃん」
「なんでだよ。言ったろ、あいつは興味がないんだって、プロレスに」
「でも、カナちゃんも見たらわかりますって。プロレスも、マサさんのスゴさも」
横島は、少しだけ考えるようなそぶりを見せたが、いやいい、と首を横に振《ふ》った。
「引退試合ですよ、だって」
「娘が見てると思ったら、調子狂《くる》うだろうが。それに――」
「それに？」
「やっぱ、娘には見せたくないだろう、負ける姿は」

［　中略　］

父親の試合は、初めてプロレスを見るカナでも、なんとなく退屈《たいくつ》だな、と感じた。動きがダイナミックな御子柴に比べると、マサ横島は足が重く、シャープさに欠ける。汗《あせ》をこぼしながら肩《かた》で息をしている様子は、苦しそうで、見ているのが辛《つら》い。
もう、四十七だし。
普通《ふつう》の家のお父さんなら、でっぷりと飛び出したお腹《なか》を抱《かか》えて、口癖《くちぐせ》のように「疲《つか》れた」とぼやき続けてもおかしくない年齢《ねんれい》だ。なぜ、人にひっぱたかれたり、投げられたりしなければならないのだろう。辛い思い、痛い思いをして、バカみたいだと思う。贅沢《ぜいたく》さえ言わなければ、いくらだって他に仕事はあるはずだ。
本当は、父親の試合を見に来るつもりはなかった。今日はチケットをもらって、仕方なく来たのだ。チケットを用意してくれたの

3 次の□に当てはまる数を答えなさい。

(1) 2つの記号○と×が5個ずつあります。この合計10個の記号を一列に並べます。例のように，下の2つの条件を両方とも満たすような並べ方は□通りあります。

条件① 先頭が○である。

条件② ○が3つ以上連続して並ぶ部分がある。

先頭
↓

例 ○ ○ ○ ○ × × × ○ × ×

(2) 1辺の長さが6 cmの正方形ABCDがあります。辺CDのちょうど真ん中の点をE，辺DAのちょうど真ん中の点をFとします。辺BEと辺CFが交わる点をPとします。このとき三角形AFPの面積は［あ］cm^2です。また，三角形AFPを辺APを底辺と考えたときの高さは［い］cmです。

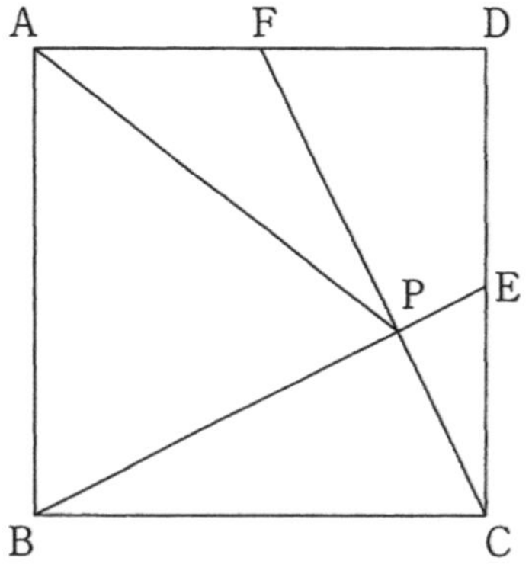

(3)　三角形ABC，三角形BCD，三角形CDA，三角形ABDが同じ大きさの正三角形である立体ABCDを，床《ゆか》とADが垂直になるように置きます。辺BCの真ん中の点をMとし，AM，ABをのばして床と交わる点を，それぞれN，Pとします。四角形DNPQが平行四辺形になるように点Qをとると，三角形APQにおける角(ア)の大きさは□°です。

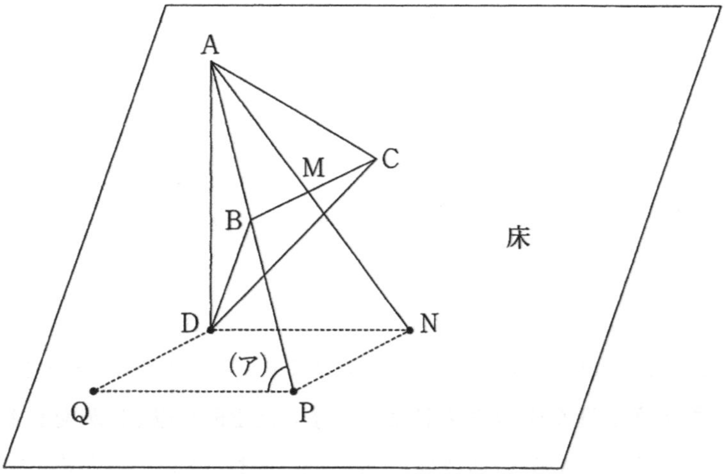

4

中学1年生で数学研究部に所属している西さん（以下N）と大和さん（以下Y）が，あるテーマについて調べているところに，顧問《こもん》の儀間《ぎま》先生（以下G）が加わり話をしています。会話文を読み，その後の問いに答えなさい。

—会話文—

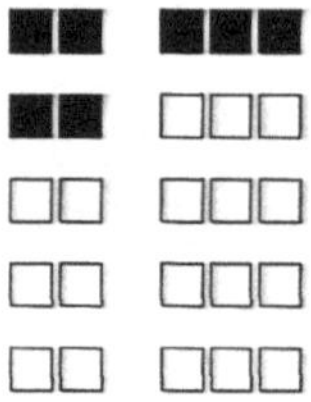

図1

N：大和さん，寮《りょう》生だからよく新幹線を利用するよね？

Y：実家に帰省するときに利用するよ。どうかしたの？

N：新幹線の座席の配列って不思議じゃない？

Y：あぁ。2人席と3人席が横並びで配置されているね。1列に5人が座れるように配置されているんだよ。

N：そうそう。私，その座席のことについて調べたの。団体の乗客を空席なく，1つのブロックにして案内できるように，2人掛けシートと3人掛けシートに分けて一列に配置しているんだって。例えば，7人の団体客を案内する場合は，図1のように2人掛けのシート2つと3人掛けシート1つを使えば，7人の乗客を空席なく案内することができるよね。13人ならば，「2人掛けシートを2つと3人掛けシートを3つ」または，「2人掛けシートを5つと3人掛けシートを1つ」を使う2通りの案内方法があるよ。

Y：それなら，生徒37人で新幹線に乗るときには， あ 通りの案内方法があるね。

G：どんな人数でも，空席なく案内できるよ。つまり，2と3という整数をいくつか足すことで，2以上の思い通りの整数を作り出すことができるんだ。

N：すごいですね，(整数)＝2×□＋3×○ になる □ と ○ が見つかるということですね？

G：そうだよ。例えば，13なら □＝5，○＝1 か □＝2，○＝3 だね。

Y：じゃあ，2と3ではなくて，9と11でも9以上の整数を表すことができるのかな？

N：ある数を 9×□＋11×○ という形に書き表すことができたら「9と11を使って表現できる」ということにしよう。

Y：色々な数で試してみよう。9より小さい数は「9と11を使って表現できない」ってことになるね。60は…，60＝9×3＋11×3だから「9と11を使って表現できる」し，57は…，57＝9×□＋11×○ になる数の組み合わせが見つからない…。ということは57は「9と11を使って表現できない」のね。

N：今日は16日だけれど，16も9×□＋11×○の形で表せないよ！

Y：9×□＋11×○の形では9以上の整数でも9と11を使って表現できない数があるということだね。

G：その通りです。でも実は，ある数よりも大きい数は全て9と11を使って表現できます。その数とは…

Y：[い]ですね！

G：正解です！

―会話文中断―

(1) [あ]にあてはまる数を答えなさい。

(2) 222＝9×□＋11×○と整数□，○で表すとき，□として考えられる数をすべて答えなさい。

(3) [い]にあてはまる数を答えなさい。必要があれば以下の表を利用しても構いません。

1	2	3	4	5	6	7	8	9	10	11
12	13	14	15	16	17	18	19	20	21	22
23	24	25	26	27	28	29	30	31	32	33
34	35	36	37	38	39	40	41	42	43	44
45	46	47	48	49	50	51	52	53	54	55
56	57	58	59	60	61	62	63	64	65	66
67	68	69	70	71	72	73	74	75	76	77
78	79	80	81	82	83	84	85	86	87	88
89	90	91	92	93	94	95	96	97	98	99

問題は次のページへ続きます。

さらに３人は会話を続けます。

G：さて，９と11を使って表現できない数があることが分かったところで，ゲームをしましょう！

N：わーい！どんなゲームですか？

G：まず，２人のうちどちらかが親になります。親は９以上の好きな数を１つ選んで，ここに用意した特殊な電卓のディスプレイに表示させます。親でない方はこの電卓についているＡとＢの２つのボタン押して，そのディスプレイに表示された数を減らしていきます。Ａのボタンを押すと今表示されている数から９を，Ｂのボタンを押すと今表示されている数から11を引くことができます。上手く０になるようにボタンを押すことができれば親でない方の勝ち，できなければ親の勝ちです。

Y：なるほど。じゃあまず僕が親をするね。好きな数は94だ！

N：わかった！とりあえずＡボタンを押すと… 85になったね。まだまだ大きい数だからＢを３回押して… 52になったぞ！

Y：よし！今回は僕の勝ちだ！

N：えっ！？そんなこと…あぁ，本当だ。どうやっても０にならない…。

Y：Ｂを２回だけしか押さなかったら63になっていて，あとはＡを７回押せば勝てたね。

N：なるほど。上手く回数を調整すれば勝てたわけか。面白いね。

Y：でも，最初に選ぶ数によっては必ず親が勝ってしまうよね。

N：つまり「必ず親が勝つ数」があるということか。それを選ばれたら親でない方は面白くないなぁ。

Y：じゃあ［ い ］より大きい数を選ぶことにしない？

N：いいね，そうしよう。じゃあ次は私が親ね。今日は１月16日だから116で！

Y：よし！必ず勝つぞ！

(4)　親が100を選んだとき，親でない方が勝つようなボタンの押し方は何通りあるか答えなさい。ただし，ＡＢの順に押す押し方と，ＢＡの順に押す押し方は別々の通りと数えることとします。

(5)　9以上の数で「必ず親が勝つ数」は何個あるか答えなさい。

(6)　次に親になった儀間先生は次の2つの条件を満たす数 [う] を選びました。

条件①　3の倍数であるが，9の倍数ではない。

条件②　約数の個数は4つである。

西さんと大和さんはこの数 [う] を使ったゲームに挑戦《ちょうせん》し，2人とも勝つことができました。西さんはＡボタンとＢボタンを合計19回，大和さんは合計21回押したそうです。このとき，[う] にあてはまる数を答えなさい。

問題は以上です。

(6) アルミニウム 1 g は塩化水素 4 g と反応して、水素が 1216 cm^3 発生します。

(i) アルミニウムについて、5 % の塩酸 100 g に入れたときのアルミニウムの重さに対する水素の発生量を 13 ページの鉄や亜鉛の場合のグラフと同じようにかくと、どのようなグラフになりますか。(5)の(ii)と同じ解答らんに答え、グラフの近くに **「アルミ」** と記しなさい。

（下書き用）

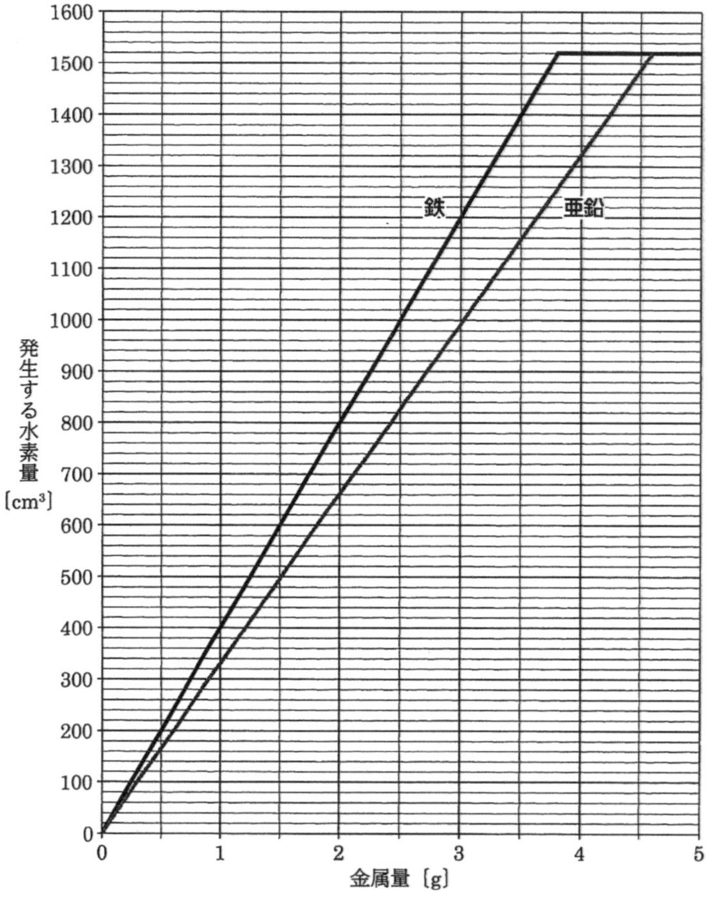

(ii) アルミニウムのグラフが鉄や亜鉛のグラフと大きく離《はな》れている理由はどのように考えられますか。下の文に合うように、「原子」という言葉を用いて答えなさい。

アルミニウム 1 g には、鉄や亜鉛よりも（　　　　　　　　　　　　　　　）から。

(5) 鉄や亜鉛を接着させて塩酸の中に入れると、亜鉛の方が先に塩化水素と反応します。そして、亜鉛がすべて反応してから鉄が反応するとします。いま、亜鉛 2.5 g と鉄 2.5 g を接着させた 5.0 g の金属の板を用意して、5 % の塩酸 100 g に入れました。

(i) 金属の板が 3.0 g まで反応したとき、水素は何 cm^3 発生しますか。

(ii) 横軸《じく》に反応した金属の板の重さを取り、縦軸に水素の発生量を取ったとき、どのようなグラフになりますか。解答らんにグラフをかきなさい。また、水素の発生が終わった点に×を記しなさい。

なお、13 ページの鉄と亜鉛それぞれ個別のグラフを参考にできるように、解答らんにも鉄と亜鉛の場合の水素発生量のグラフを残しています。

(下書き用)

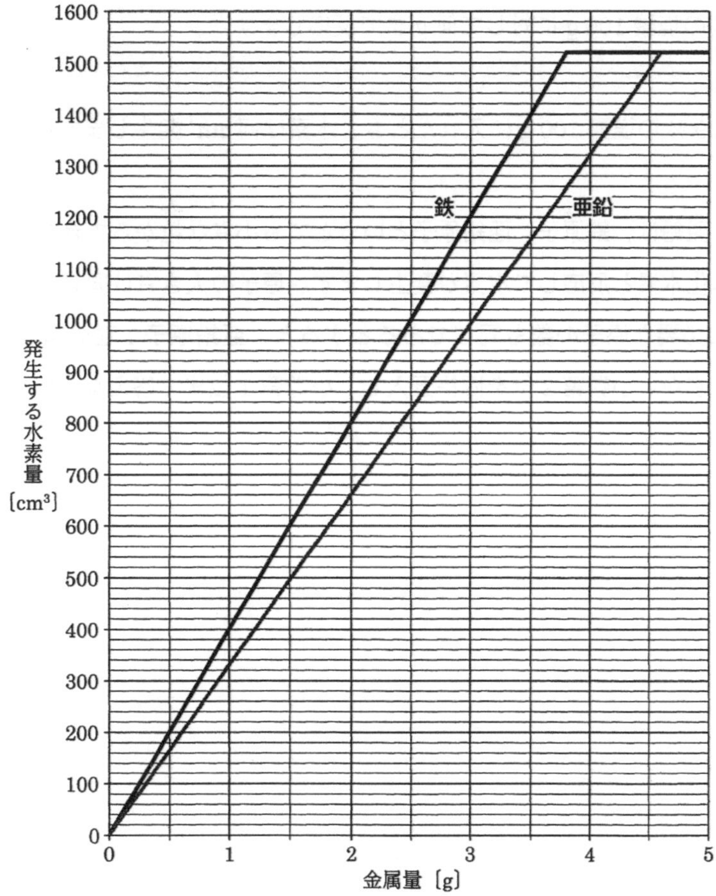

(1) 水素の性質として正しいものを 2 つ選び、記号で答えなさい。

ア．ロウソクを燃やすと発生する。

イ．貝がらを塩酸の中に入れると発生する。

ウ．酸素と混ぜて火をつけると水ができる。

エ．空気より軽く、水に溶《と》けると酸性になる。

オ．集めるときは水上《すいじょう》置《ち》換法《かんほう》を用いるのがもっとも良い。

(2) 十分な量の塩酸が用意されていて 5 g の鉄がすべて反応したとすると、水素は何 cm^3 発生しますか。

(3) 鉄や亜鉛は、塩酸に溶けている塩化水素というものと反応して水素が発生します。

(i) 鉄は 5 % の塩酸 100 g に対して何 g まで反応しますか。

(ii) 鉄 8 g を 9 % の塩酸 100 g に入れたとき、水素は何 cm^3 発生しますか。

(4) 固体の鉄や亜鉛は、鉄原《げん》子《し》、亜鉛原子というとても小さな粒《つぶ》からできていて、その原子が塩酸の中の塩化水素と反応して水素が発生します。原子の大きさは同じで、同じ量の水素が発生するのに必要な原子の数も同じであるとすると、亜鉛原子 1 粒の重さは鉄原子 1 粒の重さの何倍ですか。小数第 2 位を四捨五入し、小数第 1 位まで答えなさい。

4 次の文章を読み、以下の問いに答えなさい。

金属の中には塩酸の中に入れると水素が発生するものもあります。

5％の塩酸 100 g に鉄、亜《あ》鉛《えん》をそれぞれ入れたとき、入れた金属の重さに対する水素の発生量をグラフにすると、下のようになりました。

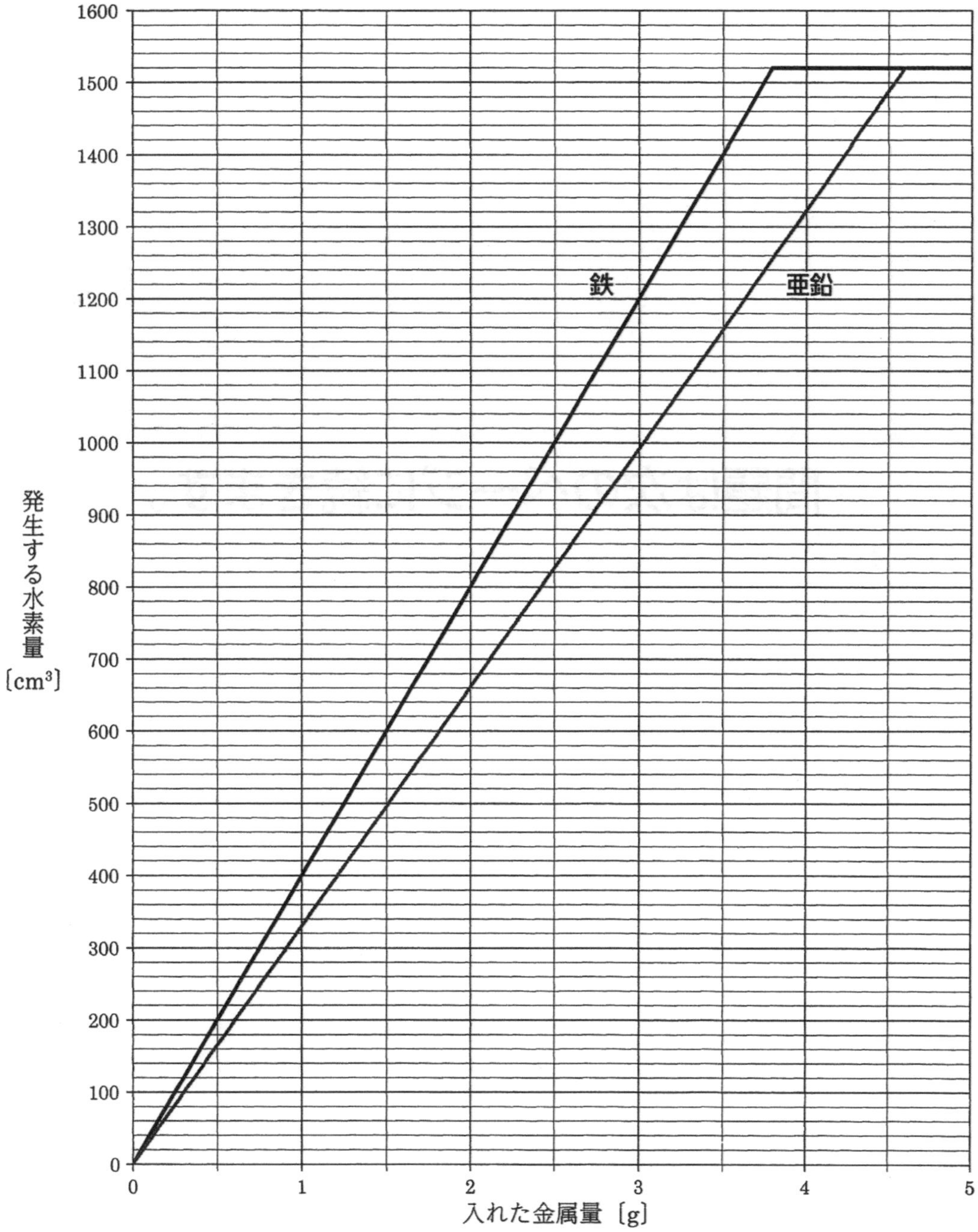

問題は次のページに続きます。

(6) 音階について、以下の文章の空らん(P)～(S)に当てはまる数値を答えなさい。ただし(P)、(Q)は分数で、(R)、(S)は整数で答えなさい。

Eの「ファ」からFの「ソ」のように隣り合う音階のほとんどではその比率は（ P ）倍となるが、Dの「ミ」からEの「ファ」では（ Q ）倍となることが知られている。Gの次にある「シ」の振動数が約495であることを参考にすると、(Q)倍の比になるのは他にもう（ R ）ヵ所あり、1オクターブ高い音は振動数の比率が約（ S ）倍になることがわかる。

(1) 糸電話について、音が伝わるしくみを説明した次の文の空らんに入る、音を伝えているものを答えなさい。

> 糸電話は、コップ内の（　あ　）が振動し、コップの底からつながった（　い　）が振動することで相手のコップ内の（あ）が振動し、音として観測することができる。

(2) 糸電話の性質を表した文として、**誤っているもの**を次の中から１つ選び、記号で答えなさい。

ア．糸電話の糸を強く張るほど、音はよく聞こえる。
イ．糸電話の糸は短いほうが、音はよく聞こえる。
ウ．糸電話の糸の代わりに針金を用いても、音はよく聞こえる。
エ．糸電話の糸を指でつまんでも、音はよく聞こえる。

(3) **【実験Ⅱ】**について、水の量を変えることで、聞こえる音の高さに違いが生じる理由として適切なものを次の中からすべて選び、記号で答えなさい。

ア．振動しているものが、コップのみであるから。
イ．振動しているものが、コップと水であるから。
ウ．振動しているものが、軽い方がよく揺《ゆ》れて高い音がでるから。
エ．振動しているものが、重い方がよく揺れて高い音がでるから。

(4) おもりの重さと振動数の比の関係を調べるためには、実験のA～Gの中の２つの条件を比べることで知ることができます。その条件を表中のA～Gから２つ選び、記号で答えなさい。

(5) 表の中の空らんの(X)、(Y)に当てはまる数値を答えなさい。ただし(X)は小数第１位を四捨五入し整数で、(Y)は分数で答えなさい。

3 次の文章を読み、以下の問いに答えなさい。

コップを使って、音の性質について調べる実験をしました。

【実験Ⅰ】 図1のように2つの紙コップを糸でつなぐ糸電話を作成し、糸の条件だけを変え、音の伝わり方についての違《ちが》いを調べました。

【実験Ⅱ】 ガラスの容器に水をいれ、音の高さの違いについて調べました。図2のようにガラスのコップをたたくと、水の量が少ないときの方が高い音が聞こえ、水の量が多いときの方が低い音が聞こえました。

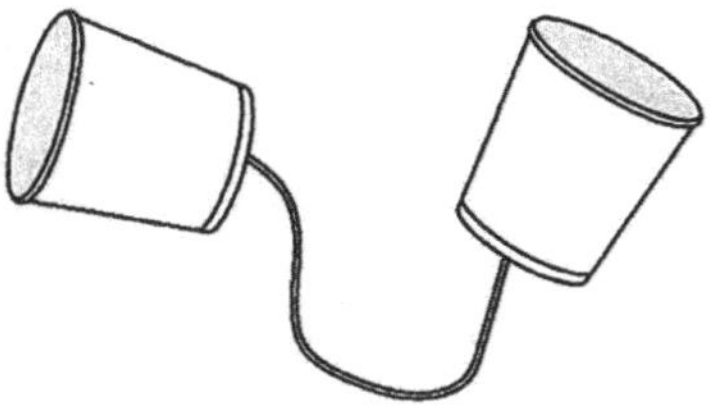

図1

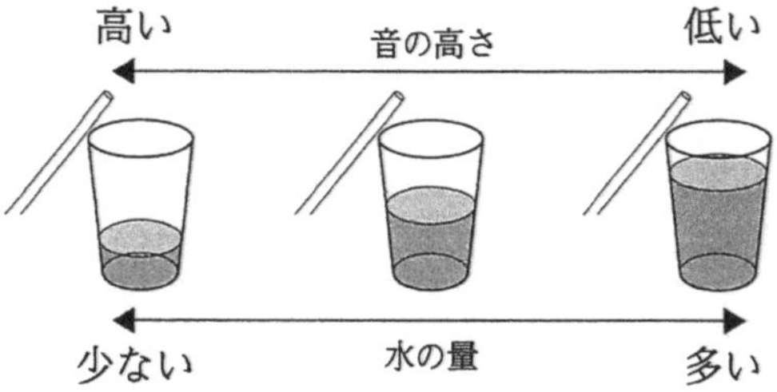

図2

音の高さは1秒間に何回振動《しんどう》しているかという「振動数」の大きさによって決まることが知られています。振動数と音の高さについてより詳《くわ》しく知るため、図3のようにモノコードを用いて実験しました。

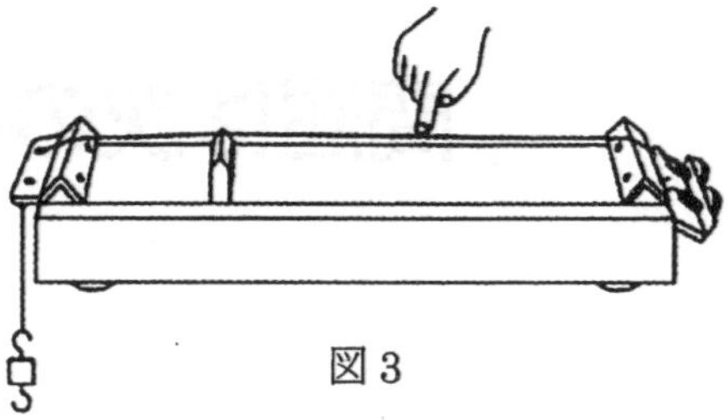

図3

【実験Ⅲ】 弦《げん》につるすおもりの重さ、弦の太さ、木片を動かし弦の長さを変えることで、弦をはじいて出る音の高さの違いを測定しました。Cの「ド」を基準に、実験した条件の組み合わせとそのときの音の高さを表にまとめました。ただし、弦の材質は等しく、ここでの太さとは弦の断面積の大きさを示すものとします。

		A	B	C	D	E	F	G
条件	おもりの重さ	1倍	1倍	1	－	16倍	9倍	9倍
	弦の太さ	1倍	4倍	1	－	9倍	4倍	(Y)
	弦の長さ	2倍	1倍	1	－	1倍	1倍	8倍
音の高さ	音階	－	－	ド	ミ	ファ	ソ	ラ
	振動数	130.4	130.4	260.7	(X)	347.7	391.1	440
	Cに対する振動数の比	$\frac{1}{2}$	$\frac{1}{2}$	1	$\frac{81}{64}$	$\frac{4}{3}$	$\frac{3}{2}$	$\frac{27}{16}$

測定していない値を－で示しています。

問題は次のページに続きます。

4 日本のお金に関する次の【Ⅰ】～【Ⅳ】の文章を読み、あとの**問1**～**問20**に答えなさい。

【Ⅰ】

日本でまだ金属の貨幣《かへい》が鋳造《ちゅうぞう》されていなかった①弥生《やよい》時代の遺跡《いせき》からは、②中国から運ばれたと考えられる金属の貨幣が発見されています。日本で鋳造された最も古いと考えられている銅銭は、③7世紀のものとされる富本銭であり、8世紀初めの【　あ　】京の造営に際し、朝廷《ちょうてい》は和同開珎《わどうかいちん》を鋳造しました。その後も、朝廷は銅銭を鋳造し続けましたが、それらの流通は限られ、10世紀半ばに発行した乾元大宝《けんげんたいほう》を最後に④朝廷による貨幣の鋳造は終了《しゅうりょう》しました。

問1　下線部①について、弥生時代につくられたものを示す写真として誤っているものを、次の**ア**～**エ**から1つ選び、記号で答えなさい。

ア

イ

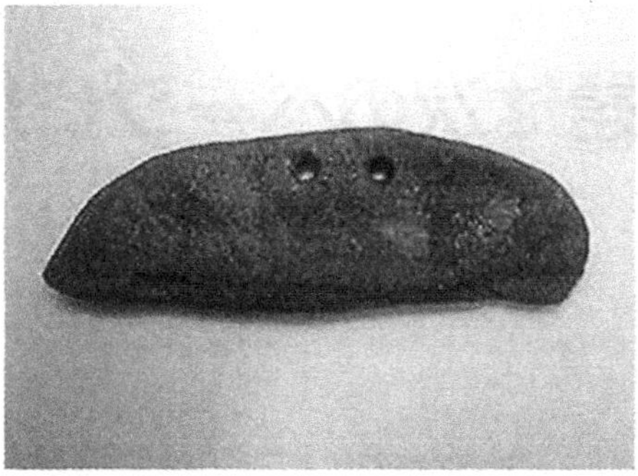

ウ

エ

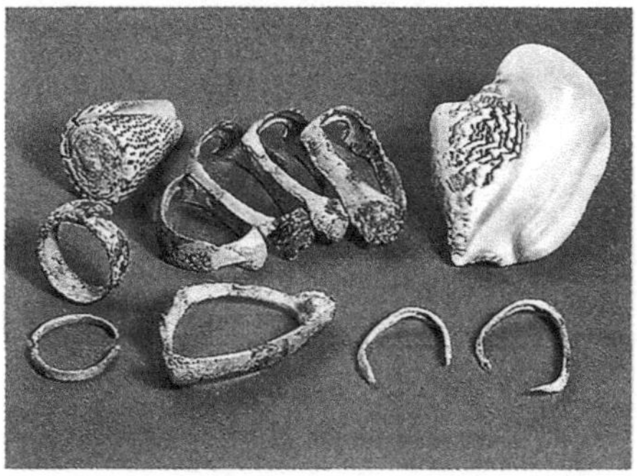

問２　下線部②について、弥生時代から古墳《こふん》時代にかけての日本と中国の関係に関して説明した次の**Ａ～Ｃ**の文が正しいか、誤っているかを判断し、その正誤の組み合わせとして正しいものを、あとの**ア～カ**から１つ選び、記号で答えなさい。

Ａ　九州北部の支配者の一人が漢に使者を派遣《はけん》し、漢の皇帝《こうてい》から金印を与えられた。

Ｂ　ワカタケル大王《おおきみ》が魏《ぎ》に使者を派遣し、贈《おく》り物をしたので、大王は魏の皇帝から倭《わ》王の称号《しょうごう》を与えられた。

Ｃ　大和《やまと》政権は、大陸からきた渡来人を政権の重要な役につけ、政権の記録や外交文書の作成を任せた。

	A	B	C
ア	正	正	誤
イ	正	誤	正
ウ	正	誤	誤
エ	誤	正	正
オ	誤	正	誤
カ	誤	誤	正

問３　下線部③について、７世紀のできごとについて説明した次の**ⅰ**・**ⅱ**の文が正しいか誤っているかを判断し、**ⅰ**・**ⅱ**の両方が正しければ**ア**、**ⅰ**が正しく**ⅱ**が誤っていれば**イ**、**ⅰ**が誤りで**ⅱ**が正しければ**ウ**、**ⅰ**・**ⅱ**の両方が誤っていれば**エ**と答えなさい。

ⅰ　中大兄皇子《なかのおおえのおうじ》と中臣鎌足《なかとみのかまたり》が天皇中心の政治を実現するために、蘇我《そが》氏をたおした。

ⅱ　唐《とう》と朝鮮《ちょうせん》半島の国々のあいだで生じていた争いから国を守るため、北九州に防人《さきもり》が送られた。

問４　文章中の【　**あ**　】にあてはまる語句を、漢字２字で答えなさい。

問5　下線部④について、朝廷によって貨幣が鋳造されていた期間のできごとについて説明したものとして誤っているものを、次の**ア**～**エ**から１つ選び、記号で答えなさい。

ア　藤原道長《ふじわらのみちなが》が摂政《せっしょう》となり、天皇にかわって政治をおこなった。

イ　シルクロードを通じて伝わった宝物が正倉院におさめられた。

ウ　仏教の力で社会の不安をしずめるため、全国に国分寺が建てられた。

エ　菅原道真《すがわらのみちざね》の提案によって、遣唐使が停止された。

【Ⅱ】

> 平安時代後期から、中国との貿易のなかで多数の中国銭が日本に流入して広まりました。⑤平清盛《たいらのきよもり》などが推進した日宋《そう》貿易は鎌倉《かまくら》時代に入っても民間が主導する形で続けられました。⑥13世紀に成立した【　い　】は、自国内での紙幣の流通を目指して国内で銅銭の利用を制限したため、中国銭の日本への輸出が増加しました。鎌倉時代から⑦室町時代にかけて幕府や朝廷による貨幣の発行はなく、⑧民間産業の発達によって流通が活発化するなか、貨幣が不足したため、民間では中国銭をもとに貨幣の発行を始めるものも出ました。

問6　下線部⑤の人物の説明として誤っているものを、次の**ア**～**エ**から１つ選び、記号で答えなさい。

ア　平治の乱で源氏を破って、勢力を強めた。

イ　朝廷から、太政大臣や征夷《せいい》大将軍に任命された。

ウ　自分の娘を天皇のきさきとし、生まれた子を天皇にした。

エ　一族の繁栄《はんえい》をいのって、厳島《いつくしま》神社に経典を納めた。

問7　下線部⑥について、13世紀のできごととして正しいものを、次の**ア**～**エ**から１つ選び、記号で答えなさい。

ア　東北でおきた争いにおいて、源義家《みなもとのよしいえ》が活躍《かつやく》した。

イ　民衆の生活を題材にした狂言《きょうげん》が、各地に広まった。

ウ　武士の裁判の基準として、御成敗式目《ごせいばいしきもく》が定められた。

エ　争いのない平和な浄土《じょうど》をつくるため、藤原清衡《ふじわらのきよひら》が中尊寺を建てた。

問８　文章中の【　い　】にあてはまる中国を支配した王朝を、漢字１字で答えなさい。

問９　下線部⑦について、室町時代に描《えが》かれた絵画として正しいものを、次の**ア**～**エ**から１つ選び、記号で答えなさい。

ア

イ

ウ

エ

問10　下線部⑧について、鎌倉・室町時代の産業の発達について説明した次の**ⅰ**・**ⅱ**の文が正しいか誤っているかを判断し、**ⅰ**・**ⅱ**の両方が正しければ**ア**、**ⅰ**が正しく**ⅱ**が誤っていれば**イ**、**ⅰ**が誤りで**ⅱ**が正しければ**ウ**、**ⅰ**・**ⅱ**の両方が誤っていれば**エ**と答えなさい。

ⅰ　鉄製の農具を用いたり、牛や馬にすきをひかせて田畑を深く耕したりする工夫により、収穫《しゅうかく》量が増えた。

ⅱ　肥料としてほしかが大量に必要とされたため、網《あみ》を用いた漁法を工夫したことで、漁獲量が増えた。

【Ⅲ】

織田信長《おだのぶなが》のあとをうけた⑨豊臣秀吉《とよとみひでよし》が政治をおこなったころ、経済力を示す基準が貨幣から米に変化しました。貨幣については、⑩江戸《えど》幕府が金貨・銀貨・銭貨からなる制度を定め、貨幣の供給を始めました。しかし、銭貨は全国的に流通したものの、金貨は江戸を中心に東日本において、銀貨は⑪大阪を中心に西日本において用いられたため、貨幣制度の統一は不十分な面もありました。対外的には、銀が主な貿易品として⑫中国やオランダへ輸出されましたが、⑬銀山からの産出量の減少により輸出量は減っていきました。

問11　下線部⑨の人物の説明として正しいものを、次の**ア**～**エ**から１つ選び、記号で答えなさい。

ア　キリシタン大名として４人の少年をローマへ派遣した。

イ　朝鮮に軍を送る拠点《きょてん》として現在の佐賀県に名護屋《なごや》城を築いた。

ウ　現在の長野県にある川中島で上杉《うえすぎ》氏とくりかえし対戦した。

エ　一向宗の中心地であった石山本願寺を降伏《こうふく》させた。

問12　下線部⑩について、江戸幕府や藩《はん》の支配のしくみについて説明した次の**A**～**C**の文が正しいか、誤っているかを判断し、その正誤の組み合わせとして正しいものを、あとの**ア**～**カ**から１つ選び、記号で答えなさい。

A　徳川家康《とくがわいえやす》は、関《せき》ヶ《が》原《はら》の戦いで豊臣氏を滅亡《めつぼう》させたのち、朝廷から征夷大将軍に任命され、全国支配を確かなものにした。

B　徳川家光《いえみつ》は、祖父の家康をまつる日光東照宮に大名を引き連れて参拝をくりかえすことで、大名に幕府の力を示した。

C　幕府や藩は、年貢《ねんぐ》などを確実に納めさせることを目的に、村のなかで五人組というしくみをつくらせた。

	A	B	C
ア	正	正	誤
イ	正	誤	正
ウ	正	誤	誤
エ	誤	正	正
オ	誤	正	誤
カ	誤	誤	正

問13　下線部⑪について、江戸時代の大阪について説明した次のⅰ・ⅱの文が正しいか誤っているかを判断し、ⅰ・ⅱの両方が正しければ**ア**、ⅰが正しくⅱが誤っていれば**イ**、ⅰが誤りでⅱが正しければ**ウ**、ⅰ・ⅱの両方が誤っていれば**エ**と答えなさい。

ⅰ　多くの大名は、大阪に蔵屋敷《くらやしき》を置いて、年貢米や特産物を売りさばいていた。

ⅱ　日本海の各地域と大阪を結ぶ東まわり航路が開かれると、大阪はいっそう発展した。

問14　下線部⑫について、中国との貿易のために唐人屋敷が設けられた港町を、漢字で答えなさい。

問15　下線部⑬について、17世紀後半に銀の産出量を減らしていた、世界文化遺産にも登録されている銀山を、漢字で答えなさい。

【Ⅳ】

明治政府は、円を単位とする新しい貨幣をつくり、地租《ちそ》改正により⑭定額の地租を貨幣で徴収《ちょうしゅう》するしくみを整えました。⑮1880年代には、中央銀行である日本銀行が設立され、統一的な日本銀行券が発行されました。のち、政府は⑯日清戦争で得た賠償《ばいしょう》金をもとに、1897年に当時米英で用いられていた金本位制(注)を導入しました。その後、紆余曲折《うよきょくせつ》を経て、⑰1930年代初めに金本位制を離脱《りだつ》したのちには、円を中心とする経済ブロックをつくりました。戦後はドルを基準とする体制のなかで、⑱円の為替《かわせ》相場が固定されていましたが、1970年代初めに終了しました。

(注) 金本位制：貨幣の価値を金に裏付けられた形で示す制度のこと。

問16 下線部⑭について、定額の地租を政府に納入することと物価の変動の関連について説明した、次の文中の【 A 】・【 B 】にあてはまる語句の組み合わせとして正しいものを、あとの**ア**～**エ**から１つ選び、記号で答えなさい。

物価が全体的に下がっているときには、明治政府にとっては実質的な【 A 】となり、納税をする人々にとっては実質的な【 B 】となりました。

ア 【 A 】―増収 【 B 】―増税

イ 【 A 】―増収 【 B 】―減税

ウ 【 A 】―減収 【 B 】―増税

エ 【 A 】―減収 【 B 】―減税

問17 下線部⑮について、1880年代のできごととして正しいものを、次の**ア**～**エ**から１つ選び、記号で答えなさい。

ア 明治政府の殖産《しょくさん》興業策として、富岡製糸場が設立された。

イ 基本的人権の内容を多くもりこんだ、五日市《いつかいち》憲法がつくられた。

ウ 陸奥宗光《むつむねみつ》がイギリスと交渉《こうしょう》し、領事裁判権の廃止《はいし》に成功した。

エ 新橋と横浜のあいだで、鉄道が開通した。

問18　下線部⑯について、次の写真は、この戦争がおこる前の東アジアの状況《じょうきょう》を風刺《ふうし》したものです。この写真について説明したあとのⅰ・ⅱの文が正しいか誤っているかを判断し、ⅰ・ⅱの両方が正しければ**ア**、ⅰが正しくⅱが誤っていれば**イ**、ⅰが誤りでⅱが正しければ**ウ**、ⅰ・ⅱの両方が誤っていれば**エ**と答えなさい。

ⅰ　**B**の国は**A**の国と同盟を結んでおり、協力して**C**の国を倒《たお》そうとしている。

ⅱ　**D**は朝鮮のことを示しており、**B**の国の支配を受けていた朝鮮を**C**の国は独立させようとしている。

問19　下線部⑰について、金本位制が採用された日清戦争後から金本位制から離脱した1930年代初めまでのできごとを述べた次の文Ⅰ～Ⅲを、年代の古い順に正しくならべかえたものとして正しいものを、あとの**ア**～**カ**から１つ選び、記号で答えなさい。

Ⅰ　第一次世界大戦に日本が参戦した。

Ⅱ　男子普通選挙の制度が定められた。

Ⅲ　日本が樺太《からふと》南部や満州の鉄道の権利を得た。

ア　Ⅰ－Ⅱ－Ⅲ　　**イ**　Ⅰ－Ⅲ－Ⅱ　　**ウ**　Ⅱ－Ⅰ－Ⅲ

エ　Ⅱ－Ⅲ－Ⅰ　　**オ**　Ⅲ－Ⅰ－Ⅱ　　**カ**　Ⅲ－Ⅱ－Ⅰ

問20　下線部⑱について、ドルを基準に円の為替相場が固定されていた期間におきたできごとについて説明した次の**A**～**C**の文が正しいか、誤っているかを判断し、その正誤の組み合わせとして正しいものを、あとの**ア**～**カ**から１つ選び、記号で答えなさい。

A　朝鮮戦争の開戦にともない、日本ではＧＨＱの指令により警察予備隊が組織された。

B　日本は韓国《かんこく》との国交正常化を実現するために、日韓基本条約を結んだ。

C　日本と中国の経済や文化の発展のために、日中平和友好条約が結ばれた。

	A	B	C
ア	正	正	誤
イ	正	誤	正
ウ	正	誤	誤
エ	誤	正	正
オ	誤	正	誤
カ	誤	誤	正

5　オリンピックに関する次の文章を読み、あとの**問１**～**問５**に答えなさい。

　オリンピック・パラリンピックは４年ごとに開催《かいさい》される世界的なスポーツの祭典です。①スポーツを通した人間育成と②世界平和を究極の目的とし、夏季大会と③冬季大会を行っています。当初は2020年の開催が予定されていた東京オリンピックは、新型コロナウイルス感染症《かんせんしょう》（COVID-19）の影響によって、翌年に延期されました。2021年７月23日、一般《いっぱん》の観客を入れずに④開会式を迎《むか》え、多くの国や地域、【　　　】選手団からあわせて１万人を超える選手が参加し、過去最多の33競技339種目が実施《じっし》されました。

問１　下線部①について、スポーツの振興《しんこう》などを担当しており、スポーツ庁を外局としてもつのは何省か、漢字で答えなさい。

問２　下線部②に関連して、日本国憲法において平和主義について定めているのは、前文と第９条です。次の文は、第９条の第１項を示しています。文中の□に共通してあてはまる語句を、漢字２字で答えなさい。

　日本国民は、正義と秩序《ちつじょ》を基調とする国際平和を誠実に希求し、国権の発動たる戦争と、□による威《い》嚇《かく》又《また》は□の行使は、国際紛争《ふんそう》を解決する手段としては、永久にこれを放棄《ほうき》する。

問３　下線部③について、日本において冬季オリンピック大会は過去２回おこなわれています。これらのうち、平成に元号が変わってから、冬季オリンピックが開催された都市を、漢字で答えなさい。

問4　下線部④について、東京オリンピックの開会式では、次の写真などを模した演出が話題となりました。視覚的な図で表現することで、言語に制限されず内容の伝達をおこなうことができる、写真のような記号のことを何というか、カタカナ６字で答えなさい。

問5　文章中の【　　　】にあてはまる、政治的な迫害《はくがい》のほか、紛争や人権侵害《しんがい》などを避《さ》けるために、国境を越《こ》えて他国に逃《のが》れた人々を何というか、漢字２字で答えなさい。

問題は次のページに続きます。

問8　下線部⑧について、次の(1)・(2)の問いに答えなさい。

(1)　次の表２は、北海道のいくつかの都市における年間の霧《きり》発生日数を表したものです。北海道の東部に位置する釧路市は、他の都市に比べ霧発生日数が非常に多いことがわかりますが、これは、海上で発生した「海霧」が陸上へと流入したもので、その多くは夏に観測されます。「海霧」が発生するメカニズムを、40字以内で説明しなさい。

表２　都市別の霧発生日数

（単位は日）

都　市	旭　川	釧　路	札　幌	稚　内
霧の発生日数	22.4	96.9	1.8	11.8

統計年次は1990～2020年の平均値
気象庁資料により作成

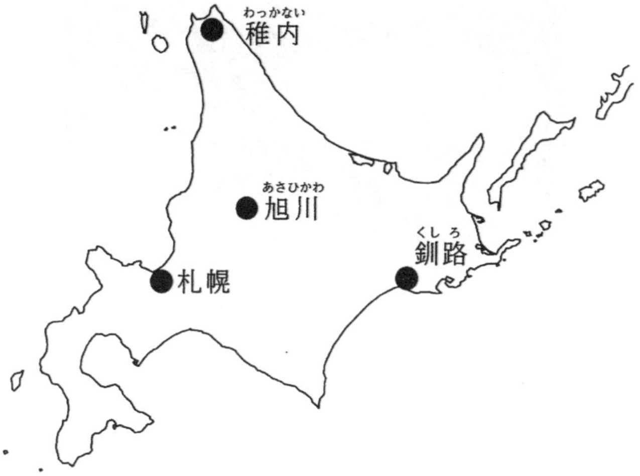

図３　表２にある都市の位置

(2)　北見市の沿岸部には、代表的な潟湖《せきこ》であるサロマ湖があります。潟湖とは、土砂によって外海と切りはなされた湖をいいます。代表的な潟湖として適当なものを、次の**ア**～**エ**から１つ選び、記号で答えなさい。

ア　十和田湖　　**イ**　浜名湖　　**ウ**　琵琶《びわ》湖　　**エ**　摩周《ましゅう》湖

問7　下線部⑦について、次の図２は、バターの代用品としてフランスで発明され、1887年に初めて日本に輸入された食品の広告です。この食品は、1908年には国内生産が始まりましたが、当時は生産量が少なく、普及するようになったのは太平洋戦争以降になりました。この食品は何か、カタカナで答えなさい。

図２　当時の広告

問5　下線部⑤について、次の図1は、1960年から2018年にかけてのいくつかの品目に対する食料自給率の推移を示したもので、図1中の**ア**～**エ**は、果実・鶏卵《けいらん》・肉類（くじら肉を除く）・野菜のいずれかを表しています。鶏卵にあてはまるものを、**ア**～**エ**から1つ選び、記号で答えなさい。

図1　食料自給率の推移

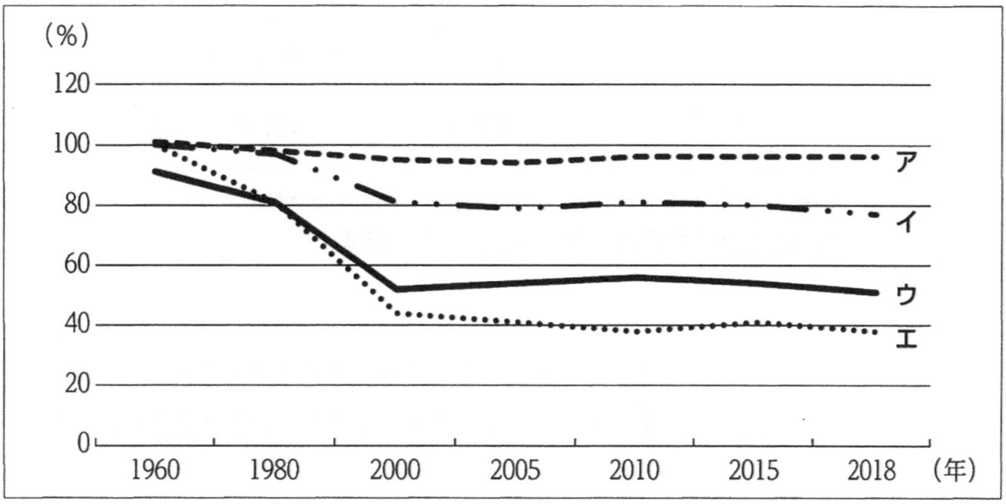

問6　下線部⑥について、現在日本で広く食されている野菜や果実のなかには、タマネギ以外にも西アジアや中央アジアを原産地とするものがあります。西アジアや中央アジアを原産地とするものとして適当でないものを次の**ア**～**エ**から1つ選び、記号で答えなさい。

ア　ジャガイモ　　**イ**　ニンジン　　**ウ**　ホウレンソウ　　**エ**　リンゴ

問3　下線部③について、日本は、1991年に牛肉の輸入を自由化したことで、外国産の牛肉が国内に大量に流通するようになりました。次の表1は、令和3年5月における輸入牛肉と国産牛肉の価格を表したものです。国産牛肉に比べて輸入牛肉の値段が大はばに安くなる理由を、簡単に説明しなさい。

表1　輸入牛肉と国産牛肉の価格

品　目	輸入牛肉 (冷蔵ロース)	国産牛肉 (冷蔵ロース)
価　格 (令和3年5月)	278円	837円

価格は令和3年5月10日～12日の100gあたりの平均
農林水産省「食品価格動向調査」により作成

問4　下線部④について、次の文章は、伝統的なしょうゆの製造方法を説明したものです。文章中の空らん[i]・[ii]にあてはまる原料を、それぞれ漢字2字で答えなさい。

蒸した[i]と炒《い》った[ii]を混合し、種こうじを加えて「こうじ」をつくる。これを食塩水と一緒にタンクにしこんで「もろみ」をつくり、かくはんを重ねながら約6～8か月ねかせると、こうじ菌《きん》やこう母、乳酸菌がはたらいて分解・発こうが進み、さらに熟成されてしょうゆ特有の色・味・香りが生まれる。

二

問二

A

B

C

D

E

問三

問四

問五

問六

問七

20

40

60

80

※

三

(i)

問一

問二

I

II

問三

一つめ

二つめ

共通点

(ii)

A

B

C

※

※150点満点
（配点非公表）

※

2022年度　西大和学園中学校入学試験

算 数 解 答 用 紙

受験番号	氏　　名

※のらんには何も書かないこと

1	(1)	(2)	(3)	※
	(4)	(5)	(6)	
	あ　　い			
	(7)			

	(1)	(2)	(3)	※

【解答

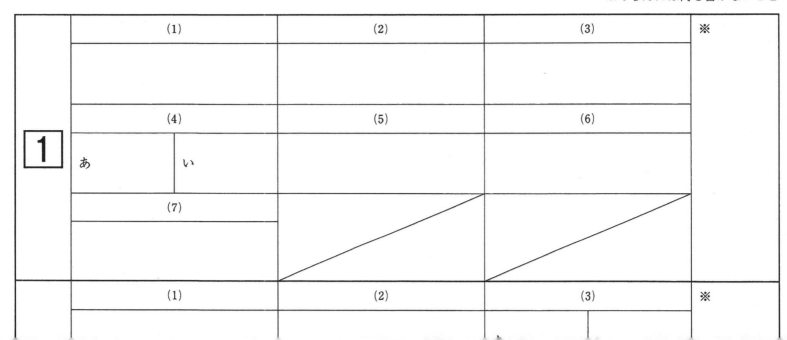

2022年度　西大和学園中学校入学試験

理 科 解 答 用 紙

受験番号	氏　　名

※のらんには何も書かないこと。

1

(1) あ	(1) い	(1) う	※

(2)	(3)	(4)	(5)	(6)	(7)		

2

(1) A	(1) 湯気	(2)	※

(3)	(4)	(5)	(6)
	℃	分	m

(7)	(8)	(9)	
℃	m		

3

(1) あ	(1) い	(2)	(3)	※

【解答

2022年度　西大和学園中学校入学試験

社　会　解　答　用　紙

受験番号	氏　　名

※のらんには何も書かないこと。

1

問1　問2　問3 (1)　※

問3 (2)

問4 i　ii　iii

問5　問6 (1) (2)

問7　問8 A　E

2

問1　問2　※

問3 (1) (2)

問1　※

【解答

3	問3					
	問4	i	ii	問5	問6	
	問7					
	問8	(1)				
		(2)				

4	問1		問2		問3		※
	問4		問5		問6		
	問7		問8		問9		
	問10		問11		問12		
	問13		問14		問15		
	問16		問17		問18		
	問19		問20				

5	問1		問2		問3		※
	問4		問5				

※

※100点満点
（配点非公表）

3	(　　　) と (　　　)		
	(6)		
	(P)	(Q)	(R)	(S)

4				※
(1)		(2)	(5)(ii)、(6)(i)	
┊		cm³		
(3)				
(i) g		(ii) cm³		
(4)	(5)			
倍	(i) cm³	(ii) 右図に記入		
(6)				
(i) 右図に記入	(ii) アルミニウム１ｇには、鉄や亜鉛よりも			
(				
）から。				

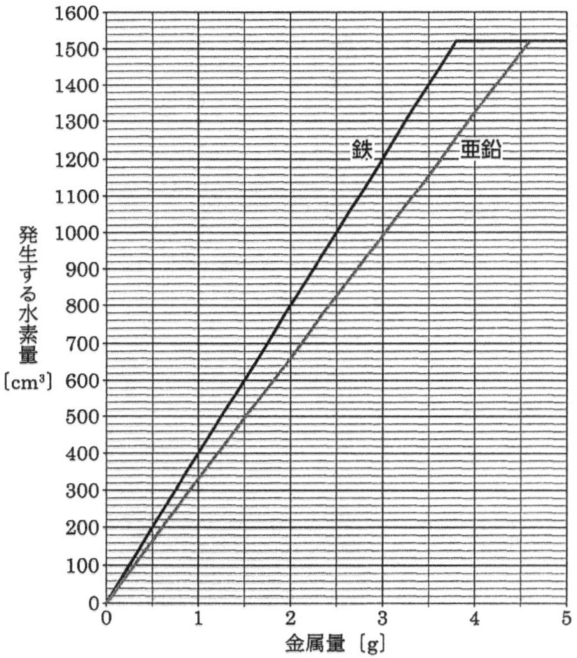

※

※100点満点
（配点非公表）

		あ	い		
3	(1)	(2)		(3)	※
		あ	い		
4	(1)	(2)		(3)	※
	(4)	(5)		(6)	
	通り	個			

※

※150点満点
（配点非公表）

2022年度　西大和学園中学校入学試験

国語解答用紙

受験番号

氏名

一

問一
a
b
c
d
e

問二
A
B
C
D
E

問三

問四

問五
20
40

問六

問七
と

問八
20
40
50

※

※の欄には何も書かないこと。

問2　下線部②について、世界の国には、その国の風土や文化をうつした特徴的な料理があります。次の**A**～**C**の文章は、トルコ・メキシコ・ロシアのいずれかの国における、穀物を原料とする料理について説明したものです。**A**～**C**と国名との正しい組み合わせを、あとの**ア**～**カ**から１つ選び、記号で答えなさい。

A　この国で多く生産されるライ麦を原料とし、発こうさせてから焼く。栄養に富み、独特の酸味があり、スープと一緒《いっしょ》に食されることも多い。

B　この国で多く生産されるトウモロコシを原料とし、うすくのばして、発こうさせずに焼く。豆料理などを包みこんで食される。

C　この国で多く生産される小麦を原料とし、発こうさせてから焼く。肉類のほか、チーズやヨーグルト、オリーブなどとともに食される。

	A	B	C
ア	トルコ	メキシコ	ロシア
イ	トルコ	ロシア	メキシコ
ウ	メキシコ	トルコ	ロシア
エ	メキシコ	ロシア	トルコ
オ	ロシア	トルコ	メキシコ
カ	ロシア	メキシコ	トルコ

問１　下線部①について、日本人の食生活の変化は、文明開化だけではなく、第二次世界大戦後にも大きく変化しました。戦前の食生活からどのように変化したのかを、以下の注意点を守って、60字以内で説明しなさい。戦前の食生活については、ヒントを参考にしなさい。

＜ヒント＞

・戦前の一般的な食事は、主食のご飯を中心に、魚、野菜、いもなどをそえるような簡素なものだった。

＜注意点＞

・変化することとなったきっかけを明らかにすること。

・「所得」と「多様」という語句を必ず使用すること。

・変化の結果「消費量が増えた食品」を１つ、具体的にあげること。

・変化の結果「消費量が減った食品」を１つ、具体的にあげること。

3 歴史上の出来事も、地理的なアプローチをすることで、新しい気づきを得ることができます。次の文章は、文明開化による日本人の食生活の変化について書かれたものです。これを読んで、あとの**問1～問8**に答えなさい。

「散切り頭をたたいてみれば文明開化の音がする」という言葉があるように、散切り頭は文明開化の象徴《しょうちょう》とされていた。1871年に公布された散髪脱刀《さんぱつだっとう》令により、それまで結っていたチョンマゲを切り落として、髪《かみ》を散らしたままの髪型が日本人男性の一般《いっぱん》的な髪形になった現象をいったのである。

①日本人の食生活も、西洋文化の影響《えいきょう》を受けて大きく変化した。そこで、文明開化の象徴ともいえる②料理も登場し人気を博した。その代表的な料理が、その名もズバリの「開化丼《どん》」（開花丼）である。明治初期、③牛肉やぶた肉を食べる食習慣が日本人の間に広まっていった。そこで考案されたのが、牛肉またはぶた肉とタマネギを④しょうゆで甘《あま》からく煮《に》て⑤卵でとじ、それをご飯の上にのせた料理である。それを文明開化にかけて開化丼と名づけた。牛丼の別名を開化丼とよぶ地域もある。

牛肉やぶた肉を使った料理が、欧米《おうべい》の影響を受けて日本に広く普及《ふきゅう》していき、それを文明開化の象徴として開化丼と名づけたとしても不思議なことではないが、タマネギ自体も文明開化の象徴といわれた。

タマネギはユリ科の多年生作物で、⑥西アジアが原産地。すでに紀元前から栽培《さいばい》されていたという記録もある歴史の古い野菜で、日本人の間でも昔から食べられていたかのように思われるかもしれない。しかし、⑦日本に伝わったのは意外に新しく、1871年に札幌で試験的に栽培されたのが最初だといわれている。それから７年後の1878年、札幌農学校で本格的に栽培されるようになった。そういった歴史的な経緯《けいい》もあって、今もタマネギの日本最大の産地は北海道で、全国の生産量のおよそ56％をしめる。そのうちの半分以上を、⑧北海道東部の北見市で産している。

また、今ではすっかり庶民《しょみん》の味として親しまれている「あんぱん」は1875年、東京銀座の木村屋で初めて売り出され人気を博した。これらはまさに“文明開化の味”だろうか。

（浅井建爾『日本全国地図の謎』により作成）

問題は次のページに続きます。

問1　地形図**A**には、都道府県界がみられます。この境界は、どのような場所に引かれているのか、簡単に説明しなさい。

問2　地形図**A**・**B**から読み取ることができることとして適当なものを、次の**ア**～**エ**から１つ選び、記号で答えなさい。

ア　**A**中の国道163号線は、河川に沿って建設されていることから、近年新しく建設されたバイパス道路であると考えられる。

イ　**A**中の「学研奈良登《と》美《み》ヶ《が》丘《おか》駅」周辺は、博物館や大学が立地していることから、学術都市の中心としての機能をもつと考えられる。

ウ　**B**中の「関西本線」の線路は、交通渋《じゅう》滞《たい》を解消するため、全線が高《こう》架《か》化されている。

エ　**B**中の「佐保川」は、地形図中の標高に注目すると、西に流れたのちに南に流れていることがわかる。

問3　地形図**A**・**B**中にそれぞれ「**○**」で示した地域があります。次の(1)・(2)の問いに答えなさい。

(1)　**A**・**B**どちらの地域がより最近に開発されたと考えられるか、答えなさい。

(2)　(1)でそのように判断した理由を、簡単に説明しなさい。

B

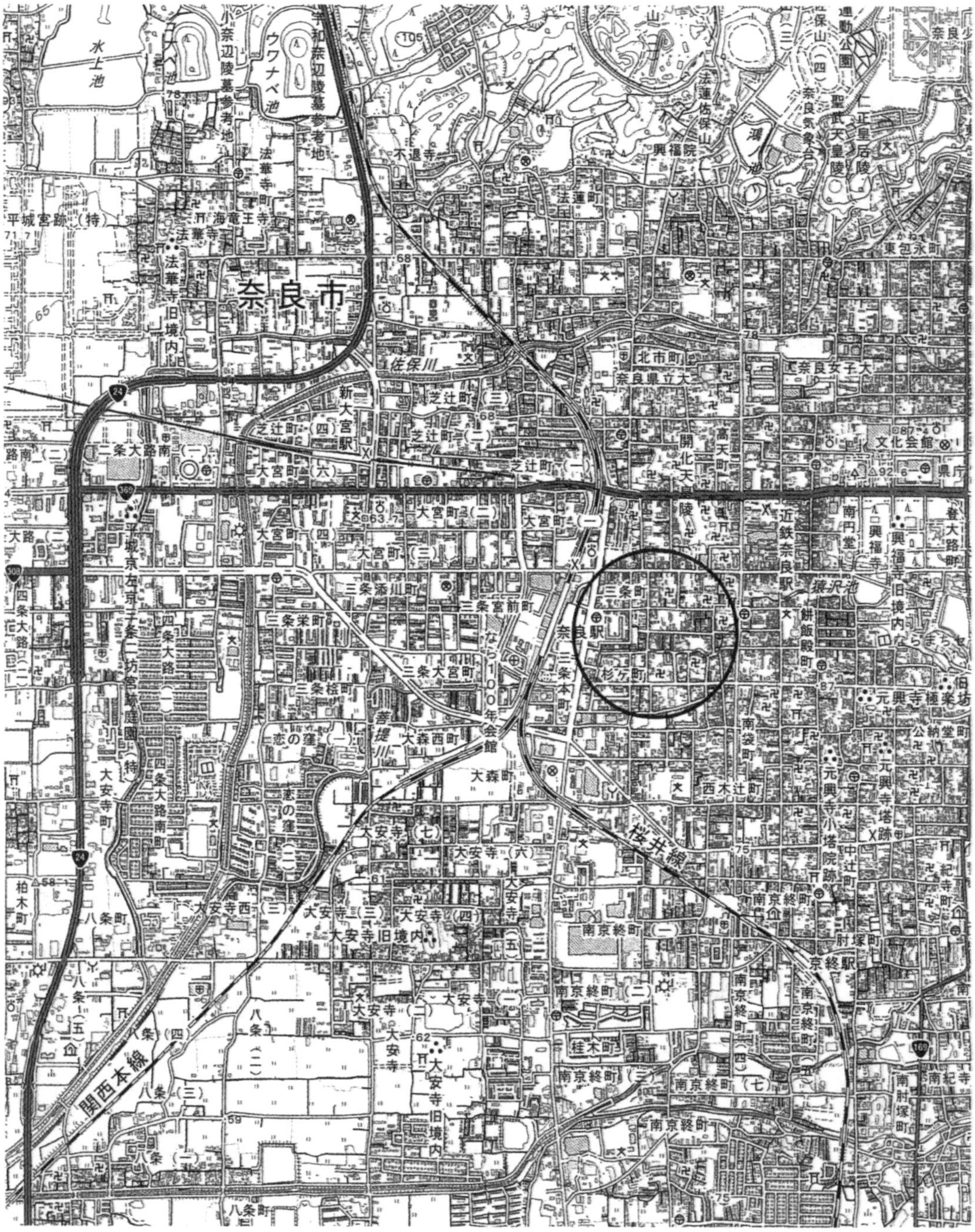

水上池
ウワナベ池
小奈辺陵墓参考地
宇和奈辺陵墓参考地
平城宮跡（特）
法華寺町
海竜王寺
法華寺
法華寺旧境内
奈良市
不退寺
法蓮町
興福院
法蓮佐保山（四）
奈良気象台
聖武天皇陵
東包永町
佐保川
北市町
奈良県立大
奈良女子大
新大宮駅
芝辻町（三）
芝辻町（四）
芝辻町（二）
芝辻町（一）
二条大路南（一）
大宮町（六）
開化天皇陵
高天町
文化会館
県庁
大宮町（二）
大宮町（一）
大宮町（四）
大宮町（三）
近鉄奈良駅
南円堂
興福寺
登大路町
三条添川町
三条町
猿沢池
興福寺旧境内
三条栄町
三条宮前町
奈良駅
餅飯殿町
ならまち
平城京左京三条二坊宮跡庭園（特）
四条大路
三条大宮町
三条本町
杉ヶ町
元興寺極楽坊
なら100年会館
三条桧町
南袋町
公納堂町
恋の窪（一）
菩提川
大森西町
大森町
西木辻町
元興寺小塔院跡
元興寺塔跡
大安寺町
四条大路南町
大安寺（七）
大安寺（六）
桜井線
中辻町
紀寺町
柏木町
八条町
大安寺西（三）
大安寺（三）
大安寺（四）
大安寺（五）
大安寺旧境内
南京終町（一）
肘塚町
京終駅
大安寺（二）
大安寺（一）
南京終町（二）
八条（五）
八条（四）
八条（二）
大安寺
桂木町
南京終町（三）
南京終町（七）
関西本線
八条（三）
南肘塚町
南紀寺
南京終町
八条（一）

2 次の地形図**A・B**は、いずれも国土地理院発行の地形図「奈良」（平成27年作成）の一部です。この地形図をみて、あとの**問1～問3**に答えなさい。

A

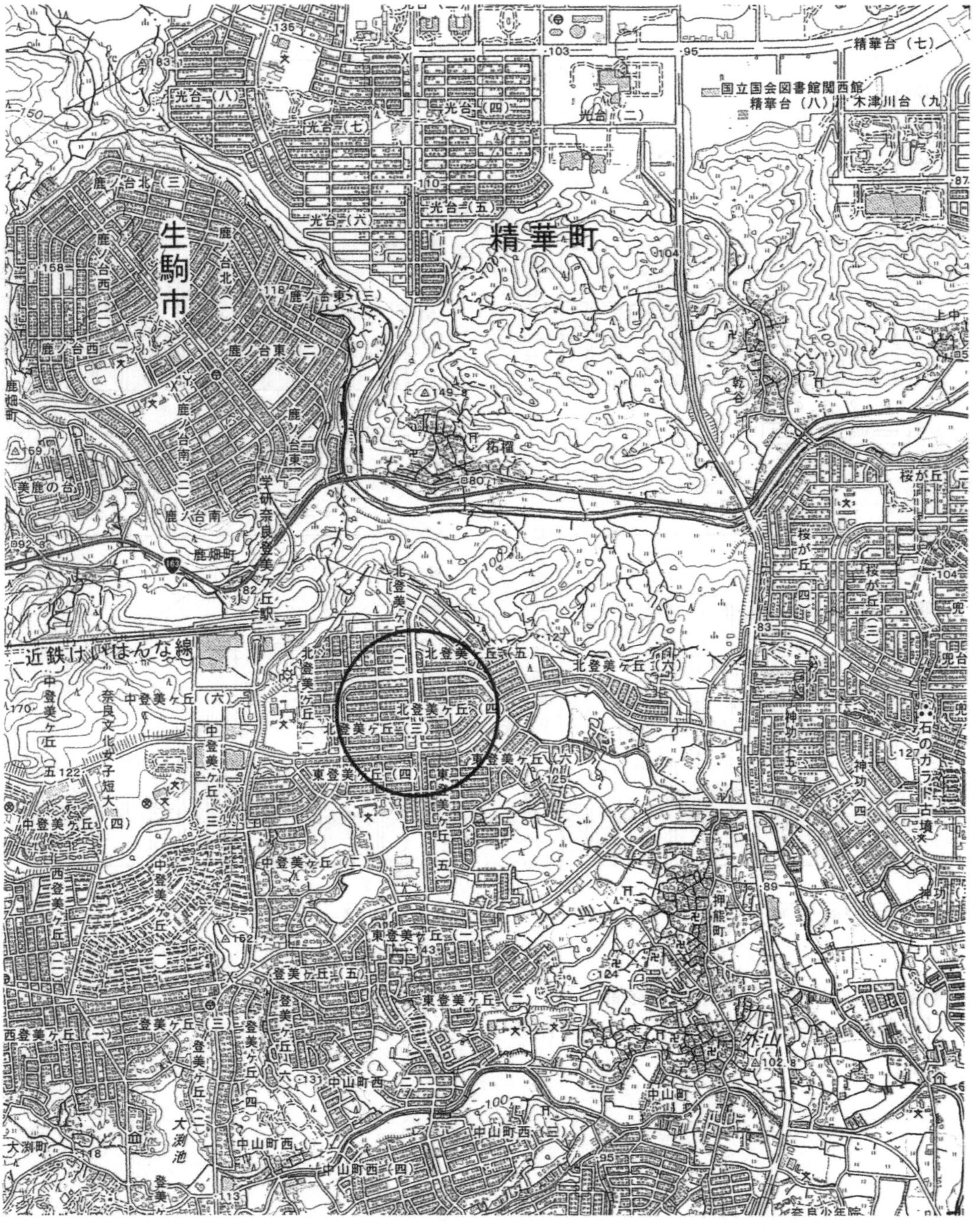

問8　次の**ア**～**エ**の雨温図は、資料中の**A**・**B**・**E**・**F**の各都道府県庁所在地における気温と降水量を表しています。**A**と**E**を表した雨温図として正しいものを、次の**ア**～**エ**からそれぞれ1つずつ選び、記号で答えなさい。

ア

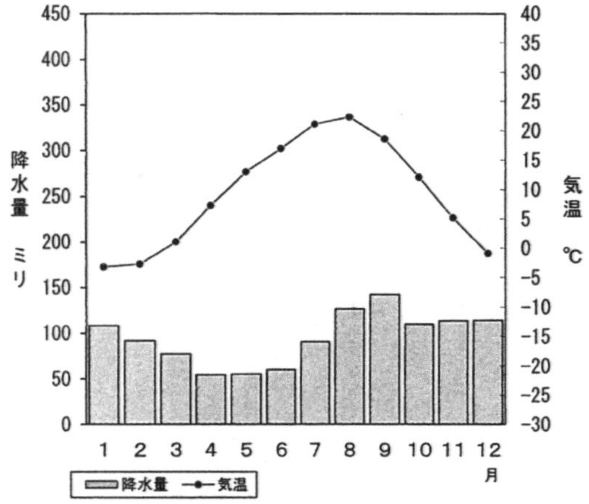

イ

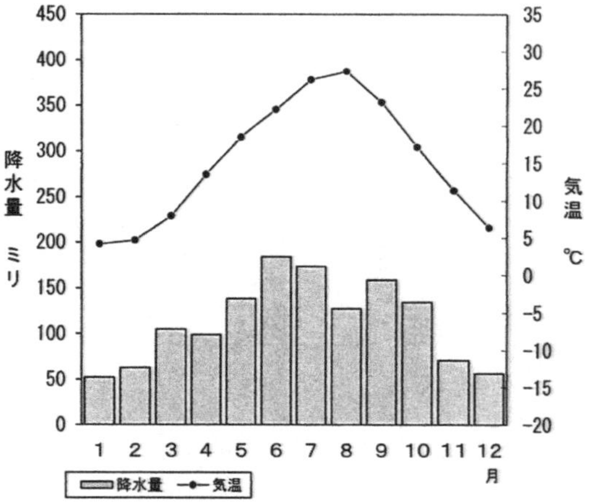

ウ

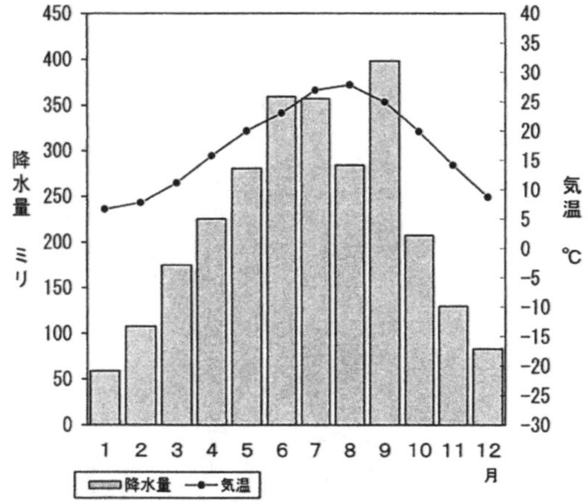

エ

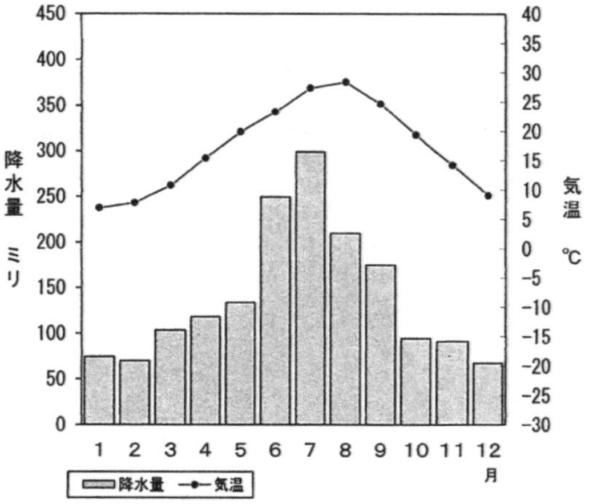

統計年次は1990～2020年の平均値
「気象庁　過去の気象データ」により作成

問7　資料中の**G**の都道府県は、水産業がさかんな都道府県として知られています。次の表3は、あじ類・たい類・ぶり類の漁獲《ぎょかく》量を都道府県別に並べ、上位5都道府県を示したものです。表中の**X**～**Z**と魚種の組み合わせとして正しいものを、あとの**ア**～**カ**から1つ選び、記号で答えなさい。ただし、表中の**A**・**B**・**G**は、資料中の**A**・**B**・**G**の都道府県を表しています。

表3　海面漁業の魚種別漁獲量

（単位はトン）

X		Y		Z	
都道府県	漁獲量	都道府県	漁獲量	都道府県	漁獲量
長　崎	14,113	長　崎	4,522	長　崎	49,267
G	9,578	B	2,618	G	28,567
千　葉	8,948	G	1,748	宮　崎	8,121
A	8,264	愛　媛	1,721	鹿児島	5,513
鳥　取	8,159	兵　庫	1,672	鳥　取	5,409
全　国	99,933	全　国	25,323	全　国	135,142

統計年次は2018年
『データでみる県勢2021』により作成

	X	Y	Z
ア	あじ類	たい類	ぶり類
イ	あじ類	ぶり類	たい類
ウ	たい類	あじ類	ぶり類
エ	たい類	ぶり類	あじ類
オ	ぶり類	あじ類	たい類
カ	ぶり類	たい類	あじ類

問6　資料中の**F**の都道府県について、次の(1)・(2)の問いに答えなさい。

(1)　**F**の都道府県は、京都府・大阪府・和歌山県・三重県と接しています。**F**の都道府県はどこか、答えなさい。

(2)　表2は、宿泊《しゅくはく》施設での宿泊者数の内訳を示したもので、表中の**ア**～**エ**は、京都府・大阪府・和歌山県・**F**のいずれかを表しています。**F**にあてはまるものとして適当なものを、表中の**ア**～**エ**から1つ選び、記号で答えなさい。

表2　宿泊施設での宿泊者数

（単位は千人泊）

	のべ宿泊者数	県内からののべ宿泊者数	県外からののべ宿泊者数	外国人のべ宿泊者数
ア	47,728	5,863	39,024	17,926
イ	5,324	545	4,450	658
ウ	30,750	2,346	26,401	12,025
エ	2,726	278	2,331	535

統計年次は2019年
『データでみる県勢2021』により作成

問5　資料中の**E**の都道府県は、気候を生かした農業がさかんに行われています。次の表1は、オクラ・なす・ピーマンの主産地を都道府県別に並べ、上位5都道府県を示したものです。表中の**X**～**Z**と野菜の組み合わせとして正しいものを、あとの**ア**～**カ**から1つ選び、記号で答えなさい。ただし、表中の**B**・**E**は、資料中の**B**・**E**の都道府県を表しています。

表1　野菜の主産地

(単位はトン)

X		Y		Z	
都道府県	生産量	都道府県	生産量	都道府県	生産量
茨　城	33,900	鹿児島	4,860	E	40,800
宮　崎	27,600	E	1,880	熊　本	35,300
E	13,800	沖　縄	1,310	群　馬	26,500
鹿児島	12,900	熊　本	780	B	18,500
岩　手	7,910	B	530	茨　城	15,900
全　国	145,700	全　国	11,670	全　国	301,700

統計年次は、なすとピーマンは2019年、オクラは2018年
『データでみる県勢2021』により作成

	X	Y	Z
ア	オクラ	なす	ピーマン
イ	オクラ	ピーマン	なす
ウ	なす	オクラ	ピーマン
エ	なす	ピーマン	オクラ
オ	ピーマン	オクラ	なす
カ	ピーマン	なす	オクラ

問4　資料中の**D**の都道府県庁所在地は、いわゆる「ひらがな自治体」です。次の会話文は、さくらさんが、ひらがな自治体について先生に質問をしている場面です。文章中の空らん[i]～[iii]にあてはまる語句や文を、それぞれ考えて答えなさい。ただし、[i]は５字以内、[ii]と[iii]は10字以内で答えなさい。

さくら「今の地図帳をみていると、ひらがなの自治体がいくつかみつかりました。」

先　生「たとえば、どんな自治体がありましたか。」

さくら「香川県にはさぬき市が、鹿児島県には南さつま市がありました。それと、兵庫県にはたつの市がありました。全部みつけようと思ったのですが、数が多そうなのであきらめました。」

先　生「ひらがな自治体の多くは、平成の大合併《がっぺい》によって生まれました。日本全国まんべんなく分布していて、全部で39市町もあるんですよ。」

さくら「そんなにたくさんあるんですね。ひらがなにしたねらいは、どの自治体も同じなのでしょうか。」

先　生「自治体によってさまざまですよ。たとえば、さくらさんがみつけたさぬき市や南さつま市は、[i]を自治体名として採用していますね。広域の地名を名称《めいしょう》にすることで、合併エリアの住民の[ii]ようにしたのでしょうね。」

さくら「たつの市はどのようなねらいがあると考えられますか。」

先　生「たつの市は、龍野《たつの》市と周辺の３つの町が合併して生まれました。合併で生まれた新しい自治体を「龍野市」とすると、周辺の３つの町は、吸収されたというイメージがついてしまいます。そこで、ひらがなにすることで[iii]ということを強調したのではないでしょうか。」

さくら「さまざまなねらいがあるのですね。ほかの自治体の由来についても少し調べてみます。ありがとうございました。」

問3　資料中の**C**の都道府県について、次の(1)・(2)の問いに答えなさい。

(1)　**C**の都道府県はどこか、答えなさい。

(2)　次の図１は、1949～2019年における、**C**の都道府県庁所在地の人口の動態を表したグラフです。図１をみると、「ある時期」にこの都市の人口が急激に増加したことが読み取れます。この都市の人口がこのように増加した背景を、以下の注意点を守って50字以内で説明しなさい。

＜注意点＞
・都道府県庁所在地名を明らかにすること。
・「ある時期」を具体的に示すこと。
・近くの都道府県との位置関係を明らかにすること。

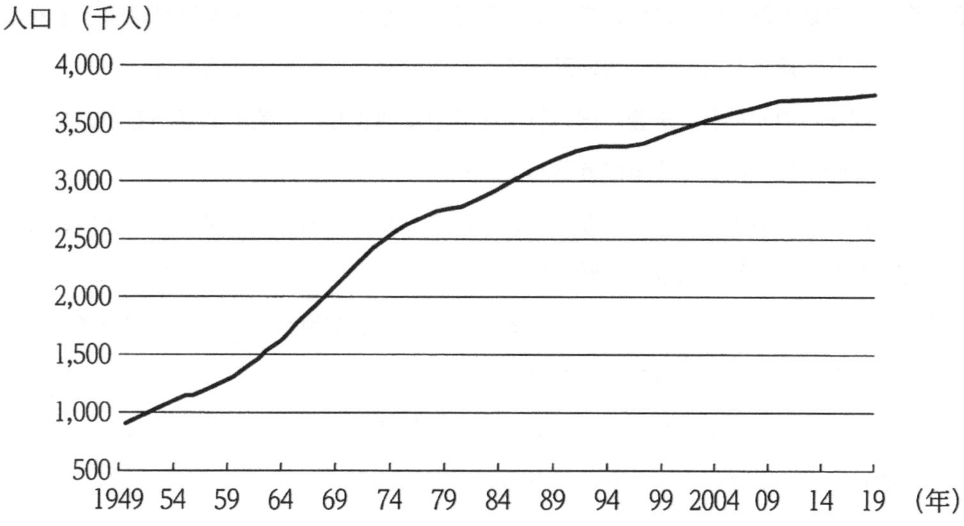

図１　**C**の都道府県庁所在地の人口動態

「国勢調査及び推計人口調査」により作成

問1　資料中の**A**の都道府県の農業のようすを説明した文章として適当なものを、次の**ア**～**エ**から１つ選び、記号で答えなさい。

ア　温暖な気候と豊かな大地にめぐまれ、日本なし・落花生・ネギなど全国第１位の品目が多数ある。西部は大消費地に近く、生産性の高い都市農業が展開されている。

イ　北部は山間部、南部は沿岸地帯と気候の変化に富んでいる。豊富な水と肥よくな土、晴れの日が多い気候にもめぐまれ、果物・野菜・花き・畜産《ちくさん》など多種多様な農業が営まれている。

ウ　広大な大地を生かした規模の大きな生産活動が行われており、小麦・スイートコーン・てん菜などは全国第１位となっている。冷涼《れいりょう》な気候にめぐまれ、日本の食料基地としての役割を期待されている。

エ　温暖な気候と変化に富んだ自然環境《かんきょう》を利用して、茶やみかんをはじめとする、多くの農産物が生産されている。施設《しせつ》園芸もさかんに行われており、新技術の導入で品質の高い農産物が全国に出荷されている。

問2　資料中の**B**の都道府県について、この都道府県を中心とする工業地域のようすを説明した文章として適当なものを、次の**ア**～**エ**から１つ選び、記号で答えなさい。

ア　中国からの鉄鉱石と筑豊《ちくほう》炭田の石炭を背景に成長した工業地域であるが、エネルギー革命以降、近年はその比重が低下している。

イ　瀬戸《せと》内海の海上交通が便利なこと、沿岸のうめ立て地など工業適地が多いことなどが理由となって、第二次世界大戦後急速に発達した。

ウ　日本海沿岸に広がる工業地域で、豊富な電力と工業用水に加え、周辺の農村地帯の冬季の余じょう労働力を背景として発達してきた。

エ　古くから製糸や織物がさかんであったが、現在では工業団地がつくられ、自動車や電気機械などの機械工業がさかんである。

1 さくらさんは、夏休みの社会科の宿題で、日本の都道府県の人口をテーマに、年代別の都道府県別人口の上位と下位についてまとめることにしました。次の資料は、さくらさんが今と昔の地図帳を使用してまとめたものです。これをみて、あとの**問1**～**問8**に答えなさい。

資料　日本の年代別都道府県別人口

（単位は千人）

	1949（昭和24）年		1970（昭和45）年		2019（令和１）年	
1位	東　京	5,001	東　京	11,408	東　京	13,949
2位	A	3,853	大　阪	7,620	C	9,200
3位	大　阪	3,304	C	5,472	大　阪	8,823
4位	B	3,178	愛　知	5,386	愛　知	7,553
5位	愛　知	3,123	A	5,184	D	7,337
43位	E	848	E	787	福　井	768
44位	山　梨	807	G	774	徳　島	729
45位	F	780	山　梨	762	E	698
46位	福　井	726	福　井	744	G	674
47位	鳥　取	588	鳥　取	569	鳥　取	556
総人口		78,101		104,665		126,216

1949年は帝国書院『中学校社会科地図帳（昭和25年発行）』、
1970年は帝国書院『中学校社会科地図（昭和48年発行）』、
2019年は帝国書院『新詳高等地図（令和２年発行）』により作成

問題は次のページから始まります。

2022年度 入学試験問題

社 会

（40分）

〔注 意〕

① 問題は1～5まであります。
② 解答用紙はこの問題用紙の間にはさんであります。
③ 解答用紙には受験番号、氏名を必ず記入のこと。
④ 各問題とも解答は解答用紙の所定のところへ記入のこと。

西大和学園中学校

1 次の文章を読み、以下の問いに答えなさい。

〔Ⅰ〕

図1は、タンポポとイネの花のつくりを模式的に示したものです。おしべの花粉が柱頭につくことを（　あ　）といいます。その後、花粉から花粉管という管がのびて、めしべの根もとにある（　い　）に届き、さらに（い）の中にある（　う　）に達します。(い) はやがて実になり、(う) はやがて種子になります。

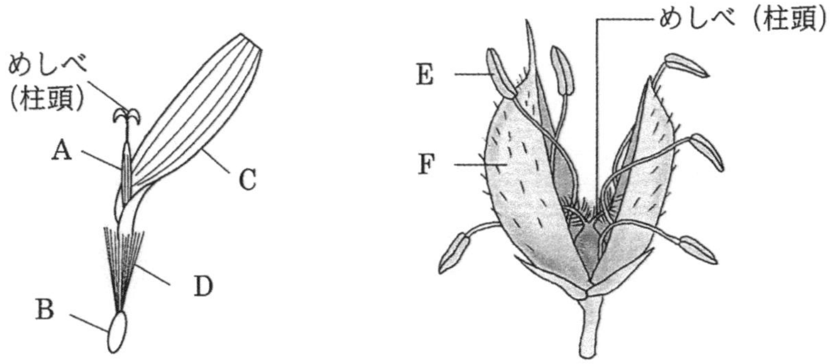

図１　タンポポとイネの花のつくり

(1) 文中の空らん（　あ　）～（　う　）に適する語句を答えなさい。

(2) 一般的《いっぱんてき》な種子の発芽に必要な条件の組み合わせはどれですか。次の中から最も適当なものを１つ選び、記号で答えなさい。

ア．光・水分・適度な温度　　**イ**．水分・適度な温度・酸素

ウ．水分・栄養分・適度な温度　　**エ**．酸素・適度な温度・栄養分

(3) 図１を参考に、タンポポとイネの特ちょうについて、次の中から最も適当なものを１つ選び、記号で答えなさい。

ア．タンポポは、花粉が風によって運ばれる風ばい花である。

イ．イネは、水中でも発芽でき、芽より先に根を出す。

ウ．タンポポのＡと同じはたらきをする部分は、イネのＥにあたる。

エ．タンポポは、４枚のＣが集まって１つの花のようになっている。

オ．イネの花には、Ｂ、Ｄにあたる部分がなく、Ｆのからに守られている。

〔Ⅱ〕

図2は、イネの種子の発芽のようすを示したものです。発芽のときに利用される栄養分である糖は、図2の①に蓄《たくわ》えられたでんぷんをこう素が分解することによってはじめて得られます。でんぷんの分解に必要な条件を調べるために、次の【実験1】を行いました。

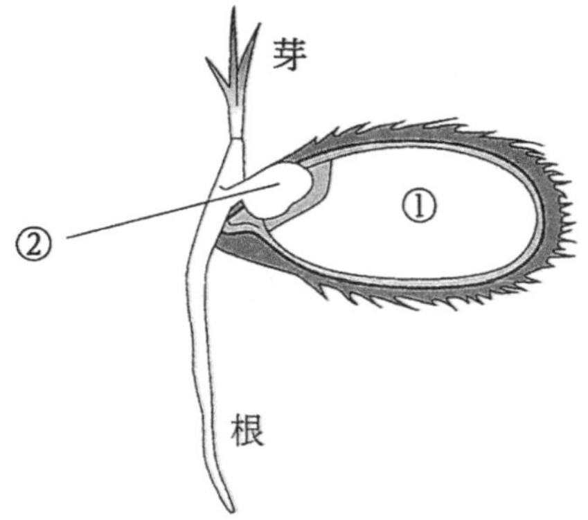

図2　イネの発芽のようす

【実験1】　イネの種子を半分に切ったものを「半種子」といいます。イネの種子を②がある半種子と②がない半種子に分け、でんぷんとヨウ素液を混ぜてゼリー状に固めた寒天の上に、それぞれの断面が触《ふ》れるようにして数時間置きました。

【結　果】　②がない半種子では、寒天の色は全体的に濃《こ》い青紫《あおむらさき》色で変化が見られませんでしたが、②がある半種子では、置いておいた部分を中心にして寒天の部分が白くなっていました。白くなった部分の大きさをはかったところ、半径5mmでした。

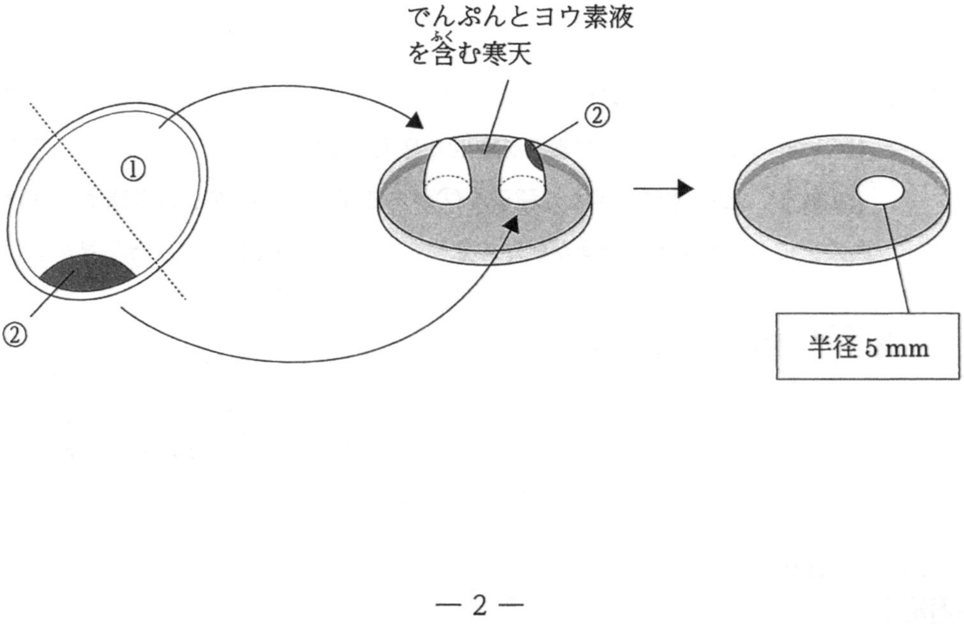

(4) 下線部について、でんぷんを蓄《たくわ》えている①の部分の名前を何といいますか。正しいものを１つ選び、記号で答えなさい。

ア. はい乳　　**イ**. 幼芽　　**ウ**. 子葉　　**エ**. 種皮

(5) 下線部について、イネのでんぷんを分解するこう素は、私たちのだ液の消化こう素の中にも含まれています。このこう素の名前を答えなさい。

(6) 【実験１】の結果からわかることとして、次の中から最も適当なものを１つ選び、記号で答えなさい。

ア. 寒天中のでんぷんを分解するこう素は、時間とともにはたらきを失う。
イ. 寒天中のでんぷんを分解するこう素は、②がない半種子からも分泌《ぶんぴつ》される。
ウ. 種子の断面と寒天の接触《せっしょく》した部分が白くなったのは、②の部分から発芽に必要な糖が寒天へ移動したためである。
エ. 種子の断面と寒天の接触した部分が白くなったのは、寒天中のでんぷんが発芽に必要な糖に変化したためである。

イネの種子を詳《くわ》しく調べてみると、(5)のこう素とは別の、②の部分から分泌されるある物質Ｘが存在していることがわかりました。この物質Ｘのはたらきを調べるために、【実験１】と同じ大きさのイネの種子を用いて、次の【実験２】を行いました。

【実験２】　イネの種子の②の部分から分泌される物質Ｘを取り出し、【実験１】で使ったものと同じでんぷんとヨウ素液を混ぜた寒天の上に全体的に塗《ぬ》りました。その後、【実験１】と同様に、イネの種子を②がある半種子と②がない半種子に分け、寒天の上に、それぞれの断面が触れるようにして【実験１】と同じ時間置きました。

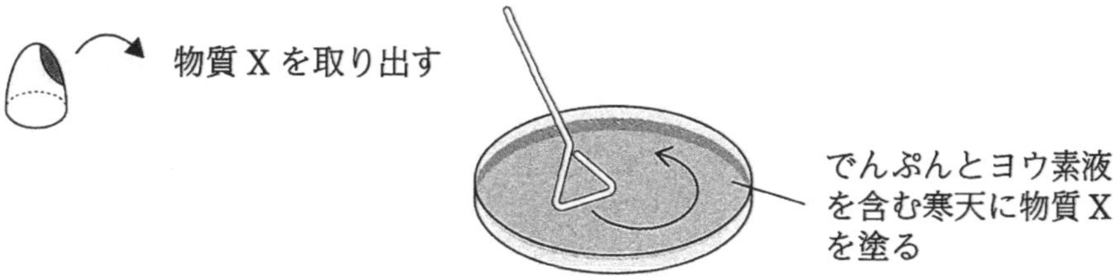
物質Ｘを取り出す
でんぷんとヨウ素液を含む寒天に物質Ｘを塗る

【結　果】　②がない半種子、②がある半種子の両方で、置いておいた部分を中心にして寒天の部分が白くなっていました。白くなった部分の大きさをはかったところ、それぞれ半径 7.4 mm、半径 7.5 mm でした。

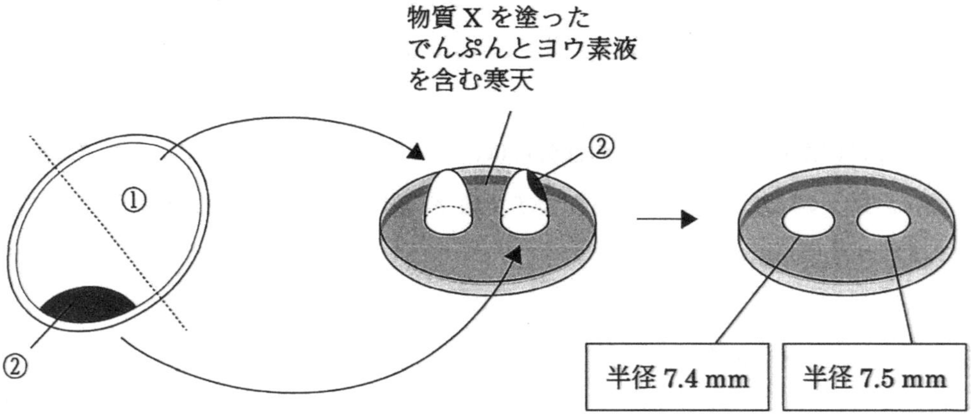

(7)　【実験 1】、【実験 2】の結果からわかる、物質 X の役割とイネの種子のでんぷんの分解のしくみについて、適当なものを 3 つ選び、記号で答えなさい。

ア. 物質 X がでんぷんを分解して、発芽に必要な糖ができる。

イ. 物質 X はでんぷんを分解しないが、でんぷんを分解するこう素をつくるのに役立っている。

ウ. 物質 X がなくても、でんぷんを分解するこう素はつくられる。

エ. 外から物質 X を与《あた》えれば、イネの半種子がなくても、でんぷんを分解するこう素をつくることができる。

オ.「②がある半種子」も「②がない半種子」も、外から物質 X を与えると、でんぷんを分解するはたらきが強くなった。

カ.「②がある半種子」では、物質 X が与えられても与えられなくても、同じ程度でんぷんを分解した。

キ.「②がない半種子」では、外から物質 X を与えると、物質 X を与えていない「②がある半種子」より、でんぷんを分解するはたらきが強くなった。

2 次の文章を読み、以下の問いに答えなさい。

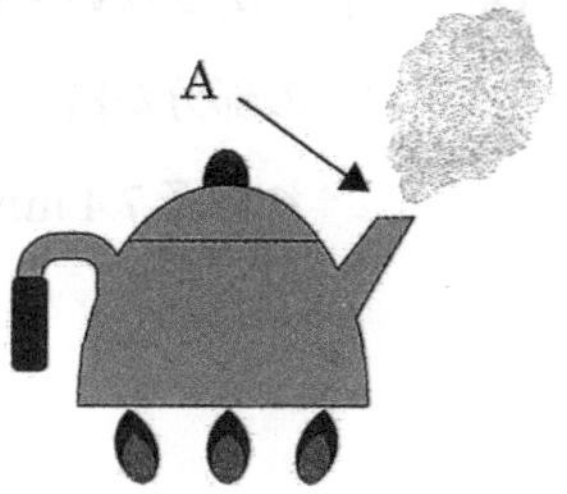

やかんに水を入れて火にかけると、しばらくしてやかんの口から白い湯気が出てきます。湯気は、やかんの口からすこし離《はな》れたところから現れ、しばらくすると消えてしまいます。

(1) やかんの口から湯気までのAの部分には、主に何がありますか。また、湯気の正体は何ですか。正しいものを次の中から１つずつ選び、記号で答えなさい。ただし、同じ記号を２回選んでもよいものとします。

ア. 空気　　**イ**. 酸素　　**ウ**. 水蒸気　　**エ**. 二酸化炭素　　**オ**. 水のつぶ

(2) やかんから出た湯気が、しばらくすると消えてしまうのはなぜですか。

(3) やかんの口から出た湯気が消えにくいのはどのような部屋ですか。最も適当なものを次の中から１つ選び、記号で答えなさい。

ア. 室温が高く、湿度《しつど》の高い部屋　　**イ**. 室温が低く、湿度の低い部屋
ウ. 室温が高く、湿度の低い部屋　　**エ**. 室温が低く、湿度の高い部屋

空気は、水蒸気を含《ふく》むことができ、空気 1 m^3 に含むことができる水蒸気量の限界を「飽和《ほうわ》水蒸気量」といいます。右のグラフ上の数値は、その温度における飽和水蒸気量を表しており、飽和水蒸気量は温度によって変化します。また、実際に空気に含まれている水蒸気量と、飽和水蒸気量が同じときの温度を「ろ点」といいます。

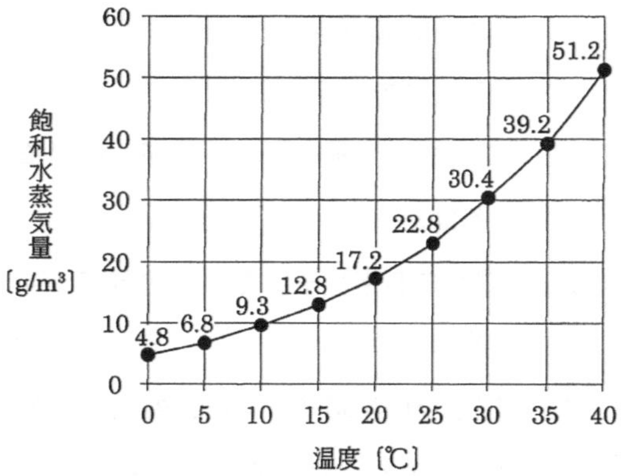

(4) 室温が 30 ℃、水蒸気量が 17.2 g/m^3 の部屋の、ろ点を求めなさい。

(5) 人間が快適に過ごせる湿度は 50 % といわれています。縦 8 m、横 5 m、高さ 5 m の教室が、室温 20 ℃、湿度 40 % だったとき、1 分間に 10 g の水蒸気を出すことができる加湿器を少なくとも何分間動かすと湿度 50 % をこえるか、整数で答えなさい。ただし、加湿をしている間に室温は変化しないものとします。

気温 25 ℃ で 12.8 g/m^3 の水蒸気を含む風が、標高 0 m から、標高 2000 m の山を吹《ふ》き上がりました。飽和していない空気のかたまりは高さが 100 m 変化するごとに 1.0 ℃ の割合で気温が変化し、飽和している空気のかたまりは高さ 100 m ごとに 0.5 ℃ の割合で気温が変化します。この風が山の斜面《しゃめん》に沿ってある程度の高さまで上昇《しょう》すると飽和して雲ができ始め、その後は、山の頂上まで雲をつくりながら上昇しました。山の頂上をこえて、反対側に吹き降りる際には雲は消え、最後は山の反対側まで吹き降りていきました。遠くからこの山を見ていると、図のように、雲ができ始めた高さから、頂上をこえて消えていくまで、雲は山の斜面に沿って層状になっていました。

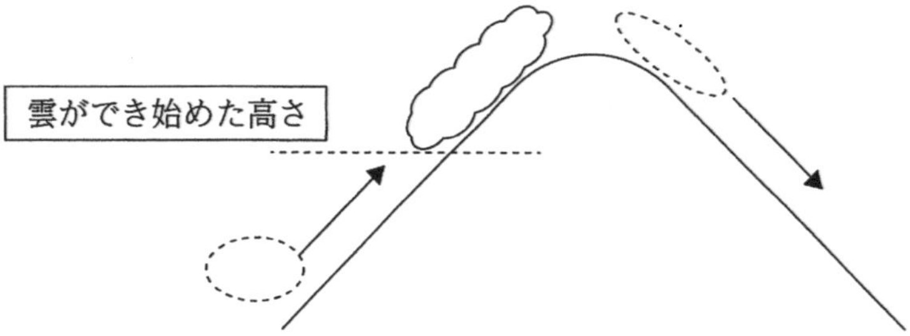

(6) この風が山を吹き上がり、雲ができ始めたのは標高何 m か求めなさい。

(7) 頂上での空気のかたまりの気温は何 ℃ になるか求めなさい。

(8) 山の反対側で、空気のかたまりの気温が 25 ℃ になるのは標高何 m か求めなさい。

(9) この風によってできる雲について、**誤っているもの**を次の中から２つ選び、記号で答えなさい。

ア．雲ができ始めた高さまで雲がつくられないのは、やかんの口から少し離れたところまで湯気が現れないことと同じ現象である。

イ．雲が頂上をこえた後に消えてしまうのは、やかんから出た湯気が消えてしまうことと同じ現象である。

ウ．この風に含まれる水蒸気の量が少なくなれば、雲ができた後、頂上よりも手前のところで雲が消えはじめる。

エ．この風に含まれる水蒸気の量が半分であれば、頂上をこえた後、吹き降りてくる風に含まれている水蒸気の量も半分のままである。

オ．この風に含まれる水蒸気の量が２倍であれば、頂上をこえた後、吹き降りるときにもしばらくの間は雲ができている。

問題は次のページから始まります。

2022年度 入学試験問題

理 科

（４０分）

〔注 意〕

① 問題は1～4まであります。
② 解答用紙はこの問題用紙の間にはさんであります。
③ 解答用紙には受験番号、氏名を必ず記入のこと。
④ 各問題とも解答は解答用紙の所定のところへ記入のこと。

西大和学園中学校

(5) 下の図は,

① 直角をはさむ辺の長さが3 cmの直角二等辺三角形が1つ

② 直角をはさむ辺の長さが3 cm, 4 cmの直角三角形が2つ

③ 辺の長さが3 cm, 4 cmの長方形が2つ

④ 1辺の長さが3 cmの正方形が1つ

⑤ 三角形ACG

の計7つの面からなる立体です。この立体の体積は［ あ ］cm^3です。また辺CFの真ん中の点をPとします。3点B, P, Gを通る平面でこの立体を切断したとき, 三角形ACGを含む立体の体積は［ い ］cm^3です。

ただし, 角すいの体積は, (底面積)×(高さ)÷3で求められます。

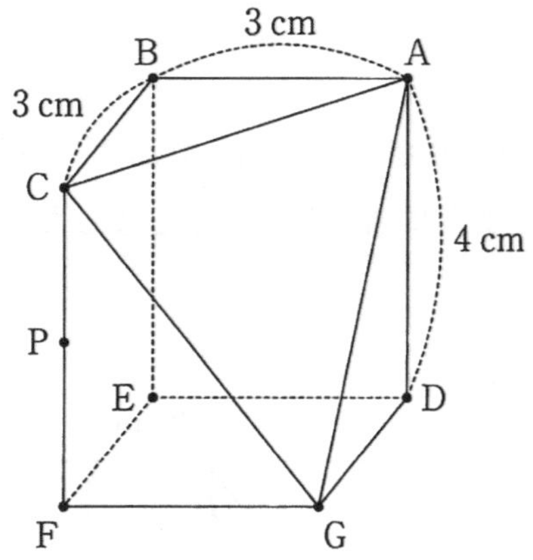

(3) 下の図は円周を8等分する点をとり，各点を結んだ図です。図の角(ア)の大きさは[あ]°であり，色のついた角の大きさの合計は[い]°です。

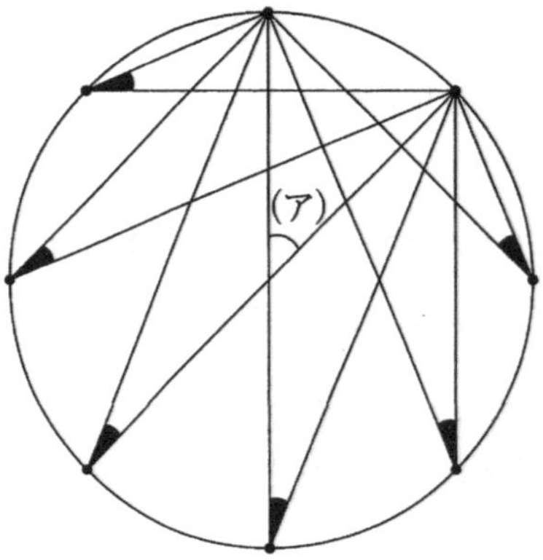

(4) 底面の形が三角形で，底面積が60 cm^{2}である三角柱があります。この三角柱を横に倒《たお》して，下の図のように端《はし》を切り落としました。太線で囲まれた立体の体積は[　　]cm^{3}です。

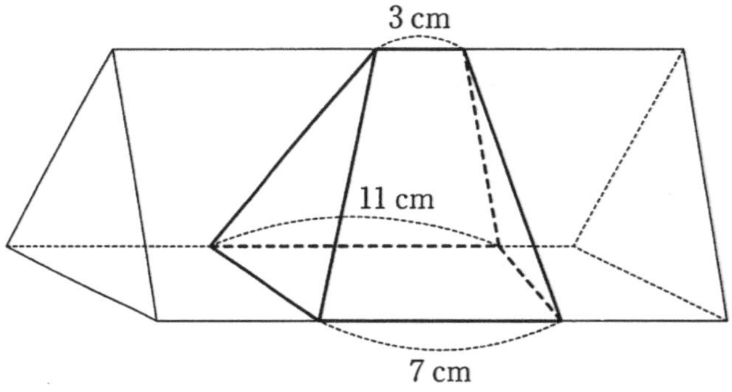

2 次の□に当てはまる数を答えなさい。円周率は3.14として計算して下さい。

(1) 横の長さが12 cmの長方形の厚紙を半分に折り，図1のように折り目（点線）をつけます。図2のような，点Aを中心とする円の一部と，BEが6 cmの台形BCDEの一部を組み合わせた図形（斜線部分）を切り抜きました。台形の辺BE，辺CDの真《ま》ん中の点をそれぞれM，Nとすると，MとNは折り目上にあり，AMとMNの長さが同じでした。切り抜いた図形の周の長さは□cmです。

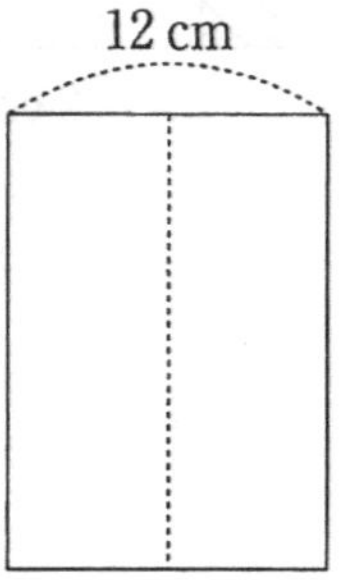

図1

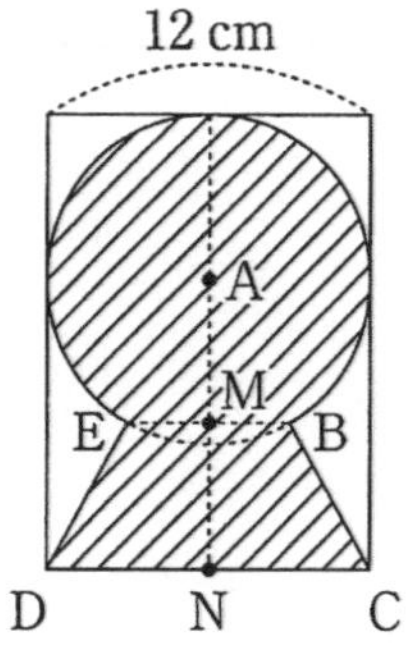

図2

(2) 下の図のように，三角形ABCの辺AB上にAD：DB＝4：1となる点Dをとり，辺AC上にAE：EC＝3：2となる点Eをとります。また，辺DE上にDF：FE＝2：1となる点Fをとります。このとき三角形FBCの面積は，三角形ABCの面積の□倍になります。

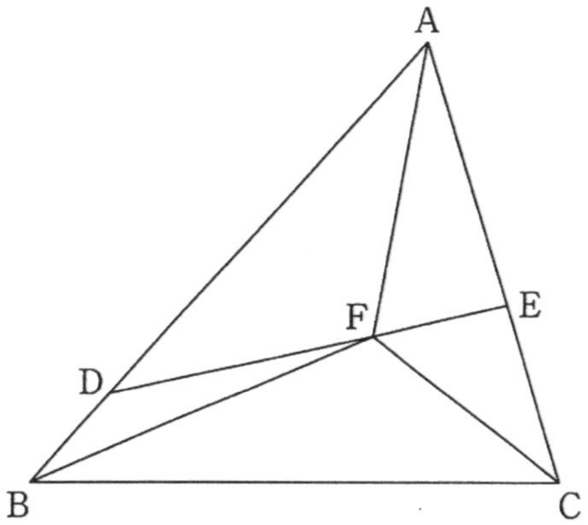

(7)　1辺の長さが4 cm である正方形の紙がたくさんあります。図のように，のり付けする部分（斜線《しゃせん》部分）が，1 cm と 2 cm とが交互《こうご》になるように，つなげました。正方形の紙を 25 枚つなげると，つなげた紙の横の長さは □ cm となります。

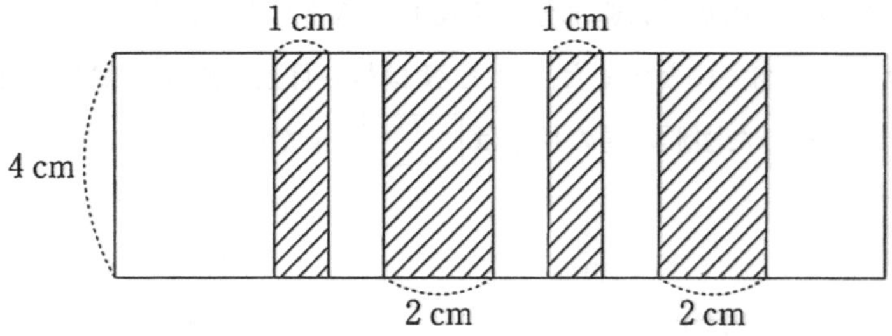

1 次の□に当てはまる数を答えなさい。

(1) $167 \times 15 \div 2 + 233 \times 15 \div 2 = \square$

(2) $3\frac{1}{2} \div \left\{ 2 + \left(3.5 - 2\frac{1}{4} \right) + \square \right\} = \frac{14}{37}$

(3) ある仕事を，Aチームだけで行うと100日で終わり，Bチームだけで行うと□日で終わり，Cチームだけで行うと□日で終わります。同じ仕事をAチーム，Bチーム，Cチームの3チーム合同で行ったところ，仕事は20日で終わりました。ただし，□には同じ数が入ります。

(4) $1 \times 1 = 1$，$11 \times 11 = 121$，$111 \times 111 = 12321$となります。

11111×11111は［あ］桁《けた》の数となり，$1111111111 \times 1111111111$を計算した結果の各位の数を足すとその合計は［い］となります。

(5) ある中学校の1年生に対して，国語と数学の試験を行いました。国語の試験については生徒全体の$\frac{5}{8}$が合格し，数学の試験については合格率が70％でした。両方の試験に合格した生徒と両方とも不合格だった生徒の人数の比は17：4となりました。このとき，学年全体の生徒に対して両方とも不合格だった生徒の割合を百分率で表すと，□％となります。

(6) ある製品を作るときに，その製品に商品番号を順序良く1，2，3，4，5，6，7，…とつける予定でした。しかし，商品番号をつける機械が故障し，0，4，7，9の数字しか使えなくなってしまったので，商品に順に，4，7，9，40，44，47，…と番号がつきました。50番目にできた製品についた商品番号は□です。

2022年度 入学試験問題

算　数

（60分）

〔注 意〕

① 問題は[1]〜[4]まであります。
② 解答用紙はこの問題冊子の間にはさんであります。
③ 解答用紙には受験番号と氏名を必ず記入のこと。
④ 各問題とも解答は解答用紙の所定のところへ記入のこと。

＃教英出版 編集部 注
編集の都合上、計算用紙は省略しています。

西大和学園中学校

は、リング上にいる対戦相手、御子柴大河だった。

つい数日前、卒業間近の学校から自宅に帰ってくると、家の前にやたら派手なスポーツカーが停《と》まっていた。何事かと思いながら横を通り過ぎようとすると、まるでカナの帰りを待ち構えていたかのように、中から男が降りて来た。着ている服がはち切れそうな胸の筋肉に、丸太のような上腕《じょうわん》。父親の体つきを見ているカナには、一目でプロレスラーだとわかった。

男は、軽いノリで世間話などをしながら、カナの緊張《きんちょう》を和《やわ》らげると、「JPFの御子柴大河」と名乗った。驚《おどろ》きながらも、知っています、と答えると、御子柴は嬉《うれ》しそうにはしゃいだ。子供のように無邪気《むじゃき》な笑顔《えがお》が印象的だった。

何用かと尋《たず》ねると、御子柴はカナにチケットを差し出した。そこで初めて、カナは父親がレスラーを引退するかもしれない、という事実を知った。驚きはあったが、①嫌《いや》な気持ちはしなかった。ようやく危ない仕事を辞《や》めてくれるのか、とほっとしたくらいだ。負けて、引退すればいいと思った。

――マサさん、最後の試合になると思う。

――俺《おれ》とやるからね。俺は負けないから。

プロレスは、正直観《み》たいとは思わない。小さい頃《ころ》から、体中にアザやらキズやらを作って帰ってくる父親を見てきたせいで、「怖《こわ》い」「痛い」というイメージが頭にこびりついている。

だが、②手を出そうとしないカナに無理やりチケットを握《にぎ》らせると、御子柴は、「絶対来て」「俺が自腹で買ったんだから」とまくし立て、風のように去って行った。

チケットをもらった手前、気が進まないままなんとなく会場に来てしまったが、やはり来るべきではなかったと後悔《こうかい》した。父親が技《わざ》を受ける度《たび》に、またケガでもしないかと背筋が凍《こお》る。

ａ根っからのプロレスファンらしい隣《となり》の客が、ずっと不満そうにぶつぶつとぼやいている。「ショッパイ試合」という表現が、カナには（　A　）来なかったが、あまりいい意味ではないということはよくわかった。

どうなることかとはらはらしながら見守っていると、蹴《け》りを食《く》らったマサ横島が、リングの外にまで吹《ふ》っ飛んできた。ガシャン、と、ものすごい音がして、目の前の鉄柵《さく》に大きな体が打ちつけられる。カナが握ってもびくともしない金属の柵《さく》が、（　B　）変形するほどの勢いだ。

（　C　）手を伸《の》ばしてしまいそうになったが、③すんでのところで思いとどまった。今目の前にいるのは、自分の父親じゃない。プロレスラー・マサ横島なのだ。父親の姿をしているのに、全く別の存在が目の前にいるようで、カナの頭は混乱した。自分の家族が痛い思いをしている、と考えてしまう心と、これはプロレスなんだ、きっとお芝居《しばい》なんだ、と考える頭がちぐはぐになって、涙《なみだ》が出そうになった。

痛みにあえぐマサ横島が立ち上がってくると、正面から目が合った。目を血走らせ、獣《けもの》のような表情を浮《う》かべていたマサ横島が、カナを見つけたほんの一瞬《いっしゅん》だけ、表情を変えた。パパだ、と思うと、何か言葉をかけてやらなければ、と、勝手に心が動いた。もう、いいよ。痛いでしょ？　疲れたでしょ？　そんなに頑張《がんば》らなくてもいいって。やめようよ。

ありとあらゆる言葉が頭に溢《あふ》れ出《だ》していたにもかかわらず、カナの口から出たのは、「頑張って」という言葉だった。

マサ横島はカナの言葉に応えることはなく、狂ったように喚《わめ》きながら、カナが座《すわ》っていたパイプ椅子《いす》を無理やり奪《うば》い、リングに戻《もど》って行った。若いプロレスラーが予備の椅子を手に駆《か》け寄《よ》ってきて、ケガはありませんか、と小声で聞いてきた。放心状態のカナは、呆《ぼう》然《ぜん》と立《た》ち尽《つ》くしたまま、リング上のマサ横島を見上げるしかできなかった。

「御子柴ー！」

会場中に響《ひび》き渡《わた》るような大声を出すと、リング上に戻ったマサ横島が、持って行ったカナの椅子で、御子柴を殴《なぐ》りつけた。あの固い椅子を振《ふ》りかぶり、思い切り振り下ろす。その度に、御子柴が苦痛の声をあげてのたうち回った。リングサイドにいると、心臓が縮みあがりそうなほど強烈《きょうれつ》な音が聞こえてくる。これは本当にお芝居なのだろうか。マサ横島は興奮のあまり正気を失ってしまって、暴走しているだけなのではないだろうか。

やめてよ、もういいよ。

こんなことをするのが、プロレスなの？

会場からは、激しい(注1)ブーイングが起こっている。マサ横島は反則行為《こうい》を止めようとする(注2)レフェリーを投げ飛ばし、なおも執拗《しつよう》に椅子攻撃《こうげき》を続けている。殴る。叩《たた》きつける。突《つ》く。挟《はさ》んで蹴る。ありとあらゆる攻撃を続けているうちに、（　D　）、椅子が壊《こわ》れてバラバラになってしまった。あっ、と思ったのも束《つか》の間《ま》、会場の空気が一気に変わった。

マサ横島へのブーイングは続いている。タイガ！　立て！　という、相手選手への応援《おうえん》が多い。それでも、④会場の空気を支配しているのは、マサ横島である気がした。「ショッパイ」を連呼していた隣の客も、身を乗り出すようにして、リング上の攻防《こうぼう》に釘《くぎ》づけになっている。

マサ横島が、観客の心に、火をつけたのだ。
「決めるぞお！」
全身に力を漲《みなぎ》らせて、マサ横島が御子柴を抱《かか》え上げようとした。マットには、壊れた椅子の残骸《ざんがい》が敷《し》かれている。ここに御子柴を叩きつけようというのだ。これは危険だ、という空気が、声援《せいえん》やブーイングに熱を与《あた》える。
だが無情にも、椅子の上に叩きつけられたのは、マサ横島だった。
椅子攻撃を受けてふらついていたはずの御子柴が、腕力《わんりょく》に物を言わせてマサ横島を逆に抱え上げ、勢いよく頭から落とした。会場から一斉《いっせい》に、ああー！という悲鳴が湧《わ》き起《お》こった。
死んでしまうのではないかと思うほどの角度で落とされたはずのマサ横島は、顔を真っ赤にし、咆《ほ》えながら立ち上がった。どよめき、歓声《かんせい》。足を踏《ふ》み鳴《な》らす音。
そこからの十五分は、もはや言葉にならなかった。ショーと言うより、命の削《けず》り合いだ。立ち上がったマサ横島を、力でなぎ倒《たお》す御子柴。幾度《いくど》となく倒されながらも、執拗に御子柴の腕《うで》を攻《せ》めるマサ横島。御子柴の技は一つ一つが力強く、強烈だ。対する横島もぼろぼろになりながらも、御子柴の腕を抱《かか》え込《こ》むと、鬼《おに》のような形相で絞《しぼ》り上げた。その度に腕がありえない方向に曲がり、（　E　）へし折ってしまうのではないかと恐《おそ》ろしくなった。
マサ横島の関節攻撃は、御子柴を相当苦しめているように見えた。序盤《じょばん》は冷ややかだった観客も、あわやというシーンを見せられるうちに興奮し、前のめりになっていく。もしかしたら b大番狂わせがあるかもしれない。マサ横島が勝ち、ベルトを巻くという。

――二十五分経過、二十五分経過。

アナウンサーの声が、声援にかき消される。あっという間に時が過ぎていく。気がつくと、カナも必死で声を張り上げていた。
異様な空気の中、御子柴大河が、一瞬のスキをついてロープに走った。隣の客が、「(注3)ラリアット！」と叫《さけ》ぶ。リングの真ん中で、ほんの一瞬だけ棒立ちになったマサ横島に、勢いをつけた御子柴の太い腕が迫《せま》った。
どん、というものすごい音がして、マサ横島が、後頭部からマットに叩きつけられた。倒れた勢いで、下半身が跳《は》ね上《あ》がるほどの強烈な一撃《いちげき》だ。御子柴が c間髪《かんはつ》入《い》れずにリングの四隅《よすみ》に立てられた鉄柱の一つに上り、両手の人差し指で、天を指した。
これは決まった、と、誰《だれ》かがため息交じりに言うのが聞こえた。御子柴大河は両手を翼《つばさ》のように広げて飛び上がり、全体重を倒れたマサ横島に浴びせかけた。半《なか》ば爆発音《ばくはつおん》のような大きな音が響き渡り、これまでで一番大きな歓声が上がった。カナの周りの客も、総立ちだ。

御子柴がマサ横島の脚《あし》を抱え、押《お》さえ込《こ》みに入る。いかにプロレスの知識のないカナであっても、これくらいは知っている。3カウントが入ると、マサ横島の負けが決まる。

レフェリーが、大きなアクションでマットに這《は》いつくばり、手でマットを叩く。動きに合わせて、観客が一斉に、ワン、とカウントを取った。

「パパ！　頑張って！」

カウントを取る声に押《お》しつぶされそうになりながら、カナは懸命《けんめい》に叫んでいた。

父親は、家にいる日は毎日、朝早く起きて走りに行く。全身に汗を滴《したた》らせながら筋トレをしたり、食事を制限して体重を落としたり。腰《こし》のケガに苦しむ姿も見てきた。未《いま》だに、夜は痛みにうなされていることもある。

学校の先生は、努力は報《むく》われるから努力しなさいと言う。でも、カナは嘘《うそ》だと思った。努力や苦労が間違《まちが》いなく報われるのなら、マサ横島は今頃《いまごろ》大成功して、豪邸《ごうてい》に住むお金持ちになっているに違《ちが》いない。

御子柴を見ていると、父親がどうしていつまでも人気者になれないのかがよくわかる。持って生まれた容姿、体格、そして人間の持つ空気。どれをとっても、御子柴は恵《めぐ》まれていて、父親は何一つ持っていない。人間というのは、不平等だ。同じだけ努力しても報われない人間もいる。カナがプロレスを好きになれない理由は、もしかしたら、父親がいくら頑張っても受け入れてもらえなかったからなのかもしれない。

だからこそ、マサ横島には、簡単に負けてほしくなかった。報われて欲《ほ》しかった。二十五年の努力の証《あかし》として、ベルトを巻いて欲しかった。負けるな、頑張れ。カナは、声の限りに叫んで、⑤3カウントを取ろうとする会場に、独り、戦いを挑《いど》んでいた。

（行成　薫『立ち上がれ、何度でも』文春文庫刊による）

【語注】

（注1）ブーイング　…　観客が不満の意を表して声をあげること。

（注2）レフェリー　…　リング上で試合を裁く審判《しんぱん》のこと。

（注3）ラリアット　…　プロレスにおける技の一つ。腕を相手の上半身にぶつける。

問一　＝＝＝部a～cの語句の本文中の意味として最もふさわしいものを次の中からそれぞれ一つずつ選び、記号で答えなさい。

a「根っからの」
ア　熱《ねっ》狂的な　イ　昔からの　ウ　元気のいい　エ　研究熱心な　オ　素行の悪い

b「大番狂わせ」
ア　大きな失敗　イ　大幅《おおはば》な時間延長　ウ　予想外の出来事　エ　期待外れの結果　オ　混乱させる行動

c「間髪入れず」
ア　静かに　イ　とっさに　ウ　油断せずに　エ　いとも簡単に　オ　相手を待たずに

問二　（　A　）～（　E　）に入る語としてふさわしいものを、次の中からそれぞれ一つずつ選び、記号で答えなさい。ただし、同じ記号を二度以上用いてはいけません。

ア　本当に　イ　ついに　ウ　とっさに　エ　ピンと　オ　ぐにゃりと

問三　――部①「嫌な気持ちはしなかった」とありますが、なぜですか。その説明として最もふさわしいものを次の中から一つ選び、記号で答えなさい。

ア　感じが良い男性から思いがけず、父親の引退試合のチケットをもらうことが出来たから。
イ　父親が試合に勝つことが出来ず、つらい思いをしていることを心苦しく思っていたから。
ウ　父親の年齢や体の状態を考えると、プロレスを続けていくことは難しいと思っていたから。
エ　どうせ負けて引退するなら、スター選手である御子柴に負けるのは悪いことではないから。
オ　急に父親がプロレスをやめてしまうと聞いて、驚きで頭がいっぱいになってしまったから。

問四　――部②「手を出そうとしないカナに無理やりチケットを握らせる」とありますが、「御子柴」がこのようにした理由の説明として最もふさわしいものを次の中から一つ選び、記号で答えなさい。

ア　父親との試合で自分が勝つところをカナに見てもらい、自分に好意を持って欲しかったから。
イ　良い試合を見ることでプロレスの良さに気づいてもらい、ファンになってもらいたかったから。
ウ　世話になっているカナの父親にチケットを渡《わた》すように頼《たの》まれたので、なんとか渡したかったから。
エ　自分でお金を出した上にわざわざ持ってきたのだから、なんとしても来てもらおうと思ったから。
オ　父親がプロレスをする姿を見て、カナの知らない父親のすごさを知って欲しいと思っていたから。

問五　――部③「すんでのところで思いとどまった」とありますが、なぜですか。その説明として最もふさわしいものを次の中から一つ選び、記号で答えなさい。

ア　父親を応援したい気持ちはあったけれど、プロレスはやめて欲しいので手を貸すわけにはいかないと冷静に判断したから。

イ　父親が負けてしまうかもしれないと思ったが、他の観客の様子を見てもしかしたら勝てるかもしれないと思い直したから。

ウ　あまり人気のないマサ横島に手を貸すと、自分が娘であることを他の観客に気づかれてしまうのではないかと考えたから。

エ　苦しむ父親に何かをしてあげたかったが、プロレスラーとして必死に闘《たたか》う父親の邪魔《じゃま》をすることは出来ないと思ったから。

オ　相手に勝って欲しいという一心で父親を助けようとしたが、観客の自分が手を貸すと反則になってしまうと気が付いたから。

問六　――部④「会場の空気を支配しているのは、マサ横島である気がした」とはどういうことですか。その説明として最もふさわしいものを次の中から一つ選び、記号で答えなさい。

ア　父親のなりふり構わない戦いぶりで、会場の観客たちを夢中にしたのだとカナには感じられたということ。

イ　カナは父親がしたくもない反則行為をあえてすることで、試合を優位に進めていると理解したということ。

ウ　圧倒的《あっとうてき》に相手が優勢ではあるが、娘のカナにとっては父親の方が勝利に近いように感じられたということ。

エ　相手への声援が多いものの、カナは大多数の観客が内心では父親を応援しているような気がしたということ。

オ　反則行為をしてはいるが、レフェリーのいない状況《じょうきょう》では父親が勝つに違いないとカナは確信したということ。

問七　――部⑤「3カウントを取ろうとする会場に、独り、戦いを挑んでいた」とはどういうことですか。八十字以内で説明しなさい。

三　あとの各問いに答えなさい。

（ⅰ）

A　ねえねえ、「なぞかけ」っていう言葉遊びを知ってる。

B　ううん、名前くらいは聞いたことあるけどよく知らないな。どんな遊びなの。

A　お題としてつながりのなさそうな二つの言葉をあげて、その二つの言葉に共通する内容を答える言葉遊びなんだ。

B　ふーん、例えばどんなのがあるの。

A　「日本の自然」とかけて「オーケストラ」と、ときます。そのこころは。どちらも「しき（四季・指揮）」があるでしょう。

B　なるほど。上手《うま》いこと言うね。他にはないの。

A　じゃあ「秋」とかけて「薬」と解きます。そのこころは。どちらも「こうよう」があるでしょう。

B　うんうん。わかってきた。じゃ次は僕《ぼく》が答えるね。

A　じゃあ「おでん」とかけまして「本」と、ときます。そのこころは。

B　どちらも［　Ⅰ　］と困るでしょう。

A　正解。飲みこみが早いね。じゃあ次ね。「いちご」とかけまして［　Ⅱ　］と、ときます。そのこころは。

B　どちらも甘《あま》い方がよいでしょう。

A　すごい。僕より上手なんじゃない。

問一　本文の内容を理解した上で――部「こうよう」を二通りの漢字で記しなさい。

問二　本文の内容を理解した上で［　Ⅰ　］・［　Ⅱ　］に当てはまる適語を考えて書きなさい。

問三　次の語群から言葉を二つ選び、その二つの言葉に共通する特徴《とくちょう》を自分で考えて答えなさい。

【語群】　歌・読書・時計・日本語・猫《ねこ》・マラソン・水・惑星《わくせい》

（ⅱ）　次の文章は九つの段落で構成されています。段落AとBの間には三つ、段落BとCの間には三つの段落が入ります。あとのア～カの段落を正しく並べかえ、文章を完成させなさい。（A□□□B□□□C）

A　自分の思うことをハッキリ言わないと相手に伝わらない。遠慮《えんりょ》して相手が察してくれるのを期待するのは甘えている。海外の人たちはハッキリと言葉で自己主張するし、感情表現も豊かだ。日本人も思うことはハッキリ言葉にし、要求があれば相手にわかるように主張することが必要だ。そうしなければ相手に伝わらない。自分の気持ちを隠《かく》したりせずに率直《そっちょく》に表現すべきだ。そうでないと相手にはわからない。たしかにそうかもしれない。

□□□

B　ハッキリ自己主張することでお互《たが》いにわかり合える。それは幻想《げんそう》にすぎない。

□□□

C　ところが、その伝統が崩《くず》れ、自己主張が自由に飛び交《か》うようになってきた。

（榎本博明『ディベートが苦手、だから日本人はすごい』朝日新聞出版による）

ア　このところ自己主張が推奨《すいしょう》されるようになり、自己主張を促《うなが》す教育が広まることで、はたして日本の社会にどのような変化が出てきたか。人と人の相互《そうご》理解が深まったと言えるだろうか。決してそんなことはないだろう。

イ　自己主張する人間を人格形成の理想とするアメリカ社会が訴訟《そしょう》社会になっていることが、まさにそのことを証明している。お互いに強烈に自己主張をしていくと、法的に決着をつけなければならないほど、あらゆることがらが紛糾《ふんきゅう》してしまうのだ。

ウ　むしろ、自分勝手な自己主張がぶつかり合うばかりで、殺伐《さつばつ》としてきた観がある。他人の気持ちや立場を配慮《はいりょ》して自己主張を抑《おさ》えるということがなくなれば、お互いの主張がぶつかり合うようになるのは当然のことだ。

エ　日本的コミュニケーションは、そのような自己主張のぶつかり合いによる紛糾《ふんきゅう》を防ぐ機能を果たしてきた。自己主張にこだわることを見苦しく感じ、それによる対立を虚《むな》しく思う日本人の感受性が、あえて自己主張を抑制《よくせい》するコミュニケーションを発達させてきたのである。

オ　しかし、遠慮や察し合い、譲《ゆず》り合《あ》い、相手を立てる、相手を思いやる、言い訳をしない、感情を抑制するといった日本的コミュニケーションの奥《おく》ゆかしさも忘れてはならない。

カ　自分の思いや要求をストレートに話したところで、相手に理解してもらえるとはかぎらない。感受性や価値観、立場が異なれば、ものごとを見る構図が違ってくるため、いくらハッキリ伝えたところで、わかり合えるわけではない。むしろ、お互いの自己主張がぶつかり合って、激しい争いになりがちだ。

2021年度 入学試験問題

国語

（60分）

〔注意〕

① 問題は一～三まであります。
② 解答用紙はこの問題用紙の間にはさんであります。
③ 解答用紙には受験番号、氏名を必ず記入のこと。
④ 各問題とも解答は解答用紙の所定のところへ記入のこと。
⑤ 各問題とも特に指定のない限り、句読点、記号なども一字に数えること。

西大和学園中学校

一 次の文章を読んで、あとの問いに答えなさい。

君たちは「一生なんてどうせ一回きりだ」と思っているかもしれないが、「生物の時間は繰《く》り返す」と考えてみたらどうだろう。生物の時間とは、心臓がドキドキ打つ、呼吸を繰り返すといった「繰り返しの時間」だ。個体の寿命《じゅみょう》とは、親が生まれて死んで、子が生まれて死んで、孫が生まれて死ぬという [I] の時間である。同じ状況《じょうきょう》に繰り返し戻《もど》るから、回っていると言ってもいい。生物の時間は「一回転の時間」なのだ。それに対してまっすぐ流れていくのが物理の時間だ。

時間は回るのか、それともまっすぐか？ 昔から人間は二つの見方を持っていた。時間が回ると考える民族はマヤや古代ギリシャ、インドがある。日本もやはり回る時間の中で生きていた。

それに対して直線的な時間観を持つ代表的な存在はキリスト教徒。キリスト教では、神様がこの世をつくったときから世の終末まで一直線に、ゾウがいようがネズミがいようが関係なく、神様の時間が流れていく。この時間の見方が(注1)ニュートンを介《かい》して古典物理学に入っていった。ニュートン力学においては、時間はまっすぐ進むが、過去から未来へ進もうと、未来から過去へ進もうと、力学としては成り立つ。だがニュートンは、絶対時間は一方向にのみ進むと考えた。これは彼《かれ》のキリスト教への信仰《しんこう》がそう言わせているのである。科学とは西洋近代という文化がつくり出したものであり、それはキリスト教の強い影響《えいきょう》を受けているものだ。そういうことも民《みん》俗学《ぞくがく》などさまざまな勉強をするとわかってくる。

では、なぜ生物の時間は回ると私が考えるのか。

地球の歴史は四六億年、生命の歴史は三八億年と言われている。地球ができて間もない頃《ころ》からずっと生物は絶滅《ぜつめつ》することなく続いている。だから生物は続くようにできている、回って続いていくのが生物なのだと考えてよいと思う。

私たちの体は非常に複雑にできている ①セイミツな構造物だ。1これをどうすれば維持《いじ》できる？ 例えば、永遠に建ち続けられる建物はどう建てたらいい？

一番簡単なのは、絶対に壊《こわ》れない建物をつくること。しかしこれは不可能だ。かたちあるものはときがたてば絶対に壊れる。物理学には熱力学の第二法則というものがあり、ときがたてば秩序《ちつじょ》あるものは必ず無秩序になっていくのだ。永遠に続く建物は、絶対に壊れないようにするというやり方では建てられない。

壊れてきたら直せばいいという考えもある。現存する世界文化遺産は大抵《たいてい》そういうふうにしている。法隆寺《ほうりゅうじ》がそうだが、新しい部分と古い部分がごっちゃになっているのだから、[X] ようにして、遺産というかたちで保存するしかない。現役でバリバリ働けるというものでもない。

では、働き続けられる建物をどうすれば建てられるのか?その答えは伊勢《いせ》神宮だ。

伊勢神宮は式年遷宮《せんぐう》といって二〇年ごとにまったく同じものを建て替《か》えてしまう。持統天皇以来、一三〇〇年続いているが、今も現役で機能している。これほど長い年月機能し続ける建物は世界でほかにない。まったく同じものを建て替えて続けていくというやり方は、とても賢《かしこ》い方法だ。

しかし、伊勢神宮は世界文化遺産に指定されない。なぜなら、西洋人いわく「これはたかだか一五年しかたっていないから」。けれども、日本人の感覚からすれば「回っているから一〇〇〇年続いているのだ」となる。これは時間に対する見方の違《ちが》いだと思う。そして、2生物は伊勢神宮方式だ。

生物は現役で働いている。体は使っていれば擦《す》り切れるものだから、年を経るとうまく働かなくなるし、治しても②シショウが出てくる。だったら(注2)アンチエイジングとかなんとか言ってじたばたせず、古くなったらさっさと捨てて、まったく同じ新しいものをつくればいい。それが「子どもをつくる」ということなのだ。そうして　Ⅰ　しながら人類は五〇〇万年続いているし、生物全体としては三八億年続いている。

私たちは永遠に生きることはできないけれど、子どもというかたちで自分とそっくり同じ私を次の世代につくることはできる。子どもは私、孫は私。そうやってずっと続いていくのが生物というものなのだ。

もちろん、子どもをつくるとき、つまり時間を元に戻してリセットするときには大きなエネルギーがいる。速く回れば回るほどエネルギーを使うので、時間の速度とエネルギー消費量は比例関係になる。これは　Ⅰ　に限った話ではない。筋肉の③シュウシュクをはじめとして体の中のいろんな生体反応においては、働けば壊れるから、エネルギーを注《こ》ぎ込んで治してまた働くようにしている。生物の時間は回るものなのだ。

時間をまっすぐ進むものと考えれば、私たちの一生は一回きりだ。とすれば「死んだら後は知らない」という感覚になる。つまり、今の私がよければ、次世代の私が(注3)赤字国債《こくさい》で苦しもうが地球環境《かんきょう》が悪くなって苦しもうとも「知ったこっちゃない」となる。しかし、実は子どもというかたちで私が残り、孫というかたちで私が残る。生物はずっと続いていくのだ。

残念ながら、そういう感覚が今の日本人からは抜《ぬ》け落ちてしまっている。

では、次世代のことについて話そう。ただし、これは生物学者としての発言である。誤解しないで聞いてほしい。

子どもは私である、孫は私である。そう考えると、子どもを産める条件を備えていながら子どもをつくらないという選択《せんたく》は、生物学的には自殺に当たる（もちろん、子どもを産めないから人間として価値がないということではない。人間はいろんなかたちで次世代のための価値をつくり出すことができるからだ）。生物としての基本は次世代の私をつくること。それがすなわち大人になるということだ。

ところが、最近はみんな大人にならない、なりたがらない。次世代をつくらず、自分の好きなことだけをしている。3「子どものままでずーっといたい」と望む人が増えている現代社会は、極めて未成熟な危うい社会と言える。

何をどうしたって私たちはやっぱり死ぬ。死ぬと虚《むな》しいから、どこかに永遠がないと心が落ち着かない。人間とはそういうものだ。だから天国の永遠を考えて宗教を生み出した。けれども生命そのものが「この世の永遠」なのだ。子ども、そして孫というかたちで A に、永遠に私が生き残っていく。これが生物。生物学はこういう見方を提供してくれる。だから生物学を勉強すると永遠が得られる。心が落ち着くのだ。

今の日本人には永遠という発想がない。古代の日本人は、仏教で B の永遠を保障し、神道で C の永遠を保障し、両方の永遠で安心して生きていた。神様の前で結婚《けっこん》式を挙げる。結婚は D の永遠を保障するものだから神道なのだ。お坊《ぼう》さんを呼んで葬式《そうしき》を営む。仏教は E の永遠を保障するものだからお坊さんなのだ。西洋人からは「日本人は二つの宗教を股《また》にかけている④セッソウのない民族だ」と言われるが、私はそう思わない。日本人は実に賢く永遠とつき合ってきたのだ。

生物学だけを勉強していたらこういう発想はできない。私はいろんな分野の学問を勉強するうちに、この結論にたどり着いた。脳みそにとって、これはかなりの快感だ。そのうえ私自身が安心して生きて、死んでいける。今の日本人は安心して死んでいくことができない。君たちは精一杯《せいいっぱい》生きて安心して死んでいけるような人生を送らなければならないし、そのためにはものの見方を身につけなければならない。だから学問が必要なのだ。

私のような科学者が世の中の価値観に対して物申すのは（注4）越権行為《えっけんこうい》だと見る⑤フウチョウがある。しかし、これは間違いだと思う。科学という行為そのものが一つの価値観であり、貨幣《かへい》経済はまさに科学を下敷《したじ》きにしているものだ。生物学というお金儲《もう》けにはつながらないが4「脳みそのパン」となる学問をしていることで、私たちの生活がどうなっているのか、今の生き方はこれでいいのか、という世の中とは異なった見方、世界観をつかむことができるのだ。これこそが学問なのだと思う。私はみんなに少しでも良いパン、おいしい脳みそのパンを提供したいと思っている。

高校生以上の勉強は義務教育ではない。君たちのうち、一人でも多くの人が誇《ほこ》りを持って、自ら学問をしていこうと考えてくれたら、私はとても嬉《うれ》しい。

（本川達雄「生物学を学ぶ意味」『何のために「学ぶ」のか』所収　ちくまプリマー新書による）

【語注】

（注1）ニュートン　…　イギリスの物理学者、天文学者、数学者。（1642～1727）

（注2）アンチエイジング　…　心身の老化を少しでもおさえ、できるだけ若々しさを保とうとすること。

（注3）赤字国債　…　日本の税収では足りない支出を補うために発行される国の借金のこと。

（注4）越権行為　…　与《あた》えられた仕事上の権限を越えて事を行うこと。

問一　＝＝＝部①～⑤のカタカナを、それぞれ漢字に直しなさい。（かい書で、ていねいに書くこと）

問二　[Ｉ] には同じ言葉が入ります。あてはまる言葉としてふさわしいものを漢字四字で答えなさい。

問三　[Ｘ] に入る言葉として最もふさわしいものを次の中から一つ選び、記号で答えなさい。

ア　めはなをつける　**イ**　ちりもつもればやまとなる　**ウ**　つめにひをともす

エ　はれものにさわる　**オ**　てにあせをにぎる

問四　[Ａ]～[Ｅ] には、「あの世」と「この世」のどちらかが入ります。どちらか一つをそれぞれあてはめ、文を完成させなさい。

問五　――部１「これをどうすれば維持できる？」とありますが、筆者はこのことに関してどのように考えていますか。その説明として最もふさわしいものを次の中から一つ選び、記号で答えなさい。

ア　私たちの体内の生体反応は、働けば壊れるので、壊れたところにエネルギーを大量に注ぎ込んで治してからまた働くようにして、なんとか健康な部分とそうではない部分とを折り合いをつけていく。

イ　生物の体は使っていれば擦り切れるものだから、いくらエネルギーを注ぎ込んで治しても働かなくなる部分もでてくるので、古くなったものはさっさと捨てて、まったく同じ新しいものを生み出す。

ウ　生物は生まれたあとは死に日々近づいていく存在であるので、複雑な構造物である体のどこかに異変が起きても、使っていれば必ず変調は起こるということを自然なこととして受け入れる。

エ　私たちの体は働いて擦り切れたところも、時間をかければ元に戻ることができるので、できるだけかたよった部分のみを働かせることなくまんべんなく体を動かす。

オ　生物の体は現役で働かなければ死に直結するので、体の衰《おとろ》えを感じはじめた時から、子や孫に助けてもらいながら衰えるスピードをできる限りおそくする。

問六　――部2「生物は伊勢神宮方式だ」とありますが、それはどういうことですか。五十字以内で説明しなさい。

問七　――部3「『子どものままでずーっといたい』と望む人が増えている現代社会は、極めて未成熟な危うい社会と言える」とありますが、筆者がこのように言うのはなぜですか。その理由として最もふさわしいものを次の中から一つ選び、記号で答えなさい。

ア　大人になることを拒否《きょひ》する人は、いつまでも社会のルールに適合することなく、好き勝手に人生を歩もうとするので、そのような人が増えると、社会のルール自体が成り立たなくなり、やがて社会が崩壊《ほうかい》し、人類の存続も危うくなることになるから。

イ　子どものままでいたいという人は、大人としての役割を果たさず、自由気ままに生きたいので、社会に出て何かにしばられながら生活することができないので、そのような人が増えると、経済活動の担い手が少なくなり、大人になった人の負担が増えることになるから。

ウ　現代社会の担い手となる大人は、次世代に子どもを残し、そんな子どもたちのよりよい未来を作ろうと考えるが、そのような人が少なくなると、なんとか明るい未来を作り出しても、それを受け取る子ども自体が少なく、せっかくの努力が報われないことになるから。

エ　子どものままでいたい人は、子どもを作ることや未来のために今を生きるという発想がないので、そのような人を少なくするために、法整備を進めてだれもが大人になりたいと願う社会の実現を果たさなければ、これからの国自体が成り立たなくなることにつながるから。

オ　生物として次世代の自分を作ることを放棄《ほうき》する人は、一度きりの人生だから自分の好きなように生きたいと願い、死後この世界に迷わくがかかろうが構わないとさえ思うので、そのような人が増えると、今後の世界がより深刻な問題を多く抱《かか》えることになるから。

問八　――部4「脳みそのパンとなる学問」とありますが、この文章においてそれはどのような学問のことですか。五十字以内で説明しなさい。

問九　本文の内容としてふさわしいものを次の中から一つ選び、記号で答えなさい。

ア　ニュートン力学において時間は過去から未来だけでなく未来から過去へも進むことができてしまうが、ニュートン自身はキリスト教徒であるので、神が作った時間の流れを無視することになるこの理論を発表するか悩《なや》むこととなった。

イ　今の日本はキリストの教えにある通り時間は過去から未来へと一直線に進むと考えている人が多く、子どもや孫といったかたちで生き残るという感覚が無いので、子どもを作らず自由に生きたいと願う人が増えてきている。

ウ　体内の生体反応においては、動かせば動かすほど壊れていくものなので、エネルギーを使って壊れた部分を治すよりも、はじめから壊れるような動かし方をしないように気をつければ、長生きすることができる。

エ　絶対に壊れない建物を作るということは、法隆寺のような木造建築では不可能であり、ヨーロッパを中心に多く見られる石造りの寺院や聖堂にこそ永遠に壊れない建築物になり得る可能性を秘めている。

オ　宗教が生み出されたのは、死んだ後の不安を和らげるためであり、科学が進むことで様々なことがどんなに解き明かされても、まだまだわからないことが多いことを象徴《しょうちょう》している。

二　**高校生の「俺《おれ》」は、ろくに学校に行かず、中学生のころ熱心に取り組んでいた陸上部にも入らず、夢中になれることがないままに毎日を過ごしていた。ある時、「俺」は先輩《せんぱい》から、一か月間、一歳《さい》の娘（鈴香《すずか》）の子守をしてくれないかと頼《たの》まれて、断り切れずに子守りを引き受けてしまう。これを読んで、あとの問いに答えなさい。**

「鈴香、今日はちゃんと座って食べろよ」
食卓《しょくたく》に昼食を並べると、鈴香はa威勢《いせい》良く手を合わせた。
「まーす！」
今日の昼ご飯は、パン粉と玉ねぎをたくさん入れたふわふわのハンバーグだ。時間をかけて丁寧《ていねい》に何度もこねて、鈴香好みの甘《あま》めのソースで煮込《にこ》んでやった。
「どうだ。おいしいだろ？」
「いしー！」
鈴香はハンバーグを小さな口にほおばると、ほっぺをぺたぺた叩《たた》いて喜んだ。いつも、最初は調子よく（　A　）食べる。
「よし。いい子だな。はい」
俺が口にいれてやるたびに、鈴香は「いしー！」と繰《く》り返した。（　B　）ハンバーグが気に入ったようで、人参とほうれん草を細かくしたものが入っているとも知らずに、鈴香は夢中で食べている。
「いいぞー。さあ食べよう食べよう」動きたくなくなるくらいおいしいものを作ろうと、いつもより時間をかけて作ったご飯だ。これなら最後まで鈴香もおとなしく食べてくれるだろう。俺はどうか立たないでくれと心の中で唱えながら、どんどん鈴香の口にハンバーグを運んだ。
「いしいしいしー！」
「だよなー。俺も食べるか……。おお、いけるじゃねえか」
子ども向けに作ったハンバーグは肉の食感は足りないけど柔《やわ》らかく、甘めのソースも昔から慣れ親しんだ味でおいしい。俺は鈴香の口に運ぶ間に、自分もハンバーグを口にした。
「いしー」
「ああ、おいしいよな」

「いしー、とっととー」
鈴香はパクパクと食べていたくせに、三分の一ほど残したところで、いつものごとく椅子《いす》から出ようと足を動かし始めた。
「おい、とっとじゃねえよ」
「まだごちそうさまじゃねえだろ？　おいしいんだったら、ちゃんと味わって食えって」
俺は立ち上がろうとする鈴香の足を押《お》さえながらスプーンを口に向けた。
「とっとー」
「おいこら。動かず食えよ」
「とっととー」
鈴香はハンバーグを食べながらも、体中くねらせて俺が押さえるのを振《ふ》りほどこうとする。まったくどうしようもないやつだ。
「お前、どんだけふざけてるんだ。そんなことじゃ、大きくなったら俺みたいになっちまうぜ」
(注1)由奈《ゆな》ちゃんのお母さんが言っていたように、「もうごちそうさまだな」と片付けようかとも考えたけど、せっかくまだ食べようとしているんだ。1そこまでしなくてもいいだろうと思ってしまう。
「さあ、もう少しだ。ちゃんと食べろって」
最初は足を押さえられながらも食べていた鈴香も、（　Ｃ　）していられなくなってきたのか「ぶんぶー」と叫《さけ》びだした。
「なんだよ。食えよ。おいしいだろう？」
「ぶんぶー」
「ほらさっさと食っちまおう」
「ぶんぶー！」
鈴香は動けないことが耐《た》えられないらしく、大きな声で叫ぶと、目の前のスプーンを手で払《はら》いのけた。その勢いで、スプーンは床に転がり、ハンバーグのソースがべたりとついた。
「おい、汚《きた》ねえじゃねえか」
俺が布巾《ふきん》で床《ゆか》の上を拭《ふ》いていると、鈴香は半分泣き声を混じらせながら、「ぶんぶ」と訴《うった》えてきた。
「何が嫌《いや》なんだよ。おいしいものを食べているのに、どうしてじっとできねえんだよ」
「ぶんぶ」

「ああ、こんなとこまで汚《よご》しちまって。って、おいあぶねえ」
俺が服に飛び散ったソースを拭いてやろうとすると、鈴香は体をそらしながら拒否《きょひ》し、そのまま椅子ごとひっくり返った。
「おい、大丈夫か？」
小さな椅子と一緒《いっしょ》にじゅうたんに倒れただけだから、どこも痛くないはずだ。それなのに、鈴香は床に転がったのと同時にb堰《せき》を切ったように泣き出した。
「ぶんぶ」
「ほら、鈴香」
俺が起こしてやろうとしても、鈴香は首をぶんぶん振っている。
「いったいどうしたいんだよ」
「ぶんぶー！」
「泣いてたってしかたねえだろ」
「ぶんぶ」
何を言っても、鈴香は（　D　）転がりながら泣くだけだ。
「なにが嫌《いや》なんだ？」
丁寧に作ったものを慎重《しんちょう》に食べさせていたのに暴れられるのだから、2泣きたいのはこっちだ。
「ぶんっぶ」
「お前、意味わかんねえやつだな」
「ぶー」
鈴香は泣きながら足をバタバタさせ始めた。こうなるとなかなか泣き止まない。ただ昼ご飯を食べていただけなのに、どうしてこうなるのだろう。
「なにが不満なんだよ」
「ぶんぶー」
「ご飯が嫌なのか？　食べたくねえのか？」
「ぶんぶー」

計算用紙

※切り離してはいけません。

問題は次のページへ続きます。

3 □に当てはまる数を答えなさい。

(1) 百の位，十の位，一の位に，１，２，３の３種類の整数が１つずつ用いられている３桁《けた》の整数は [あ] 個あります。

また，315 や 112 のように１，２，３のうち２種類以上の整数が用いられているような３桁の整数は [い] 個あります。ただし，例にある 315 のように１，２，３のみが用いられているとは限りません。

(2) 下の図のような２種類のタイル A とタイル B がたくさんあり，これらのタイルを縦《たて》の長さが２ｍの長方形の形をした床《ゆか》にすきまなくしきつめます。

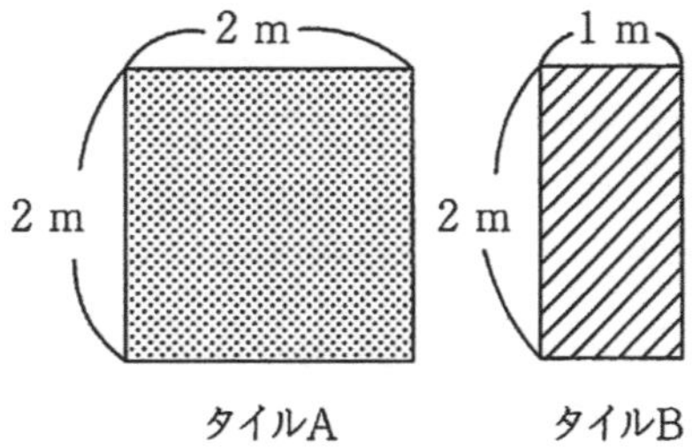

図１

使うタイルは１種類だけでも構いませんし，２種類とも使っても構いません。床の横の長さが x ｍのときのしきつめ方の総数を＜ x ＞で表します。例えば，横の長さが１ｍのときはタイルBを１枚使う１通りのしきつめ方があるので，＜１＞＝１となり，横の長さ２ｍのときは図２のように３通りのしきつめ方があるので，＜２＞＝３となります。

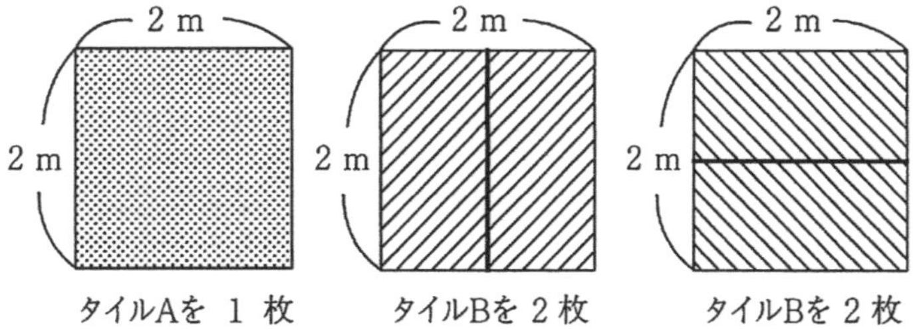

図２

このとき，＜３＞＝ [う] ，＜４＞＝ [え] ，＜６＞＝ [お] です。

(3) 下の図において角 A は直角で，AB と AC の長さは等しいです。

《角あ》が 15°，《角い》が 30° のとき，AC と CD の長さの比をもっとも簡単な整数の比で表すと，AC：CD＝ [か] ： [き] です。

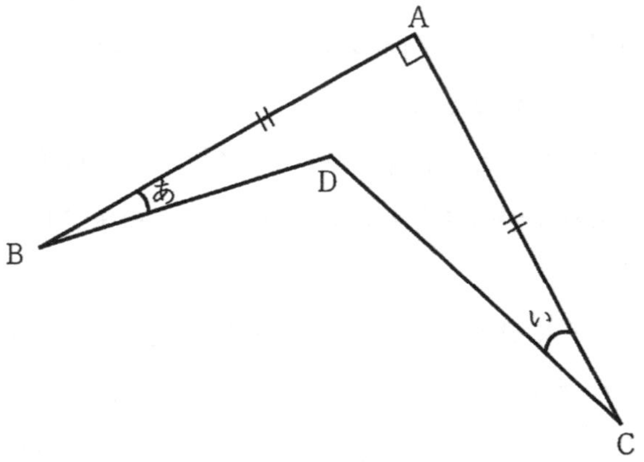

4　まっすぐな道を何台かの機械が同じ速さで同じ向きに 30 mの距離《きょり》を空《あ》けて進んでいます。機械にはセンサーがついていて，２秒ごとに前の機械との距離を測定し，30 mより近づいたり離《はな》れたりした場合は，測定したときの前の機械の速さを基準にして，測定してからちょうど２秒後に距離が 30 mになっているようにみずからの速さを調整します。

機械が速さを変えるのは，前の機械との距離を測定して速さを決めるときだけで，測定が行われて，速さが決まれば，次の測定までの２秒間はその速さを変えることなく進みます。先頭の機械は測定を行いません。

また，後ろの機械が前の機械との距離を測定するのは，前の機械が速さを変えてから１秒後となるように，前の機械が速さを変える時刻と後ろの機械が測定する時刻をずらしています。

例として，下の図のように機械 A と機械 B が同じ向きにどちらも秒速 20 mで進んでいるときを考えます。秒速 20 mで進んでいた機械 A が，ある時刻に秒速 15 mに速さを変えると，その１秒後に，機械 A と機械 B との距離は 25 mとなります。機械 B はその距離と機械 A が秒速 15 mで進んでいることを測定して，測定してから２秒後に機械 A との距離がちょうど 30 mになっているように，秒速 12.5 mに速さを調整します。

ただし，機械 B が測定した１秒後に機械 A の速さが変わるかもしれないので，機械 B が測定した２秒後に２つの機械の距離がちょうど 30 mになっているとは限りません。

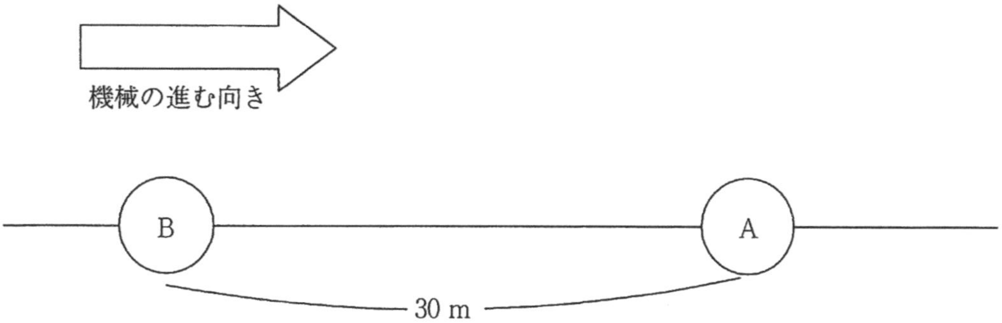

なお，機械の大きさ，測定するためにかかる時間，速さを変えるためにかかる時間は考えないものとします。

(1)　上の例において，機械 B が速さを調整した１秒後に機械 A が再び速さを秒速 20 mに変えたとき，機械 A が最初に速さを変えてから３秒後について考えます。このとき，次の問いに答えなさい。

①　機械 A と機械 B との距離は何 mですか。

②　機械 B は秒速何 mに速さを調整しますか。

後ろの機械が，前の機械に近づきすぎて，速さを変えても 2 秒後に 30 mの距離を空けられない場合は，その場で 2 秒間停止します。2 秒後に前の機械との距離が 30 m以上であれば再び進み始め，30 m未満であれば 30 m以上になるまで，2 秒間停止をくり返すようになっています。

(2) 機械 A と機械 B が 30 mの距離を空けて，同じ向きに秒速 20 mの速さで進んでいます。秒速 20 mで進んでいた機械 A が，ある時刻に速さを秒速 5 mに変えると，機械 B は機械 A が速さを変えてから 1 秒後に停止しました。機械 A は最初に速さを変えてから 4 秒後に今度は秒速 15 mに速さを変えました。このとき，次の問いに答えなさい。

① 機械 B が再び動き出すのは機械 A が最初に速さを変えてから何秒後ですか。

② 機械 B が再び動き出すときの機械 B の速さは秒速何 mですか。

(3) この機械がたくさん連なって，秒速 20 mで進んでいます。それぞれの機械と機械の間の距離は 30 mです。秒速 20 mで進んでいた先頭の機械が，ちょうど地点 P を通過したときに，秒速 14 mに速さを変えたところ，何台目か以降の機械が停止しました。

このとき，次の問いに答えなさい。ただし，先頭の機械は秒速 14 mに変えて以降，速さを変えないものとします。

① 最初に停止する機械は，先頭の機械から数えて，何台目ですか。また，その停止した地点は地点 P から何m手前ですか。

② 最初に停止した機械が地点 P を通過するのは，先頭の機械が地点 P を通過してから何秒後ですか。

(8) 次の文は、心臓の 1 回の拍動の間のできごとを示したものです。図3の**X**点ではどのようなことが起こっていると考えられますか。次の中から最も適当なものを 1 つ選び、記号で答えなさい。ただし、次の文は心臓の拍動の順序通りには並んでいません。

ア. 血液量が減少することによって、左心房よりも左心室の方が血液を押し出す力が大きくなり、房室弁が閉じる。

イ. 心房がちぢむことによって、左心室よりも左心房の方が血液を押し出す力が大きくなり、閉じていた房室弁が開く。

ウ. 血液量が減少することによって、左心室よりも大動脈の方が血液を押し出す力が大きくなり、半月弁が閉じる。

エ. 心室がちぢむことによって、大動脈よりも左心室の方が血液を押し出す力が大きくなり、閉じていた半月弁が開く。

3　次の文を読み、以下の問いに答えなさい。

下の図は、十分に長いベルトコンベアー上に大和くんが小さな荷物をのせ、西さんへ荷物を届けている様子です。秒速 4 m で時計回りに動くベルトコンベアー上に、大和くんは 2 秒ごとに荷物を静かにのせます。はじめ、大和くんが荷物をのせる位置と西さんが荷物を受け取る位置は 100 m 離《はな》れていたものとし、ベルトコンベアー上で荷物はすべらないものとします。

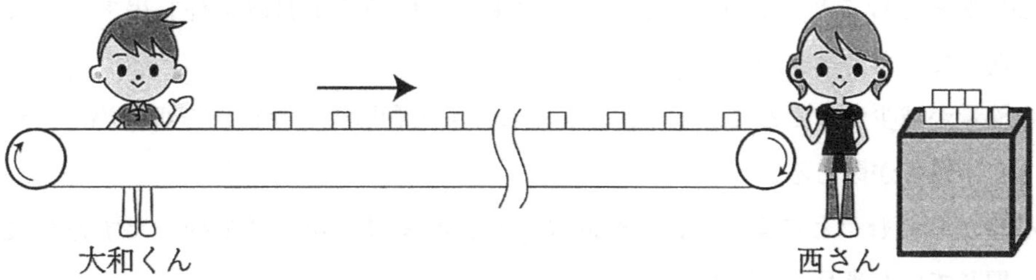

A. 止まっている大和くんから、止まっている西さんに荷物を届ける場合を考えます。荷物はベルトコンベアー上に（　①　）m 間隔《かんかく》で並んで運ばれていくので、西さんは（　②　）秒ごとに荷物を受け取ります。

B. 大和くんが秒速 80 cm で西さんに近づきながら、止まっている西さんに荷物を届ける場合を考えます。荷物は（　③　）m 間隔でベルトコンベアー上に並び、秒速 4 m で運ばれていくので、西さんは（　④　）秒ごとに荷物を受け取ります。

C. 止まっている大和くんから、秒速 100 cm で大和くんに近づきながら動く西さんに荷物を届ける場合を考えます。ベルトコンベアー上の荷物と西さんの両方が動いているので、西さんは（　⑤　）秒ごとに荷物を受け取ります。

(1)　文中の空らん（　①　）～（　⑤　）に当てはまる数値を求めなさい。

(2)　大和くんが動くことによって変化するものと、西さんが動くことによって変化するものをそれぞれ次の中からすべて選び、記号で答えなさい。

ア. ベルトコンベアー上の荷物が動く速さ　　イ. ベルトコンベアー上の荷物の間隔

ウ. 荷物を受け取る時間間隔　　エ. 大和くんと西さんの間の距離《きょり》

(3)　C のとき、大和くんが 1 つ目の荷物をのせてから 30 秒間に、西さんが受け取った荷物の数を求めなさい。

(4)　ベルトコンベアーを秒速５ｍで動くようにし、大和くんが西さんに近づきながら、止まっている西さんに荷物を届ける場合を考えます。大和くんが荷物をのせる時間間隔と、西さんが荷物を受け取る時間間隔の比が５：４になったとき、大和くんが西さんに近づく速さは秒速何ｍになるかを求めなさい。

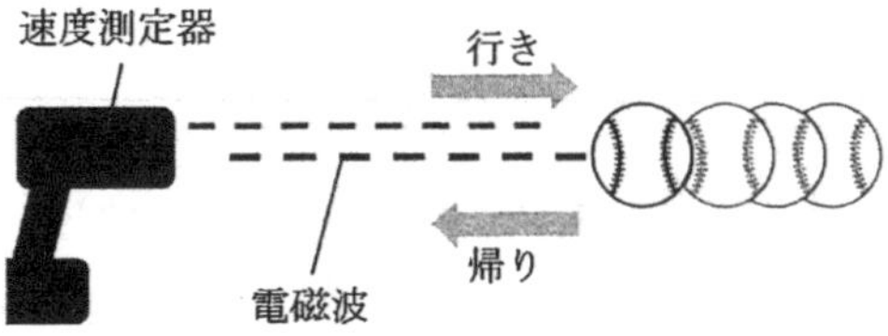

投げたボールや走る車の速さを測る速度測定器は、右の図のように、止まっている速度測定器から電磁波という波を出して（図の「行き」)、動く物体に当たって反射してはね返った電磁波（図の「帰り」）を観測することでその物体の速さを測ることができる装置です。

図の a「行き」と「帰り」それぞれにはＡ～Ｃの仕組みのうち１つが利用されており、「行き」では速度測定器が止まっている大和くん、ボールが動く西さん、速度測定器から出される電磁波が荷物と考えることができます。このとき速度測定器から出される電磁波の時間間隔よりも、ボールに届く電磁波の時間間隔は（　⑦　）なります。さらに、「帰り」では動くボールから（⑦）なったその時間間隔ではね返った電磁波が速度測定器に届くときには、速度測定器に届く電磁波の時間間隔は（　⑧　）なります。このような仕組みを利用して b 動く物体の速さを測定しています。

(5)　文中の下線部ａについて、「帰り」の仕組みはＡ～Ｃのどれに当てはまるのか、適切なものを１つ選び、記号で答えなさい。

(6)　文中の空らん（　⑦　）・（　⑧　）に当てはまる語句の組み合わせとして適切なものを１つ選び、記号で答えなさい。

ア．⑦：短く　⑧：はね返る前よりもさらに短く
イ．⑦：短く　⑧：はね返る前よりは長く
ウ．⑦：長く　⑧：はね返る前よりは短く
エ．⑦：長く　⑧：はね返る前よりもさらに長く

(7)　文中の下線部ｂについて、この原理を利用し、電磁波のかわりに音波を用いて物体の速さを測ることにしました。はじめに音波を出した時間間隔と、動く物体ではね返ってきた音波の時間間隔の比が９：８になったとき、動く物体の速さは秒速何ｍになるかを求めなさい。ただし、音波の速さは秒速 340 ｍとします。

4 ドライアイスと二酸化炭素について、以下の問いに答えなさい。

〔Ⅰ〕

ドライアイスを利用して、家の中で様々な実験をしました。

(1) ドライアイスに水をかけると、白い煙《けむり》が生じました。煙の正体は何ですか。考えられるものを２つ選び、記号で答えなさい。

ア. 水蒸気　　**イ**. 水滴《てき》　　**ウ**. 氷　　**エ**. 二酸化炭素(気体)　　**オ**. ドライアイス

(2) 金属の板の上にドライアイスを置いたとき、金属の板はどのように冷えていきますか。金属上の３つの点◎に注目して、次の図の中から１つ選び、記号で答えなさい。

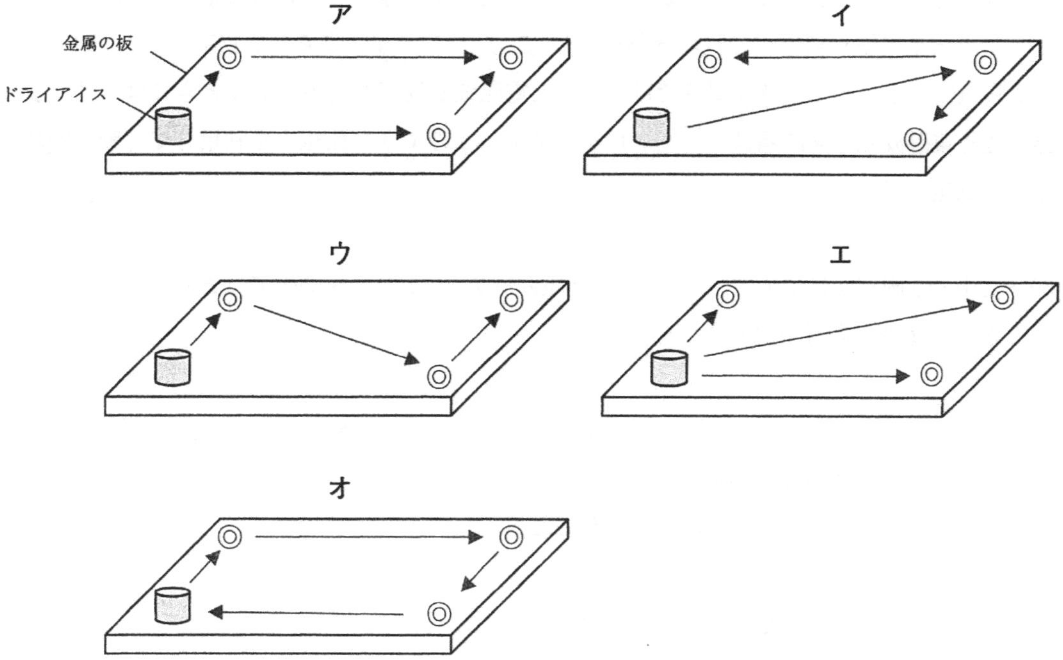

(3) ドライアイスの上に金属の小片を静かに置くと、金属が音を鳴らしつづけました。なぜこのような現象が起こったのか、「気体」と「しん動」という語句を必ず用いて説明しなさい。

(4)　下の図のようにコップの中にドライアイスを入れてすぐに、息をふきこんだシャボン玉をつくりコップの中に入れました。このあと、長い時間シャボン玉が割れないとすると、シャボン玉はどのようになりますか。最も正しいものを次の中から 1 つ選び、記号で答えなさい。

ア．コップの中にとどまっている。

イ．コップの底にしずんでいく。

ウ．コップからおし出されていく。

エ．コップの中でさらにふくらむ。

オ．コップの中で上下する。

(5)　ドライアイスで実験するときの注意点として、**誤っているもの**をすべて選び、記号で答えなさい。

ア．素手ではなくかわいた軍手をつけてドライアイスをさわる。

イ．換《かん》気《き》をせずに窓やドアを閉めて実験する。

ウ．余ったドライアイスは密閉容器に入れて捨てる。

エ．余ったドライアイスは無くなるまで放置する。

オ．余ったドライアイスを口の中に入れてみる。

〔Ⅱ〕

ドライアイス 1 g をフラスコに入れ、少しずつ水 100 cm^3を注ぎました。注ぎ終わってすぐにBTB液を数滴加え、この時間を 0 分としました。装置を使ってフラスコを振《ふ》りながら、1 分ごとのフラスコ全体の重さと溶《よう》液の色を調べると下の表のようになりました。この実験では、溶液が緑色になったときに二酸化炭素がすべて無くなったものとします。また、時間当たりに変化していくものの量は一定であるとします。

時間(分)	1	2	3	4	5	6
重さ(g)	450.10	449.99	449.88	449.80	449.78	449.76
色	黄	黄	黄	緑	緑	緑

(6) 溶液の色が変わっても実験を続けた理由について、次の文の（　）をうめて説明しなさい。

1分あたりの（　　　　　　　　　　　）を調べるため。

(7) 0 分のときに水に溶《と》けていた二酸化炭素は何 g ですか。

(8) 溶液中の二酸化炭素がすべて無くなったとき、フラスコ全体の重さは何 g ですか。小数第 3 位を四捨五入して小数第 2 位まで答えなさい。

〔Ⅲ〕

気体の二酸化炭素の密度(ある体積あたりの重さ)を下の表に示します。

	20℃	50℃
密度 (g/cm³)	0.00183	0.00162

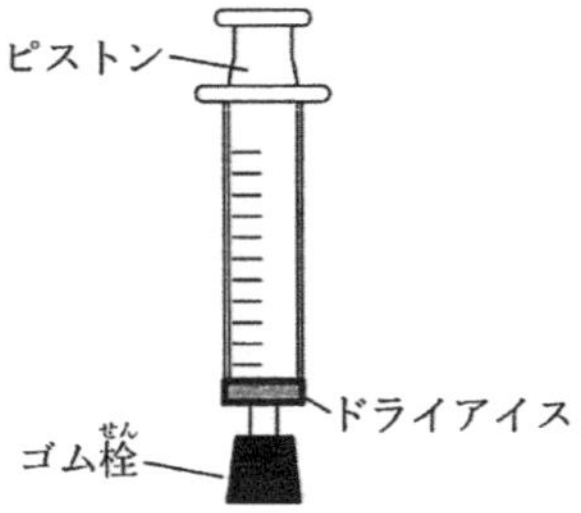

図1

図2

(9) 上の図1のようにドライアイス 0.1 g をすき間の無いように注射器の中に入れて、20 ℃の状態ですべて気体になるまでしばらく置いておきました。

(i) 二酸化炭素がもれないように注射器のゴム栓をはずし、水 100 cm³を注射器の中に入れて再びゴム栓をしました。すると、図2のように注射器の中に水部分と気体部分ができました。よく振ってからしばらく置いておくと、気体部分の体積が 10 cm³減っていました。気体部分の体積は何 cm³になりましたか。小数第 1 位を四捨五入し、整数で答えなさい。またこのことから、20 ℃で水 100 cm³に二酸化炭素は何 g 溶けたことになりますか。小数第 4 位まで求めなさい。ただし、このときピストンには力がかかっておらず、ピストンの重さも考えなくてよいとします。

(ii) その後、50 ℃に温めました。50 ℃では、水 100 cm³に二酸化炭素は 0.0076 g しか溶けませんが、注射器のピストンに力をかけると二酸化炭素が水に溶ける量を増やすことができます。力をかける前の 3 倍の量の二酸化炭素を溶かしたときには、注射器内の気体部分の二酸化炭素の密度も 3 倍になっていました。このとき気体部分の体積は何 cm³になりましたか。小数第 1 位を四捨五入し、整数で答えなさい。

(10) スポーツドリンクやお茶などはペットボトルいっぱいに液体が入っていますが、炭酸飲料は空間があり、「ヘッドスペース」とよばれています。このヘッドスペースはどのような状態になっていますか。解答用紙の枠《わく》内に答えなさい。

問３　下線部②について、次の写真は、閣議のようすです。閣議について述べたあとのｉ・ⅱの文が正しいかあやまっているかを判断し、ｉ・ⅱの両方が正しければ**ア**、ｉが正しくⅱがあやまっていれば**イ**、ｉがあやまりでⅱが正しければ**ウ**、ｉ・ⅱの両方があやまっていれば**エ**と答えなさい。

ｉ　閣議は、内閣総理大臣と各国務大臣が出席し、政治の進め方などが決められる。
ⅱ　閣議の決定は、全会一致を原則としている。

問４　下線部③に関連して述べた次の文章中の【　　　】にあてはまる語句を漢字３字で答えなさい。

【　　　】は、地域住民の健康や衛生を支える公的機関の１つで、都道府県や政令指定都市などの特定の市が設置します。【　　　】のおもな仕事は、結核《けっかく》や寄生虫などの予防、乳幼児の予防注射や検診《けんしん》の実施、水・食品などの検査、旅館・公衆浴場・食品関係の営業所などの監視などを行うことですが、新型コロナの感染者が日本でも増えたことで、その対応にもあたっています。

5　７年８か月におよんだ安倍《あべ》晋三《しんぞう》内閣《ないかく》のおもなできごとをまとめた次の年表を読み、あとの**問１～問４**に答えなさい。

時　期	おもなできごと
2012年12月	第２次安倍内閣が発足《ほっそく》する。
2013年 9月	①2020年の東京オリンピック・パラリンピック開催《かいさい》が決定する。
2014年 4月	消費税の税率を　A　%に引き上げる。
2014年 7月	集団的自衛権の限定的行使を認めることを②閣議決定する。
2014年12月	第３次安倍内閣が発足する。
2015年 9月	安全保障関連法が成立する。
2017年11月	第４次安倍内閣が発足する。
2019年 5月	天皇が即位《そくい》し、令和に改元となる。
2019年10月	消費税の税率を　B　%に引き上げ、軽減税率を導入する。
2020年 3月	東京オリンピック・パラリンピックの延期が決定する。
2020年 4月	③新型コロナウイルス感染拡大で緊急事態宣言を発する。
2020年 8月	第２次安倍内閣発足以降の連続在職日数が歴代最長になる。

問１　下線部①について述べた次の文章中の【　　　】にあてはまる語句を、カタカナで答えなさい。

今回の東京での開催に向けて、大会を支える【　　　】が募集《ぼしゅう》されました。内わけは、空港や主要な駅、観光地などで観光・交通案内をする「シティキャスト」が３万人、競技が行われる会場や選手村、そのほか大会に関連する施設で、観客サービスや競技運営のサポートなど、大会運営に直接たずさわる「フィールドキャスト」が５万人と、８万人もの大募集でしたが、役に立ちたいと参加を希望する【　　　】が20万人以上も集まりました。

問２　年表中の　A　・　B　にあてはまる算用数字をそれぞれ答えなさい。

問題は次のページに続きます。

4 日本の衣服の歴史に関する次の【Ⅰ】～【Ⅳ】の文章を読み、あとの**問１～問20**に答えなさい。

【Ⅰ】

縄文《じょうもん》人が着ていた衣服は、まだわからないことがありますが、各地の①縄文遺跡から出土した[あ]の形や、刻まれた模様《もよう》から推測できます。これらに刻まれたうずまきや水の流れのような曲線は、当時の衣服の模様と見られています。

いっぽう、②弥生時代の代表的な衣服は、頭からかぶって着る貫頭衣《かんとうい》です。これは、男性も女性も子どもも着ていました。このほかに、現代の寺の僧侶《そうりょ》の法衣《ほうえ》やインドのサリーに似た着方で２枚の布を使った袈裟衣《けさい》がありました。これらの材料のほとんどは、[い]からつくられました。

問１ 文章中の[あ]・[い]にあてはまる語句の組み合わせとして正しいものを、あとの**ア～エ**から１つ選び、記号で答えなさい。

ア **あ**－はにわ **い**－絹《きぬ**イ** **あ**－はにわ **い**－麻《あさ》

ウ **あ**－土ぐう **い**－絹　　**エ** **あ**－土ぐう **い**－麻

問２ 下線部①について、この時代の代表的な遺跡である青森県の三内丸山遺跡の説明をした次の**A～C**の文が正しいか、あやまっているかを判断し、その正誤の組み合わせとして正しいものを、あとの**ア～カ**から１つ選び、記号で答えなさい。

A 今から約１万2000年前の人々が暮らしていたあとが見つかっている。

B 集落を守るために、まわりが大きな二重の堀《ほり》や木のさくで囲まれていた。

C 狩《か》りや漁・採集だけでなく、くりやくるみなどの栽培がおこなわれていた。

	A	B	C
ア	正	正	誤
イ	正	誤	正
ウ	正	誤	誤
エ	誤	正	正
オ	誤	正	誤
カ	誤	誤	正

問3　下線部②について、中国の歴史書『魏志《ぎし》』の倭人《わじん》伝に記されている倭の王卑弥呼《ひみこ》の説明としてあやまっているものを、次の**ア**～**エ**から１つ選び、記号で答えなさい。

ア　卑弥呼が女王として倭を治めていたのは１世紀ごろのことである。

イ　倭では争いが続いたため、くにぐにが相談して卑弥呼を王に立てた。

ウ　卑弥呼はまじないをする力があり、神のおつげを伝えて人々の心をとらえた。

エ　卑弥呼のいた邪馬台国があった場所については、九州説と近畿《きんき》説に分かれている。

【Ⅱ】

飛鳥・奈良時代には、中国や朝鮮の服制を参考にして、朝廷《ちょうてい》の役人が儀式《ぎしき》や行事で着る衣服が定められました。平安時代に③遣唐使《けんとうし》の派遣がなくなると、大陸の影響《えいきょう》を受けつつ、日本の風土や生活に合った［　う　］文化がさかえました。都の④貴族の服装は、はなやかになりましたが、非活動的な服装になりました。

問4　下線部③に関連して、奈良時代に留学生として唐にわたった阿倍仲麻呂《あべのなかまろ》について述べた次の文中の【　A　】・【　B　】にあてはまる語句の組み合わせとして正しいものを、あとの**ア**～**エ**から１つ選び、記号で答えなさい。

阿倍仲麻呂は、16才のときに留学生として唐にわたり、秀才のほまれ高く、玄宗《げんそう》皇帝に仕えて重く用いられました。753年、唐の僧【　A　】をともなって帰国の途《と》についたものの、乗った船があらしにあい、今のベトナムまで流されてしまいました。仲麻呂は都の長安《ちょうあん》にもどって再び唐に仕えて一生を終えました。日本への望郷のおもいをうたった【　B　】の歌は有名です。

	A	B
ア	鑑真《がんじん》	この世をば　わが世とぞ思う 望月《もちづき》の　欠けたることも　なしと思えば
イ	鑑真	天の原　ふりさけみれば　春日《かすが》なる 三笠《みかさ》の山に　出でし月かも
ウ	行基《ぎょうき》	この世をば　わが世とぞ思う 望月の　欠けたることも　なしと思えば
エ	行基	天の原　ふりさけみれば　春日なる 三笠の山に　出でし月かも

問5　文章中の［　う　］にあてはまる語句を漢字で答えなさい。

問6　下線部④に関連して、このころの貴族について述べた次のⅰ・ⅱの文が正しいかあやまっているかを判断し、ⅰ・ⅱの両方が正しければ**ア**、ⅰが正しくⅱがあやまっていれば**イ**、ⅰがあやまりでⅱが正しければ**ウ**、ⅰ・ⅱの両方があやまっていれば**エ**と答えなさい。

ⅰ　貴族の屋敷の中は、大陸の雄大な風景などをえがいた水墨《すいぼく》画《が》でかざられた。
ⅱ　豊かな教養や文才をもつ女性によって、漢字で書かれた文学作品が生まれた。

【Ⅲ】

鎌倉・室町時代は、⑤武士が政治を支配した武家社会です。武士は、儀式や行事などのときは、平安時代にできた束帯《そくたい》や狩衣《かりぎぬ》などを身につけましたが、ふだんは質素で活動的な衣服を着ていました。⑥農民や職人なども、仕事がしやすいように、肩衣《かたぎぬ》や小袖《こそで》にくくりばかまを着たり、女性は、小袖に短い腰布《こしぬの》を着たりしていました。⑦室町時代には朝鮮や中国との貿易がはじまり、豪《ごう》華《か》な織物が輸入されました。⑧応仁の乱以降は、⑨武士や公家の間でも小袖が着られるようになりました。

問７　下線部⑤に関連して、源《みなもとの》　頼朝《よりとも》が開いた鎌倉幕府の説明をした次の**Ａ～Ｃ**の文が正しいか、あやまっているかを判断し、その正誤の組み合わせとして正しいものを、あとの**ア～カ**から１つ選び、記号で答えなさい。

Ａ　源頼朝は、有力な御家人を守護や地頭につけ、地方にも力がおよぶようにした。
Ｂ　源頼朝は、御家人に奉公として、先祖からの領地の所有を認めた。
Ｃ　源氏の将軍は３代でとだえ、北条氏が代わって将軍の職について政治を進めた。

	Ａ	Ｂ	Ｃ
ア	正	正	誤
イ	正	誤	正
ウ	正	誤	誤
エ	誤	正	正
オ	誤	正	誤
カ	誤	誤	正

問8　下線部⑥について、次の図は、村をあげておこなわれた室町時代の田植えのようすです。田植えをしている そばで豊作をいのっておどる人の姿がえがかれていますが、このおどり（舞い）を何というか、漢字で答えなさい。

問9　下線部⑦に関連して、日本との正式な国交が開かれ、貿易船の派遣がさかんにおこなわれたときの中国の国名（王朝名）を漢字１字で答えなさい。

問10　下線部⑧について、この乱の説明としてあやまっているものを、次の**ア**～**エ**から１つ選び、記号で答えなさい。

ア　この戦乱は全国の大名をまきこんで10年余りも続いた。
イ　この戦乱で京都のまちは焼け野原となり、それまで続いていた祇園《ぎおん》祭がとだえた。
ウ　この戦乱が終わると、幕府の８代将軍に足利義政が就任した。
エ　この戦乱で幕府の権力はおとろえ、有力な大名は幕府の命令をきかなくなった。

問11　下線部⑨に関連して、次の図は、ある戦国大名の妹お市《いち》の方《かた》の肖像《しょうぞう》画で、小袖の上半身をぬぎ、腰に巻きつけた姿でえがかれています。お市の方の兄にあたる人物に関する次の年表中の【　A　】・【　B　】にあてはまる語句の組み合わせとして正しいものを、あとの**ア**～**エ**から１つ選び、記号で答えなさい。

年	おもなできごと
1534	尾張《おわり》で生まれる。
1560	【　A　】氏を破る。
1562	松平元康《まつだいらもとやす》（のちの徳川家康《とくがわいえやす》）と連合する。
1569	キリスト教を許可する。
〃	【　B　】を支配する。
1571	比叡《ひえい》山延暦《えんりゃく》寺を焼き打ちにする。
1573	室町幕府をほろぼす。

ア　【 A 】― 武田　【 B 】― 堺
イ　【 A 】― 武田　【 B 】― 長崎
ウ　【 A 】― 今川　【 B 】― 堺
エ　【 A 】― 今川　【 B 】― 長崎

【Ⅳ】

呉服《こふく》店は、室町時代からありましたが、品物を大きな布に包み、得意先にかついで持っていきました。現在の訪問販売《はんばい》の方法です。呉服を店先に並べ、客の注文に応じて販売する呉服店は⑩江戸時代にあらわれました。この店頭販売によって、客は武士だけではなく、⑪町人にも広がり、繁盛《はんじょう》しました。しかし、はなやかな呉服を着用できたのは、裕福な人々に限られました。⑫江戸幕府は、17世紀の前半から、⑬農民（百姓《ひゃくしょう》）にはぜいたくな衣服の着用を禁止しました。

問12　下線部⑩について、この時代に行われていた教育について述べた次の文章中の【　　　】にあてはまる語句を、漢字で答えなさい。

江戸時代には、教育への関心も高まり、【　　　】が各地につくられました。町人や百姓の子どもは７～８才のころから数年間【　　　】に通い、読み書きやそろばんなど生活に必要な知識を身につけました。

問13　下線部⑪について、江戸時代の町人について説明したあとの**A**～**C**の文が正しいか、あやまっているかを判断し、その正誤の組み合わせとして正しいものを、あとの**ア**～**カ**から1つ選び、記号で答えなさい。

A　江戸時代の人口の30％近くは町人でしめられ、百姓に次ぐ多さであった。
B　町人にかけられる税は百姓に比べて軽く、経済力では大名をしのぐ大商人もいた。
C　城下町では、身分によって住む場所が決められ、町人は町人地に集まっていた。

	A	B	C
ア	正	正	誤
イ	正	誤	正
ウ	正	誤	誤
エ	誤	正	正
オ	誤	正	誤
カ	誤	誤	正

問14　下線部⑫に関連して、江戸幕府の３代将軍徳川家光《とくがわいえみつ》は、武家諸法度を改めました。このときに新たに加えられた内容を示す、次の文章中の［ **A** ］・［ **B** ］にあてはまる説明をそれぞれ20字以内で答えなさい。

> 徳川家光は、大名に１年おきに［ **A** ］させる参勤交代の制度を整えました。また、大名の［ **B** ］ことを義務づけました。

問15　下線部⑬に関連して、江戸時代の百姓は、きびしいきまりのなか、農具を改良したり、肥料をくふうしたりして、農業技術を進歩させました。進んだ農具を利用している百姓をえがいた次の図を説明した**A**～**C**の文が正しいか、あやまっているかを判断し、その正誤の組み合わせとして正しいものを、あとの**ア**～**カ**から１つ選び、記号で答えなさい。

A　「備中ぐわ」を使って土を深く耕している。
B　「千歯こき」を使っていねを脱穀している。
C　米などのもみがらやごみを取り除く「とうみ」がある。

	A	B	C
ア	正	正	誤
イ	正	誤	正
ウ	正	誤	誤
エ	誤	正	正
オ	誤	正	誤
カ	誤	誤	正

【Ⅳ】

明治維新後の⑭文明開化とともに、それまでの和服や羽織、はかまを脱いで、洋服を着はじめる人が増えました。まず、男性が軍服や背広《せびろ》などとして取り入れました。⑮関東大震災のころには女性が仕事着や外出着として着るようになりました。

⑯太平洋戦争中に、政府は国民の服装を定めました。男性は軍服を改良した国民服を、女性や子どもには、⑰和服ともんぺを組み合わせた服などを着るようにはたらきかけました。

戦後の経済復興が進み、⑱1960年代になると国民生活もしだいに回復し、再び衣服に関心がもたれるようになりました。

問16　下線部⑭に関連して、次のことばは、この風潮に大きな影響をあたえたといわれる有名な日本の思想家の著書の冒頭《ぼうとう》の一文です。この人物の名前を漢字で答えなさい。

天は人の上に人を造らず、人の下に人を造らずといえり。

問17　下線部⑮について、この震災がおこった時期として正しいものを、次の年表中のア～エから１つ選び、記号で答えなさい。

イギリス船ノルマントン号が紀伊半島沖で沈没《ちんぼつ》した。

【　ア　】

ロシアなどがリャオトン半島を清に返すように日本に要求した。

【　イ　】

日本が朝鮮を併合《へいごう》し、植民地にした。

【　ウ　】

米の安売りを求める民衆の運動が起こり、全国に広がった。

【　エ　】

政府が思想まできびしく取りしまる治安維持法をつくった。

問18　下線部⑯について、この戦争でおこったできごとを述べた次の文Ⅰ～Ⅲを年代の古い順に正しくならべかえたものを、あとの**ア**～**カ**から１つ選び、記号で答えなさい。

Ⅰ　アメリカ軍が沖縄への上陸を開始し、激しい地上戦がおこなわれた。
Ⅱ　ソ連が日本に宣戦し、満州や樺太《からふと》南部、千島列島に侵攻《しんこう》を開始した。
Ⅲ　アメリカ軍の空襲《くうしゅう》をさけるため、都市部の学童の集団疎開《そかい》が始められた。

ア　Ⅰ－Ⅱ－Ⅲ　　**イ**　Ⅰ－Ⅲ－Ⅱ　　**ウ**　Ⅱ－Ⅰ－Ⅲ
エ　Ⅱ－Ⅲ－Ⅰ　　**オ**　Ⅲ－Ⅰ－Ⅱ　　**カ**　Ⅲ－Ⅱ－Ⅰ

問19　下線部⑰に関連して、次の写真は、敗戦後初めて投票する女性の姿をあらわしています。このときの選挙について述べたあとのⅰ・ⅱの文が正しいかあやまっているかを判断し、ⅰ・ⅱの両方が正しければ**ア**、ⅰが正しくⅱがあやまっていれば**イ**、ⅰがあやまりでⅱが正しければ**ウ**、ⅰ・ⅱの両方があやまっていれば**エ**と答えなさい。

ⅰ　アメリカなどの連合国軍の指導により、日本政府は満20歳以上の男女に平等に選挙権を保障した。
ⅱ　女性に選挙権が保障された初めての選挙は、日本国憲法が施行された直後におこなわれた。

問20　下線部⑱について、この時期におこったできごとを説明した次の**A**～**C**の文が正しいかあやまっているかを判断し、その正誤の組み合わせとして正しいものを、あとの**ア**～**カ**から１つ選び、記号で答えなさい。

A　「三種の神器」に加えて、カー、クーラー、カラーテレビの「３C」が多くの人びとのあこがれとなった。

B　東京オリンピックが開かれるのに間に合うように、東京と博多《はかた》の間を東海道新幹線が開通した。

C　政府が貿易の拡大、輸出の増加に力を入れ、日本の国民総生産額はアメリカに次いで世界第２位になった。

	A	B	C
ア	正	正	誤
イ	正	誤	正
ウ	正	誤	誤
エ	誤	正	正
オ	誤	正	誤
カ	誤	誤	正

問題は次のページに続きます。

二

問二 A B C D E

問三

問四

問五

問六

問七

問八

三

ⅰ 1 2

ⅱ 1 も もない 2 をくくっていた

ⅲ A B

ⅳ しい

※

※

※150点満点
（配点非公表）

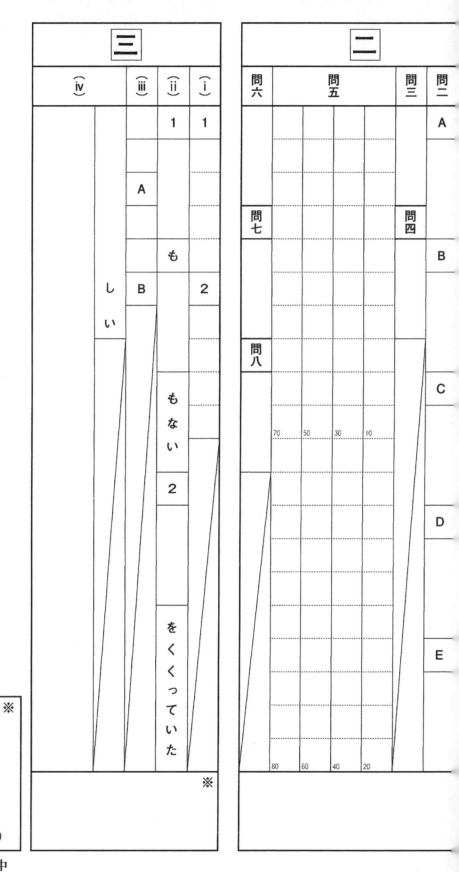

2021年度　西大和学園中学校入学試験

算　数　解　答　用　紙

受験番号	氏　　　名

※のらんには何も書かないこと

1	(1)	(2)	(3)	※
	(4)	(5)	(6)	
			時間　　　分	
2	(1)	(2)		※
	(3)	(4)		
	(1)	(2)		※

【解答】

2021年度　西大和学園中学校入学試験

算数解答用紙

受験番号	氏　　　　名

※のらんには何も書かないこと

1	(1)	(2)	(3)	※
	(4)	(5)	(6)	
			時間　　　分	

2	(1)	(2)	※
	(3)	(4)	

	(1)	(2)	※

【解答】

2021年度　西大和学園中学校入学試験

理　科　解　答　用　紙

受験番号	氏　　　名

※のらんには何も書かないこと。

1	(1)	(2)	(3)	(4)		※
	①	②	③	④		
	(5)					
	(6)	(7)	(8)	(9)	(10)	
			⑤	14時　分　秒	km	

2	(1)					※
	あ	い	う			
	(2)		(3)	(4)	(5)	
	名前	特ちょう				
	(6)			(7)	(8)	
	左心室	左心房	大動脈			

2021年度　西大和学園中学校入学試験

社会解答用紙

受験番号	氏名

※のらんには何も書かないこと。

1	問1		問2	(1)		※
	問2	(2)				
	問3		問4	(1)	(2) i / ii	
	問5		問6	(1)		
	問6	(2)	i			
			ii			
2	問1	ha	問2		問3 (1)	※
	問3	(2)				

※100点満点

5

4

3

3	2						
	問3		問4				
	問5	(1)	(2)		問6		
4	問1		問2		問3		※
	問4		問5		問6		
	問7		問8		問9		
	問10		問11		問12		
	問13						
	問14	A					
		B					
	問15		問16		問17		
	問18		問19		問20		
5	問1		問2	A	B	問3	※
	問4						

※

※100点満点
(配点非公表)

3

(2)		(3)	(4)
大和くん	西さん	個	秒速　m

(5)	(6)	(7)
		秒速　m

4

(1)	(2)	(3)

(4)	(5)

※

(6)	(7)	(8)
	g	g

(9)		
(i) cm^3	g	(ii) cm^3

(10)

※

※100点満点
(配点非公表)

	お	か	き		

4				※
	(1)①		(1)②	
	m		秒速　m	
	(2)①		(2)②	
	秒後		秒速　m	
	(3)①		(3)②	
	台目	m	秒後	

※

※150点満点
(配点非公表)

2021年度　西大和学園中学校入学試験

国語解答用紙

受験番号	氏名

※の欄には何も書かないこと。

一

問一	①		②		③		④		⑤		※
問二		問三									
問四	A		B		C		D		E		
問五		問七		問九							
問六	10	20	30	40	50						
問八	10	20	30	40	50						

(2) 農産物を輸入することは、あたかも水を輸入するのと同じであるという意味で、農畜《ちく》産物の生産に要した水を、バーチャルウォーターとよびます。この考え方に照らすと、日本は多くの農畜産物を輸入に依存しているので、世界でも大変な水消費国であるといえます。次の**ア**～**エ**の農産物のなかで、1kgあたりのバーチャルウォーター量が最も多くなるものを1つ選び、記号で答えなさい。

ア 牛肉　**イ** 鶏卵《けいらん》　**ウ** 小麦粉　**エ** じゃがいも

問6 下線部⑥について、平成25年、「和食；日本人の伝統的な食文化－正月を例として－」は、ユネスコの人類の無形文化遺産の代表的な一覧表に登録されました。一覧表では、「和食」を料理そのものではなく、「自然を尊ぶ」という日本人の気質に基づいた「食」に関する「習わし」と位置付けています。次の**ア**～**エ**のうち、「伝統的な日本人の食文化」の説明として適当でないものを1つ選び、記号で答えなさい。

ア 豊かな自然でとれる多様で新鮮な食材と、素材の味わいを活かす調理技術や調理道具が発達している。

イ 一汁《いちじゅう》三菜を基本スタイルとし、素材の「うま味」を上手に使うことによって動物性油脂《ゆし》の少ない食生活を実現している。

ウ 料理や飲料だけでなく、料理の出される順番やテーブルアートといった、洗練された食事作法や会話を楽しむことも重視されている。

エ 季節の花や葉などで料理をかざり付けたり、季節に合った調度品や器を使用したりして、季節感を楽しむ工夫をしている。

問5　下線部⑤について、あとの(1)・(2)の問いに答えなさい。

(1)　次の図1は、1960年から2018年にかけての米・肉類（くじら肉を除く）・野菜の自給率の推移を表したものです。図中の**G**～**I**とそれぞれの項目の組み合わせとして正しいものを、あとの**ア**～**カ**から1つ選び、記号で答えなさい。

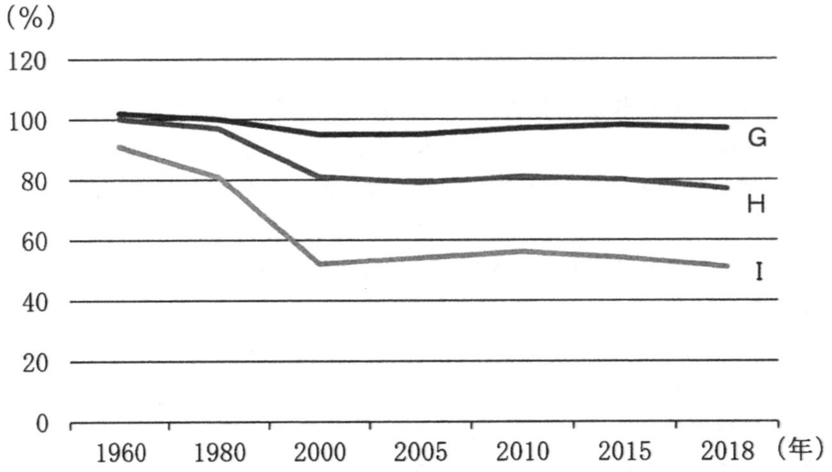

国内総供給量に対する国産供給量の割合
『日本国勢図会 2020／21』により作成

図1　食糧自給率の推移

	G	H	I
ア	米	肉類	野菜
イ	米	野菜	肉類
ウ	肉類	米	野菜
エ	肉類	野菜	米
オ	野菜	米	肉類
カ	野菜	肉類	米

問３　下線部③について、次の表２は、2017年における海上輸送・航空輸送・鉄道輸送の利用者数を都道府県別に並べ、上位５都道府県を表したものです。**D**〜**F**と輸送手段の組み合わせとして正しいものを、あとの**ア**〜**カ**から１つ選び、記号で答えなさい。

表２　旅客輸送

（単位は鉄道は百万人、海上と航空は千人）

D		E		F	
都道府県	人数	都道府県	人数	都道府県	人数
東　京	10,329	東　京	30,721	広　島	9,551
大　阪	3,000	北海道	11,879	鹿児島	6,543
神奈川	2,916	大　阪	10,598	長　崎	5,222
千　葉	1,382	沖　縄	10,464	沖　縄	4,885
埼　玉	1,295	福　岡	8,896	香　川	3,615
全　国	24,798	全　国	102,119	全　国	54,040

航空は国内定期輸送
統計年次は2017年
『データでみる県勢 2020』により作成

	D	E	F
ア	海上	航空	鉄道
イ	海上	鉄道	航空
ウ	航空	海上	鉄道
エ	航空	鉄道	海上
オ	鉄道	海上	航空
カ	鉄道	航空	海上

問４　文章中の空らん ④ にあてはまる適切な語句を、カタカナ８字で答えなさい。

問2　下線部②について、あとの(1)・(2)の問いに答えなさい。

(1)　貿易を行いながら国内の産業を保護するために、それぞれの国が設定している税金を何というか、漢字2字で答えなさい。

(2)　貿易が活発に行われるようになると、国内の企《き》業《ぎょう》の中には、生き残りをかけて海外に工場を建設し、そこで安く生産したものを自国内に運んで売る、逆輸入という手段に出るところも増えてきます。こうして国内の産業が外に出ていく現象を「産業の空どう化」といいますが、この現象が起こることによって、国内ではどのような問題が生まれるか、簡単に説明しなさい。

Cへの輸出			Cからの輸入		
品　目	貿易額	%	品　目	貿易額	%
機械類	153	37.3	鉄鉱石	334	38.4
自動車部品	81	19.9	とうもろこし	108	12.4
有機化合物	30	7.3	肉類	100	11.4
自動車	29	7.0	コーヒー	50	5.7
鉄鋼	17	4.1	有機化合物	41	4.7
計	410	100.0	計	872	100.0

統計年次は2019年
『日本国勢図会2020／21』により作成

	A	B	C
ア	アメリカ合衆国	中国	ブラジル
イ	アメリカ合衆国	ブラジル	中国
ウ	中国	アメリカ合衆国	ブラジル
エ	中国	ブラジル	アメリカ合衆国
オ	ブラジル	アメリカ合衆国	中国
カ	ブラジル	中国	アメリカ合衆国

問1　下線部①について、次の表1は、2019年におけるアメリカ合衆国・中国・ブラジルと日本とのそれぞれの、おもな貿易品目と貿易額の割合を表したものです。**A**～**C**とそれぞれの国の組み合わせとして正しいものを、あとの**ア**～**カ**から1つ選び、記号で答えなさい。

表1　アメリカ合衆国・中国・ブラジルと日本との貿易

（単位は十億円）

Aへの輸出			Aからの輸入		
品　目	貿易額	%	品　目	貿易額	%
機械類	6,436	43.8	機械類	8,680	47.0
プラスチック	816	5.6	衣類	1,791	9.7
自動車	787	5.4	金属製品	676	3.7
科学光学機器※	750	5.1	家具	464	2.5
自動車部品	685	4.7	がん具	380	2.1
計	14,680	100.0	計	18,454	100.0

※一般に光学用の機器のこと。具体的には、メガネ、レンズ、カメラやそう眼鏡などがふくまれる。

Bへの輸出			Bからの輸入		
品　目	貿易額	%	品　目	貿易額	%
機械類	5,609	36.8	機械類	2,275	26.3
自動車	4,229	28.1	航空機類	499	5.8
自動車部品	835	5.5	医薬品	485	5.6
航空機部品	431	2.8	科学光学機器	460	5.3
科学光学機器	336	2.2	肉類	398	4.6
計	15,255	100.0	計	8,640	100.0

3 地理学は、空間の科学です。「場所」や「地域」をキーワードに、世界のあらゆることを分析《ぶんせき》します。次の文章は、地理学の目からみそ汁《しる》をどのように理解できるかについて書かれたものです。これを読んで、あとの**問１～問６**に答えなさい。

①貿易の進展は、経済発展を進め生活を豊かにした一方で、②国内産業の保護と国際協調のせめぎあいという課題をもたらします。また、貿易は、経済とは異なる部分、具体的には環境《かんきょう》や人権にかかわる課題もかかえています。

貿易とは、国境をこえて物を移送することですから、輸出入に用いられる自動車・③船舶《せんぱく》・鉄道・飛行機といった便利な輸送手段は、一方で、大気汚染《おせん》や地球温暖化、その他自然環境の破壊《はかい》の元きょうとなっているということです。

ある食材について、運ばれた「距離《きょり》」と「重さ」をかけ合わせた指標のことを、［　④　］といいます。運ばれた距離やその重量が大きいほど、その数字は大きくなりますが、その分、環境に負荷をかけているとみなせます。同じ食材を使うにしても、なるべく近い国の、できれば国内産のものを使用すれば、［　④　］は小さくなり、環境への負荷は小さくなります。

日本人のソウルフードともいえるみそ汁は、トータルでみると、非常に大きな［　④　］をもっています。日本における大豆の⑤自給率は、2018年度現在10％未満であり、大部分がアメリカ・カナダ・ブラジルといった遠方の国から輸入したものです。みそ汁に欠かせないみそは大豆がなくては造れませんし、とうふはまさに大豆のエキスから作ります。日本人がみそ汁を飲んで、「ああ、まさに⑥日本的な食事をしている」と感じるたびに、海外産の大豆が次々と運ばれ、その過程で環境に負荷がかかっているのは皮肉なものです。たまには、少し高いのをがまんして、国内産の大豆を使ったみそやとうふを食べてみるのはどうでしょうか。

（富田啓介『あれもこれも地理学』により作成）

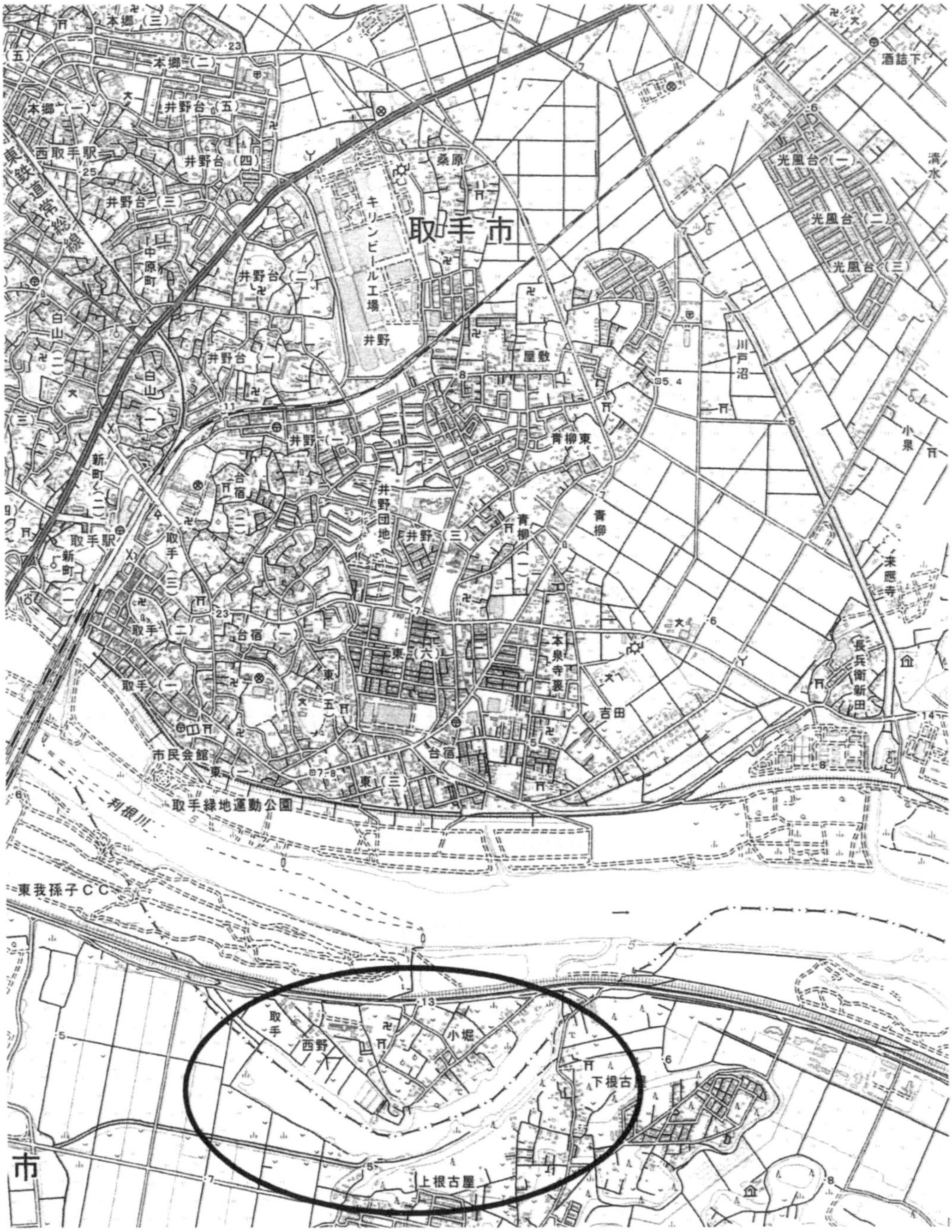

本郷（三）
本郷（二）
本郷（一）
井野台（五）
西取手駅
井野台（四）
井野台（三）
中原町
井野台（二）
白山
井野台（一）
キリンビール工場
取手市
桑原
井野
屋敷
川戸沼
光風台（一）
光風台（二）
光風台（三）
酒詰下
清水
小泉
青柳東
井野（一）
台宿（二）
井野団地
井野（三）
青柳（一）
青柳
取手駅
新町（二）
新町（一）
取手（三）
取手（二）
台宿（一）
東（六）
本泉寺裏
来應寺
長兵衛新田
吉田
東（五）
取手（一）
市民会館
東（一）
台宿
東（三）
取手緑地運動公園
利根川
東我孫子ＣＣ
取手
西野
小堀
下根古屋
上根古屋
市

2　右ページの地形図は、２万５千分の１地形図「取手《とりで》」（平成29年作成）の一部です。この地形図をみて、あとの**問１～問３**に答えなさい。

問１　地形図中の北部に位置する「キリンビール工場」は、３㎝×１㎝で表されています。実際の面積は何 ha になるか、計算しなさい。

問２　地形図から読み取ることができることとして適当でないものを、次の**ア～エ**から１つ選び、記号で答えなさい。

ア　「利根川」の河川敷《しき》には、両岸に遊歩道が整備されている。

イ　「長兵衛《ちょうべえ》新田」は、「光風台《こうふうだい》」より早い時期に形成された集落であると考えられる。

ウ　南西－北東方向に走る「JR 常磐《じょうばん》線」は、すべての道路と平面で交差している。

エ　「取手駅」周辺には、官公署や裁判所が立地している。

問３　地形図中の南部にある〇で囲った地域について、あとの(1)・(2)の問いに答えなさい。

(1)　この区域内にある水域のように、かつての流路が切りはなされて形成された、現在の河道に沿ってみられる湖沼《こしょう》を何というか、漢字で答えなさい。

(2)　一般《いっぱん》的に河川のすぐそばは、降雨時にこう水の危険性があるため、集落は形成されにくいとされています。一方で、「小堀」や「西野」のように、河川のすぐそばであっても、周囲に比べて標高が高くなっている土地では、集落が形成されることがあります。これらの集落のように、河川のすぐそばで標高が高くなっている土地が形成される理由を、「こう水」と「たい積」という語句を必ず使用して、40字以内で説明しなさい。

(2) 次の表３は、日本の木材の供給量と自給率を表したものです。表３によると、1980年から2000年にかけて木材自給率は減少していますが、その後、2018年にかけては増加しています。木材自給率がこのように変化している理由を、あとの文章の空らん[i]・[ii]にあてはまるように、それぞれ20字以内で、考えて答えなさい。

表３

（単位は万㎥、丸太換算《かんさん》材積）

	1980	1990	2000	2010	2018
国産材	3,696	3,130	1,906	1,892	3,020
外材	7,525	8,195	8,195	5,296	5,228
総供給量	11,221	11,324	10,101	7,188	8,248
木材自給率（%）	32.9	27.6	18.9	26.3	36.6

『日本のすがた2020』により作成

[i]ことから輸入木材の利用が進んだが、[ii]ため国産材の価格が下がり、利用量が少しずつ増加してきている。

問６　下線部⑥について、北海道では、広い土地を生かして林業がさかんに行われています。あとの (1)・(2) の問いに答えなさい。

(1)　次の表２は、都道府県別の林業産出額上位４都道府県を表していて、**ア**～**エ**は、北海道・新潟県・長野県・宮崎県のいずれかです。北海道を表しているものを、表中の**ア**～**エ**から１つ選び、記号で答えなさい。

表２　林業産出額

（単位は千万円）

	林業産出額	木材生産		薪炭《しんたん》*生産	栽培《さいばい》きのこ類生産
		針葉樹	広葉樹		
ア	2,824	2,226	40	20	530
イ	4,143	105	6	1	4,018
ウ	5,904	452	15	5	5,385
エ	4,765	2,985	555	22	1,122

*薪炭とは、「たきぎ」と「すみ」のことである。

統計年次は2017年

『データでみる県勢2020』により作成

(2) 果実の 2017年度の自給率は 39％で、1980年度の81％と比べて半分以下になっています。次の文章は、その要因について説明したものです。文章中の空らん［ i ］・［ ii ］にあてはまる言葉を、それぞれ漢字２字で、考えて答えなさい。

> 果実の自給率が減少した代表的な要因は、輸入の［ i ］化によりオレンジなどのかんきつ類と、食の［ ii ］化によりバナナなどの熱帯果実の輸入が増加し、国産果実の需要《じゅよう》が後退したことによると考えられます。輸入量は1980年度の154万トンから 2017年度は434万トンに増加し、なかでもバナナは輸入生鮮《せいせん》用果実のうち約５割をしめています。

問５ 下線部⑤について、島根県には、2007年に世界文化遺産に登録された、「石見《いわみ》銀山遺跡《いせき》とその文化的景観」があります。この文化遺産よりあとに世界文化遺産に登録されたものとして適当でないものを、次の**ア**～**オ**から２つ選び、記号で答えなさい。

ア 琉球《りゅうきゅう》王国のグスク及《およ》び関連遺産群

イ 富士山－信仰《しんこう》の対象と芸術の源泉

ウ 紀伊《きい》山地の霊場《れいじょう》と参詣《さんけい》道

エ 長崎と天草地方の潜伏《せんぷく》キリシタン関連遺産

オ 富岡製糸場と絹産業遺産群

問４　下線部④について、福島県は、さまざまな果実の生産をしています。あとの(1)・(2)の問いに答えなさい。

(1)　次の表１は、2018年度における日本なし・もも・りんごの主産地を都道府県別に並べ、上位５都道府県を表したものです。**Ｄ**～**Ｆ**と果実の組み合わせとして正しいものを、あとの**ア**～**カ**から１つ選び、記号で答えなさい。

表１　果実の主産地

（単位はトン）

D		E		F	
都道府県	生産量	都道府県	生産量	都道府県	生産量
山　梨	39,400	千　葉	30,400	青　森	445,500
福　島	24,200	茨　城	23,800	長　野	142,200
長　野	13,200	栃　木	20,400	岩　手	47,300
山　形	8,070	福　島	17,100	山　形	41,300
和歌山	7,420	鳥　取	15,900	福　島	25,700
全　国	113,200	全　国	231,800	全　国	756,100

統計年次は2018年

『データでみる県勢2020』により作成

	D	E	F
ア	日本なし	もも	りんご
イ	日本なし	りんご	もも
ウ	もも	日本なし	りんご
エ	もも	りんご	日本なし
オ	りんご	日本なし	もも
カ	りんご	もも	日本なし

	A	B	C
ア	水戸市	金沢市	岡山市
イ	水戸市	岡山市	金沢市
ウ	金沢市	水戸市	岡山市
エ	金沢市	岡山市	水戸市
オ	岡山市	水戸市	金沢市
カ	岡山市	金沢市	水戸市

問３　下線部③について、次の**Ａ～Ｃ**の雨温図は、水戸市（茨城県）・金沢市（石川県）・岡山市（岡山県）のいずれかの気温と降水量をあらわしています。**Ａ～Ｃ**の雨温図とそれぞれの都市の組み合わせとして正しいものを、次ページの**ア～カ**から１つ選び、記号で答えなさい。

A

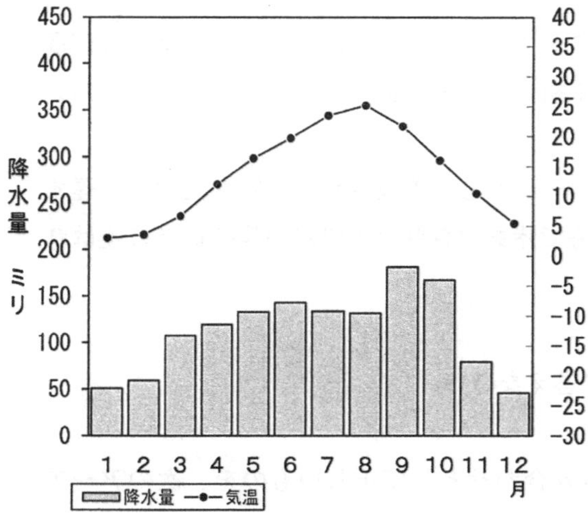

B

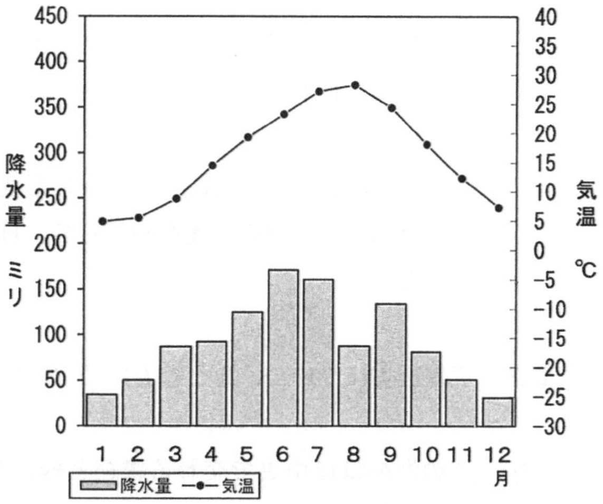

C

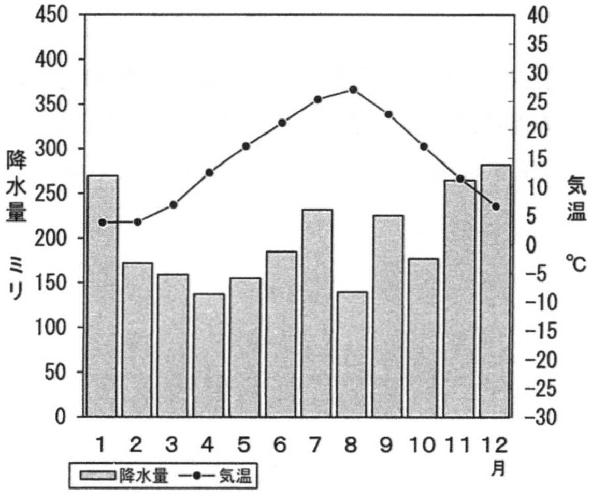

統計年次は1981～2010年の平均値
気象庁「過去の気象データ」により作成

問１　下線部①について、この湖の成り立ちと産業を説明した文章として適当なものを、次の**ア**～**エ**から１つ選び、記号で答えなさい。

ア　この湖は、海流が運んだ砂によって海とへだてられたことで形成された。湖内では、ホタテやカキ、ノリなどの養殖《ようしょく》が行われている。

イ　この湖は、海流が運んだ砂によって海とへだてられたことで形成された。湖内はワカサギやエビなどの水産資源にめぐまれ、古くから多種多様な漁業がさかんに行われている。

ウ　この湖は、地殻《ちかく》変動にともなう地形変化の一つとして形成された。湖岸には温泉が多くみられ、最も寒さが厳しい時期には全面氷結することがあり、スケート客でにぎわいをみせる。

エ　この湖は、地殻変動にともなう地形変化の一つとして形成された。陸上交通が発達するまでは、この湖の水運を利用して、日本海で陸あげされた物資が内陸の都市に運ばれていた。

問２　下線部②について、あとの(1)・(2)の問いに答えなさい。

(1)　この湖のほぼ中央で交わる緯《い》線と経線の組み合わせとして正しいものを、次の**ア**～**エ**から１つ選び、記号で答えなさい。

ア　北緯30度　東経130度　　**イ**　北緯35度　東経135度

ウ　北緯40度　東経140度　　**エ**　北緯45度　東経145度

(2)　この湖は、「今の地図帳で調べた日本のおもな湖（面積順）」には表記されていませんが、それは、この湖の面積が大幅に縮小されたことが原因です。その背景を、「不足」と「農地」という語句を必ず使用して、50字以内で説明しなさい。

1　すみれさんは、夏休みにおばあさんの家に遊びに行きました。何気なく本だなに目をやると、おばあさんが小さいころに使用していた地図帳を見つけました。昔の地図帳を見ていると、今の地図帳にはのっていないさまざまな地形や地名をみることができましたが、特にすみれさんが興味をもったのは、今と昔の日本の湖の統計でした。２冊の地図帳を見比べてすみれさんがまとめた湖に関する資料について、あとの**問１～問６**に答えなさい。

・昔の地図帳で調べた日本のおもな湖（面積順）

名　称	所在地	面積（㎢）
①琵琶《びわ》湖	滋賀	674.80
②八郎《はちろう》潟	秋田	223.29
霞《かすみ》ガ《が》浦《うら》	③茨城	189.17
猿澗《サロマ》湖	北海道北見	150.53
猪苗代《いなわしろ》湖	④福島	104.83
中海《なかうみ》	⑤島根	101.50

帝国書院『中学校社会科地図』（昭和30年発行）により作成

・今の地図帳で調べた日本のおもな湖（面積順）

名　称	所在地	面積（㎢）
琵琶湖	滋賀	669
霞ヶ浦	茨城	168
サロマ湖	⑥北海道	152
猪苗代湖	福島	103
中海	島根・鳥取	86
屈斜路《くっしゃろ》湖	北海道	80

帝国書院『新詳高等地図』（平成31年発行）により作成

2021年度　入学試験問題

社　会

（４０分）

〔注 意〕

① 問題は1～5まであります。
② 解答用紙はこの問題用紙の間にはさんであります。
③ 解答用紙には受験番号、氏名を必ず記入のこと。
④ 各問題とも解答は解答用紙の所定のところへ記入のこと。

西大和学園中学校

1 次の文を読み、以下の問いに答えなさい。

地震《しん》が起きると、２種類の「地震波」とよばれる波が震源で同時に発生し、地面を伝わっていきます。観測点に最初に届き、コトコトと小刻みに小さなゆれをもたらす地震波を「P 波」といい、次に届き、ユサユサとした大きなゆれをもたらす地震波を「S 波」といいます。

観測点でのゆれの強さは、「震度」によって表されます。日本では、気象庁が定めた震度階級によって、ゆれの強さを震度(　①　)に分けており、特に震度(　②　)は「強」と「弱」でさらに細かく分けています。震度がゆれの強さを表すのに対し、地震の規模や、エネルギーの大きさを表すのは（　③　）で、1 つの地震に対して 1 つの数値を計算で求めることができます。

「2016 年熊本地震」では、4 月 14 日に発生した（③）の数値が 6.5 の地震と、4 月 16 日に発生した（③）の数値が 7.3 の地震という、※震央《しんおう》の近い２つの大きな地震がありました。4 月 16 日に起きた（③）の数値が 7.3 の地震は、4 月 14 日に起きた（③）の数値が 6.5 の地震に比べて、約（　④　）倍のエネルギーの大きさであったことが分かっています。この２つの地震は、エネルギーの大きさには違《ちが》いがありましたが、最大の震度は同じであったことも、大きなニュースになりました。

※震央…震源の真上の地表の点のこと。

(1) 文中の空らん（　①　）に適する数値として正しいものを次の中から 1 つ選び、記号で答えなさい。

ア. 0～7　　イ. 1～7　　ウ. 0～8　　エ. 1～8

(2) 文中の空らん（　②　）に適する数値として正しいものを次の中から 1 つ選び、記号で答えなさい。

ア. 4と5　　イ. 5と6　　ウ. 6と7　　エ. 7と8

(3) 文中の空らん（　③　）に適する語句を答えなさい。

(4) 文中の空らん（　④　）に適する数値を答えなさい。必要があれば四捨五入して、整数で答えなさい。ただし、(③) の数値と地震のエネルギーの関係は、数値が 2 大きくなると地震のエネルギーが 1000 倍になることを基準に、数値が 1 大きくなるとエネルギーは約 32 倍、数値が 0.2 大きくなるとエネルギーは約 2 倍になるというように計算します。

(5) 震央が近い２つの地震が発生したとき、(③) の数値が違うにも関わらず、最大の震度が同じことがあります。地面のかたさはどこでも同じだとすると、考えられる原因を答えなさい。

(6) 次の図 1 は日本列島と大陸側のプレート、日本列島にしずみこむ太平洋側のプレートの断面図です。図 1 中の○は、過去に地震が起きた場所を示しています。図 1 中の㋐～㋓のうち、規模の大きな地震が最も起こりやすいところはどこですか。正しいものを 1 つ選び、記号で答えなさい。

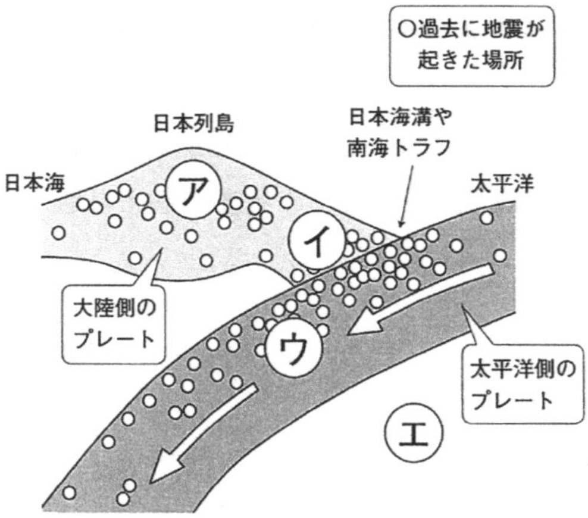

図 1

(7) 地震によって地層に力が加わり、次の図２のような断層ができました。この地層に加わった力の方向を矢印(➡)で表した図として正しいものを次の中から 1 つ選び、記号で答えなさい。なお、図２は断層を真横から見た断面図を示しています。

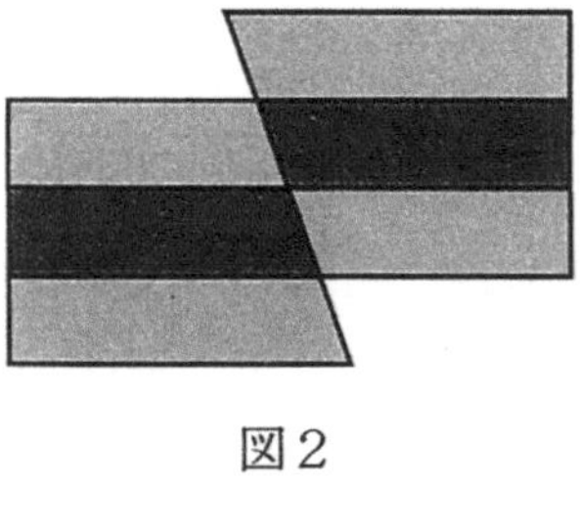

図２

ア　　イ　　ウ　　エ

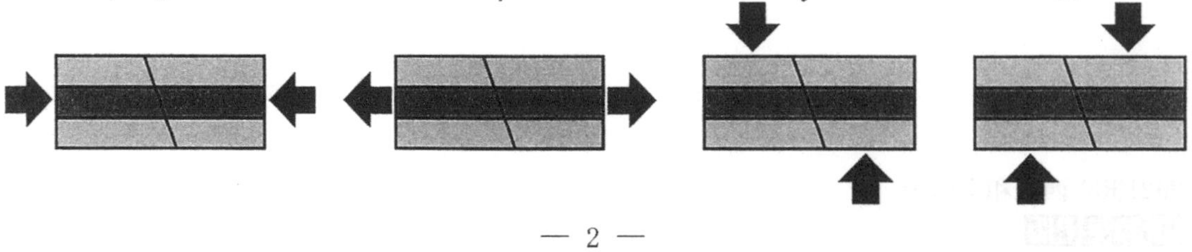

次の表は、ある地震における２つの観測点**A**と**B**について、P波による小さなゆれが始まった時刻と、S波による大きなゆれが始まった時刻、震源からの距離《きょり》をまとめたものです。

	小さなゆれが始まった時刻	大きなゆれが始まった時刻	震源からの距離
A	14時48分10秒	14時48分16秒	36 km
B	14時48分(　⑤　)秒	14時48分28秒	72 km

(8)　表中の空らん（　⑤　）に適する数値を答えなさい。

(9)　地震が起こった時刻は14時何分何秒ですか。解答らんに適する数値を答えなさい。

(10)　観測点**C**における、P波による小さなゆれが始まった時刻は14時48分13秒でした。観測点**C**の震源からの距離は何kmですか。整数で答えなさい。

問題は次のページに続きます。

2 呼吸器と循環《じゅんかん》系について、以下の問いに答えなさい。

〔I〕

図１は、呼吸器のつくりの一部の拡大図です。肺の中の気管の先は、たくさんの小さい袋《ふくろ》のようになっており、これを肺胞《はいほう》といいます。小さい袋に分かれていることによって、肺の内部の（　あ　）が大きくなり、この袋を（　い　）がとり巻いていて、①気体の交かんの効率が高くなります。肺には（　う　）がないので、自らふくらんだりちぢんだりすることはできません。このため、肺の空気の出し入れは、②肺が入っている部屋の容積を変えることで行っています。

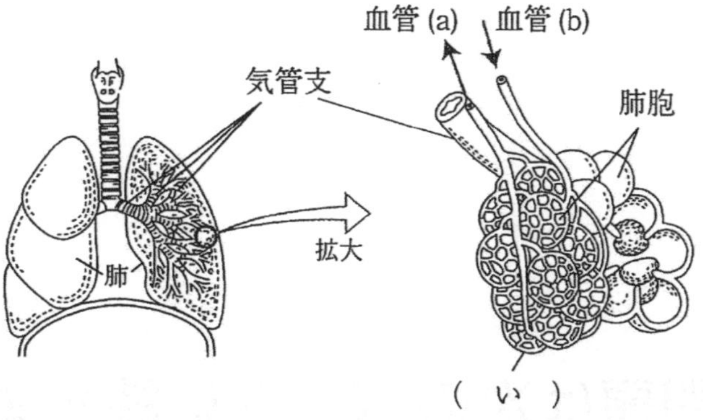

図１

(1)　文中の空らん（　あ　）～（　う　）に適する語句を答えなさい。

(2)　図１について、血管 (a) の名前を答え、その血管の特ちょうとして適当なものを、次の中から１つ選び、記号で答えなさい。

ア．酸素を多く含《ふく》む動脈血で、肺から心臓へ戻《もど》る。
イ．酸素を多く含む動脈血で、肺から全身へ送り出される。
ウ．酸素の少ない静脈血で、肺から心臓へ戻る。
エ．酸素の少ない静脈血で、肺から全身へ送り出される。

(3)　下線部①について、吸う息と比べて、吐《は》く息にふくまれる割合が多くなる気体は次のうちどれですか。適当なものを２つ選び、記号で答えなさい。

ア．酸素　　**イ**．二酸化炭素　　**ウ**．ちっ素　　**エ**．水蒸気

(4)　下線部②について、肺が入っている部屋の容積の変化は、主に横隔膜《おうかくまく》とろっ骨の２つによって行われます。息を吸うとき、横隔膜とろっ骨の動きの組み合せとして適当なものを次の中から１つ選び、記号で答えなさい。

	ア	イ	ウ	エ
横隔膜	下がる	上がる	下がる	上がる
ろっ骨	下がる	下がる	上がる	上がる

〔Ⅱ〕

図２は、心臓の模式図を示しています。心臓には血液を送り出すポンプのような役割があり、心室や心房《しんぼう》が一定のリズムでちぢんだりゆるんだりすることで、③血液を全身に循環させています。心臓には「房室弁《ぼうしつべん》」と「半月弁《はんげつべん》」とよばれる２種類の弁があり、２種類のそれぞれの弁の役割によって、血液が一定方向に流れ、逆流することはありません。例えば、大動脈では押《お》し出す力が常に高いため、大動脈と左心室をしきる半月弁は、ふだんは閉じています。一定量の血液が左心室にたまった状態で心臓がちぢむことにより、血液を押し出す力が大きくなって、弁が開きます。左心房と左心室をしきる房室弁でも、同じ仕組みで弁が開閉します。

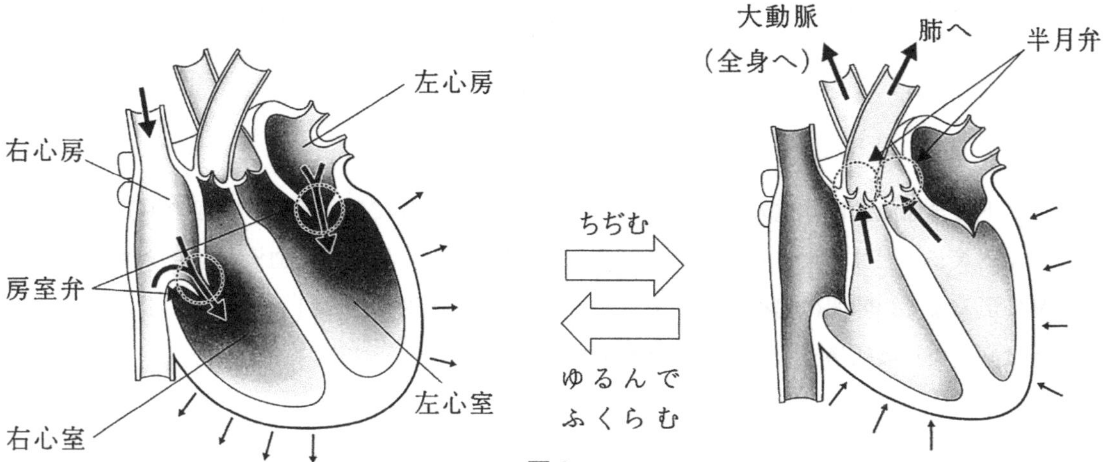

図２

(5)　下線部③について、全身を循環する血液は、どの順序で心臓を通りますか。図２を参考に、次の中から最も適当なものを１つ選び、記号で答えなさい。

ア．左心室 → 左心房 → 右心室 → 右心房

イ．左心室 → 右心房 → 右心室 → 左心房

ウ．左心室 → 右心室 → 右心房 → 左心房

エ．左心室 → 右心房 → 左心房 → 右心室

(6)　次の図３の上段は、心臓が※拍動《はくどう》するときの、左心室、左心房および大動脈が血液を押し出す力の変化を示したものです。また、図３の下段は、左心室の中の血液量の変化を示したものです。左心室、左心房、大動脈を表しているのはそれぞれ**A**～**C**のどのグラフですか。適当なものを１つずつ選び、記号で答えなさい。

※拍動《はくどう》…心臓がちぢんだりゆるんだりすることが周期的にくり返される運動。

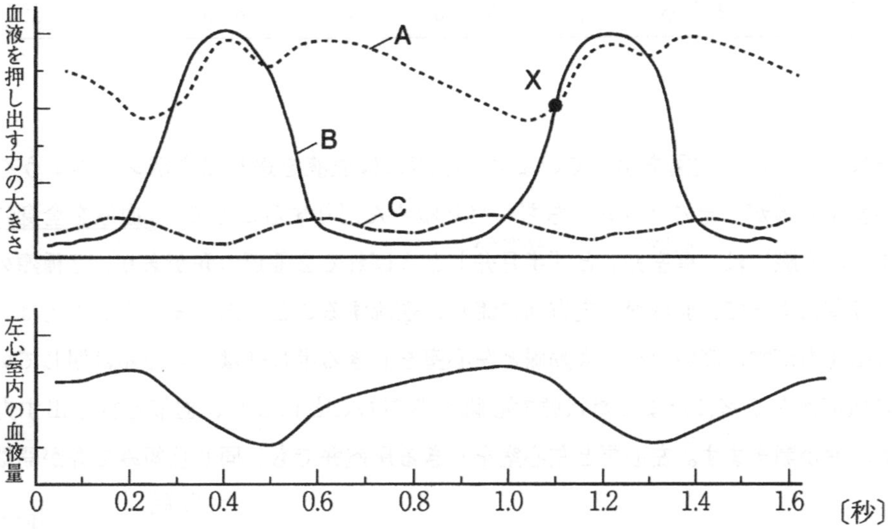

図３

(7)　ヒトの全血液量は体重の$\frac{1}{13}$であり、心室から送り出される血液量が１回の拍動につき、72 mLであるとすると、体重 58.5 kgのヒトにおいて、心臓を出た血液が全身を循環して心臓に戻るまでの時間は何秒かかりますか。ただし、血液の重さは１mLあたり１gとし、答えは必要ならば四捨五入し、整数で答えなさい。

2021年度　入学試験問題

理　科

（40分）

〔注 意〕

① 問題は1～4まであります。
② 解答用紙はこの問題用紙の間にはさんであります。
③ 解答用紙には受験番号、氏名を必ず記入のこと。
④ 各問題とも解答は解答用紙の所定のところへ記入のこと。

西大和学園中学校

1 □に当てはまる数を答えなさい。

(1) $\frac{65}{81} \div \left\{\frac{3}{4} \times 1.5 \div 1\frac{1}{2} + 3.25 \div \frac{39}{48} \times \left(\frac{1}{3} - \frac{1}{4}\right)\right\} = \square$

(2) $2\frac{4}{5} \div \left\{\left(2 - \frac{3}{8} \times \square\right) \div \frac{3}{4} - \frac{3}{10}\right\} = 1\frac{1}{3}$

(3) $\frac{100 \times 99 \times 98 \times \cdots \times 2 \times 1}{5 \times 5 \times 5 \times \cdots \times 5 \times 5}$ は分子が 1 から 100 までの整数を 1 回ずつかけた数，分母が 5 を 100 回かけた数である分数です。この分数をできる限り約分したとき，分母は 5 を □ 回かけた数になります。

(4) 2 つの整数があり，その比は 2：3 です。小さい方の整数に 6 を加えた数と，大きい方の整数から 1 をひいた数の比は 4：5 でした。このとき，もとの 2 つの整数の和は □ です。

(5) 容器 P には濃度《のうど》が 12 %の食塩水が 400 g，容器 Q には濃度が 7 %の食塩水が 100 g入っています。まず，容器 P から 150 gとって容器 Q に移し，よくかき混ぜたあと，容器 Q から 100 gとって容器 P に移しました。さらに，容器 P に水を 150 gを入れてよくかき混ぜると容器 P の食塩水の濃度が □ %になりました。

(6) 3 種類の乗り物 A，B，C があり，乗り物 A は時速 36 km，Bは分速 100 m，C は秒速 2 mで進みます。75 km離《はな》れた 2 地点の間を，乗り物 A と B と C のそれぞれに乗る時間の比が 1 ： 3 ： 5 となるように移動しました。このとき，2 地点の間を移動するのにかかった時間は，□ 時間 □ 分です。ただし，乗りかえにかかる時間は考えないものとします。

計算用紙

※切り離してはいけません。

問題は次のページへ続きます。

2 □に当てはまる数を答えなさい。

(1) 下の図のように，AB と AD の長さの比が 1：2 である長方形の上に AD を直径とする半円があります。AD のちょうど真《ま》ん中の点を O とし，半円の円周上に点 E を AD と OE が垂直になるようにとります。AB の長さが 8 cmであるとき，網目《あみめ》部分の面積の合計は □ cm^2です。ただし，円周率は 3.14 とし，3 点 B，O，F は一直線上にあるものとします。

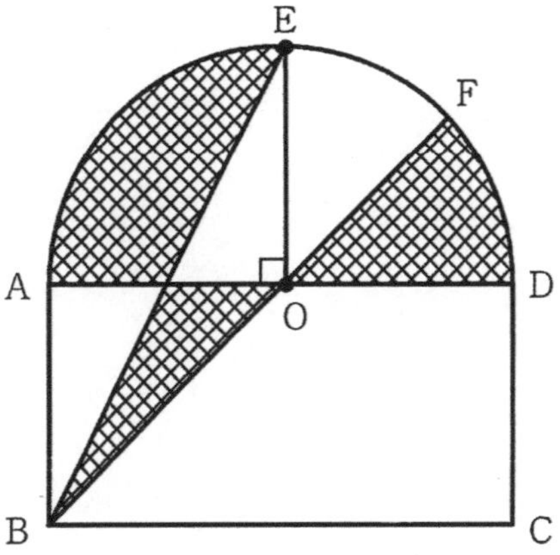

(2) 下の図のように，角 B の大きさが 90° である直角二等辺三角形 ABC において，辺 AC のちょうど真ん中の点を M として，MB を B の方に伸《の》ばした線の上に点 P をとります。AP 上に点 Hを，CH と AP が垂直になるようにとるとき，≪角あ≫の大きさは □° です。

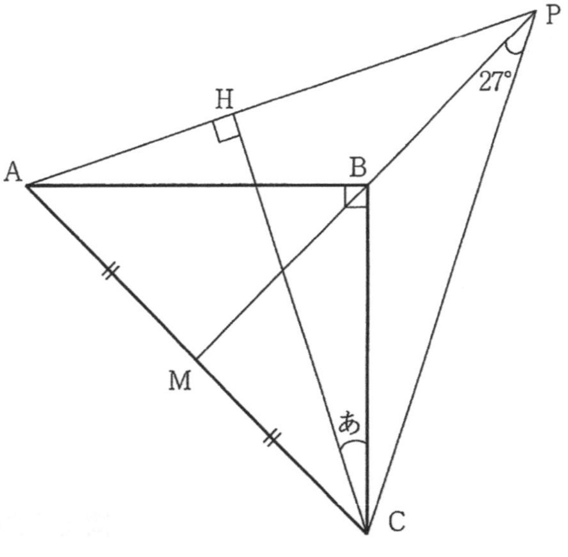

計算用紙

※切り離してはいけません。

問題は次のページへ続きます。

(3) 下の図において，斜線《しゃせん》部分の四角形 ABCD は面積が 72 cm^2の正方形であり，4 つの三角形 PAB，QBC，RCD，SDA はすべて正三角形です。これを組み立ててできる四角すいの体積は ☐ cm^3です。
ただし，四角すいの体積は（底面積）×（高さ）×$\frac{1}{3}$ で求められます。

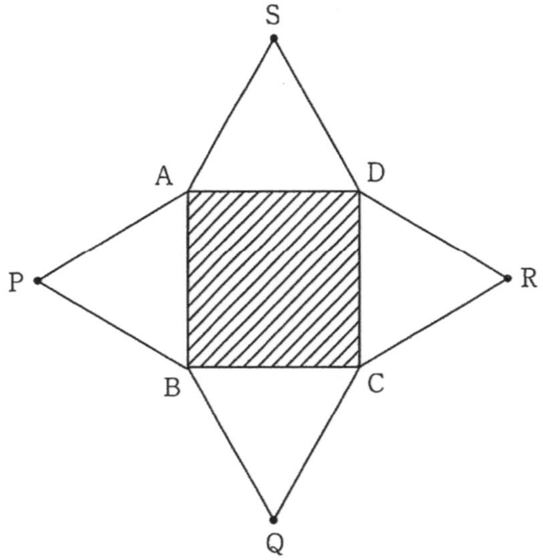

(4) すべての辺の長さが 12 cmである三角すい A の体積と，すべての辺の長さが ☐ cmである四角すい B の体積の比は 4 ： 1 です。

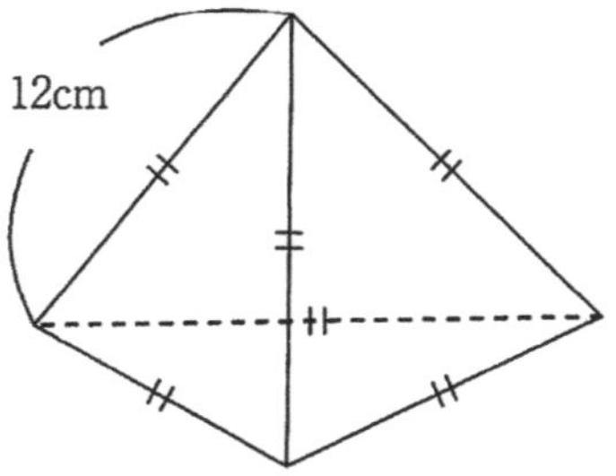

三角すいA

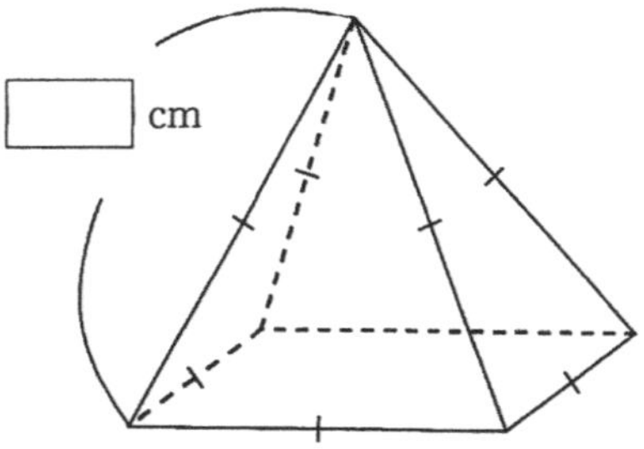

四角すいB

2021年度　入学試験問題

算　数

（６０分）

〔注 意〕

① 問題は1～4まであります。
② 解答用紙はこの問題冊子の間にはさんであります。
③ 解答用紙には受験番号と氏名を必ず記入のこと。
④ 各問題とも解答は解答用紙の所定のところへ記入のこと。

西大和学園中学校

「だから、ぶんぶばっか言ってて、わかるわけねえだろう」
「ぶんぶー！」
「ぶんぶーじゃなくて、お前、言いたいことがあればちゃんと言えよ」
なんだこれ。3俺は自分で放った言葉に、眉《まゆ》をひそめた。俺が何度も何度も言われてきた言葉じゃないか。「うざい」「しばくぞ」「死ね」俺がそういう言葉をはくたびに、教師はこぞって、
「うざいじゃわからないだろう。思っていることをちゃんと言いなさい」と言った。
あのころの俺の言いたいことは何だったんだろうか。もちろん、うざいや死ねと言いたかったわけではない。だけど、その奥《おく》に何か伝えたいことがあったのかと聞かれれば、そうではない気もする。不安や不満やいら立ち。どうしていいかわからないそれらを前に、ただ、吠《ほ》えたかっただけなのかもしれない。鈴香はどうだろう。あのころの俺と同じように、持て余した気持ちが、何かのきっかけで爆発《ばくはつ》しているのだろうか。
相変わらず鈴香は泣き叫びながら転がっているだけで、どうしてほしいのかなんて読み取れやしない。ただ、鈴香の泣き声を聞きながらでは、食欲がわかないのは確かだ。
「ったく。俺もごちそうさまだな」
俺も食べるのをあきらめて、鈴香の横に寝転《ねころ》がった。いつもうまくいくわけじゃないし、思いどおりになんて物事は運ばない。子どもを相手にするというのはそういうことだ。けれど、このまま鈴香が（　E　）うろうろしながらご飯を食べるようになっても困る。おいしい食事を用意したところで、うまくいかないとなれば、どうすればいいのだろう。由奈ちゃんのところみたいに早々に片づけるのがいいのだろうか、早く食べられるように量を減らすのがいいのだろうか。それとも、椅子に体を固定させるようにしたほうがいいのだろうか。いや、あれこれ手を考えるより、もっと根本的なことなのかもしれない。
4俺の頭の中を、公園のお母さんたちのことがよぎった。あそこにいるお母さんたちはそろいもそろって、いい人ばかりだ。会えば必ず挨拶《あいさつ》をしてくれ、何かあれば声をかけてくれ、自分の子どもでなくても泣けば心配し手を貸してくれる。たまたまあの公園に朗《ほが》らかで気遣《きづか》いができる人たちが集まっているのだろうか。まさかそんなわけはない。
きっとどのお母さんも、どこかで良い人間であろうとしているのだと思う。子どもにそうあってほしいと望むから、自分も礼儀《れいぎ》正しくC快活で、公平にみんなに気を配っているんじゃないだろうか。子どもに何かを示すには、それにふさわしい人間でいようとしなければならないのかもしれない。

「子どもって本当大人の顔色見るのうまいよね」と、お母さんたちはよく言う。鈴香だって俺のことをどこかで見透《みす》かしているのじゃないだろうか。

不良でどうしようもない俺の言葉など、何の説得力もなくて当然だ。好き勝手やっている俺が、ご飯一つ座って食べさせられなくても仕方ない。「俺みたいになったら困る」と言ってるやつの言うことを聞く子どもなんて、いるわけがない。

だからと言って、突如《とつじょ》良い人間になれはしない。でも、あのお母さんたちみたいに正しくあろうとすることは、手の込んだ料理を作ることより有効なのかもしれない。どうすればいいのかは思いつかないけど、5俺の中でひっかかっているものくらいはクリアにしたほうがいい。

「面倒《めんどう》だけど、しかたねえな」

転がりながら泣いていたくせに、もううとうとし始めている鈴香を見ながら、俺はそうつぶやいた。

（瀬尾まいこ『君が夏を走らせる』新潮文庫刊 による）

【語注】

（注1）由奈ちゃん … 「俺」と鈴香が公園で出会った、幼稚園《ようちえん》に通う女の子。

問一 ═══部a～cの本文中における意味として最もふさわしいものを、次の各群の中からそれぞれ一つずつ選び、記号で答えなさい。

a「威勢良く」

ア 素直に　イ 熱心に　ウ 静かに　エ 大げさに　オ 元気に

b「堰《せき》を切ったように」

ア こらえ切れなくなってあふれ出すように　イ 怒《いか》りがこみあげてくるように　ウ 気持ちが伝わらず悔《く》やむように

エ 感情を押さえてこらえようとするように　オ 焦《あせ》って急いでいるように

c「快活」

ア 面白くてのびのびしている　イ 明るくてきびきびしている　ウ 美しくてはきはきしている

エ 優しくてもじもじしている　オ 若くていきいきしている

問二 （Ａ）～（Ｅ）にあてはまる語としてふさわしいものを、次の中からそれぞれ一つずつ選び、記号で答えなさい。ただし、同じ記号を二度以上用いてはいけません。

ア　よっぽど　イ　ずっと　ウ　じっと　エ　きちんと　オ　そっと　カ　ごろごろと

問三　――部1「そこまでしなくてもいいだろう」とありますが、「俺」はどうすべきだと考えているのですか。その説明として最もふさわしいものを次の中から一つ選び、記号で答えなさい。

ア　子どもが食べることを嫌がって食べないなら親は子どもに無理にご飯を食べさせるということまではせず、子どもの気持ちを優先してすぐにでも食事を片付けてしまうべきだと考えている。

イ　子どもが食事を最後まで食べることができないなら親は食事を早々に片付けるということまではせず、量を減らしたり椅子に身体を固定させるようにしたりと工夫するべきだと考えている。

ウ　子どもが食べることを嫌がって食べないでいるのなら食事中でも中断して親は食事を片付けるということまではせず、満腹になっていなければ最後まで食べさせ続けるべきだと考えている。

エ　子どもがふざけて親の言うとおりに行動しようとしないなら親はあきらめて子どもの好きなようにさせるということまではせず、無理してでも親の言うことを聞かせるべきだと考えている。

オ　子どもが言葉にできない感情を爆発させ暴れているなら親はどうしてほしいかをじっくり考えるということまではせず、子どもが自分の思いを話すようになるまで待つべきだと考えている。

問四　――部2「泣きたいのはこっちだ」とありますが、この時の「俺」の気持ちの説明として最もふさわしいものを次の中から一つ選び、記号で答えなさい。

ア　自分でご飯を食べることができない鈴香のために慎重にご飯を食べさせていたが、鈴香が自分で食べようとするので、もう自分が鈴香のお世話をする必要はなくなってしまったと思い、残念がっている。

イ　きちんとご飯を食べてくれるよう一生懸命《いっしょうけんめい》考えたが、鈴香が暴れてご飯を食べてくれない上に、「俺」に対して思っていることをはっきり説明してくれないので、どうしていいか分からず困っている。

ウ　ご飯を食べたくないと暴れるうちに、鈴香が椅子からじゅうたんに転げ落ちて泣き出したので、小さな子どもにとってはかなり痛かったのだろうと想像して、鈴香をかわいそうに思っている。

エ　「俺」を自分勝手な人物であると見透している鈴香は、そのような人の言うことなど聞く必要はないと「俺」に反抗してご飯を食べようとしないので、とても悲しく思っている。

オ　これまでは「俺」の言うことを大人しく聞いていた鈴香が、ご飯がおいしくなかったために、「俺」の言うことを聞かず自分の感情のままに行動し始めたことを不満に思っている。

問五　——部3「俺は自分で放った言葉に、眉をひそめた」とありますが、なぜですか。その理由を八十字以内でわかりやすく説明しなさい。

問六　——部4「俺の頭の中を、公園のお母さんたちのことがよぎった」とありますが、なぜですか。その説明として最もふさわしいものを次の中から一つ選び、記号で答えなさい。

ア　公園のお母さんたちは朗らかで気遣いができるいい人ばかりであり、不良でどうしようもない「俺」のような人ではなく、彼女たちこそが鈴香が理想とする人であるとわかったから。

イ　子育て経験のある公園のお母さんたちであれば、泣き叫びながら転がっているだけの鈴香を見るだけでどうしてほしいのか読み取ることができるので意見を聞きたいと思ったから。

ウ　おいしい食事を作って鈴香に言うことを聞かせようとしたが上手くいかず、どうしたらよいか分からなくなったため、公園の優しい母親たちなら助けてくれると考えたから。

エ　鈴香が言うことを聞かないのは、「俺」に公園の母親たちのような経験も知識もないためであり、彼女たちのような子育てができなくて当然だと思い知らされたから。

オ　鈴香に言うことを聞かせるためには、公園の母親たちのように子どもにそうあって欲しいと望むのにふさわしい人間に自分がなることが必要であると気づいたから。

問七　——部5「俺の中でひっかかっているものくらいはクリアにしたほうがいい」とありますが、この表現に込《こ》められた「俺」の思いを説明したものとして最もふさわしいものを次の中から一つ選び、記号で答えなさい。

ア　目の前の問題をすぐに解決できず考えすぎてしまうくらいであれば、一番いい解決方法を思いつけるように、他の簡単な課題から一つ一つこなそうと前向きにとらえる思い。

イ　どうすればいいのか分からず考えていることに思い悩んで不安な気持ちになるくらいであれば、悩みごとを忘れて考えるのをやめてしまおうとあきらめる思い。

ウ　いろいろと面倒を見てあげた相手が自分に反抗《はんこう》してくることで腹立たしさを感じるくらいであれば、相手に対してもう何かしてあげる必要はないと決心する思い。

エ　行動した結果をあれこれと考えて、行動を起こすか起こさないかで悩《なや》むくらいであれば、とりあえず実行にうつしてみようと覚《かく》悟《ご》を決める思い。

オ　自分よりも年下の相手の言動に対して、相手を理解してあげようとせずに怒ってしまったことを後悔《こうかい》するくらいであれば、謝って仲直りしたいという思い。

問八　次に示すのは、本文を読んだ後に、五人の生徒が本文中の「俺」が何を学んだのかについてそれぞれ話している場面です。本文の内容と異なる意見を次の**ア**～**オ**のうちから一つ選び、記号で答えなさい。

ア　生徒A　今までの「俺」は自分の視点からしか見ていなかったのではないかな。鈴香の子守りをするなかで、今までの自分の言動がわがままだったことに気づいたみたいだ。

イ　生徒B　最初は「俺」も自己中心的だったよ。鈴香に「お前、言いたいことがあればちゃんと言えよ」と言って注意しているけれど、自分も大人に同じようなことを言われていたよね。だから、相手を納得させるためには、まず「俺」自身の言動を正してから注意しないとね。

ウ　生徒C　物事をとらえる視点を変えることは大事だよね。私も、先日の職業体験で、お客さんからお礼を言われてうれしかったんだ。だから自分がお客さんになったときお礼を言おうと思ったよ。きっと「俺」も同じだと思う。

エ　生徒D　「俺」は鈴香のおかげで責任感も身につけられたよね。「面倒だけど、しかたねえな」から、本当は子守りなんかしたくないけれど、一度引き受けたからには最後までやり通そうとする気持ちがわかるね。きっと鈴香が最後まで食事を食べない様子を見て、やりきることの大切さを学んだんだね。

オ　生徒E　あと、「俺」は鈴香の気持ちを「ただ、吠えたかっただけなのかもしれない」という以前の自分の気持ちを当てはめて考えているのも、鈴香に寄り添《そ》うことで、もっといいやり方を思いつくかもしれないと思いやりの大切さにも気づいたのではないかな。

三

あとの各問いに答えなさい。

(i) 次の各会話文を読み、文中の□に入れるのにふさわしい四字熟語を考えて、漢字で答えなさい。

1
Aさん　昨日、弟の幼《よう》稚《ち》園《えん》で絵の作品展があったので行ってきたんだ。
Bさん　そうなんだ。どんな絵を見ることができたの?
Aさん　まさに□で、様々な感性の作品が並んで楽しかったよ。
Bさん　それぞれにそれぞれの個性があるということだね。

2
Aさん　夏休み遊びすぎてしまって、宿題がまだ終わらないんだ。
Bさん　それって□じゃないの。
Aさん　そうだね。遊びすぎた自分が悪かったんだ。
Bさん　次からはしっかり計画立てようね。

(ii) 次の各会話文を読み、文中の□に入れるのにふさわしい言葉をそれぞれ考えて、一つの慣用句を完成させなさい。

1
Aさん　最近、練習をものすごくがんばっているね。
Bさん　次の大会では絶対に勝ちたいんだ。他のメンバーも気合い入っているよ。
Aさん　あまり無理しすぎないでね。けがでもしたら□も□もないからね。
Bさん　ありがとう。気をつけるよ。

2
Aさん　今日の試合負けてしまってね。勝てると思ったのに、どうしてだろう。
Bさん　対戦相手は弱小チームだと□をくっていたんじゃないか。
Aさん　たしかに、勝てる相手だと思って、油断したかもしれない。

Bさん　やはりどんな相手でも全力で戦う姿勢が大切だね。

(iii) 次の文章は六つの段落で構成されています。段落**A**の前に二つ、**B**の前に二つの段落が入ります。あとの**ア**～**エ**の段落を正しく並べかえ、文章を完成させなさい。（□□**A**□□**B**）

A □ □

著作権に関係する弊社の都合により省略いたします。

B □ □

著作権に関係する弊社の都合により省略いたします。

（奥井一満『悪者にされた虫たち』による）

ア

著作権に関係する弊社の都合により省略いたします。

イ

著作権に関係する弊社の都合により省略いたします。

著作権に関係する弊社の都合により省略いたします。

ウ

著作権に関係する弊社の都合により省略いたします。

エ

著作権に関係する弊社の都合により省略いたします。

(ⅳ) 次の文を読み、文中の［　　］に入れるのにふさわしい言葉を考えて答え、その言葉を入れた理由を簡潔に説明しなさい。

作並くんは、中学に入る頃《ころ》から、書道教室には来なくなったそうだ。それでも、ここの庭には時たま、思い出したようにふらりとやって来て時間をつぶしていた。

「でも、あんなに仲が良かったのに、小夜ちゃんとも話さなくなっちゃってねえ。たまに二人が喋《しゃべ》っているのを聞いたら、［　　］しいったらないの。名字で呼び合っちゃって」

（山田詠美「海の庭」『風味絶佳』所収　文春文庫刊による）

2020年度 入学試験問題

国　語

（60分）

〔注意〕

① 問題は一～三まであります。
② 解答用紙はこの問題用紙の間にはさんであります。
③ 解答用紙には受験番号、氏名を必ず記入のこと。
④ 各問題とも解答は解答用紙の所定のところへ記入のこと。
⑤ 各問題とも特に指定のない限り、句読点、記号なども一字に数えること。

西大和学園中学校

2020(R2) 西大和学園中
K 教英出版

一　次の文章は俳句の季語について説明した文章です。筆者はこれより前の部分で「俳句は人間と自然を切り離して考える世界に立っているのではなく、むしろどんなに自然だけを詠《よ》んでいても、実は作者の心という最も人間的な部分が核心《かくしん》にはある」と述べています。これを読んで、あとの問いに答えなさい。

赤い椿《つばき》白い椿と落ちにけり　河東碧梧桐《かわひがしへきごとう》

色の(注1)コントラストが効いた写真のような俳句です。椿は花ごと「　X　」花で、一片ずつ「　Y　」花ではありません。大輪の花ですが、牡丹《ぼたん》のような色気も、白百合のようなきりっとした感じも、薔薇《ばら》のような洋風の、ゴージャスな感じもありません。これら別の①ゾクセイを持つ大輪の花と比べた時、椿は「品格」の花だということに気づかされます。

「この句はどこにある椿を詠んだのでしょうか？」とアンケートを取れば、大きな庭を持つお寺か、かつての武家屋敷《やしき》のような和風の建築、それも格式のある建物を多くの人が想像するのではないでしょうか。それを読み解いた読者は、作者が思わず心惹《ひ》かれた、椿の色の典雅《てんが》さ——それは木に咲いている時ではなく、点々と花ごと色を交えて「　X　」時に感ずるもので、この句の舞台が静かな環境であることを連想させますが、それらを含めて椿の美に共鳴しているわけです。

人間が前面に出ている俳句もあります。

(注2)御手討《おてうち》の夫婦《めおと》となりしを更衣《ころもがえ》　与謝蕪村《よさぶそん》

江戸《えど》時代、武家に(注3)奉公《ほうこう》する男女は、恋《こい》をしてはいけない決まりでした。しかし、それでも抑《おさ》えきれないのが恋の情というもの。ただし、発覚すれば殿《との》さま自ら成敗する、厳しいルールがありました。一夫多妻の時代、武家屋敷で「男」は殿さまだけでなくてはならなかったわけです。

一度は二人とも死を覚悟《かくご》したところ、お殿様の温情で、（　A　）どこか別の場所で新婚《しんこん》生活を送っているのでしょう。かつては衣類は女性が仕立てるものでした。1夏の季語「更衣」の季節感がここでは生きています。冬から春にかけて着用していた衣を、白か、あるいは華《はな》やかな色の、しかも軽い材質の着物に着替《きが》えるわけですが、そこには新鮮《しんせん》さと、初夏特有の生命感があります。（　B　）、命がけの危機を乗り越《こ》えて、今の幸せを感じるというドラマのような一場面を象徴《しょうちょう》し、実感を持たせるのが季語「更衣」でした。

2 古池や蛙《かわず》飛び込む水の音　　松尾芭蕉《まつおばしょう》

ただの古い池ではありません。「古」は「故」に通じ、かつては人が住んでいたが、今は誰《だれ》も住んでいない家の池のことです。そんな場所で、蛙《かえる》が飛び込んだ音に耳を傾《かたむ》けている人物は、相当閑《ひま》な人ですね。

単にすることがないというのではありません。心に悩《なや》み事や迷う事もない、落ち着いた心でないと、こんな状況《じょうきょう》は迎《むか》えられません。その心の静けさの中に聞こえてきたのが、蛙の水に飛び込む音だったのです。その音は、作者の雑念のない心によってすくい取られた音だったわけです。また、「古池」は一種の「死」の世界でもあるわけですが、そんなところにも生き物の命の躍動《やくどう》を聞き取ったとも言えるでしょう。まさに作者の心が切り取った季語でした。

和歌・連歌では蛙は鳴き声を鑑賞《かんしょう》するものでした。しかし、芭蕉の心は、この「蛙」に新しい連想を見出したという意味でも、実は②カッキテキであったわけです。

季語は決して、ただの「自然」ではありません。［　Z　］結果、選ばれてきた言葉だったわけです。こうした「季語」の説明を終えた後、学生諸君に感想・質問・意見はないか聞いてみます。そこで多く出てくるものは、誰がどうやって季語を認定していくのですかという質問です。

それは、多くの読者が名句だとして③アイショウするような句が詠まれた時、季語として定着します。そして、それを登録していったのが「歳時記《さいじき》」なのだ、と答えることにしています。俳句／俳諧《はいかい》の歴史の中では、まず江戸時代に北村季吟《きたむらきぎん》という(注4)連歌師《れんがし》でもあり、俳諧作者でもあり、古典文学の学者でもあった人物が編んだ『増山《ぞうやま》の井《い》』（一六六七年刊）という歳時記によって、基本線が出来ました。季吟は、和歌に通じ、連歌の本意も熟知していましたから、和歌・連歌以来の季の詞《ことば》を踏《ふ》まえた上で、俳諧が開拓《かいたく》した季語を加えて登録したのでした。芭蕉も、その俳歴の出発は、季吟の流れを汲《く》むものでした。

近代になってからは、3高浜虚子《たかはまきょし》の『新歳時記』（昭和九〈一九三四〉年刊）が大きな影響《えいきょう》力を持っています。近代になって、新しい季語を認定し、その弟子たちと詠んできた虚子は、その言葉と例句を登録し、その季節感を、簡にして④ヨウを得た、しかも情感のある文章で解説しました。昭和三十年代に入って日本人の生活が、工業化によって大きく変化して以降、季語は、失われゆくかつての日本人の生活に根差した季節感を見つめ直す色を帯びるようになりました。こうした名もなき日本人が営んできた生活文化を研究するのは、柳田国男《やなぎたくにお》や折口信夫《おりくちしのぶ》のような民俗《みんぞく》学者の役割でしたが、昭和三十年代以降の歳時記編纂《へんさん》に主たる役割を果たした山本健吉《やまもとけんきち》と、それをバックアップした角川源義《かどかわげんよし》が共に、折口の弟子であったのは象徴的です。

俳句を詠むということは、そのまま「季語」の持つ情感に共鳴することを意味します。「季語」というレンズを通してみた、自然と人間の営みを描《えが》くと言い換《か》えてもよいでしょう。そういう行為《こうい》は、我々にどんな影響を与えるでしょうか？

俳句を詠むようになると、花の名前や生き物の名前、それにその季節感を数多く知るようになります。今までは、ただ「きれいな花だな」と思って通り過ぎていたものも、「あれは「槿《むくげ》」というのか、白もあれば底紅《そこべに》もあるんだな、夏の終わりから見かけるけど秋の花なんだなあ。そういわれてみるときれいだけど、ちょっと寂《さび》しい感じもする花だよなあ」といった具合に、身近になります。

自然に関心を持つだけでなく、そこから情感を得るようになるわけです。芭蕉は、そのことを「四時《しいじ》を友とす」（「笈《おい》の小文」）と言い表しています。友達ですから、楽しい、嬉《うれ》しい、悲しい、寂しい等々、いろいろな情感を共有してくれます。（　C　）話しかけたりはしませんが、関心を持って見るようになると、いっしょに笑ったり、泣いたり、励《はげ》ましてくれたりします。

さらに、俳句を詠むようになると、時間の流れが違《ちが》って感じられます。何分刻みの時間に追われる世界とは別のものです。かつて時間は、「月日」と呼ばれたように、天体の運行に⑤ソって、巡《めぐ》り来るものでした。「一年」を計測する「暦《こよみ》」は「日読《かよ》み」が語源であったと言われるように、日の動きを観測し計測することで、四季の循環《じゅんかん》を誰にも確認できるよう時の流れを人為《じんい》的に区切ったものでした。そこに「時計」のような機械で測った精密な時間感覚はありません。

今日のように、電車や自動車や飛行機、それにインターネットを使って、正確に人・モノ・金を移動させる時代、学校や職場での時間は、数字に刻まれたそれです。しかし、休憩《きゅうけい》時間や日曜日、それに夏休みには、時計を忘れた「時間」が流れます。俳句の「時間」とは、まさにそういうものです。（　D　）旅をしなくても、ちょっとした合間に心の「旅」をすることができます。

今や人間は、「衛星」という名の人工の天体を、地球の周りに打ち上げ、それを基準にグローバルに時を刻む時代になりました。しかし、我々はそういう数字に支配される時間の中で暮らしていても、それだけで生きていくことはできません。時計が刻む時間感覚だけで生きていく「ひずみ」を癒《いや》す、めぐりくる「月日」や、新しい「年」が来ては古い年が過ぎ去ってゆく感覚、あるいは「友」として折々の「生」の情感に共鳴してくれる、（　E　）絵や写真付きの日記の素材のような存在がもたらす「時間」、それこそが「季語」の「心」だったわけです。

（井上《いのうえ》泰至《やすし》の文章による。井上泰至編『俳句のルール』所収。一部改変）

【語注】

（注1）コントラスト　…　色や形などの視覚的な差。
（注2）御手討　…　武士が家来などを処罰《しょばつ》すること。ここでは「御手討になるはずだった」という意味で用いられている。
（注3）奉公　…　主人に仕え、雑用などのさまざまな仕事を手伝うこと。
（注4）連歌師　…　複数人で一つの和歌を詠む「連歌」を専門に行う人。

問一　═══部①～⑤のカタカナを、それぞれ漢字に直しなさい（楷書《かいしょ》で、ていねいに書くこと）。

問二　（　A　）～（　E　）にあてはまる語としてふさわしいものを、次の中からそれぞれ一つずつ選び、記号で答えなさい。ただし、同じ記号を二度以上用いてはいけません。

ア　おそらく　　イ　決《けっ》して　　ウ　まさに　　エ　まるで　　オ　わざわざ

問三　[X]・[Y]には動作を表す語が入ります。それぞれの空らんに入る語を、自分で考えて答えなさい。

問四　——部1「夏の季語『更衣』の季節感がここでは生きています」とありますが、それはどういうことですか。その説明として最もふさわしいものを次の中から一つ選び、記号で答えなさい。

ア　「更衣」という語が持つ、夏という新しい季節が始まるという興奮した様子とそれまで着ていた衣は捨てられてしまうはかなさが「御手討…」の俳句が描いているこれから始まる新婚生活へのあこがれと不安とを表しているということ。

イ　「更衣」という語が持つ、春までの衣から夏用の衣に着替えるという気持ちの切り替えとその夏らしい生き生きした様子が「御手討の…」の俳句が描いている新しい生活をスタートさせる夫婦の活力にあふれた様子を表しているということ。

ウ　「更衣」という語が持つ、人目につかないよう着ていた地味な衣から華やかな衣に着替えるという美しさと夏の生物たちは派手な姿のものが多いという事実が「御手討の…」の俳句が描いている夫婦の姿の際立った美しさを表しているということ。

エ　「更衣」という語が持つ、今後は寒さにたえなくて済むという安心感と夏になり活発になった他の生物におそわれるこわさを「御手討の…」の俳句が描いているようやく幸せをつかんだ夫婦を待つ辛《つら》い生活を表しているということ。

オ　「更衣」という語が持つ、今までの衣を捨てるというめったにない体験であると共に前向きに生きようとする行為だという意味が「御手討…」の俳句が描いている今までの辛い体験を忘れて今後の生活のことだけを考える姿を表しているということ。

問五 ――部**2**「古池や蛙飛び込む水の音」とありますが、この俳句について筆者はどのように考えていますか。その説明として最もふさわしいものを次の中から一つ選び、記号で答えなさい。

ア 「古池や…」の俳句の季語は「蛙」であり、ここには当たり前にくり広げられている光景のなかから、松尾芭蕉が特に感じ入った部分が切り取られて表現されていると考えられる。

イ 「古池や…」の俳句の季語は「蛙」であり、ここには普段《ふだん》あまり人の目にふれないものにも目を向けてしまうほど時間が余っている、ゆっくりとした時間が流れるさまが見て取れる。

ウ 「古池や…」の俳句の季語は「蛙」であり、ここには人が注目しやすいところにあえて注目せずに、人と違ったことをしてやろうという松尾芭蕉の野心が表現されていると感じられる。

エ 「古池や…」の俳句の季語は「古池」であり、ここには当たり前にくり広げられている光景のなかから、松尾芭蕉が特に感じ入った部分が切り取られて表現されていると考えられる。

オ 「古池や…」の俳句の季語は「古池」であり、ここには普段あまり人の目にふれないものにも目を向けてしまうほど時間が余っている、ゆっくりとした時間が流れるさまが見て取れる。

カ 「古池や…」の俳句の季語は「古池」であり、ここには人が注目しやすいところにあえて注目せずに、人と違ったことをしてやろうという松尾芭蕉の野心が表現されていると感じられる。

問六 ［　Z　］に入る語句として最もふさわしいものを次の中から一つ選び、記号で答えなさい。

ア 自然を守ることの大切さが認められた

イ 人間がそこから情感をくみ取った

ウ その「自然」が強い季節感を持った

エ 膨大《ぼうだい》な時間をかけて成長を遂《と》げた

オ それが人間から忘れ去られてしまった

問七 ――部**3**「高浜虚子の『新歳時記』」とありますが、次にあげるのは『新歳時記』にある季語の説明と、同書に掲載されている季語が使われた俳句の例です。それぞれ何という季語についての解説だと考えられますか、ひらがなで答えなさい。なお、それぞれの［　　］にはその季語が入ります。また、引用にあたっては一部の表記を改めています。

あ　雛祭《ひなまつり》にはなくてならぬ花である。華《はな》やかではあるがどことなく鄙《ひな》びた感じがする。

古寺の□に米ふむ男かな　芭蕉
菓子盆《かしぼん》にけし人形や□の花　其角《きかく》
□咲けど茶店なければ人も来ず　香雲《こううん》

い　□の種類は甚《はなは》だ多く、何《いず》れも横に這《は》う。海にも川にも山にも居て、山や河の□は梅雨時分特にその出歩きがはげしいようである。（後略）

赤き□松をまは《（わ）》れば黒きかな　春眠《しゅんみん》
その泡《あわ》のなかに眼うごきもくづ□　圓嶺《えんりょう》
逃《に》げてゆく途中《とちゅう》の穴に□はひ《（い）》る　何蝶《かちょう》

う　秋の夜、雷鳴《らいめい》なく電光のみが走ることがある。これをいうのである。古い諺《ことわざ》に「陽炎《かげろう》は消えて明るく、□は消えてくらし」とある。□があって稲《いね》が実るという俗説《ぞくせつ》もある。

□やきのふ《（う）》は東けふ《（きょう）》は西　其角
□や堅田泊《とま》りの宵《よい》の空　蕪村
□やあらぬ所の鳥おどし　月渓《げっけい》

え　陰暦《いんれき》十二月のことであるが、今は一年の終《おわ》りの月という意味で陽暦《ようれき》の十二月にも用いられている。慌《あわただ》しい歳末《さいまつ》人事を象徴した名である。

たび寝よし宿は□の夕月夜　芭蕉
奈良《なら》に来て□ともなき一日かな　一秋
能を見て故人に逢《あ》ひ《（い）》し□かな　虚子

問八　筆者は俳句を詠むことの効果をどのように考えていますか。本文全体をふまえて、八十字以内で説明しなさい。

問九　本文の内容としてふさわしいものを次の中から一つ選び、記号で答えなさい。

ア　「赤い椿…」「御手討の…」「古池や…」という俳句が長い間人々に好かれ続けているのは、どの俳句も今までだれも思いつかなかった季語を作り出し、独特な情景を描いたからである。

イ　工業化が進んだことで日本の人々は自然の存在を忘れかけていたが、高浜虚子が『新歳時記』という本を出版したことによって、現在まで続く自然を大切にする日本人の心は育まれた。

ウ　時代が移り変わるにつれて、日本の人々はなかなか俳句を詠まなくなってきたが、近代以降の俳人たちが新しい季語を作り出したことによって現在ではふたたび俳句が注目されている。

エ　かつて人々は自然の天体を見て大ざっぱに時間というものを感じた生活をしていたが、現代の人々は人工衛星から送信される情報をもとにした厳密な時間にしばられた生活をしている。

オ　現代は技術の発展によって正確な数字を測ることができ、また人や物をより早く移動させられるようにもなった結果、グローバルな社会を作り上げ、人々の心も豊かな時代となった。

問題は次のページに続きます。

二

みのりは幼い頃《ころ》から隣《となり》のおばあちゃんの家によく通っていた。みのりの家族はおばあちゃんの家をインキョと呼び、おばあちゃんの食事や洗濯物《せんたくもの》をインキョに届けていた。ある日、みのりの弟が「おばあちゃんが、ひとりでしゃべってる」と言い始めたが、家族は弟の勘違《かんちが》いではないかと思っていた。次の文章を読んで、後の問いに答えなさい。

　おばあちゃんがひとりでしゃべってる、と、今度はお母さんがいいだした。

「聞こえてくるのよ、話し声が」

「ほらね、だからいったじゃん」

弟はなぜか得意気だった。

お父さんは、それでもまだ信じなかった。気のせいじゃないのか、などといっていた。でもその数日後、ガレージに車をだしにいく時に、インキョの戸の向こうから聞こえてくる声に気づいた。

ばあさん！　誰《だれ》としゃべってんだ！　お父さんは思わず声を荒《あら》げた。思いきり開けた戸の向こうには、窓際《まどぎわ》に（　A　）座《すわ》ったおばあちゃんの後ろ姿があるだけだった。

みのりも、みんなより少し遅《おく》れてその声を聞いた。運動靴《うんどうぐつ》を洗いに外の水道へ向かう途中《とちゅう》、（　B　）気になって、インキョの前で足を止め、耳を澄《す》ませた。すると聞こえた。

ぼくちゃん……、ぼくちゃん……。

それは、とてもやさしい、おばあちゃんの声だった。

みのりに語りかける時よりも、（　C　）やさしい。

1みのりの首筋に鳥肌《とりはだ》が立った。おばあちゃんは、おばあちゃんにしか見えない相手と会話している。その相手というのは、おばあちゃんにとって、きっと誰《だれ》よりも、みのりよりも、大好きで大切な存在に違《ちが》いない。

五月に入って最初の土曜日。午後二時からおばあちゃんの誕生日会がひらかれた。お父さんの仕事と、みのりの部活動、両方休みなのはこの日のこの時間しかなかった。

初めて家族全員がインキョに集まった。

お母さんは、歯が丈夫《じょうぶ》でないおばあちゃんのために、プリンでできたケーキを買ってきた。モンブランが良かったとブツブツ文句をいっていた弟は、一番大きく切り分けられたのを自分の皿にとった。みのりにすすめられて、おばあちゃんは上にのったキウイをひと

計算用紙

※切り離してはいけません。

問題は次のページへ続きます。

3 次の□に当てはまる数を答えなさい。

(1) ① 西さんは，紙に 1，2，3，4，5，6，7 と 1 から順に 7 つの数を書きました。このとき，7 つの数の平均は [あ] です。大和くんが，その中の 1 つの数である [い] を消しゴムで消すと，残りの数の平均は $3\frac{1}{2}$ となりました。

② 次に，西さんは，新しい紙に 1，2，3，4，5，……と 1 から順に，[う] までの数を書きました。そして，大和くんが，その中の 1 つの数である [え] を消しゴムで消すと，残りの数の平均は $32\frac{1}{3}$ となりました。

(2) 下の図で，立体アはすべての辺の長さが 2 cmである三角すいです。立体イは底面が正方形である四角すいで，辺の長さはすべて 1 cmです。立体アの P，Q，R はそれぞれ AB，AC，AD の真ん中の点です。このとき，4 つの点 A，P，Q，R を頂点とする三角すいの体積は立体アの体積の [お] 倍です。また，立体イの体積は立体アの体積の [か] 倍です。

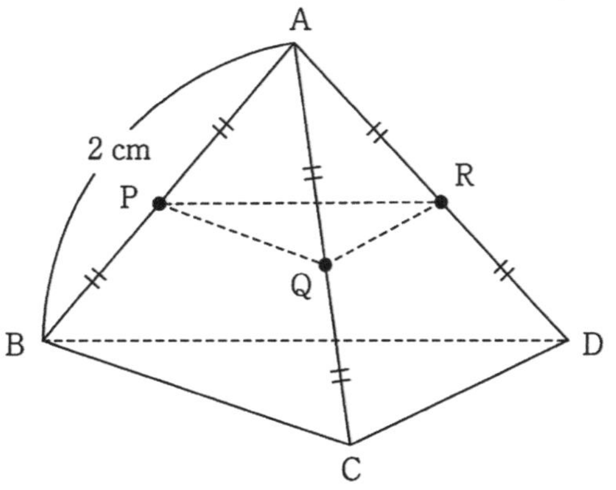

立体ア

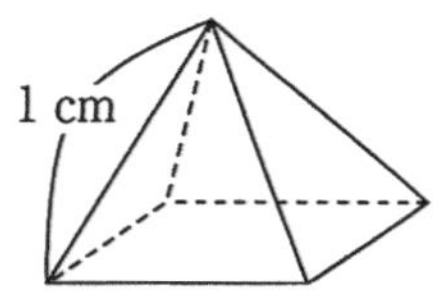

立体イ

(3)　下の図のように 1 辺の長さが 12 cm の正方形 ABCD があります。また，4 点 P，Q，R，S は，それぞれ AD，PC，QB，RA の真ん中の点で，点 T は SD と PC が交わった点とします。このとき，三角形 ABR の面積は [き] cm^2 であり，四角形 QRST の面積は [く] cm^2 です。

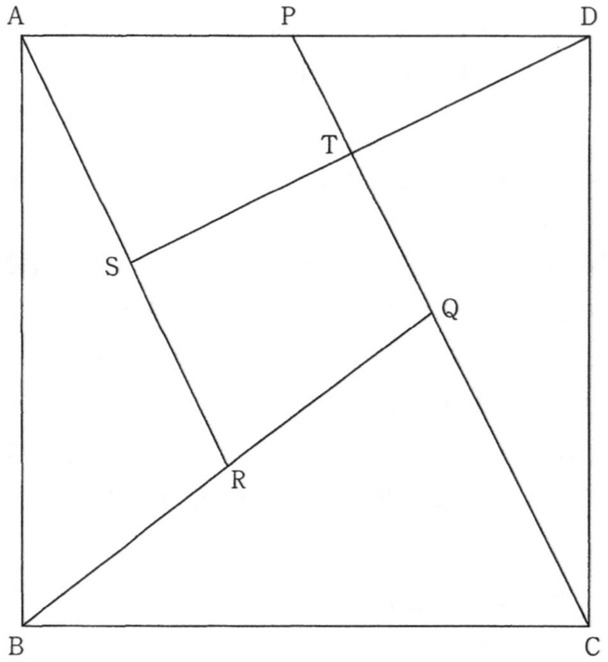

4

下の【図１】のような，入口が１つまたは２つ，出口が１つある箱がいくつかあります。箱の入口から数を入れると箱に書かれている計算が行われ，その計算結果が出口から出てきます。入口が２つある箱は，その２つの入口からそれぞれ入ってきた２つの数に対して，箱に書かれている計算を行います。

例えば，A の箱は，入ってきた数に「 6 を足す」箱ですから，入口から 3 を入れると，出口から 9 が出てきます。これを「 3 → A → 9 」と表すこととします。また，F の箱の上の入口から 3 を，下の入口から 5 を入れると，F の箱は 2 つの数を「足し合わせる」箱ですから，出口からは 8 が出てきます。

これを，「3 ↘ F → 8 / 5 ↗」と表すこととします。

なお，箱の入口と出口はいくつでもつなげることができます。【図 2 】のように，A の箱の出口と B の箱の入口をつなげて，A の入口に 2 を入れると，まず A の箱で「 6 を足」されて，8 となり，その 8 が B の箱で「 3 をかけ」られて，出口からは 24 が出てきます。これを「 2 → AB → 24 」と表します。

また，G の上の入口に A の出口を，G の下の入口に B の出口をつなげ，A の入口に 5 を，B の入口に 2 を入れると，G の出口からは 66 が出てきます。

これは，「5 → A ↘ G → 66 / 2 → B ↗」と表します。

このとき，次の問いに答えなさい。ただし，同じ種類の箱はたくさんあるものとします。

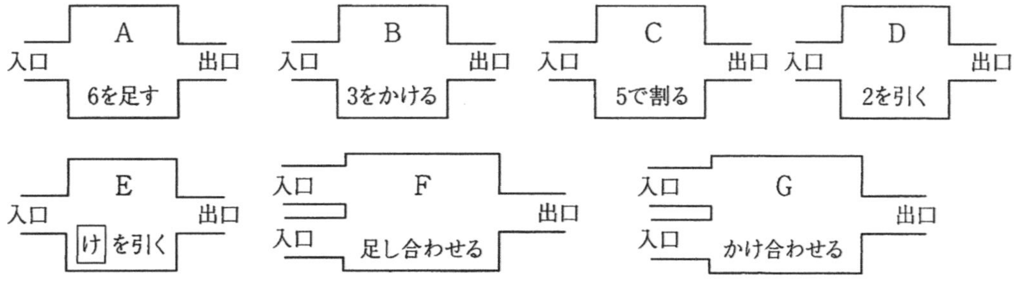

【図１】

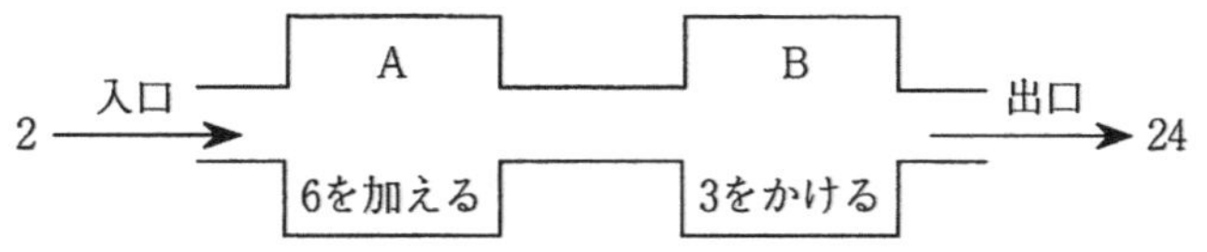

【図２】

(1) 次の［あ］，［い］に当てはまる数を答えなさい。ただし，［い］には整数が入ります。

2 → ACBA → ［あ］

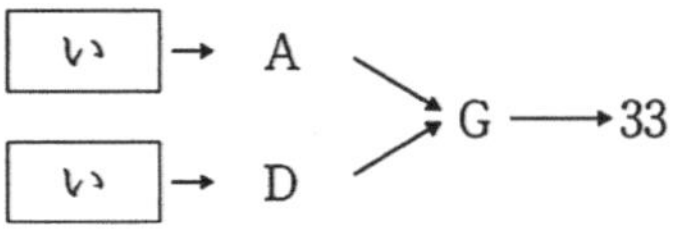

(2) A, B, Cの 3 種類の箱を 3 つ組み合わせて入口から 15 を入れると，出口からも 15 が出てきました。このような箱の組み合わせは以下の 3 通りです。次の［う］～［く］に当てはまるものを A, B, C のうちからそれぞれ 1 つ選び，答えなさい。ただし，使わない種類の箱があっても良いものとします。

15 → ［う］A［え］→ 15　　15 → ［お］B［か］→ 15　　15 → ［き］C［く］→ 15

(3) 【図 1】の E の箱を利用して他の箱と組み合わせると【図 3】のように計算されました。【図 1】の E の箱の［け］に当てはまる数を答えなさい。

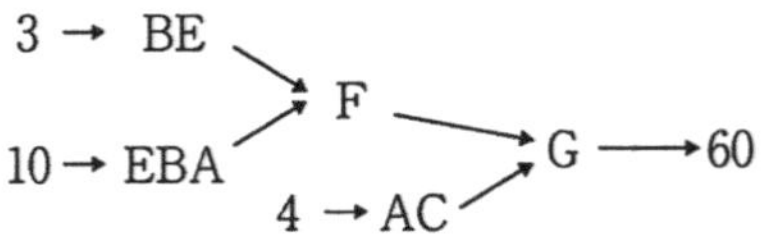

【図 3】

(4) 【図 4】H の箱は入口が 2 つ，出口が 1 つの箱で，上の入口から入ってきた数から下の入口から入ってきた数を引く箱です。【図 5】のように箱をつなげて，計算を行うと 73 が出てきました。［こ］は整数，［さ］は下 1 ケタの数が 0 の整数です。このとき，［こ］，［さ］に入る数をそれぞれ答えなさい。

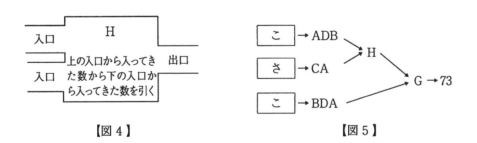

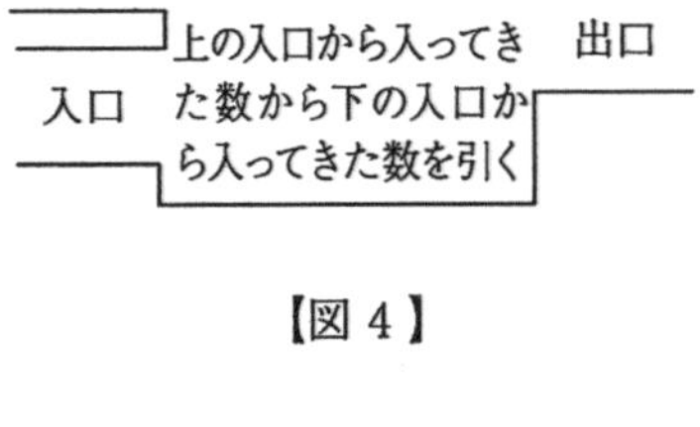

【図 4】

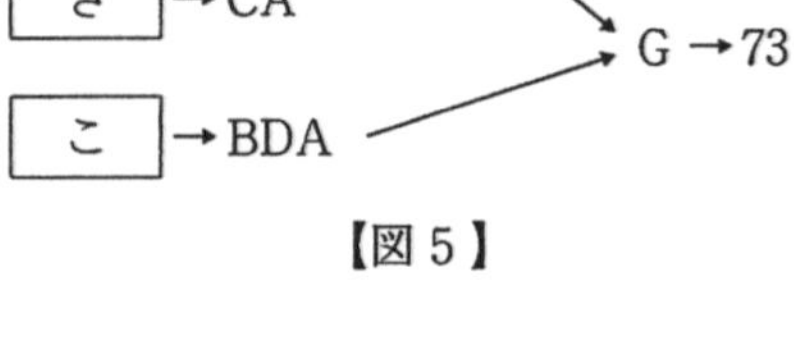

【図 5】

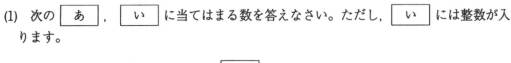

(5)　次の(i)と(ii)を、最も簡単な整数の比で表しなさい。

(i)　図 2 の導線①と②に流れる電流の大きさ

(ii)　コップＡとＢの 1 分あたりの水温の上昇《しょう》量

(6)　電源を入れてから 75 分後には、コップＢの水温は、電源を入れる前に比べて何℃上昇していますか。割り切れない場合は、小数第 2 位を四捨五入して、小数第 1 位まで答えなさい。

(7)　電源を入れてから 30 分後には、コップＣとＤの水温は、それぞれ何℃になりますか。割り切れない場合は、小数第 2 位を四捨五入して、小数第 1 位まで答えなさい。

(8)　次に電源を入れてから 90 分後には、コップＤの水温は 32.0 ℃になっており、コップＤの中を見ると電熱線ａのひとつが切れていました。この電熱線ａが切れたのは、電源を入れてから何分後だったと考えられますか。割り切れない場合は、小数第 1 位を四捨五入して、整数で答えなさい。

(9)　(8)のとき、電源を入れてから 90 分後には、コップＣの水温は、何℃になっていましたか。割り切れない場合は、小数第 1 位を四捨五入して、整数で答えなさい。

続いて、コップＡからＤに室温と同じ水温の水を 200 mL ずつ入れ、図 2 のように、電熱線ａからｃを沈め、直流電源から電流を流しました。すると、時間の経過とともにコップＡの水温は、表 1 のコップＡの水温と同じ変化をしました。図 2 の電熱線ｂとｃの条件は次の通りでした。

「電熱線ｂ」…電熱線ａと材質と長さが同じで、太さが２倍

「電熱線ｃ」…電熱線ａと材質と太さが同じで、長さが２倍

また、電熱線ａに比べて、電流の流れにくさがＸ倍の電熱線とＹ倍の電熱線を直列につないだとき、その流れにくさは（Ｘ＋Ｙ）倍となります。

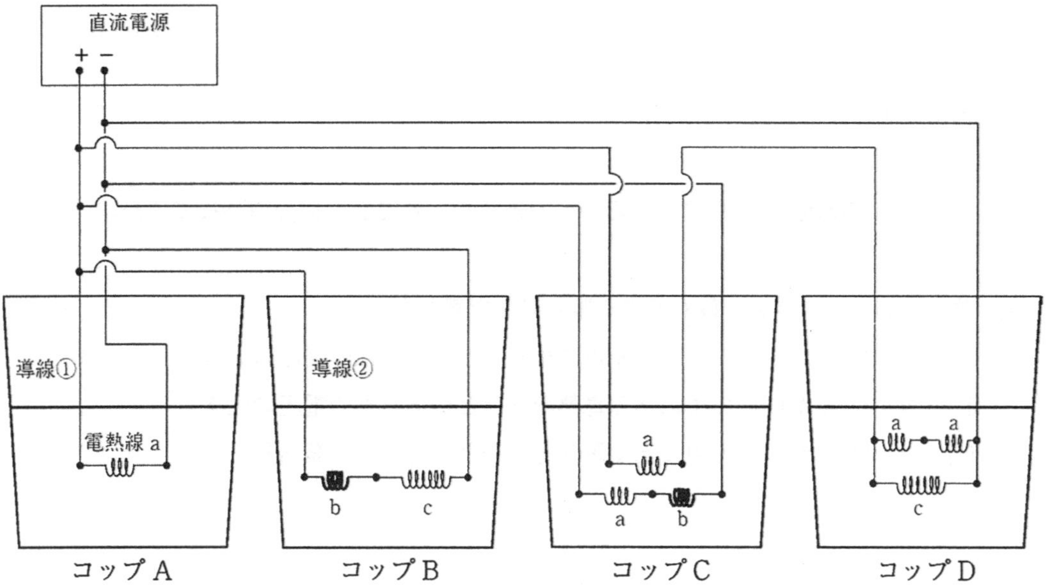

図２

(1)　電源を入れると、コップＡの水があたたまり、動きはじめました。下図の位置に電熱線ａがあるときの、水の動き方を矢印で表したものとして、最も適当なものを次の中から１つ選び、記号で答えなさい。

ア　　　イ　　　ウ　　　エ

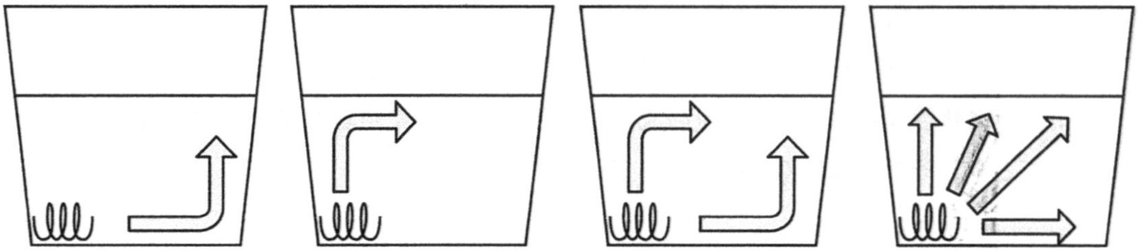

(2)　室温は何℃ですか。

(3)　コップＡの水温が 40.0 ℃になるのは、電源を入れてから何分何秒後ですか。

(4)　次の（ⅰ）～（ⅲ）を、最も簡単な整数の比で表しなさい。

（ⅰ）　コップＡからＣの中にある電熱線ａひとつあたりの電流の大きさ

（ⅱ）　コップＡからＣの中にある電熱線ａひとつあたりの電圧の大きさ

（ⅲ）　コップＡからＣの中にある電熱線ａひとつあたりの発熱量

4 電熱線から発生する熱で水をあたためる実験を行いました。ただし、電熱線から発生する熱は、水以外のものには伝わらず、水から逃《に》げることもありません。また、水は実験の途《と》中で蒸発しないものとします。

はじめに、コップAからCに室温と同じ水温の水を 200 mLずつ入れ、図1のように、電熱線を沈《しず》め、直流電源から電流を流しました。図1の電熱線はすべて共通の電熱線aでした。

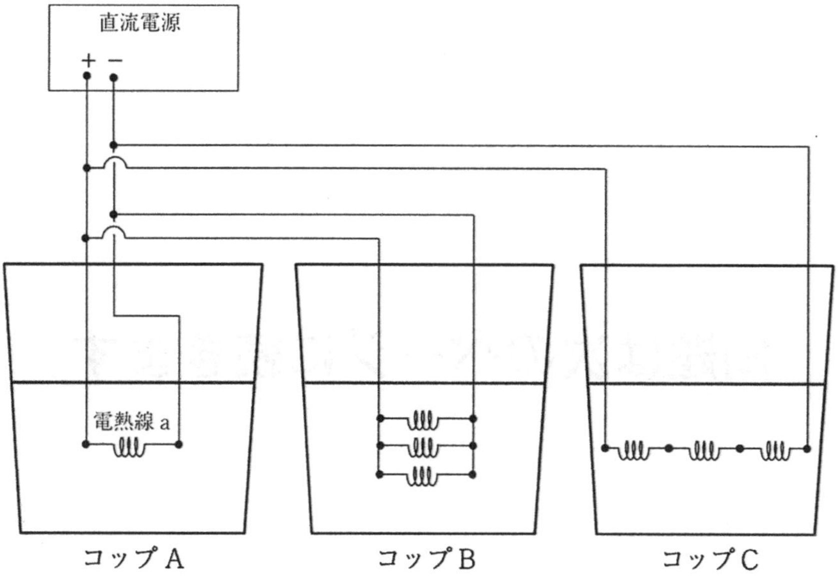

図1

電源を入れると、時間の経過とともにコップAからCの水温は、表1のように変化しました。

表1

経過時間〔分〕	10	15	20	25
コップAの水温〔℃〕	29.1	30.3	31.5	32.7
コップBの水温〔℃〕	33.9	37.5	41.1	44.7
コップCの水温〔℃〕	27.5	27.9	28.3	28.7

問題は次のページに続きます。

(8) 鉄を加熱してさびができるときには、熱が発生します。その熱は鉄 1 g あたり 1750 カロリーです。1 g の鉄を十分に加熱して、発生した熱の 10 % が 25 ℃の**さび２**の温度を上げるだけに使われると、**さび２**は何℃になると計算できますか。小数第 1 位を四捨五入して、整数で答えなさい。

ただし、1 g の**さび２**の温度を 1 ℃上げるのに必要な熱は 0.12 カロリー、**さび２**の融《ゆう》点は 1565 ℃とします。

さびは、鉄以外の金属でもできます。例えば、銅が水をふくんだ状態で空気中でさびると [④] 色のさびができます。また鉄と同じように、水が無くても加熱するとさびができます。

【実験３】

アルミニウム、鉄、銅の粉末をある割合で混《ま》ぜて 5.0 g にしました。

この粉末を十分な量の塩酸に入れると、気体が [⑤] cm^3 発生しましたが、とけずに残った金属が 0.4 g ありました。この金属を空気中で十分に加熱すると、0.5 g になりました。

次に、これとは別に、同じ割合の粉末 5.0 g を用意して、十分な量の水酸化ナトリウム水よう液に入れると、気体が 2000 cm^3 発生して、とけずに残った金属が 3.4 g ありました。このときとけた金属から発生した気体の量は、この金属を十分な量の塩酸に入れたときと同じになります。

最後に、同じ割合の粉末 5.0 g を空気中で十分に加熱すると、粉末の重さが 7.7 g になりました。

(9) [④]・[⑤] にあてはまる色、数値を答えなさい。ただし [④] は下の色の中から選びなさい。

【 白　黒　赤　緑　黄 】

(10) アルミニウム、鉄、銅それぞれのさびにおいて、同じ金属の重さに対する『金属以外のもの』の重さの割合を、最も簡単な整数の比で答えなさい。

(3)　下線部(ⅰ)について、重さが増えた理由を簡単に答えなさい。

(4)　下線部(ⅱ)について、効率よくさびを生じさせて発熱しやすくするために、 ③ ではスチールウールではなく鉄の粉末（鉄粉）が使われています。鉄粉にするとさびやすい理由を簡単に答えなさい。

空気中で鉄粉をガスバーナーで十分に加熱しても、鉄をさびさせることができます。

【実験２】

鉄粉の重さを、0.6 g、1.2 g、1.5 g、3.3 g と変えて空気中で十分に加熱して得られたさびの重さを調べました。また、0.6 g、1.2 g、1.5 g、3.3 g の鉄粉を十分な量の塩酸に入れて発生した気体の量を調べて、２つの結果をまとめると、表２のようになりました。

表２

鉄粉の重さ〔g〕	0.6	1.2	1.5	3.3
さびの重さ〔g〕	0.84	1.68	2.10	**A**
発生する気体の量〔cm^3〕	240	480	**B**	1320

(5)　表２の **A** と **B** にあてはまる数値を答えなさい。

(6)　鉄粉 5.0 g をガスバーナーで加熱して、6.0 g にしました。これを十分な量の塩酸に入れたとき、発生する気体の量は何 cm^3 ですか。整数で答えなさい。ただし、鉄のさびは塩酸にはとけますが、気体は発生しません。

(7)　**【実験２】**でできたさびは、**【実験１】**でできたさびとは色がちがっていました。これはさびを構成するものの割合がちがっているからです。**【実験１】**でできたさびを**さび１**、**【実験２】**でできたさびを**さび２**としたとき、同じ鉄の重さに対する**さび１**と**さび２**にふくまれる『鉄以外のもの』の重さの割合を、最も簡単な整数の比で答えなさい。

2020(R2) 西大和学園中
K 教英出版

4 日本の文字の歴史に関する次の【Ⅰ】～【Ⅳ】の文章を読み、あとの**問１**～**問18**に答えなさい。

【Ⅰ】

紙が日本に伝わったのはいつごろのことだろう。正式な記録では、①７世紀の初めに高句麗《こうくり》からの渡来僧《とらいそう》の曇徴《どんちょう》が紙と墨《すみ》をつくる技術をもってきたことが、8世紀前半につくられた【　あ　】に記されている。しかし、日本にはこれ以前から、中国など外国との外交文書や、渡来してきた人たちの「みやげもの」として、紙はすでに伝わっていた。当時の紙は、輸入にたよるほど高価な貴重品だったので、とても大切に使われた。紙に記録されるのは当然、重要な事がらに限られていた。たとえば、租《そ》税をとりたてるためにつくられた戸籍《こせき》などは、紙に記録する重要な事がらであった。しかし、②租税の荷札や役所どうしの連絡など日常的な事がらには、まだ【　い　】が使われていた。③平城京跡《あと》などから発掘《はっくつ》される【　い　】を見ると、東は上野《こうずけ》（現在の群馬県）から、西は日向《ひゅうが》（現在の宮崎県）まで、およそ48か国にものぼる地方の国ぐにから都に集められた、税や献上《けんじょう》品の内容を細かく知ることができる。

問１　下線部①について、この時期の政治について述べた次の文中の【　A　】・【　B　】にあてはまる語句の組み合わせとして正しいものを、あとの**ア**～**エ**から１つ選び、記号で答えなさい。

天皇の政治をたすけた聖徳太子（厩戸《うまやど》王）は、朝廷《ちょうてい》内で大きな勢力をもっていた【　A　】氏とともに、天皇中心の国づくりを目ざして政治改革に取りかかった。そのひとつが【　B　】の制定で、これによって家がらや出身地にとらわれずに、能力や功績で役人を取り立てるしくみがつくられた。

ア　A－蘇我《そが》　B－十七条の憲法　　**イ**　A－蘇我　B－冠位《かんい》十二階
ウ　A－藤原《ふじわら》　B－十七条の憲法　　**エ**　A－藤原　B－冠位十二階

問２　文章中の【　あ　】には、天皇の命令により『古事記』につづいてまとめられた歴史書の名があてはまります。あてはまる書名を漢字で答えなさい。

問3　下線部②について、口分田をあたえられた人びとに課せられた税の負担の説明をした次の**A**～**C**の文が正しいか、あやまっているかを判断し、その正誤の組み合わせとして正しいものを、あとの**ア**～**カ**から１つ選び、記号で答えなさい。

A　租は、稲《いね》の収穫《しゅうかく》高のおよそ半分を納めるもので、各地方の役所に集められた。
B　庸《よう》は、１年に60日以内、地方の役人のもとで働くか、または稲を納めさせた。
C　調は、布、塩、絹などの地方の特産物を納めるもので、都まで直接運ばれた。

	A	B	C
ア	正	正	誤
イ	正	誤	正
ウ	正	誤	誤
エ	誤	正	正
オ	誤	正	誤
カ	誤	誤	正

問4　文章中の【　い　】にあてはまる語句を漢字２字で答えなさい。

問5　下線部③について、この都について述べた次のⅰ・ⅱの文が正しいかあやまっているかを判断し、ⅰ・ⅱの両方が正しければ**ア**、ⅰが正しくⅱがあやまっていれば**イ**、ⅰがあやまりでⅱが正しければ**ウ**、ⅰ・ⅱの両方があやまっていれば**エ**と答えなさい。

ⅰ　聖武《しょうむ》天皇が中国（唐）の都長安にならった本格的な都をつくるよう命じたことで、奈良での建設が始まった。
ⅱ　都には、天皇をはじめ、多くの貴族や役人がくらし、かれらには寝殿造《しんでんづくり》とよばれる広い屋しきがあたえられた。

【Ⅱ】

世界で最初に活字を使った印刷をおこなった国は、宋《そう》の時代の中国で、④11世紀中ごろのことであった。しかし、陶製の活字であったためあまり広まらず、14世紀の初め、⑤元の時代になって木の活字がつくられるようになる。これが朝鮮半島に伝わると、木の活字より耐久《たいきゅう》性にすぐれた金属活字がつくりだされ、高麗《こうらい》の時代に印刷された仏典は、世界最古の金属活字印刷とされている。

日本の印刷の歴史に大きな変革がおとずれたのは、16世紀後半に天下を統一した、⑥豊臣秀吉《とよとみひでよし》の時代であった。秀吉は統一後に朝鮮に侵略《しんりゃく》したが、その指揮官の小西行長《こにしゆきなが》らは、朝鮮の王宮から銅活字などを見つけ、それらを日本に持ち帰った。

この時代にはもうひとつ別のルートで活字印刷が伝わった。それは九州方面に⑦キリスト教の宣教師たちが持ちこんだ、ヨーロッパ式の金属活字印刷である。しかし、せっかく日本に伝わった活字印刷であったが、⑧17世紀前半以降、しだいにおとろえていった。木版印刷は漢字とかなの組み合わせも自由にでき、漢字にふりがなもつけられ、さし絵もいっしょにはることができたため、日本では木版印刷の便利さの前に活字印刷は敗退したのであった。

問6　下線部④について、この時期に建てられた建造物を示す写真として正しいものを、次の**ア**～**エ**から１つ選び、記号で答えなさい。

ア

イ

ウ

エ

問7　下線部⑤について、元との戦いをえがいた次の図について説明したあとの**A**～**C**の文が正しいか、あやまっているかを判断し、その正誤の組み合わせとして正しいものを、あとの**ア**～**カ**から１つ選び、記号で答えなさい。

A　左側にえがかれているのは九州北部に上陸してきた元軍の兵士で、集団戦術でいどんできたため幕府側は苦戦した。

B　右側にえがかれているのは関東の御家人竹崎季長《たけざきすえなが》で、幕府のよびかけにこたえて九州に集まり、命がけで戦った。

C　上部にえがかれているのは元軍が新兵器として用いた「てつはう」で、火薬で爆発するしくみであった。

	A	B	C
ア	正	正	誤
イ	正	誤	正
ウ	正	誤	誤
エ	誤	正	正
オ	誤	正	誤
カ	誤	誤	正

問8　下線部⑥について、この人物の説明としてあやまっているものを、次の**ア**～**エ**から１つ選び、記号で答えなさい。

ア　百姓から刀や鉄砲などを取り上げて、一揆《いっき》などの反抗《はんこう》ができないようにした。

イ　対立するようになった足利《あしかが》氏の将軍を京都から追放し、室町幕府をほろぼした。

ウ　検地を実施して、百姓に田畑を耕す権利を認め、年貢《ねんぐ》を納めることを義務づけた。

エ　武士や町人を城下町に住まわせ、武士と百姓・町人の身分のちがいを明確にした。

問9　下線部⑦について、16世紀のキリスト教伝来とともに、宣教師らによってはじめて日本にもたらされたものとしてあてはまらないものを、次の**ア**～**エ**から１つ選び、記号で答えなさい。

ア　石けん　　**イ**　カステラ　　**ウ**　ガラス　　**エ**　カルタ

問10　下線部⑧について、この時期に日本は「鎖国《さこく》」とよばれる状態にうつりかわっていきました。次の年表中の【　A　】～【　C　】にあてはまる国名の組み合わせとして正しいものを、あとの**ア**～**エ**から１つ選び、記号で答えなさい。

年	おもなできごと
1612	キリスト教の禁止令を出す。
1616	外国船の来航を長崎と平戸に限定する。
1624	【　A　】船の来航を禁止する。
1635	日本人の海外への渡航と海外からの帰国を禁止する。
1637	島原・天草一揆がおこる。
1639	【　B　】船の来航を禁止する。
1641	平戸にあった【　C　】の商館を出島に移す。

ア　【A】―スペイン　【B】―ポルトガル　【C】―オランダ

イ　【A】―ポルトガル　【B】―スペイン　【C】―オランダ

ウ　【A】―スペイン　【B】―ポルトガル　【C】―イギリス

エ　【A】―ポルトガル　【B】―スペイン　【C】―イギリス

【Ⅲ】

江戸時代には、文字を読める庶民《しょみん》が多くなったことから、つぎつぎとヒット作を出す人気作家もあらわれるようになった。なかでも、⑨元禄《げんろく》年間ごろに上方《かみがた》で活躍した⑩近松門左衛門《ちかまつもんざえもん》らの本は、出版業者の手で世に出され、高い人気を得た。
江戸時代の後期になると、文化の中心は上方から江戸にうつり、江戸の出版業者がさかえた。なかでも蔦屋重三郎《つたやじゅうざぶろう》は、才覚のある作家をかかえて、話題作をつぎつぎに発表したほか、⑪喜多川歌麿《きたがわうたまろ》らの版画作品も出版した。また、活発な文芸活動をささえたのは、出版業者のほかに、貸本屋の存在があった。その商売は、店をかまえずに得意先を定期的にまわり、本を２週間ほど貸してレンタル料をとるというもので、おかげで人びとは安く書物を読むことができた。⑫滝沢馬琴《たきざわばきん》らの作品が多くの読者を得たのも、貸本屋があったからである。

問11　下線部⑨について、この時期に第５代将軍は次の写真の「聖堂」を江戸の湯島に建て、この地に幕府の学問所をおきました。この聖堂にまつられた人物として正しいものをあとの**ア**～**エ**から１つ選び、記号で答えなさい。

ア　シャカ（ブッダ）　　**イ**　孔子《こうし》
ウ　ムハンマド　　**エ**　徳川家康《とくがわいえやす》

問12　下線部⑩について、この人物が脚本《きゃくほん》（台本）を数多く書いた芸能は、三味線《しゃみせん》の伴奏《ばんそう》にあわせて節《ふし》をつけて語られ、たくさんの見物客でにぎわいました。この芸能を示す写真として正しいものをあとの**ア**～**エ**から１つ選び、記号で答えなさい。

ア

イ

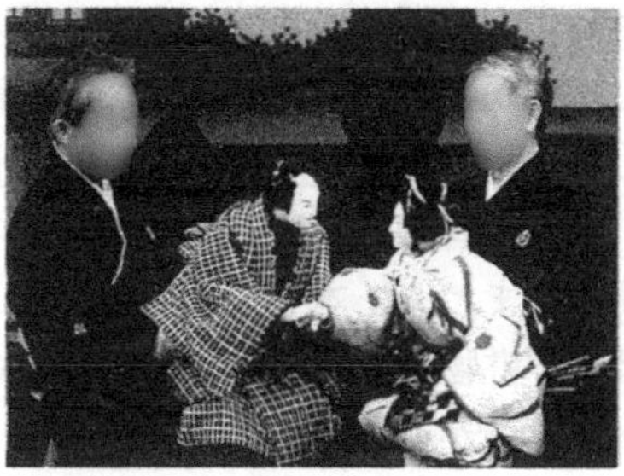

ウ

エ

問13　下線部⑪について、蔦屋の店先にもならんだ役者や美人の絵は、色あざやかな版画の絵で、たくさんの人びとが買い求めました。このような絵は当時何とよばれたか、漢字で答えなさい。

問14 下線部⑫について、この人物の代表作品である『南総里見八犬伝』は、1814年から1842年まで、完結するまでに28年を要した大作でした。この期間中におこったできごとについて述べた次の文中の【 A 】・【 B 】にあてはまる語句の組み合わせとして正しいものを、あとの**ア**～**エ**から1つ選び、記号で答えなさい。

1837年、もと幕府の町奉行所の役人であった大塩平八郎が、【 A 】の大ききんで生活に苦しむ人びとを救うために同志を集めて兵をあげ、【 B 】の大商人の屋しきなどにせめ入った。この事件はわずか1日でおさえられたが、幕府をたいへんおどろかせた。

ア A－天保 B－大阪　　**イ** A－天保 B－江戸
ウ A－天明 B－大阪　　**エ** A－天明 B－江戸

【Ⅳ】

新聞は、多くの人びとにたくさんのニュースを提供するだけでなく、ときには国民の考え方に大きな影響《えいきょう》をあたえる、ジャーナリズムの中心的な役割をはたしてきた。新聞が創刊《そうかん》されはじめた⑬明治時代のはじめは、政府を批判する新聞もあったため、政府は自由民権運動の高まりもあったので、反政府的な言論を法律でふうじこめようとした。しかし、新聞と政府がいつも対立していたというわけではない。⑭日清・日露《にちろ》の両戦争のとき、新聞は日本軍の活躍《かつやく》をきそって報道し、国民意識を高める役目をしたのである。⑮日本の資本主義が発達すると、⑯はたらき手の労働者階級も成長したので、社会主義をとなえる『平民新聞』が幸徳秋水《こうとくしゅうすい》らによって創刊された。これを取りしまるため、政府はさまざまな言論統制を可能にする法律を公布した。

問15 下線部⑬について、西郷隆盛《さいごうたかもり》を中心とする西南戦争がおこった時期として正しいものを、次の年表中の**ア**～**エ**から１つ選び、記号で答えなさい。

五箇条《ごかじょう》の御誓文《ごせいもん》が示された。

【　ア　】

各地に置かれていた藩《はん》が廃止《はいし》された。

【　イ　】

近代的な軍隊をもつため徴兵令《ちょうへいれい》が出された。

【　ウ　】

10年後に国会を開くことが国民に約束された。

【　エ　】

天皇の名で大日本帝国憲法が発布された。

問16　下線部⑭について、この両戦争を説明した次の**A**～**C**の文が正しいか、あやまっているかを判断し、その正誤の組み合わせとして正しいものを、あとの**ア**～**カ**から１つ選び、記号で答えなさい。

A　日清戦争に勝利した日本は、台湾《たいわん》や樺太《からふと》の地をゆずり受けるとともに、多額の賠償《ばいしょう》金を受け取った。

B　与謝野晶子《よさのあきこ》は日露戦争で兵士として戦地におもむいた弟のことを心配して「君死にたまうことなかれ」の歌をよんだ。

C　日露戦争で日本は多くのぎせい者を出しながらも勝ち進み、同盟を結んでいるイギリスのなかだちで講和条約を結ぶことができた。

	A	B	C
ア	正	正	誤
イ	正	誤	正
ウ	正	誤	誤
エ	誤	正	正
オ	誤	正	誤
カ	誤	誤	正

問17　下線部⑮に関連して、右の写真は、2024年をめどに発行される新１万円札に採用される人物の肖像《しょうぞう》画です。第一国立銀行の開業をはじめ、500社もの設立にかかわった実業家で、「日本資本主義の父」とよばれるこの人物の名前を漢字で答えなさい。

問18　下線部⑯に関連して、第一次世界大戦のあと、さまざまな職場で女性が活やくするようになりました。女性の進出がみられたこの当時の新しい仕事の例としてあてはまらないものを、次の**ア**～**エ**から１つ選び、記号で答えなさい。

ア　バスの乗務員　　　**イ**　テレビ局のアナウンサー

ウ　電話の交換手　　　**エ**　デパートの店員

5 次の文章を読み、あとの**問１**～**問５**に答えなさい。

①2019年５月１日に施行された新しい元号「令和」は４月１日に②内閣官房長官によって公表された。「令和」は日本で最初の【　あ　】から数えて248個目の元号で、明治以降では初の③天皇退位にともなう改元であった。かつて元号の多くは中国の古典から取られていたが、今回は和書（日本の古典）である【　い　】から引用された。「令」の字が使われるのは初めてのことで、「良い」「すばらしい」という意味がある一方、「和」は昭和に続いて20回目となる。

改元から３週間後の５月21日、裁判員制度が2009年の導入から10年をむかえた。最高裁判所が公表した報告書によると、裁判員に選ばれた人のなかで辞退する人の割合（辞退率）が増え続けており、2018年は67%に達した。これは選ばれた３人に２人が辞退する状況となっている。記者会見した最高裁の長官は「④制度の運用はいまだ完成途上。改善策を考えていく。」と述べた。

問１　下線部①について、新天皇が即位《そくい》したこの日と、即位を国内外に示す「即位礼正殿の儀《ぎ》」が開かれた10月22日は祝日あつかいとされました。国民の祝日に関する次の(1)・(2)の問いに答えなさい。

(1)　国民の祝日と日本国憲法について述べた次の文中の【　A　】・【　B　】にあてはまる語句の組み合わせとして正しいものを、あとの**ア**～**エ**から１つ選び、記号で答えなさい。

日本国憲法が【　A　】された【　B　】は、国の成長や発展を願う「憲法記念日」として「国民の祝日に関する法律」に定められている。

ア　A－施行　B－５月３日　　**イ**　A－施行　B－11月３日
ウ　A－公布　B－５月３日　　**エ**　A－公布　B－11月３日

(2)　2016年から8月11日が新たな国民の祝日となりました。その祝日の名前として正しいものを、次の**ア**～**エ**から１つ選び、記号で答えなさい。

ア　みどりの日　　**イ**　海の日　　**ウ**　昭和の日　　**エ**　山の日

問２　下線部②について、この役職は内閣総理大臣をたすけ、内閣のさまざまな事務を調整する、重要な役わりをもつ国務大臣のひとつです。日本の内閣と国務大臣について述べた次の文中の【　　　】にあてはまる語句を、漢字１字で答えなさい。

内閣のもとには、さまざまな府・省・【　　　】が置かれ、実際の仕事を分担して進める。ほとんどの国務大臣は、担当する省・【　　　】の大臣・長官を務め、仕事の指示を出す。

問３　文章中の【　あ　】・【　い　】にあてはまる語句を、それぞれ漢字で答えなさい。

問４　下線部③について、憲法で定められた天皇のおもな国事行為としてあやまっているものを、次の**ア**～**エ**から１つ選び、記号で答えなさい。

ア　内閣総理大臣や国務大臣の任命をおこなう。
イ　国会の召集《しょうしゅう》をおこなう。
ウ　衆議院の解散をおこなう。
エ　憲法改正、法律、条約の公布をおこなう。

問５　下線部④について、この長官の発言から、裁判員制度は改善を加えつつも今後も続けられていくことがわかります。この制度がどのような目的や期待をもって当初導入されたのか、その理由を次の文にあてはまるように40字以内で説明しなさい。

一般の国民が裁判員として刑事裁判に参加することにより、□ことが期待されて導入された。

問題は次のページに続きます。

問９　下線部⑨について、伝統的工芸品は、2018年現在で232品目が指定されています。伝統的工芸品とその産地の組み合わせとして適当でないものを、次の**ア**～**オ**から２つ選び、記号で答えなさい。

	伝統的工芸品	産地
ア	小《お》千《ち》谷《や》ちぢみ	新潟県
イ	大館《おおだて》曲げわっぱ	山形県
ウ	熊《くま》野《の》筆《ふで》	広島県
エ	信楽焼《しがらきやき》	京都府
オ	輪《わ》島《じま》塗《ぬり》	石川県

問8　下線部⑧について、図４は、大工場と中小工場の割合について、工場数・出荷額・働く人の数をあらわしたグラフです。図中の**G**～**I**とそれぞれがあらわしている項目の組み合わせとして正しいものを、あとの**ア**～**カ**から１つ選び、記号で答えなさい。

図4　大工場と中小工場の割合

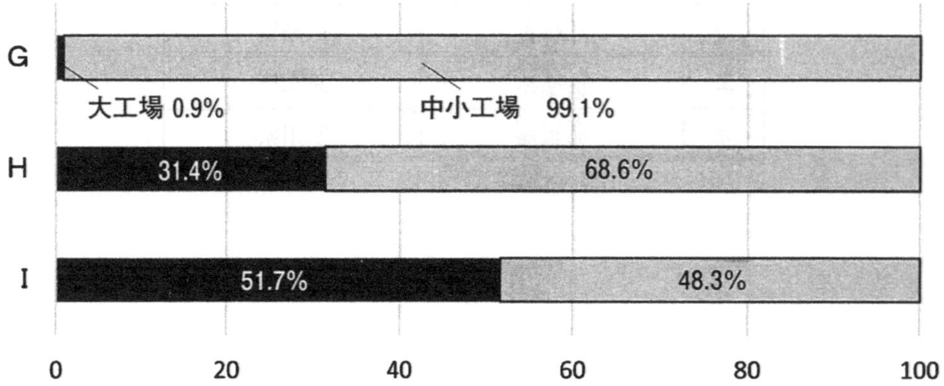

経済産業省「工業統計調査」により作成
統計年次は2017年（ただし出荷額は2016年）

	G	H	I
ア	工場数	出荷額	働く人の数
イ	工場数	働く人の数	出荷額
ウ	出荷額	工場数	働く人の数
エ	出荷額	働く人の数	工場数
オ	働く人の数	工場数	出荷額
カ	働く人の数	出荷額	工場数

二

問三

問四

問五

20 40

問六

20 40 60

問七

問八

三

(i)

1

2

(ii)

1 が

2 に てきた

(iii)

A

B

(iv)

※

※

※150点満点
（配点非公表）

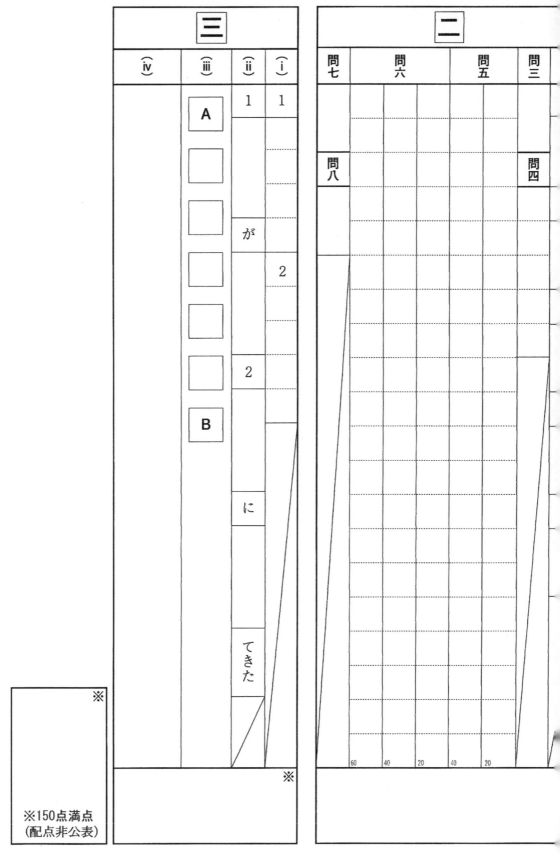

2020年度　西大和学園中学校入学試験

算 数 解 答 用 紙

受験番号	氏　　　名

※じるしのらんには何も書かないこと

1	(1)	(2)	(3)	※
	(4) あ	い	(5)	
	(6)	(7)		
2	(1)	(2)		※
	(3) あ	い	(4)	

【解答用

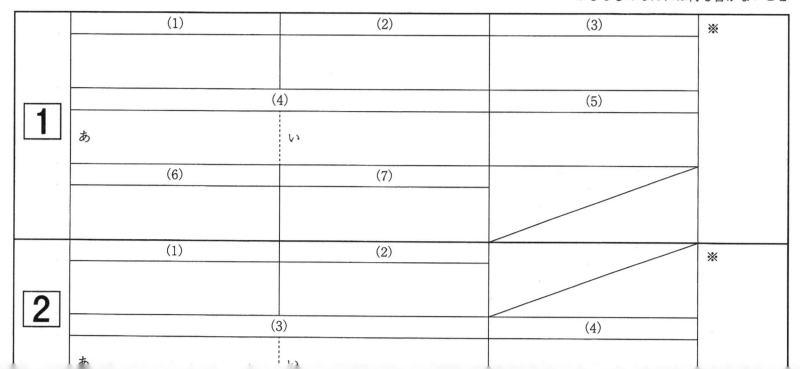

2020年度　西大和学園中学校入学試験

理　科　解　答　用　紙

受験番号	氏　　　　名

※のらんには何も書かないこと。

1	(1)	(2)	(3)	(4)	(5)	※
					奈良 ／ シドニー	

(6)		(7)	(8)	
春分　　度	夏至　　度		(i)	(ii)

2	(1)	(2)	(3)	(4)	(5)	※
		魚類 ／ ほ乳類		枚		

(6)		
(i)	(ii)　と	(iii)

(1)			(2)	※
①	②	③		

(3)

【解答用

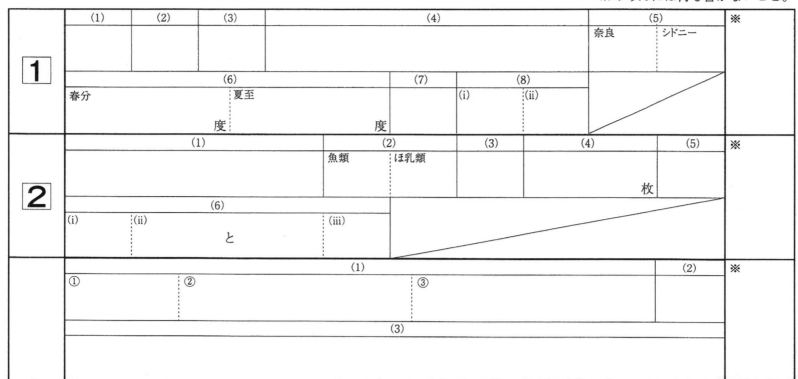

2020年度　西大和学園中学校入学試験

社会解答用紙

受験番号	氏名

※のらんには何も書かないこと。

1	問1	(1)	(2)	(3)		※
		(4)				
	問2		問3		問4	
	問5		問6			
2	問1	(1)	(2)		問2 km	※
	問3		問4 水域			
	問4 理由					
	問1 政策		問			※

【解答用

3	問5		問6				
	問7	(1)			(2)		
	問8		問9				
4	問1		問2		問3		※
	問4		問5		問6		
	問7		問8		問9		
	問10		問11		問12		
	問13		問14		問15		
	問16		問17		問18		
5	問1	(1)	(2)		問2		※
	問3	あ	い		問4		
	問5						

※

※100点満点
(配点非公表)

(5)		(6)	(7)
A	B	cm^3	さび１：さび２＝　　：

(8)	(9)		(10)
℃	④	⑤	アルミニウム：鉄：銅＝　　：　　：

4

(1)	(2)	(3)	
	℃	分　　秒後	

(4)		
(i) A：B：C＝　　：　　：	(ii) A：B：C＝　　：　　：	(iii) A：B：C＝　　：　　：

(5)		(6)	
(i) ①：②＝　　：	(ii) A：B＝　　：	℃	

(7)		(8)	(9)	
コップC ℃	コップD ℃	分後	℃	

※

※

※100点満点
(配点非公表)

4

(3)

3

(3)

3	あ	い	う	え	
	(2)		(3)		
	お	か	き	く	

4	(1)						※
	あ		い				
	(2)						
	う	え	お	か	き	く	
	(3)		(4)				
	け		こ		さ		

※
※150点満点 (配点非公表)

2020年度　西大和学園中学校入学試験

国　語　解　答　用　紙

受験番号	氏　　　　名

※の欄には何も書かないこと。

一

問一	①		②		③		④		⑤	って
問二	A		B		C		D		E	
問三	X		Y		問四		問五			
問六		問七	あ		い		う		え	
問八	20	40	60	80						
問九										

※

2　右ページの地形図は、２万５千分の１地形図「堅田《かたた》」（平成29年作成）の一部です。この地形図をみて、あとの**問１**～**問４**に答えなさい。

問１　地形図中に使用されている地図記号は、たびたび改変されています。このことについて、あとの(1)・(2)の問いに答えなさい。

(1)　平成25年以降に発行された２万５千分の１地形図では、これまで使用されていたいくつかの地図記号が使用されなくなりました。使用されなくなった地図記号として正しいものを、次の**ア**～**オ**から２つ選び、記号で答えなさい。

ア　温泉　　**イ**　果樹園　　**ウ**　くわ畑　　**エ**　工場　　**オ**　消防署

(2)　国土地理院は、平成31年３月に、新しい地図記号である「自然災害伝承碑《ひ》」の制定を決定しました。この地図記号は、令和元年９月以降に作成される２万５千分の１地形図に掲載《けいさい》されます。解答らんに、「自然災害伝承碑」をあらわす地図記号を書きなさい。

問２　「和邇《わに》」駅から「小野」駅間の直線距離《きょり》は、地形図上では12cmです。実際の距離は何kmになるか、答えなさい。

問３　地形図から読み取ることができることとして適当でないものを、次の**ア**～**エ**から１つ選び、記号で答えなさい。

ア　「小野」駅から「蔓陀羅《まんだら》山」の方向を見ると、山頂が２つ並んで見える。

イ　「和邇」駅の周辺には警察署や裁判所があり、地域の中心として発展していると考えられる。

ウ　「比良《ひら》ＧＣ」には針葉樹林が広がっているが、一部には竹林が見られる。

エ　「和邇春日《かすが》」や「清和町」は整理された道路や住宅が見られることから、ニュータウンとして開発されたと考えられる。

問４　地形図中の東部にある広大な水域は、海か湖のどちらか答えなさい。また、そのように判断した理由を説明しなさい。ただし、地名で判断したという解答は認めません。

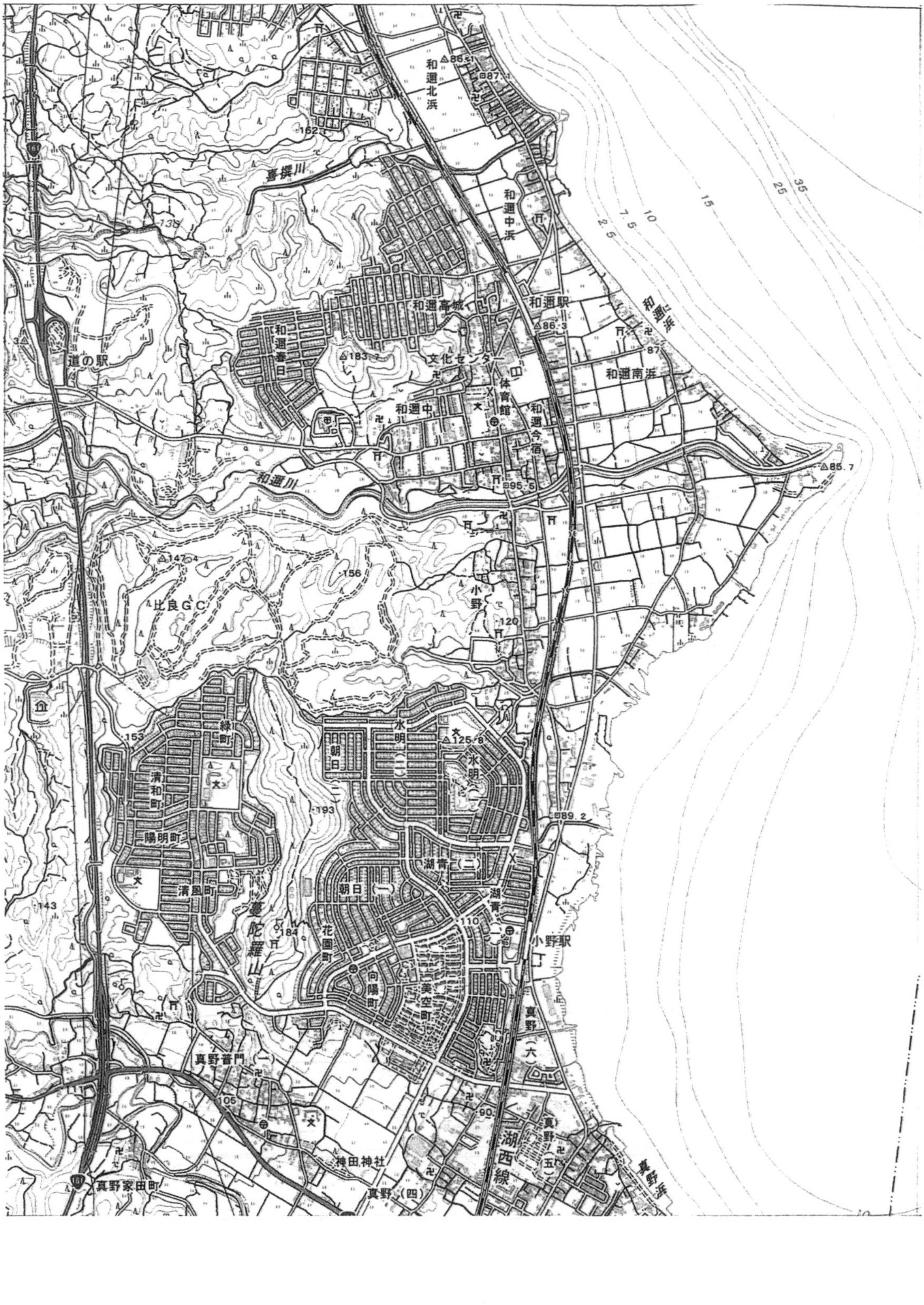
和邇北浜
喜撰川
和邇中浜
和邇浜
和邇駅
和邇高城
和邇春日
道の駅
文化センター
体育館
和邇中
和邇今宿
和邇南浜
和邇川
比良ＧＣ
小野
緑町
水明
朝日
清和町
陽明町
清風町
湖青（二）
朝日（一）
湖青
花園町
向陽町
美空町
小野駅
真野
（六）
真野普門（一）
神田神社
湖西線
真野（五）
真野浜
真野家田町
真野（四）

3 次の３つの文章は、日本の農業・水産業・工業のようすをまとめたものです。これを読んで、あとの**問１**～**問９**に答えなさい。

［コメの輸入自由化］

日本人がコメをたくさん食べていたころは、国内生産で足りない分を輸入して補っていました。しかし、1967年から３年連続して①コメの収穫《しゅうかく》量がとても多くなったため余るようになり、1990年代初めにかけて、輸入はほとんどしなくなりました。

ところが、1993年に日本は記録的な冷夏によりコメ不足となったため、コメを大量に輸入しました。そして、1995年に、世界の貿易自由化にあわせて［　②　］を導入し、コメの自由化にふみ出しました。2000年以降の［　②　］によるコメの輸入量は、年間77万トンに設定されています。それ以外の輸入には［　③　］、④国内のコメ作りを守っています。

［漁業のうつりかわり］

下の図１は、漁業別の⑤漁獲《ぎょかく》量をあらわしたものです。日本の漁業は、戦後の経済成長とともに、さかんになっていきました。漁獲量は1960年代から増え始め、遠洋漁業では1963年から69年までの間に２倍以上になりました。

しかし、その後⑥遠洋漁業の漁獲量は落ちこんでいき、1973年から79年までの６年間で半分に減ります。一方、1970年代から80年代前半にかけて沖合漁業が漁獲量を増やしていき、日本の漁業の中心になりました。日本の漁獲量が最も多かったのは1984年のことです。しかし、⑦沖合漁業も1989年からは漁獲量が急速に減っていきました。

図１　漁業別の漁獲量

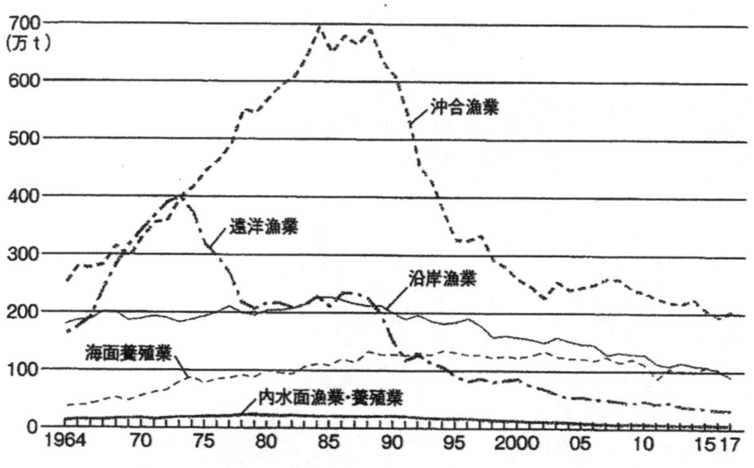

[大工場と中小工場]

日本には、2017年6月現在で⑧およそ37万の工場があります。中小工場の多くは技術力が高く、日本の工業が世界のトップクラスにある大きな要因となっています。独自の技術で国際的に高く評価されている中小工場も少なくなく、特定の分野で世界シェアの多くを占めている中小工場もあります。

中小工場の多くは、安定した仕事を得るために、大工場の下うけをしています。大工場を中心に中小工場が集まる企《き》業《ぎょう》城下町となるところもあります。また、⑨伝統的工芸品のように、同じ製品をつくる中小工場が集まって産地を形成することもあります。

『日本のすがた2019』などにより作成

問1　下線部①について、1970年から日本政府は、コメの作りすぎによって値段が下がることを防ぐために、コメの生産量を制限する政策を実施しました。この政策を何というか、漢字で答えなさい。

問2　文章中の ② には、最低限の輸入の機会を与えること、という意味の語句が入ります。 ② にあてはまる語句を、カタカナで答えなさい。

問3　文章中の ③ にあてはまるように、コメの輸入自由化の流れのもとで、日本政府が国内のコメ作りを守るために実施していることを、10字以内で考えて答えなさい。

問4　下線部④について、近年、コメの国内消費を増やすため、各産地ではブランド米の開発に力を入れています。ブランド米の名称と産地の組み合せとして適当でないものを、次の**ア**～**エ**から1つ選び、記号で答えなさい。

	ブランド米	おもな産地
ア	つや姫《ひめ》	山形県
イ	ひとめぼれ	青森県
ウ	みずかがみ	滋賀県
エ	ゆめぴりか	北海道

問5　下線部⑤について、図２は、2016年の世界の漁獲量の割合を、図３は、図２中の**A**～**C**の３か国の1985年～2016年にかけての漁獲量の推移をそれぞれあらわしたものです。表中の**A**～**C**にあてはまる国名の組み合わせとして正しいものを、あとの**ア**～**カ**から１つ選び、記号で答えなさい。

図２　世界の漁獲量（2016年）

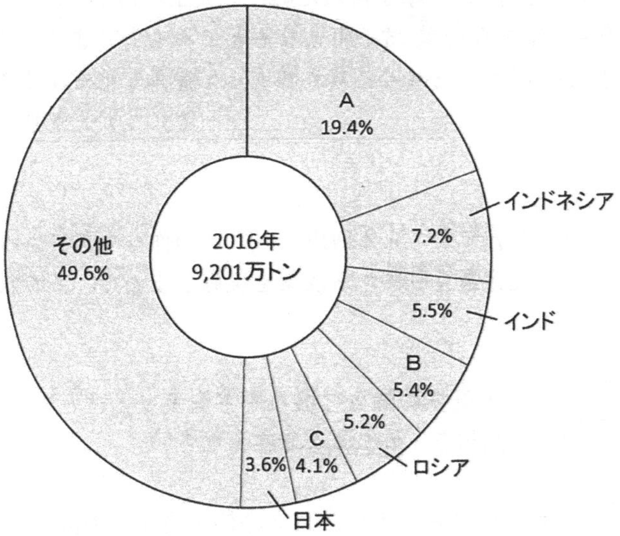

『日本のすがた2019』により作成

図３　1985年～2016年の漁獲量

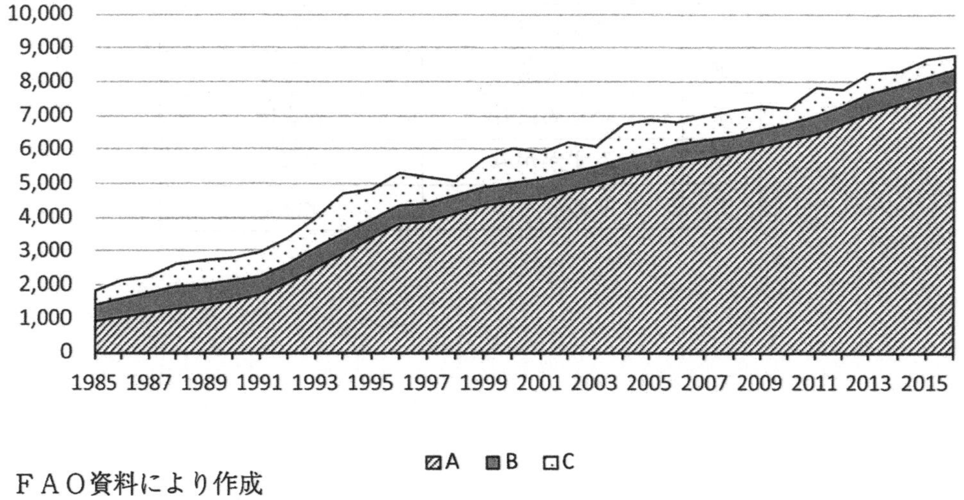

ＦＡＯ資料により作成
単位は万トン

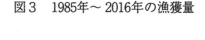

	A	B	C
ア	アメリカ合衆国	中国	ペルー
イ	アメリカ合衆国	ペルー	中国
ウ	中国	アメリカ合衆国	ペルー
エ	中国	ペルー	アメリカ合衆国
オ	ペルー	アメリカ合衆国	中国
カ	ペルー	中国	アメリカ合衆国

問6　下線部⑥について、次の文章は、遠洋漁業の漁獲量が落ちこんだ背景を説明したものです。[i]・[ii]にあてはまる語句や数値の組み合わせとして正しいものを、あとの**ア**～**エ**から１つ選び、記号で答えなさい。

遠洋漁業の漁獲量は、1973年から79年までの６年間で半分に減ります。その原因は、1973年に[i]がおこり、また、70年代後半から世界各国が、自国の沿岸から[ii]海里の水域内において、外国の漁船が魚をとることを制限するようになったためです。

	i	ii
ア	石油危機	12
イ	石油危機	200
ウ	バブルの崩壊《ほうかい》	12
エ	バブルの崩壊	200

問7　下線部⑦について、あとの(1)・(2)の問いに答えなさい。

(1)　1980年代までは、日本の近海では、まいわしやさばなどが豊漁でしたが、1990年代に入ると急に不漁となりました。その結果、沖合漁業の漁獲量も急に減ってしまいました。このように魚が極端に減ってしまった背景には、水域環境の変化があげられますが、ほかにも原因があると言われています。その原因は何か、簡単に説明しなさい。

(2)　漁獲量の減少により、近年日本では、魚を育てふやす漁業が行われています。表１は、海面養しょく業におけるかき類・ぶり類・まだいの漁獲量を都道府県別に並べ、上位３都道府県をあらわしたものです。**D**～**F**と魚種の組み合わせとして正しいものを、あとの**ア**～**カ**から１つ選び、記号で答えなさい。

表１　養しょく業の魚種別収獲量

（単位はトン）

	D		E		F	
	都道府県	漁獲量	都道府県	漁獲量	都道府県	漁獲量
１位	愛媛県	34,208	広島県	106,851	鹿児島県	43,434
２位	熊本県	10,420	宮城県	18,691	愛媛県	21,371
３位	三重県	5,530	岡山県	10,657	大分県	21,183
計	全国	63,605	全国	164,380	全国	140,292

『データでみる県勢2018』により作成
統計年次は2016年

	D	E	F
ア	かき類	ぶり類	まだい
イ	かき類	まだい	ぶり類
ウ	ぶり類	かき類	まだい
エ	ぶり類	まだい	かき類
オ	まだい	かき類	ぶり類
カ	まだい	ぶり類	かき類

問題は次のページに続きます。

問６　下線部⑥について、近年日本で外国人観光客が急増している背景を説明した文として適当でないものを、次の**ア**～**エ**から１つ選び、記号で答えなさい。

ア　積極的に外国人観光客を呼びこむために、新たにゴルフ場やスキー場をもつリゾート地を建設しているから。

イ　格安航空会社（ＬＣＣ）の登場で航空運賃が下がり、気軽に日本を訪れることができるようになったから。

ウ　途上国の経済成長にともなう所得の増加により、海外旅行を楽しむことができる人が増えたから。

エ　ソーシャル・ネットワーキング・サービス（ＳＮＳ）の発達で、さまざまな情報を簡単に手に入れることができるようになったから。

ア　1975年以降、合計特殊出生率は2.0を下回って推移しているが、当時は子どもの数が多く、少子化に対する危機感はうすかったと考えられる。

イ　1990年代に相次いで少子化対策が打ち出されたことで、合計特殊出生率の低下は2000年を下限に上昇《じょうしょう》してきている。

ウ　1970年代以降少子化が進行してきたが、平均寿命も延びていったため、人口は2000年代まで一貫《いっかん》して増加してきた。

エ　2008年以降人口は減少に転じ、今後さまざまな分野において人手不足が問題になってくると考えられる。

問５　文章中の ⑤ について、京都市は、写真２のようなシステムを駅や観光地などに設置することで、外国人観光客もスマートフォンなどを用いて、簡単にインターネットに接続できるようにしています。このようなシステムのことを何というか、アルファベットで答えなさい。

写真２

問4　下線部④について、図２は日本の出生数と死亡数の推移、図３は総人口と合計特殊《とくしゅ》出生率の推移をそれぞれあらわしています。図２と図３から読み取ることができることとして適当でないものを、あとの**ア**～**エ**から１つ選び、記号で答えなさい。

図２　出生数と死亡数の推移

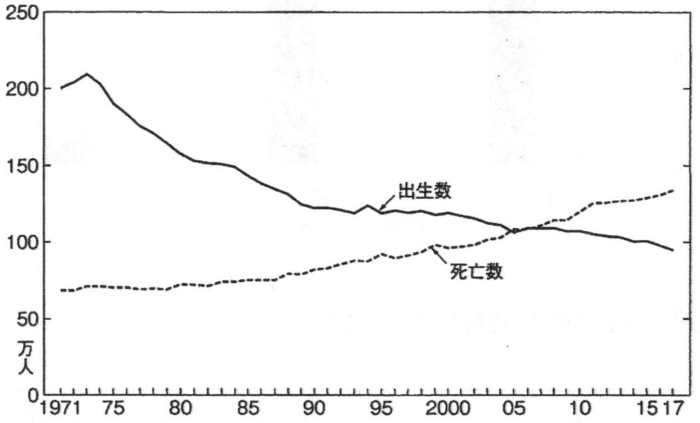

厚生労働省「人口動態統計」による。日本における日本人。1972年までは沖縄県を含まない。

図３　総人口と合計特殊出生率の推移

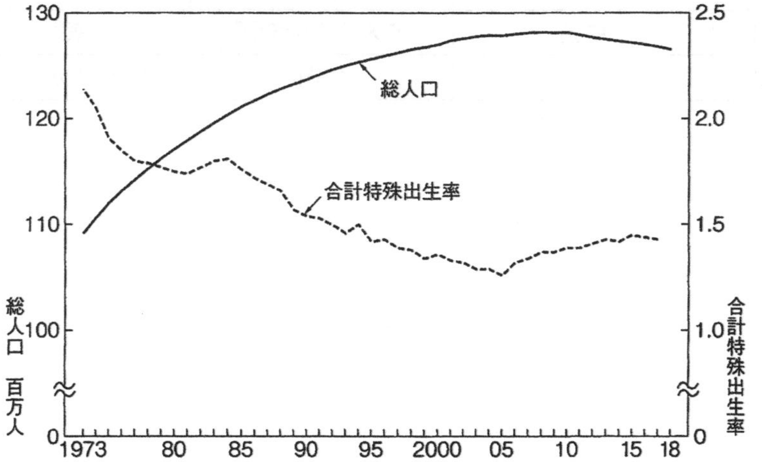

総務省統計局「人口推計」，同「国勢調査」，厚生労働省「人口動態統計」による。人口は各年10月１日現在。合計特殊出生率は暦年で，日本における日本人が対象。

『日本国勢図会2019』により作成

問3　下線部③について、図１は、2007年と2017年にアメリカ合衆国・韓国・中国（台湾・香港《ホンコン》は除く）から日本に訪れた人数をあらわしたものです。**D**～**F**のグラフとそれぞれの国の組み合わせとして正しいものを、あとの**ア**～**カ**から１つ選び、記号で答えなさい。

図１　訪日外国人客数

単位：万人

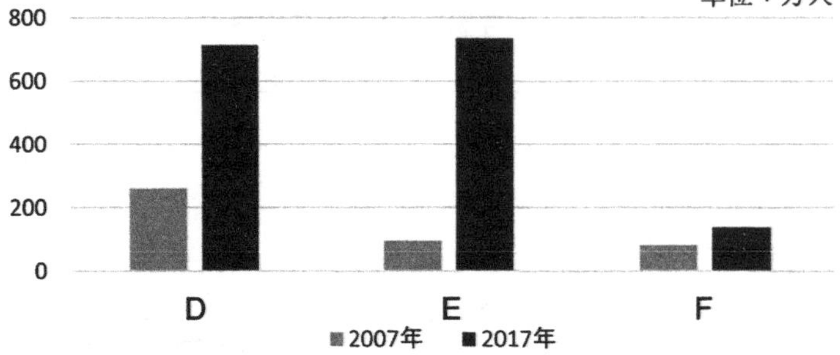

日本政府観光局（ＪＮＴＯ）資料により作成

	D	E	F
ア	アメリカ合衆国	韓国	中国
イ	アメリカ合衆国	中国	韓国
ウ	韓国	アメリカ合衆国	中国
エ	韓国	中国	アメリカ合衆国
オ	中国	アメリカ合衆国	韓国
カ	中国	韓国	アメリカ合衆国

問２　下線部②について、世界遺産は、世界遺産条約に基づいて登録された遺跡《いせき》や自然などのことで、自然遺産、文化遺産、それらの両方の複合遺産の３つに分けられます。日本国内の世界遺産について述べたものとして適当でないものを、次の**ア**～**エ**から１つ選び、記号で答えなさい。

ア　1993年には、日本で最初の文化遺産として「法隆《ほうりゅう》寺《じ》地域の仏教建造物」と「姫路《ひめじ》城」が登録された。

イ　2019年７月に登録された「百舌鳥《もず》・古市古墳《こふん》群」は、墓地遺跡として世界で初めて文化遺産に登録された。

ウ　2019年９月現在、複合遺産は世界全体で30件ほどしか登録されておらず、日本国内で登録されている複合遺産は存在しない。

エ　2019年９月現在、日本国内で登録されている自然遺産は、屋久島や知床《しれとこ》など全部で４つの地域である。

	A	B	C
ア	京都市	串本町	豊岡市
イ	京都市	豊岡市	串本町
ウ	串本町	京都市	豊岡市
エ	串本町	豊岡市	京都市
オ	豊岡市	京都市	串本町
カ	豊岡市	串本町	京都市

(3) 京都市の中心部には、鴨《かも》川という大きな川が流れています。この川は京都市の南部でほかの河川と合流し、淀《よど》川となって大阪湾《わん》にそそいでいます。淀川水系の河川としてあてはまらないものを、次の**ア**～**エ**から１つ選び、記号で答えなさい。

ア 宇治川　　**イ** 桂《かつら》川　　**ウ** 木津《きづ》川　　**エ** 大和川

(4) 京都市では、写真１のように、1997年から家庭で使い終わった天ぷら油などの食用油を回収しています。このようにして回収されている油の具体的な使い道とその目的を、「さく減」と「防止」という言葉を使って、60字以内で説明しなさい。

写真１

(2) 京都市は近畿《きんき》地方の内陸部に位置しています。次の**A**～**C**の雨温図は、京都市・串本《くしもと》町（和歌山県南部）・豊岡市（兵庫県北部）のいずれかの気温と降水量をあらわしています。**A**～**C**の雨温図とそれぞれの都市の組み合わせとして正しいものを、あとの**ア**～**カ**から１つ選び、記号で答えなさい。

A

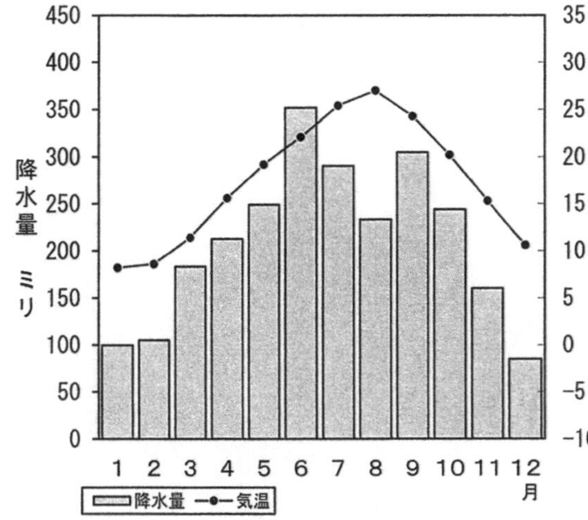

B

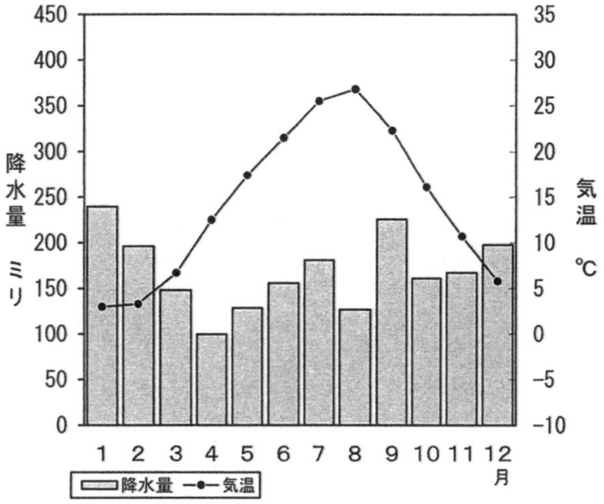

C

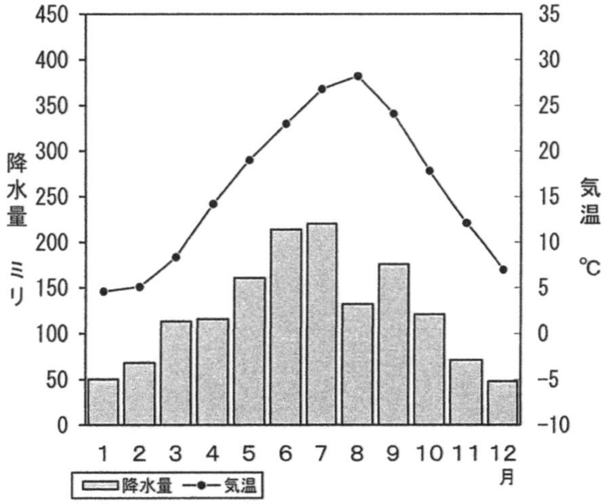

気象庁「過去の気象データ」により作成
統計年次は1980～2010年の平均値

問１　下線部①について、あとの(1)～(4)の問いに答えなさい。

(1)　京都市は、国から特別な指定を受けて行政区を設置している都市のひとつです。このような都市を何というか、漢字６字で答えなさい。

1 みかさんが通う小学校では、社会科の授業で、自分の出身地についての調べ学習に取り組んでいます。次の新聞記事は、みかさんが調べ学習の中で見つけたもので、出身地である京都市の観光について書かれたものをわかりやすくまとめたものです。これを読んで、あとの**問1**～**問6**に答えなさい。

※本文中の下線部
①京都市
②世界遺産
③外国人観光客
④少子高《こう》齢《れい》化《か》と人口の減少
無料［⑤］
⑥外国人観光客の急増

朝日新聞ＤＩＧＩＴＡＬ　2019年６月２日付により作成

2020年度　入学試験問題

社　会

（40分）

〔注 意〕

① 問題は1～5まであります。
② 解答用紙はこの問題用紙の間にはさんであります。
③ 解答用紙には受験番号、氏名を必ず記入のこと。
④ 各問題とも解答は解答用紙の所定のところへ記入のこと。

西大和学園中学校

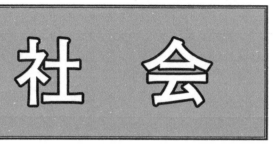

3 大和くんは、第１理科室の洗い場に水がついたスチールウールが ① 色にさびているのを見つけました。しかし、セッケンの近くにあるスチールウールはさびていないことに気がつきました。面白く思った大和くんは、いろいろな液体にスチールウールを入れて、数日間さびのようすを観察しました。その結果を下の表１のようにまとめました。

表１　　　　　　　　　　　　さびていた場合は○、さびていなかった場合は×

液体	水	うすい水酸化ナトリウム水よう液	食塩水	砂糖水	アンモニア水	塩酸
さび	○	×	○	○	×	液体だけが残った。

この結果から、鉄は水があるとさびやすく、 ② の条件ではさびにくいことがわかりました。

特に、食塩水を使って実験をしたときに、はやくさびができていたので、別の実験をしました。

【実験１】

スチールウール 10 g と食塩水 5 g を三角フラスコに入れ、脱脂綿《だっしめん》でせんをして全体の重さをはかると 65 g ありました。しばらくするとさびがたくさんできていて、(i) 全体の重さをはかると 68.5 g に増えていました。また、このときフラスコ全体が温かくなっていて、(ii) さびができるときには熱が出ることがわかりました。この仕組みを利用した身近なものとしては ③ があげられます。

(1) ① ～ ③ にあてはまる言葉を答えなさい。ただし ① は下の色の中から選びなさい。

【 白　　黒　　赤　　緑　　黄 】

(2) 表１の塩酸を蒸発《じょうはつ》皿に入れて液体をすべて蒸発させると、蒸発皿の中はどのようになっていますか。次の中から１つ選び、記号で答えなさい。

ア．何も残っていない。

イ．磁石につく金属光沢《こうたく》のある鉄の粒《つぶ》が残る。

ウ．磁石につかない金属光沢のある鉄の粒が残る。

エ．鉄とは別の色の磁石につく物質が残る。

オ．鉄とは別の色の磁石につかない物質が残る。

問題は次のページに続きます。

(6)　生物が環《かん》境によって生活方法を切りかえることは、生物が生きぬくための見事な作戦です。アユも、以下の「利益」と「労力」の２つのバランスによって、「縄張りアユ」になるか、「群れアユ」になるかを切りかえます。

「利益」…縄張り内の食べ物を独占《せん》できること。

「労力」…縄張りを他のアユから守り続けること。

下のグラフは縄張りの大きさに対する、利益(太実線)や労力(実線)の関係を示したものです。

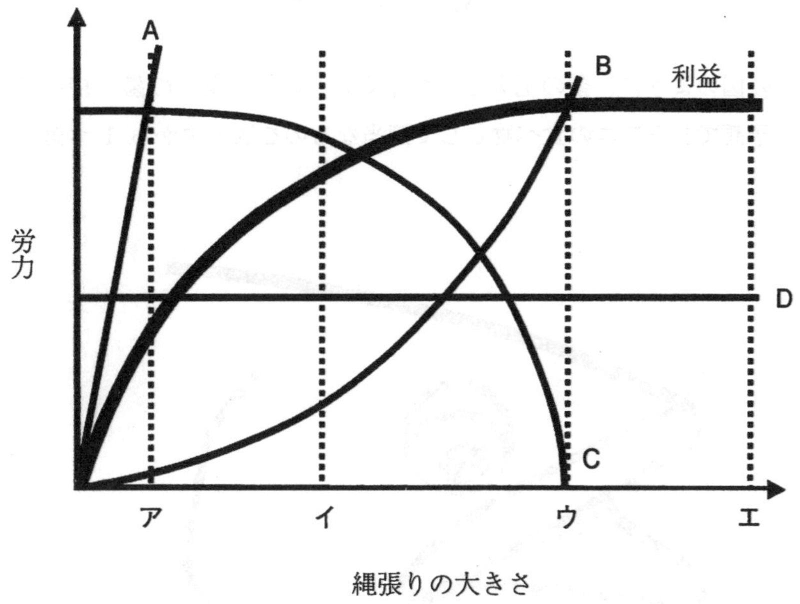

(ⅰ)　労力を示す実線として適当なものをグラフの**A**～**D**の中から１つ選び、記号で答えなさい。

(ⅱ)　ある程度縄張りが大きくなると、利益が増えなくなる理由として適当なものを次の中から２つ選び、記号で答えなさい。

ア．縄張りを守るための労力がかかりすぎてしまうから。

イ．群れアユの方が、多くの食べ物を食べるようになってしまうから。

ウ．アユは、別の川へと絶えず移動し続けなければならないから。

エ．１匹《ぴき》のアユが食べることのできる食べ物の量には限界があるから。

(ⅲ)　(ⅰ)のとき、縄張りはどの大きさが最も適切ですか。グラフの**ア**～**エ**の中から１つ選び、記号で答えなさい。

(4)　アユにはコイやメダカのひれに加えて、『脂《あぶら》びれ』というひれが 1 枚だけ付いています。アユのひれをすべて足すと合計何枚になりますか。

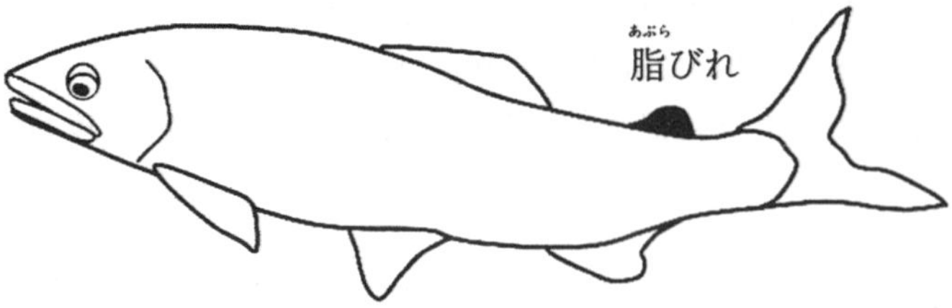

(5)　アユは次の図のように、髪《かみ》の毛をとかす「くし」のような形の歯を持っています。この歯の形から予想できるアユの食べ物として適当なものを次の中から 1 つ選び、記号で答えなさい。

ア．果実　　イ．藻《も》　　ウ．昆《こん》虫　　エ．小魚

2 アユには、群れで生活する「群れアユ」と縄張《なわば》りをつくって生活をする「縄張りアユ」の2つのタイプがいます。群れアユはまとまりの弱い群れをつくり、広い範《はん》囲でエサを食べて成長します。その一方で、縄張りアユは1平方メートルほどの縄張りをつくって生活し、縄張りに侵《しん》入するアユを追い出します。縄張りアユは、縄張りに入ってくる他のアユを追い出し続けなければいけません。

アユの漁法として、オトリのアユを縄張りから追い出そうとした縄張りアユに針をかけて釣《つ》る「友釣《ともづ》り」という方法があります。縄張りアユは群れアユに比べて体長が大きいため、友釣りでアユの大物が狙《ねら》えるのです。

(1) アユもヒトのように、背骨をもつ「せきつい動物」という動物です。次の中からせきつい動物に当てはまる動物をすべて選び、記号で答えなさい。

ア. アリ　**イ**. イカ　**ウ**. ウサギ　**エ**. エビ　**オ**. オウム　**カ**. カエル

(2) せきつい動物をより細かく分類すると、アユは魚類、ヒトはほ乳類に分けられます。次の中から魚類とほ乳類に当てはまる動物をそれぞれ1つずつ選び、記号で答えなさい。

ア. アゲハチョウ　**イ**. イルカ　**ウ**. ウミガメ
エ. エイ　**オ**. オオサンショウウオ　**カ**. カモメ

(3) 川の水質は、そこに生活している生物を調べることで『きれいな水』『ややきれいな水』『きたない水』『大変きたない水』と分類することができます。次の生物が生活している場所の組み合わせとして適当なものを次の中から1つ選び、記号で答えなさい。

ゲンジボタルの幼虫

サワガニ

タニシ

アメリカザリガニ

	きれいな水	ややきれいな水	きたない水	大変きたない水
ア	ゲンジボタルの幼虫	サワガニ	アメリカザリガニ	タニシ
イ	ゲンジボタルの幼虫	サワガニ	タニシ	アメリカザリガニ
ウ	サワガニ	ゲンジボタルの幼虫	アメリカザリガニ	タニシ
エ	サワガニ	ゲンジボタルの幼虫	タニシ	アメリカザリガニ

(5) オリオン座の高度が 1 日の中で最も高くなったときの見え方を表した次の図のうち、奈良から見た図と、シドニーから見た図として適当なものを 1 つずつ選び、記号で答えなさい。

ア

イ

ウ

エ

(6) 春分の日と夏至の日のシドニーでの太陽の南中高度を、それぞれ小数第 1 位まで答えなさい。ただし、太陽や星座の高度が 1 日の中で最も高くなることを「南中」とします。

(7) 次の文のうち、**誤っているもの**を 1 つ選び、記号で答えなさい。

ア. 日本が夏のとき、南極では、1 日中太陽が出ない時期がある。

イ. 奈良県で午後 9 時ごろにふたご座が南中する日は、シドニーでは午後 8 時ごろに南中する。

ウ. 春分の日の赤道上では、太陽の南中高度は 90 度になる。

エ. 冬至の日の南半球では、日の出と日の入りの位置は秋分の日に比べて北よりになる。

(8) シドニーから見た南の空に、ある星 (★) が 2 月 4 日の午後 8 時に図の **10** の位置に見えました。

(i) この星は 2 月 4 日の午後 6 時にはどの位置に見えますか。図の番号で答えなさい。

(ii) この星は 11 月 5 日の午前 2 時にはどの位置に見えますか。図の番号で答えなさい。

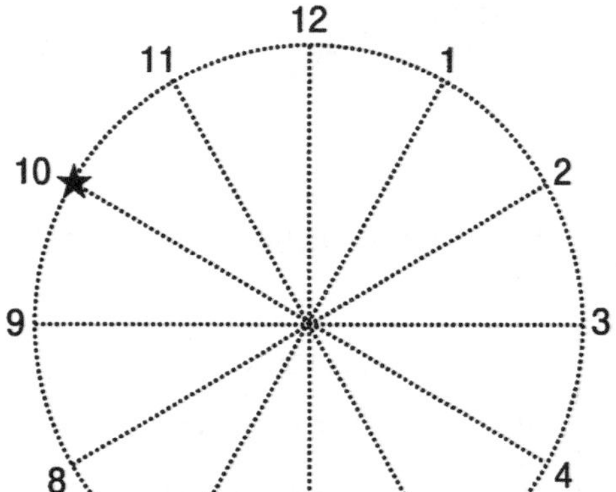

1 奈良県（北緯《い》 34.7 度、東経 135.8 度）に住む西さんは、夏休みに南半球のオーストラリアのシドニー（南緯 33.9 度、東経 151.2 度）へ旅行に行きました。地球の地軸《じく》が 23.4 度傾《かたむ》いているため、北半球が夏のとき、南半球は冬です。「夏至」や「冬至」は北半球を基準としており、2019 年の夏至は世界中で 6 月 22 日でした。つまり、南半球では夏至が冬におとずれます。夜空を見上げると、みなみじゅうじ座（サザンクロス）などの、A奈良では見られない星座が多く見られました。奈良で見られる星座のうち、Bオリオン座など、いくつかの星座はシドニーでも見られましたが、その他のいくつかの星座は見られませんでした。

(1) シドニーで見られない星座として適当なものを次の中から 1 つ選び、記号で答えなさい。

ア．いて座　　イ．おとめ座　　ウ．カシオペヤ座　　エ．さそり座

(2) 南半球の東の空の星の動きとして適当なものを次の中から 1 つ選び、記号で答えなさい。

ア　　イ　　ウ　　エ

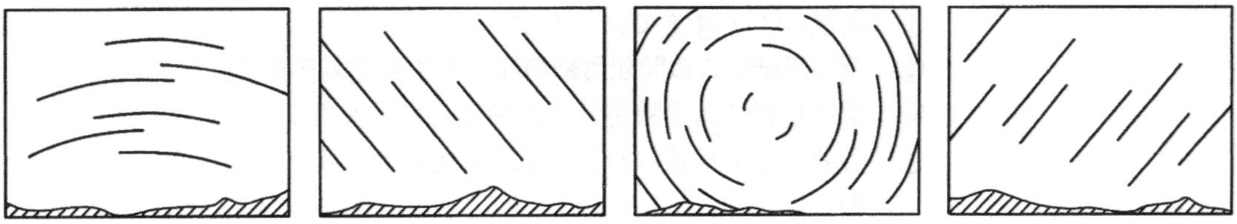

(3) 下線部 A の理由として最も適当なものを次の中から 1 つ選び、記号で答えなさい。

ア．地球が自転しているから。

イ．地球が公転しているから。

ウ．地球が球形をしているから。

エ．地球の地軸が傾いているから。

(4) 下線部 B について、オリオン座の 2 つの一等星のうち、冬の大三角に**含《ふく》まれないもの**を答えなさい。

2020年度　入学試験問題

理　科

（40分）

〔注　意〕

① 問題は[1]～[4]まであります。
② 解答用紙はこの問題用紙の間にはさんであります。
③ 解答用紙には受験番号、氏名を必ず記入のこと。
④ 各問題とも解答は解答用紙の所定のところへ記入のこと。

西大和学園中学校

1

次の □ に当てはまる数を答えなさい。

(1) $1.6 \div \left\{1.4 \div 1.2 - \frac{2}{5} \times \left(1.5 - \frac{1}{3}\right)\right\} = \square$

(2) $1\frac{2}{9} - \left(4 - 1\frac{4}{5}\right) \div \square \times \frac{2}{33} = \frac{1}{3}$

(3) ある仕事は，A さんと B さんの 2 人で行うと，ちょうど 18 日間で終わる予定でした。ところが，途中《とちゅう》で B さんだけがかぜで 5 日間休んだので，仕事を終えるのにちょうど 20 日間かかってしまいました。この仕事は，B さん 1 人だけでやるとすれば，ちょうど □ 日間で終わります。

(4) A さんと B さんが 7200 m 離《はな》れた場所にいます。A さんは 8 時ちょうどに分速 180 m の速さで，B さんは $\boxed{\text{あ}}$ 時 $\boxed{\text{い}}$ 分に分速 240 m の速さで向かい合って走り出したところ，2 人は 8 時 20 分に出会いました。

(5) ある町の運動会の参加人数について，男性の参加者のうち，大人と子どもの人数の比は 3 : 7 でした。また，大人の女性の人数は 27 人で，子どもの女性の人数は大人の総人数より 9 人多く，大人の総人数と子どもの総人数の比は 3 : 8 でした。参加者の総人数は □ 人です。

(6) 1 から 5 までの番号が 1 つずつ書かれたカード 5 枚と，1 から 5 までの番号が 1 つずつ書かれた箱 5 つがあります。それぞれの箱にカードを 1 枚ずつ入れるとき，入れられたカードの番号と同じ番号が書かれた箱がちょうど 2 つあるような入れ方は □ 通りあります。

(7) 12 %の食塩水 40 g が入った容器 A と，7 %の食塩水 70 g が入った容器 B があります。容器 B から 10 g の食塩水を取り出して容器 A に移しました。さらに，容器 B に水を □ g 加え，よくかき混ぜたあと，容器 B から 10 g の食塩水を取り出して容器 A に移したところ，容器 A の食塩水の濃度《のうど》が 10 % になりました。

計算用紙

※切り離してはいけません。

問題は次のページへ続きます。

2 次の □ に当てはまる数を答えなさい。

(1) 下の図は，1 辺が 6 cmの正方形と半径が 6 cmで中心角が 90° のおうぎ形，および半径が 3 cmの半円を組み合わせた図形です。この図の網《あみ》目《め》部分の面積は □ cm^2 です。

ただし，円周率は 3.14 として計算しなさい。

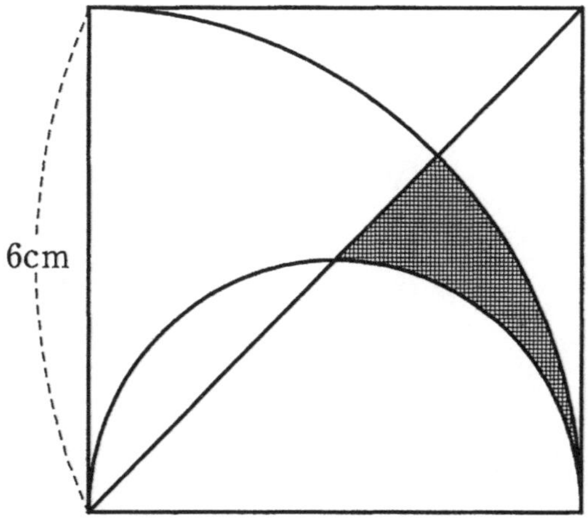

(2) 下の図で，アの角の大きさは □ ° です。ただし，図の●どうし，○どうしはそれぞれ同じ大きさを表す角とします。

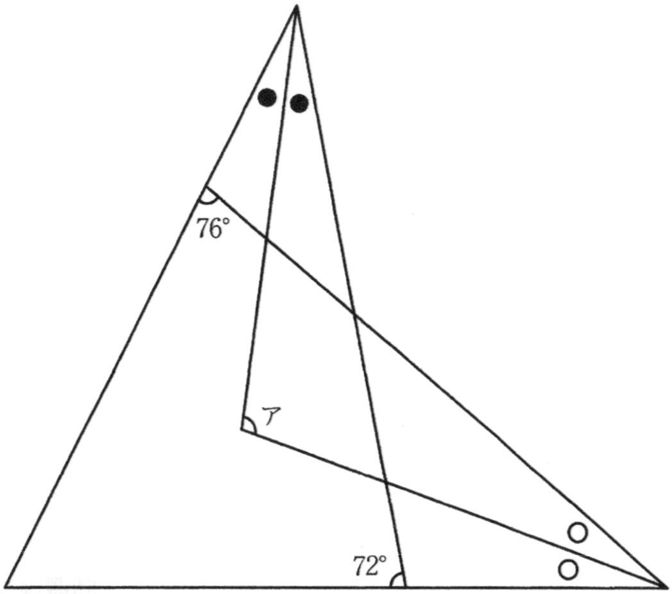

計算用紙

※切り離してはいけません。

問題は次のページへ続きます。

(3)　下の図の平行四辺形 ABCD において，AP：PB＝2：1，BQ：QC＝3：1，点 R は辺 CD の真ん中の点です。DP と AQ，AR とが交わる点をそれぞれ S，T とするとき，PS：TD をもっとも簡単な整数の比で表すと［ あ ］：［ い ］です。

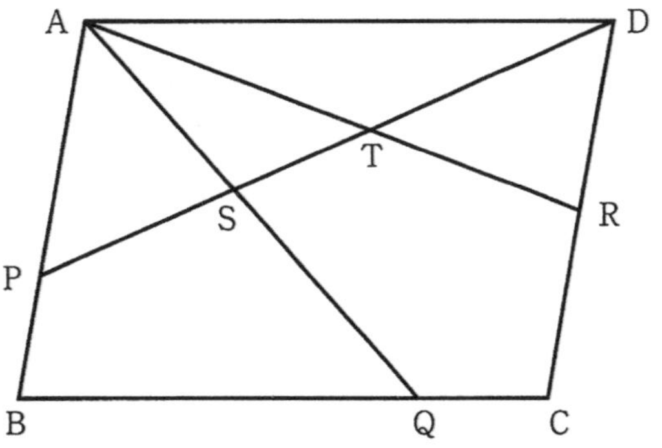

(4)　下の図は，底面が直角三角形の三角柱で，AB＝3 cm，BC＝4 cm，AD＝10 cm です。また，点 P，Q，R はそれぞれ辺 AD，BE，CF 上の点で，AP＝4 cm，BQ＝5 cm，CR＝1 cmです。3 点 P，Q，R を通る平面で，この立体を切って 2 つに分けるとき，頂点 E をふくむ方の立体の体積は［　　］cm^3 です。

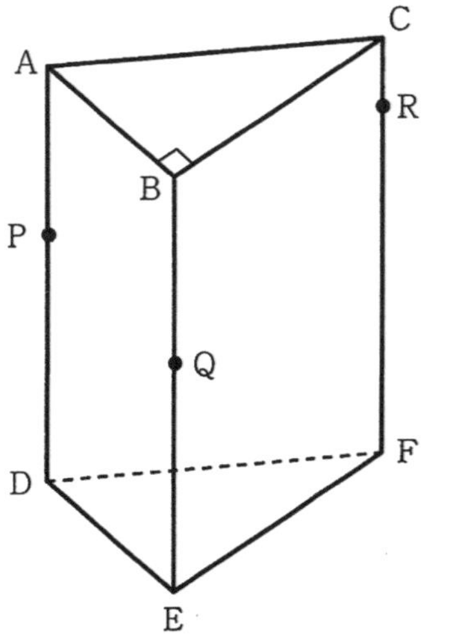

2020年度　入学試験問題

算　数

（６０分）

〔注 意〕

---

① 問題は1～4までありいます。

② 解答用紙はこの問題冊子の間にはさんであります。

③ 解答用紙には受験番号と氏名を必ず記入のこと。

④ 各問題とも解答は解答用紙の所定のところへ記入のこと。

西大和学園中学校

かけら口にした。

ケーキを食べたあとは、各自用意してきたプレゼントをおばあちゃんに手渡《てわた》した。お父さんは新しいラジオ、お母さんはストールだった。みのりはスーパーおおはしの化粧品《けしょうひん》売り場で見つけた、つげのくしをプレゼントした。何も用意していなかった弟は、歌をうたった。幼稚園《ようちえん》時代にちびっ子カラオケ大会で入賞したことのある弟は、「ハッピーバースデー」の歌を熱唱した。弟がうたい終えると、おばあちゃんは静かに両手を合わせて目を閉じた。

【中略】

おばあちゃんの話す内容が、だんだん理解できなくなっていった。

囁《ささや》いているようだった話し声は次第《しだい》に音量を増していき、突然《とつぜん》怒《おこ》りだしたり泣きだしたり、大口を開けてわははと笑いだしたりもした。

「おばあちゃんって、笑った顔がカエルみたいだね」

と、弟はのんきな顔をしていった。

おばあちゃんは、杖《つえ》を必要としなくなった。

何も持たずに庭や家の周りを歩き回り、家族の知らないあいだに山の中にまで入っていった。途中《とちゅう》で何度も転び、転ぶたびに自分ひとりで起き上がった。顔やひざから血を流しながら、でも、（　D　）歩いて帰ってきた。

「おばあちゃんって、足悪いんじゃなかったの?」

弟は不思議そうな顔をしていった。

「骨でも折られたら大変だわ……」

弟の横で、お母さんはため息をついた。

危険だからと、おばあちゃんが歩き回るのを、お母さんは何度も止めさせようとした。インキョの戸に鍵《かぎ》をつけたり、つっかえ棒で開かないように固定したり、時には襟首《えりくび》つかまえて、インキョの中に強制的に連《つ》れ戻《もど》したり。

不思議なことに、何をやっても、おばあちゃんはその都度《つど》上手に抜《ぬ》けだすのだった。

「おばあちゃん、どんどん元気になっていくね」

弟の発言に、お母さんはいっそう深いため息をついた。

お母さんが思っているほど、おばあちゃんの足腰《あしこし》は a やわじゃないのだ。そのことを、みのりはよく知っている。おばあちゃんはあの足で、迷子になったみのりを探しにきてくれたのだから。

2 小学一年生の秋祭りの日。あの時も、おばあちゃんは杖《つえ》をついていなかった。

あの日、やっとの思いで竹やぶから脱出《だっしゅつ》したみのりの目に、一番に飛《と》び込《こ》んできたのは、一台の公衆電話だった。みのりは迷わずポケットから財布《さいふ》をだして、十円玉一枚を硬貨《こうか》投入口に入れた。

公衆電話を使うのは初めてだった。知っている番号はひとつしかない。震《ふる》える指で自分の家の電話番号を回した。

呼びだし音四回でつながった。

「もしもし、お母さん？」

みのりの声は、涙《なみだ》で震《ふる》えていた。

「もしもし、お母さん？」

返事がなかった。もう一度繰《く》り返《かえ》した。

「お母さん……？」

この時、ようやくみのりは、気がついた。お母さんもお父さんもいない。朝から弟を連れて病院にいっている。帰ってくるのは夜の九時だ。

3 一瞬《いっしゅん》、頭が真っ白になった。みのりの口からは何も言葉がでてこなかった。耳にくっつけた受話器の向こう側から、かすかな息遣《いきづか》いが聞こえた。

「……みのりちゃん」

「おばあちゃん？」

「みのりちゃんかい」

「おばあちゃん」

みのりはわんわん泣きだした。おばあちゃああん、道が、わからなくなっちゃったんだよおおう。

おばあちゃんが迎《むか》えにきてくれるまで、それほど時間はかからなかった。みのりの**b**つたない説明だけを頼《たよ》りに、おばあちゃんは山道を下ってきてくれた。泣きながらお腹《なか》にしがみついたみのりの背中を、おばあちゃんはやさしくなでた。

あの晩、お父さんとお母さんは約束通り、夜の九時に帰ってきた。弟は、お母さんに抱《だ》かれてすやすや眠《ねむ》っていた。

寝《ね》ずに帰りを待っていたみのりは、車が敷地内《しきちない》に入ってくる音が聞こえると、インキョの木戸をガタガタと開けて、「おかえりなさい」と声をかけた。　お母さんはパジャマ姿の娘《むすめ》の頭をなでながら、暗がりの中、よく見ると、みのりの顔に傷がいくつかついているのに気がついた。お母さんに聞かれたみのりは、今日、竹やぶに入って迷ったこと、公衆電話から電話をかけておばあちゃんに迎《むか》えにきてもらったことを話した。お祭りにいこうとしたことは黙《だま》っておいた。

話を聞き終えると、お母さんは恐《こわ》い顔をして、みのりに向かって同じ質問を繰《く》り返《かえ》した。

「電話にでた？　おばあちゃんが？」

みのりの後ろでは、夕飯を済ませて早々に寝《ね》てしまったおばあちゃんが、大きないびきをたてていた。

最近はもう、誰《だれ》も外のトイレを使わない。

おばあちゃんは、どこからでも自由に出入りする。玄関《げんかん》から、勝手口から、お風呂場《ふろば》の窓から、家の人がまだ気づいていない隠《かく》し扉《とびら》から。

お父さんに怒《おこ》られようと、お母さんに腕《うで》をつかまれようと、Cおかまいなしだ。

「おばあちゃん、どんどん元気になっていくね」

弟のいう通りだった。4自由になったおばあちゃんはたくましい。

みのりはふと台所に目をやった。

そこには冷蔵庫の扉《とびら》を開けて、なかのものを物色しているおばあちゃんの後ろ姿があった。その小さな背中は、どう見ても、昨日より（　E　）伸《の》びていた。

（今村夏子『あひる』KADOKAWAによる）

問一　＝＝部a～cの本文中における意味として最もふさわしいものを、次の各群の中からそれぞれ一つずつ選び、記号で答えなさい。

a「やわじゃない」

ア　速く動かない　イ　堅くない　ウ　柔軟《じゅうなん》さがない　エ　弱くない　オ　丈夫でない

b「つたない」

ア　つまらない　イ　上手でない　ウ　信用できない　エ　情けない　オ　さりげない

c「おかまいなし」

ア　気にしない　イ　抵抗しない　ウ　何も言わない　エ　怒らない　オ　無視しない

問二　（Ａ）～（Ｅ）にあてはまる語としてふさわしいものを、次の中からそれぞれ一つずつ選び、記号で答えなさい。ただし、同じ記号を二度以上用いてはいけません。

ア　もっと　イ　ふと　ウ　ちゃんと　エ　ピンと　オ　ちょこんと

問三　――部1「みのりの首筋に鳥肌が立った」とありますが、このときのみのりの気持ちの説明として最もふさわしいものを次の中から一つ選び、記号で答えなさい。

ア　おばあちゃんがめずらしく優しい声で話しているのを聞き、とても不気味に思っている。

イ　おばあちゃんの声が、自分に話しかける時よりも優しい声だったので、いらだっている。

ウ　おばあちゃんが自分には見えない何かを大切に思っていると確信し、恐ろしくなっている。

エ　おばあちゃんの優しい声を聞いたことによって、秋祭りに体験した恐怖を思い出している。

オ　おばあちゃんと会話する見知らぬ相手に、ただならぬ気配を感じて、嫌な予感がしている。

問四　――部2「小学一年生の秋祭りの日」とあるが、その場面が実際に書かれているところを本文から探し、終わりの五字を抜き出しなさい。（句読点も一字と数えます）

問五　――部3「一瞬、頭が真っ白になった」とありますが、この時のみのりの気持ちを四十字以内で説明しなさい。

問六　――部4「自由になったおばあちゃんはたくましい」とはどういうことですか、六十字以内で説明しなさい。

問七　本文を通して、みのりの弟はどのような人物として描かれていますか。その説明として最もふさわしいものを次の中から一つ選び、記号で答えなさい。

ア　以前の自分の判断が正しく、母親が間違っていたことを指摘した後に、「得意気」になっており、非常に負けず嫌いである。
イ　他の家族がおばあちゃんにプレゼントを渡すなか、「何も用意していなかった」ように、家族に対して反抗心を抱いている。
ウ　これまでとは違うおばあちゃんの行動を気にかけることがなく、「笑った顔がカエルみたい」と言う様子には、幼さがある。
エ　「不思議そうな顔」をし、おばあちゃんを心配する本心を隠して家族に心配をかけないようにする、やさしさにあふれている。
オ　母親の心配をよそに「おばあちゃん、どんどん元気になっていくね」と皮肉を言って、母親を落胆させる身勝手さがある。

問八　本文の説明として最もふさわしいものを次の中から一つ選び、記号で答えなさい。
ア　みのりの目線で語られることで、他の家族とは違うおばあちゃんへの思いが読み取れるようになっている。
イ　みのりの家族とのやりとりを客観的に描き出すことで、読者がみのりの成長を読みとりやすくなっている。
ウ　家族一人一人の心情を丁寧に描き出すことによって、物語にいっそうの厚みを持たせることに成功している。
エ　物語を展開する中で回想と現実を行き来することによって、読者を幻想的な世界へと自然に引き込んでいる。
オ　家族のおばあちゃんへの理解が深まることで、家族が抱える問題もだんだんと解決する仕組みになっている。

三　あとの各問いに答えなさい。

（ⅰ）次の各会話文を読み、文中の□に入れるのにふさわしい四字熟語を考えて、漢字で答えなさい。

1　Aさん　この研究者は若い頃《ころ》にはなかなか成果が出ず、苦労が絶えなかったと聞いたことがあるわ。
Bさん　でも、長い年月をかけて研究を続けて、ノーベル賞につながる発見をしたんだよね。
Aさん　成功した研究者にもいろいろなタイプの研究者がいるけど、この人は□だったんだね。
Bさん　あきらめなければ夢はかなうのかもね。

2　Aさん　久しぶりね、四月からは六年生になるのね。学校生活の調子はどう。
Bさん　なんだか最近、勉強もクラブ活動もなかなかうまくいかないんだ。
Aさん　そうなんだ、でも新しい学年になったんだし□して、新しいことに挑戦してみたら。
Bさん　そうだね。くよくよ考えずに行動してみるよ。

（ⅱ）次の各会話文を読み、文中の□に入れるのにふさわしい言葉をそれぞれ考えて、一つの慣用句を完成させなさい。

1　Aさん　あれ、この本の表紙少し破れているじゃない。
Bさん　うん、友達に貸してあげたら、返してもらうときに少し破れていたんだ。
Aさん　そのことは友達にちゃんと伝えたの。
Bさん　気づいて伝えようと思ったんだけど□が□と思って何も言わなかったんだ。

2　Aさん　明日はピアノの発表会だね。
Bさん　そうなんだ。少し緊張《きんちょう》してきたな。うまくできるかな。
Aさん　大丈夫だよ。演奏《えんそう》の様子もだんだん□に□てきたって先生もほめてくれていたよ。
Bさん　そうかな、なんだか自信がわいてきたよ。
Aさん　よかった、練習の成果が出ればいいね。

(iii) 次の文章は七つの段落で構成されています。段落AとBの間には五つの段落が入ります。あとのア〜オの段落を正しく並べかえ、文章を完成させなさい。（A□□□□□B）

A 「元号は日本だけの区切りですよね。だったら令和の時代といっても、意味ないのでは？」

□
□
□
□
□

B 30年という時間は、赤ん坊《ぼう》が大人になるまでの時間に相当し、社会が大変化するのに十分な長さです。平成の30年間は激動と停滞《ていたい》の時代でした。令和の時代にも大きなうねりが起こることは間違《まちが》いなく、時代の激流は、いまの何もかもを飲み込《こ》み、大きく変えてしまうことでしょう。

（鈴木《すずき》貴博《たかひろ》『令和を君はどう生きるか』による）

ア 近代の初めは明治ですし、大正はデモクラシーの時代と捉《とら》えやすい。平成元年にはベルリンの壁《かべ》が崩壊《ほうかい》し、東西冷戦が終わります。こんなふうに元号は、日本の歴史だけでなく、世界の歴史を考えるうえでも役に立つものです。

イ 昭和の前半は戦争の時代です。終戦は昭和20年ですが、その後も敗戦の苦しみが続きました。そして昭和31年に「もはや戦後ではない」という有名な一文が経済白書に書かれ、高度成長と繁栄《はんえい》の時代に入っていくのです。

ウ そう思うのも無理はありません。でも、元号ってけっこう便利なんですよ。

エ それだけではありません。たとえば昭和は大きく前半の約30年と後半の約30年に分けられます。

オ 次の平成の時代も30年間でしたね。そして新天皇の御在位も同様の生前退位がご検討されればやはり30年前後でしょう。

(iv) 「けがの治療《ちりょう》を終え、試合に**フッキ**した。」の「**フッキ**」を漢字で書く場合「復帰」となります。例えば「復起」と書いてしまうと誤りとなります。では、なぜ「復起」と書くと誤りになるでしょうか、簡潔に説明しなさい。